JN493336

A M E R I C A N   Y O U T H   P O L I C I E S

미국청소년정책론

한국 청소년·청년 미래비전에의 함의

Implications for the Future Vision of Korean 10·20 Youth

| 천정웅 지음 |

양 성 원

머리말

한 권의 책을 세상에 내어 놓는 일은 언제나 기쁨 보다는 부담감을 갖게 한다. 지적 호기심으로 시작된 탐구가 하나로 묶어지면서 독자들에게 도움이 되기를 바라게 되는 것은 기쁘기도 하지만, 얼마나 제대로 된 내용을 담고 있는 지에 대해서는 언제나 부족하다는 생각을 갖게 된다. 3억이 넘는 인구를 가진 다양한 인종과 민족이 어우러져 있는 대표적 선진국인 미국의 청소년과 청소년정책에 관한 내용을 한 권으로 소개한다는 점에서 군맹무상(群盲撫象)의 격이 되는 것은 아닌가 염려가 앞서는 것이다. 청소년을 위한 미국의 연방, 주 및 지방정부 차원의 복합적인 여러 지원정책을 전체적으로 파악하는 일은 결코 쉬운 일이 아니기 때문이다.

청소년에 대한 미국의 국가적 관심은 국가백년대계로서의 교육(education)이란 측면에서 주로 접근하여 왔으며, 여기에 청소년문제의 예방과 대처라는 청소년개발(youth development)의 측면을 포함하는 방향으로 전개되어 온 것으로 볼 수 있다. 교육적 측면은 문맹률의 증가, 학업성적 저하 등으로 경쟁국들에 뒤지고 있다는 점에서 관심이 증대되어 왔으며, 청소년정책적 측면에서는 높은 학업 결손, 약물남용 등의 여러 상황에 따른 사회적 비용의 증가로 사후 대응적 접근 보다는 청소년개발에서 강조하는 사전 예방적 접근으로 전환하여 청소년에 대한 보다 근본적인 투자를 강조하고 있다.

그럼에도 불구하고 또한, 미국은 우리나라의 '청소년정책5개년계획'과 같은 중장기 종합계획(master plan)은 수립하고 있지 않다. 그동안 청소년정책 수행의 비효율성에 관한 논의가 지속되어 왔으나, 여전히 단일한 범분야 연방 청소년정책(a single overarching federal youth policy) 또는 입법 장치(legislative vehicle)를 갖고 있지 못하며 청소년 전문가와 민간연구기관들은 연방정부 차원의 국가청소년정책의 결여를 미국 청소년정책의 가장 큰 도전과제로 지적하고 있는 현실이다. 이는 미국의 정부체제가 연방제를 중심으로 하고 있기도 하지만, 사회의 구성 자체가 다양성에 기초를 두고 있으며, 연방정부정책의 실질적인 계획수립과 집행은 주별, 지역별로 시행하는 오랜 전통을 갖고 있는 것과도 관련된다.

최근의 COVID-19에 따른 팬데믹 상황으로 미국 뿐만 아니라, 주요 선진국의 청소년과 청소년정책에 대한 관심은 다른 나라의 경험과 극복 노력에 대한 이해의 필요성과 함께 더욱 높아지고 있다. 외국의 청소년정책이나 프로그램에 대한 소개는 청소년정책과 관련한 논의 뿐만아니라 실천 현장의 프로그램 개발 · 적용과 관련하여 꾸준히 지속되어 왔으며, 청소년학계에서도 글로벌청소년학회와 한국시민청소년학회 등을 중심으로 강조되고 있다. 특히, 한국청소년정책연구원을 비롯한 전문연구기관의 정책과제를 통해 해외 사례들이 중요하게 포함되고 그에 따른 우리나라에 대한 시사점들이 다양하게 제시되고 있다.

필자는 이러한 학회활동은 물론, 국책연구기관의 해외사례 연구에 참여할 기회를 통해 틈틈이 미국사례들을 공부할 기회를 가지게 되었으며, 매년 그 결과들을 발표한 바 있다. 이 책은 필자의 최근 연구결과들을 중심으로 주요 내용을 구성하고 업데이트하면서 COVID-19에 따른 최근의 현황과 실천사례 등을 새롭게 추가하여 한권으로 종합한 것이다. 특히, 2020년도와 2021년도에 참여한 미국의 청소년 빅데이터 체계, 뉴노멀(new normal) 시대의 미국청소년정책의 동향, 미국 청소년의 정치참여 실태, 청소년시설과 공간의 동향 등과 관련한 연구들은 이 책의 발간을 더욱 앞당기게 하는 계기가 되었다. COVID-19 팬데믹이 초래한 어려운 여건 속에서도 청소년분야는 이를 역설적 기회로 활용하는 적극적 대응 노력이 현장을 중심으로 이루어지고 있음을 알게 되었기 때문이다.

이 책의 구성은 미국의 청소년 일반현황과 청소년정책의 개관(1장)에서부터 청소년개발의 정책기조와 연방정부의 협력전략(2장)을 알아본 후, 지역사회청소년개발의 기조와 실천사례(3장), 지역사회 청소년 네트워킹 사례(4장), 청소년시설과 공간 운영사례(5장), 청소년진로체험 지원기조와 실천 사례(6장), 청소년우대 동향과 자치단체 사례(7장), 시민청소년운동의 동향과 유형(8장)으로 이어지면서, 청소년 정치참여실태와 지원체계(9장), 청소년 빅데이터의 체계와 활용사례(10장), 그리고 뉴노멀 시대의 정책 동향과 과제(11장) 등의 순서로 되어 있다. 전체적으로 이론적 내용과 실천사례 들을 다양하게 포함하려고 하였으며, 1장과 2장은 이 책을 위해 새롭게 집필하여 한 권의 책으로서의 흐름을 갖도록 하였다.

그동안 필자의 미국에 관한 또 다른 다수의 연구들은 지난 10여년 동안 이미 10여 편의 여러 저술로 소개된 바 있지만, 최근의 연구들이 한권의 책으로 종합, 편집된 것을 보게 되는 기쁨은 이루 말할 바가 없다. 수록된 내용 중 연구수행기관의 허락을 받아 논문으로 발간된 것도 있으며, 별도의 승인이 필요 없는 경우에는 해당 챕터가 수록된 연구과제를 출처와 함께 밝혔다. 그러나 이 경우에는 해당 연구과제에서와 달리 웹사이트 자료들은 인용을 따로 밝히지 않았으며 해당 과제물로 대신하였다. 출처로 제시된 연구기관의 연구보고서에는 모든 자료들이 인용되어 있으므로 확인하기를 기대한다. 그럼에도 불구하고 혹시라도 인용이 미비하거나 누락된 문헌과 지료들이 있으면 다음 기회에는 반드시 반영할 것을 약속드린다.

이 책은 필자가 공동저술한 '글로벌청소년정책론'의 〈미국편〉에 이어서 미국청소년정책을 소개하는 최초의 단행본이란 의미를 갖는다. 언제가 될지 모르는 다음 기회에는 미국청소년정책론 두 번째 책을 발간하기를 소망하면서, 이 책을 계기로 영국, 독일, 프랑스, 일본 등 주요 외국의 청소년과 청소년정책을 소개하는 다양한 주제의 각론들이 나오기를 염원해 본다. 끝으로 COVID-19 팬데믹으로 더욱 어려운 출판여건 속에서도 흔쾌히 책을 발간해 주신 도서출판 양성원의 강철원 대표님과 직원 여러분께 깊은 감사를 드린다.

무학산 자락에서

중천(中天) 천 정 웅

차 례

Chapter 08 시민청소년운동의 동향과 유형: 청소년주도성과 행동주의 관점

Chapter 09 청소년정치참여 실태와 지원체제

Chapter 10 청소년 빅데이터의 체계와 활용사례

Chapter 11 뉴노멀(New Normal) 시대의 정책동향과 과제

CHAPTER 01

일반현황과 청소년정책의 개관

CHAPTER

01

일반현황과 청소년정책의 개관

1. 청소년 일반현황

미국에서의 청소년(Youth 또는 young people)은 14세에서 24세까지 논의되기도 하고 18세 미만을 중심으로 보기도 하지만 일반적으로는 초등학생 이상에서 20세 전후의 연령층을 의미하는 것으로 볼 수 있다. 청소년과 관련한 각종 인구통계의 경우에도 전체적으로 통일된 범주는 없으며 목적과 기관에 따라 각기 다르게 제시되고 있다. 청소년정책의 대상으로서의 청소년은 10세-24세 사이의 청소년(adolescents)과 청년(young adults)를 말하는 것으로 보며 인구 중 청소년은 약 64백만명으로 추산되며, 전인구의 약 20%를 차지하고 있는 것으로 본다(Fernandes-Alcantara, 2020). 미국 연방정부에서 구성하여 운영하고 있는 "청소년프로그램에 관한 기관 실무그룹(Interagency Working Group on Youth Programs: IWGYP)"에서 발간한 "청소년을 위한 통로: 연방

공동협력을 위한 전략계획(Pathways for Youth: Strategic Plan for Federal Collaboration)"에서도 10-24세 청소년에 초점을 두고 있음을 알 수 있다. 청소년의 전통적 개념 정의는 12-18세 청소년연령을 주로 말하지만, 문화와 경제전환(cultural and economic shifts)으로 청소년기는 연장되었다. 10세까지의 연령은 일부 청소년들의 경우 사춘기가 이때 시작되기 때문이며 초기 청소년기의 경험을 통해 행동패턴들이 구체화된다. 또한 24세까지의 연령은 이 때까지 성인기로의 완전한 전이과정을 지속하는 것으로 보기 때문이다. 많은 20대 중반의 청소년 · 청년(young people)들이 일하기 시작하고 부모나 친지들과 함께 살고 있는 실정이다.

미국에서 청소년기에 경험하는 두드러진 변화는 성인기로의 이행기간이 연장되고 있는 것이다. 여성들의 혼인과 분만 연령이 높아졌으며 고등학교 졸업률이 다소 상향되고 대학 진학률은 이전보다 더욱 향상되었다. 대학진학은 보다 높은 보수의 직업을 갖게 해 주는 것이 일반적이지만 교육기간의 연장은 청소년들이 학업을 끝마칠 때까지 재정적으로 독립하기 어렵게 한다. 이러한 경제적 의존의 연장으로 청소년의 혼인연령이 점차 높아지고 있다. 가족의 경제적 여건은 대체로 개선되었지만 그 반면 많은 가족 특히 한부모가족은 재정적 곤란을 겪고 있다. 최근 미국의 청소년지표를 보면 청소년 생활의 중요한 제 측면 즉, 가족, 근로, 교육, 보건, 행태와 태도 등에서 많은 어려움을 겪고 있음을 알 수 있다.

오늘날 청소년기에서 성인기로의 이전은 더욱 길고 복잡하다. 1950년대의 미국 청소년들은 성인기로 가는데 정해진 길을 따라가기 쉬웠다. 이들은 일반적으로 교육을 마치고 취업(남성은 군입대를 포함)을 보장받고, 그 후 결혼하고 20대 초반에 부모가 되는 것이 일반적이었다. 이것은 흑인이나 이민자들은 일부지역에서는 취업에 어려움을 겪기도 했다는 점에서 보면, 모든 청소년에게 들어맞는 것은 아니었다고 볼 수도 있지만, 대체로 2차세계 대전 이후 시기의 청소년들은 산업부분에서의 많은 직업에 접근할 수 있었던 것이 사실이었다. 그러나, 오늘날의 미국 청소년들은 고도로 숙련된 기술과 수준 높은 교육을 받은 근로자를 선호하는 글로벌, 정보 추동적 (information- driven) 경제에서 경쟁하고 있으며 보수 좋은 곳에 취업하기 위해서는 높은 교육 수준이 필요한 상황이다. 1970년대부터 2000년대까지, 실제 임금과 근무시간은 대학이나 학사학위를 가진 청소년들의 경우에 실질적으로 가장 많이 상승하였다. 이전 세대와 비교할 때, 고등학교를 졸업하고 직업훈련을 받거나 전문대학이나 종합대학에 진학하는 청소년의 비율이 더 많아 지고 있는 것이다(Fernandes-Alcantara, 2020).

성인기로의 이행 기간 동안, 청소년들은 학교 다니기, 자립생활 및 부모와 함께사는 과정을 순환한다. 이들은 또한 이 시간을 직업선택과 잠재적인 장기적 파트너들과의 관계를 탐색하는데 사용한다. 초혼 연령의 중간값은 1950년대부터 매 10년마다 상승하였는데, 2019년도의 경우, 여성은 28세, 남성은 29.8세로 나타났다. 일부 청소년들에게 확장된 성인기로의 이행은 재정적 독립을 하기까지 지체되고 있으며, 이는 가족들의 부담이 되고 있다. 19-22세(고등학교 졸업한)에 대한 지원과 23-28세에 대한 지원을 1980년대초에서 2011년까지의 데이터와 비교한 연구에 의하면 부모로부터의 재정적 지원 수준이 두 집단 모두에서 증가하였다. 19-22세까지의 연령 집단들 가운데는 조금이라도 지원을 받는 몫과 높은 수준의 지원을 받는 몫은 둘 다 1980년대 이후 증가하였다. 더우기 청소년에 대한 지원은 2003년 이후에 집중되었다. 또 다른 연구에서도 부모의 소득 손실은 2007년 12월부터 2009년 6월까지 지속된 경제 대침체(Great Recession) 시기 동안 청소년기 자녀들에게 이전되는 것이 감소하였으며 2011년에는 더욱 심화되었다. 2019년 말 이후 지속되는 코로나 팬데믹 상황(COVID-19 pandemic)은 18-29세까지의 부모와 함께 살고 있는 청소년들의 수적 증가에 영향을 끼친 것으로 나타났다. 2020년 7월, 청소년 가운데 과반수 조금 넘는 수가 부모와 함께 살고 있었으며, 이는 2020년 1월 팬데믹이 막 시작하기 직전에 40% 정도였던 것과 비교된다. 이 비율은 1980년대의 미국의 경제 침체기(Great Recession) 때는 43%였으며, 1930년대 경제대공항(Great Depression)때는 48%였던 것과 비교하면 비슷한 정도로 접근하고 있는 것으로 볼 수 있다(Fernandes-Alcantara, 2020).

청소년들이 성인기로의 이행을 도우는 프로그램들의 경우도 청소년기가 10세에 끝나는 시기가 아니라는 것을 인정하고 있다. 예를 들면, 미국의 건강개혁법에서의 규정과 같이, 건강보험회사들이 부모의 자녀들에 대한 건강보험 대상 연령을 26세까지의 자녀로 규정한다. 2003년 이후의 연방 프로그램은 위탁보호(foster care)에서 벗어나는 연령의 청소년들이나 16세 이후 위탁된 청소년에게 일인당 연간 5000달러에 이르는 교육 바우처(voucher)를 제공하고 있는데, 이 기금은 1965년 미국 연방고등교육법(Higher Education Act of 1965)에 의해 정의되는 고등교육기관에 대한 재학 비용으로 사용할 수 있다. 이러한 교육기금을 받는 청소년들은 26세까지는 5년 동안 연속해서든 그렇지 않든지 이 바우처 프로그램에 계속해서 참여할 수 있다.

한편, 미국의 교육지표의 경우, 현재의 학력성적 수준이 장래 미국의 경쟁력을 충분히 보장해 줄 수 있을지에 대해 가장 큰 의문을 제기하는 항목으로 지속적으로 논의되고 있다. 미국 청소년에 대한 이러한 우려는 1990년 2월 미국 대통령과 50개의 주지사들로 하여금 역사상 최초로 국가교육목표(National Education Goals)를 설정하게 하였으며 여기에는 교육의 질을 개선하는 것과 이를 위해 필요한 사회구조의 개선이라는 두 가지 목표가 공약되어 있으며 목표를 달성하기 위한 소목표로서 보건 복지와 영양을 비롯하여 사업과 지역사회 중심의 학교 지원 등의 6개항의 이슈가 포함되어 있다. 이것은 그 다음 해인 1991년 "국가교육목표"를 실천하기 위한 방안으로 "미국 2000: 교육전략"(America 2000:An Education Strategy)으로 발표되었는데 각 주는 이에 따라 매년 그 시행 계획을 수립하여 추진하게 되었으며 연방정부에서는 국가 교육목표에 관한 패널을 구성하여 각 주별로 국가교육목표 달성정도를 평가하도록 하였다(천정웅 · 이민희 · 박선영 · 황성하, 2013).

또한, 2001년에는 "어떤 아이도 뒤처지지 않게"라는 낙오아동방지법(No Child Left Behind Act)을 통하여 수십 억 달러의 연방정부 세금을 교육을 위한 다양한 목적에 사용하도록 결정하였다. 이것은 본격적인 미국 공립학교의 개혁에 대한 법안으로써 2002년 부시 대통령이 새로운 법안에 서명하면서 속도를 높이게 되었다. 이 당시는 경제협력개발기구(OECD)가 실시한 국제 학력평가시험에서 미국 학생의 읽기, 수학, 과학 등의 성적은 중하위권에 머물렀고, 국내적으로 공교육에 대한 비판이 최고조로 달한 때였다. 이 법안의 중요한 내용 가운데 하나는 새로운 표준화된 시험을 만들어 읽기, 수학, 과학 과목 등에 대해 4학년, 7학년, 10학년 등의 학생들을 대상으로 시험을 치게 하는 것이었다. 각 학교는 우선, '향상이 필요한(needs improvement) 학교'와 '우수한(distinguished) 학교'로 분류되는데, 다양한 측정 평가 결과에 의해 '우수한 학교'로 지정되어야만 정부로부터 많은 재정적 지원을 받게 되는 것이다. 엄격하게 시행된 학교에 대한 평가를 바탕으로 각주는 적정한 성적의 기준을 정하고 각 학교 평균 성적이 적정 기준에 2년 연속으로 못 미칠 경우 그 학교에 배정된 학생들이 다른 공립학교를 선택할 수 있게 하고, 3년 연속으로 적정기준 이하가 될 경우 재학생 중 누구나 원하는 사람은 전학할 수 있게 한다는 것이다. 그리고 5년 연속 학교 성적이 미달할 경우 주 정부에서 직접 학교를 관리하여 교장, 교사의 교체 등과 같은 구조 조정을 감행한다는 것이다. 그래서 2014년 까지 '뒤처지는 아이가 없는' 교육의 질적 향상을 가져오게 하겠다는 것이 법안의 기본 취지였다(김정규, 2011).

2. 정책체계와 주요 영역

미국 사회는 구성 자체가 다양성에 기초를 두고 있기 때문에 지역에 따라 독특한 인종, 인구, 문화적 배경, 경제적 조건, 교육 등의 특색을 가지고 있다. 미국의 청소년

정책도 이러한 다양성의 인정 속에서 청소년 개인의 바람직한 성장과 미국사회의 공동 목표의 추구라는 입장에서 이해할 수 있다(천정웅, 이민희, 박선영, 황성하, 2013). 정부체제의 가장 지배적인 특징은 헌법에 의해 창설된 연방체이며 50개주 정부에 콜럼비아 특별구정청이 있고 그 아래로 내려가면서 단위가 점점 작은 정부가 존재한다. 미국 국세조사국 발표에 의하면 카운티(county), 자치시(municipality), 타운십(township), 학교구(School district) 등 78,218개 이상의 정부 단위가 존재하는 것으로 나타났다. 카운티(county)는 보통 주 바로 밑의 행정단위이지만 항상 그런 것은 아니다. 카운티는 2개 이상의 타운(town)과 여러 마을(village)을 포함한다. 뉴욕시는 너무 크기 때문에 5개 독립구(borough)로 구분되는데, 이 구는 그 자체가 하나의 카운티와 같다. 이 독립 구는 브롱크스, 맨해턴, 브루클린, 퀸즈 및 리치몬드이다. 한편 수도 워싱턴으로부터 포토막강 바로 건너 버지니아주 얼링턴 카운티는 하나의 도시와 그 교외 지구를 합친 것인데 단일 카운티 행정부에 의해 통치된다.

미국의 청소년업무는 연방정부 차원에서는 보건 · 인간서비스부(Department of Health and Human Services: DHHS)에서 주로 맡아하고 있으며 내무부, 법무부, 교육부 등 여러 부처에서 청소년관련 사업을 시행하고 있다. 보건 및 인간서비스부에서는 아동과 그 가족에 대한 기술지원 및 발달장애 아동을 위한 다양한 가용자원의 이용방안 기획 및 서비스 촉진, 그리고 아동 및 가정에 대한 광범위한 기술지원 등의 업무를 실시하고 있음을 알 수 있으며, 아동가족행정청(Administration for Children and Families), 아동진료소(Child Guidancd Clinics), 아동학대 및 유기예방센타(National Center For Child Abuse and Neglect) 등의 주요 부서가 있다.

보건 · 인간서비스부(DHHS) 산하의 청소년정책 업무체계 현황은 다음과 같다. 우선, DHHS의 아동가족행정청(Administration for Children and Families: ACF)은 가족, 아동, 개인, 지역사회의 경제적 · 사회적 복지를 증진시키는 연방정부 프로그램을 종합적으로 담당한다. 아동가족행정청(ACF)의 부서에 아동청소년가족행정청(Administration on

Children, Youth and Families: ACYF)가 있으며, 여기에서는 아동 · 청소년의 긍정적 성장과 개발을 촉진하는 사회적 서비스, 위기에 처한 아동 · 청소년을 위한 보호 서비스, 일하는 가정과 공적 지원이 필요한 가정의 아동 보호, 그리고 특별한 욕구를 가진 아동을 위한 서비스 등을 지원하는 연방정부 프로그램을 운영한다. ACYF는 대표 직위인 커미셔너(Commissioner)에 의해 책임 운영되며 4개의 부서(bureaus)로 구성되어 있는데, 각 부서는 부 커미셔너(Associate Commissioner)가 맡고 있다. ACF는 10개 지역사무소를 가지고 있는데, 이들은 해당 지역 ACF 프로그램의 재정적 관리를 담당하며 주(state)와 지방정부 등에 프로그램 관리 지침을 제공하기도 한다. 한편, ACYF의 한 부서인 가족과 청소년서비스국(Family and Youth Service Bureau: FYSB)은 청소년과 가족을 지원하며, 청소년 이슈에 대한 국가적 리더십을 제공하기 위한 곳이다. FYSB는 청소년사업에서 '청소년개발' 관점을 촉진시키며, 청소년, 특히 가출청소년과 홈리스 청소년들에 대한 지역사회 서비스를 지원하고 있다. ACF는 홈페이지에서 ACF의 프로그램 서비스 안내문을 한글로도 서비스하고 있다(김영지 외, 2009).

보건 · 인간서비스부는 1997년 인터넷상에 'YOUTHINFO'라는 사이트를 개설하여 미국 청소년에 대한 정보와 연방정부가 어떻게 청소년문제를 다루고 있는가에 대한 정보를 제공하고 있다. 현재 가족과 청소년서비스국(FYSB)이 운영하는 이 사이트는 연방정부 기관들이미국 청소년들을 위해 어떻게 일하는 지 알려준다. 이 사이트는 2015년 이후 유스닷거브(youth.gov)로 개편되었으며 미국의 십대에 대한 정보자료를 제공하고 약물과 알콜중독, 폭력과 십대 임신 등과 같은 청소년의 건강과 발달에 대한 연구를 지원하며, 연방정부, 주정부, 단체들의 자료를 사용해서 지역사회가 청소년을 위해 더 좋은 결과를 얻을 수 있도록 돕고 있다.

유스닷거브(youth.gov)는 청소년에 관한 연방정부기관의 연합데이터베이스로서 효과적인 청소년프로그램을 만들고, 유지하고 강화하도록 도와주는 미국 정부의 공식포탈이다. 청소년통계, 재정지원 정보, 지역사회 자산을 평가하는 도구(tools)를 제공하고 지역과 연방의 자원을 찾을 수 있게 하고, 청소년프로그램을 검색하고 최근의 청소년 관련 소식(news)를 지속적으로 업데이트해준다. 이 데이터베이스에는 백악관을 비롯하여, 국무부, 보건 · 인간서비스부, 교육부 등을 포함하여 33개 연방부서와 134개 공공기관이 참여하고 있다 유스닷거브(youth.gov)에서는 28개의 항목을 중심으로 청소년 관련 정보를 제공해 왔는데, 2021년 10월 현재는 청소년건강(adolescent health)에 관한 항목을 포함하여 총 29개 주제에 관한 자료를 제공하고 있다. 청소년정책과 관련한 이슈 들에는 방과후 프로그램, 불링예방, 시민적 관여, 취업, 홈리스 및 가출, 소년사법, 멘토링, 긍정적 청소년발달, 자살예방, 폭력예방 등이 포함된다. 따라서 서비스 되는 자료항목의 내용은 오늘날 미국의 청소년정책 동향을 살펴볼 수 있는 하나의 단초로 볼 수 있을 것이다(여성가족부, 2020).

〈표 1-1〉 미국 유스닷거브(Youth.gov) 청소년데이터의 29 주제 영역(2021년 10월)

구분	29개 주제영역	비고
1	청소년건강 Adolescent Health	COVID19
2	방과후 학교 프로그램 Afterschool Programs	
3	아메리카 인디언과 알래스카 원주민 청소년 American Indican and Alaska Native(AI/AN) Youth	
4	청소년따돌림(불링)예방 Bullying Prevention (stopbulying.gov)	별도 웹사이트
5	교정시설 수용 부모의 자녀 Children of Incarcerated Parents	
6	시민적 관여 Civic Engagement	
7	데이트폭력 예방 Dating Violence Prevention	
8	장애 Disabilities	
9	운전자 안전 Driver Safety	
10	취업 Employment	
11	출산을 앞두거나 현재 양육 중인 청소년부모 Expectant and Parenting Young Families	
12	가족 참여 Family Engagement	

구분	29개 주제영역	비고
13	재정역량과 문해력 Financial Capability & Literacy	
14	갱단 참여 예방 Gang Involvement Prevention	
15	노숙과 가출 Homeless and Runaway	
16	청소년 사법 Juvenile Justice	
17	성 정체성에 대한 고민 LGBT	
18	정신 건강 Mental Health	
19	멘토링 Mentoring	
20	긍정적 청소년발달 Positive Youth Development	
21	임신 예방 Pregnancy Prevention	
22	재해대비와 복구 Preparedness & Recovery	
23	청소년 재결연 Reconnecting Youth	
24	학교 분위기 School Climate	
25	약물 남용 방지 Susbstance Use/Misuse	
26	자살 예방 Suicide Prevention	
27	인신매매 방지 Trafficking Prevention	
28	성인기로의 진입 Transition & Aging Out	
29	폭력 예방 Violence Prevention	

출처: https://youth.gov/youth-topics에서 2021년 10월 20일 인출

청소년업무를 다루는 그 외 부처 가운데, 내무부는 청소년프로그램실을 두어 청소년 수련과 야외 레크리에이션 지도를 하고 있다. 법무부는 교정국이 있으며, 미성년 재판 및 미성년 비행예방, 노동부는 청소년고용, 미성년자 근무시 안전대책, 청소년을 위한 공정한 고용기회 프로그램, 청소년 직업훈련 프로그램, 교육부는 학생관련 업무를 주로 담당하며, 직업교육. 성인교육 담당차관보가 있다. 국무부는 청소년관련 단체, 농림부는 농촌청소년활동, 주택 및 도시개발부는 도시청소년 프로그램인 'Youthbuild' 등을 관장하고 있다.

주정부와 지방정부의 청소년 관련 부처도 주와 지방마다 다르지단 주로 각 주의 복지부(Welfare Department)나 후생행정청 산하의 청소년서비스부(Department of Youth Services) 등에서 업무를 맡아 한다(NYC Department of Youth Services, 1993; 조흥식, 1993). 각주의 시. 카운티 행정기관과 교육위원회, 각급 지역사회 센터 등에서 청소년 활동 및 복지사업을 주관하고 있다. 카운티 이하의 청소년업무는 성인교육 및 레크리에이션활동, 건강 · 보건프로그램, 사회복지사업 등의 세 가지 영역으로 구분되어 실시되고 있는데 성인교육 및 레크리에이션 프로그램은 지방자치단체별로 그 주관부문이 다른 것은 있지만 공원 · 레크리에이션 담당국 아래의 교육위원회가 주로 담당하고 있다.

이와 같이 제도적으로 보장된 다양성으로서의 미국은 관련 법률이 제정되는 경우에도 연방정부차원에서는 일반적 지침이나 연방정부와 주정부의 역할의 배분이 주된 내용이 되고 있으며, 모든 실질적인 계획의 수립과 집행은 주에 따라, 지방에 따라 다르게 이루어지고 있다. 대체로 각종 청소년관계 입법을 통해서 지원내용과 예산이 확정되면 등록된 청소년관련 기관들은 일정한 형식을 갖추어 지원을 요청하게 되며 주정부나 연방정부의 해당 기관에서는 이를 평가하여 타당하다고 판단되면 지원을 하게 된다.

3. 청소년정책사업과 연방 프로그램의 발전

1) 정책사업과 주요 대상

미국의 청소년정책사업과 프로그램은 다양하고 모든 분야를 망라한 종합적인 접근을 하고 있으며 연방정부의 각종 지원사업은 청소년이 있는 모든 미국가정과 시설에 주어지고 있을 만큼 청소년사업의 내용과 규모는 방대하다는 사실에 주목할 필요가 있다. 보건 · 인간서비스부의 업무와 관련한 사업만도 전국학교 점심프로그램(National School Lunch Program), 아동학대대책, 가정폭력, 범죄피해자 지원, 미성년 소녀의 임신문제, 모자보건 서비스보조, 이중언어교육보조, 이민가족의 중등교육보조, "집이 없는 어린이와 청소년을 위한 교육"사업, 소비자와 내집 짓기(Home-Making) 교육, 예술교육보조, 하계청소년 취업보조 등 일일이 제목을 열거할 수 없을 정도로 다양하고 구체적인 청소년사업들이 이루어지고 있는 실정이다(이윤구, 1990).

미국 청소년정책사업의 연방–주–지방정부로 이어지는 행정체계를 보면 연방정부는 주와 지방정부에 대해 매우 광범위하고 일반적인 최소한의 기준과 프로그램 범주를 정하고 프로그램 시행의 세부적인 사항은 각 주와 지방에서 자율적으로 정하여 시행하기 때문에 지역별로 조직형태나 프로그램의 내용이 상이한 특징을 갖는다(조홍식, 1993). 청소년들에 제공하는 프로그램들은 청소년과 지도자와 성인이 함께 참여하여 계획하고, 계획된 프로그램은 학교나 지역사회, 또는 사회단체가 단위가 되어서 실시하고 주정부나 연방정부는 이를 지원하고 있는 것이다.

미국 청소년정책의 대표적 특징의 하나는 긍정적 청소년발달(positive youth development) 관점에서 청소년개발(youth development)과 지역사회청소년개발(community youth development)을 강조하는 흐름이 있다는 것이다(천정웅, 2020). 청소년개발은 청소년의 능력개발과 건강한 성장을 지원하는 것으로 청소년이 주체적으로 잠재력 발휘를 최대한 할 수 있도록 조력함으로써 지역사회에 공헌하고 성공적으로 성인기로 진입하도록 도우는 접근방법이다(여성가족부, 2020). 이러한 정책적 특성과 관련하여 주목할 점은 최근의 COVID-19 팬데믹(pandemic)과 관련한 청소년업무의 하나의 대안으로 긍정적 청소년발달의 중요성을 새롭게 강조하고 있는 점이다(Arnold, 2020),

이와 함께 기존에 주로 사용하던 '취약한(vulnerable)' 청소년, '위기에 처한(at-risk)' 청소년 또는 '어디에도 속하지 않는 단절된(disconnected)' 청소년 등과 같은 용어들이 새롭게 '기회(opportunity)' 청소년 또는 '가능성이 있는(at-promise)' 청소년 등과 같은 것으로 대체되고 있는 흐름에서도 나타나고 있다. 사실 이러한 변화는 기존의 부정적 레이블(label)에서 벗어나 하나의 새로운 패러다임(a new paradigm)으로 '가능성이 있는(at-promise)' 청소년(학생)으로 사용해야 한다는 주장이 지속적으로 제기되어 온 결과로 볼 수 있다(Swadener & Niles, 1991). 사실, '취약한' 또는 '위기에 처한' 청소년이라는 용어의 보편적 정의는 없다. 이러한 명칭에 대해 일부에서는 잠재적 낙인효과가 있다고 보아 사용하지 않아야 한다고 주장한 바 있다(Fernandes-Alcantara, 2020). 최근 '미국의 측정(Measure of America: MOA)' 라는 비영리 사회과학연구위원회(Social Science Research Council)에서는 16-24세 청소년 가운데 이에 해당하는 비율은 2018년의 경우 약 11.2%로 청소년 9명 중 1명으로 나타났는데, COVID-19 팬데믹(pandemic)으로 인해 4 또는 5명 중 1명의 비율로 약 2배 가까이 증가될 것으르 추산하고 있다(Fernandes-Alcantara, 2020).

미국 연방정부의 청소년정책은 그동안 이러한 기존의 용어에 속하는 청소년을 대상으로 하는 프로그램과 사업들을 전개해 온 전통을 가지고 있는데, 최근에는 긍정적 청소년발달(positive youth development)에 초점을 맞추면서 기존의 접근과 다른 노력을 기울이고 있으며, 보다 긍정적이며 적극적인 용어로 전환하고 있는 것이다. 이에 따라 연방정부에서 운영하는 홈페이지, 유스닷거브(youth.gov)에서도 기회청소년(opportunity youth)으로 공식화하고 있다. 특히, 캘리포니아(California) 주는 기존에 '위기에 처한(at-risk)' 청소년으로 부르던 것을 2020년 1월 부터는 '가능성이 있는(at-promise)' 청소년으로 부르도록 하는 입법 개정이 있었다. 기존의 용어가 해당 청소년에 대해 부정적인 이미지를 갖도록 하는 문제점이 있었으며, 그로 인하여 청소년의 자기인식 뿐만 아니라, 주변인의 인식에도 부정적 영향을 미칠 수 있다고 본 것이다. 이러한 청소년들은 교육적 지원을 통해 얼마든지 개선할 수 있다는 의미를 강조한 결정으로 평가된다.

Fernandes-Alcantara(2020)는 의회 제출 보고서(CRS Report, RL33975)인 "취약 청소년: 배경과 정책들(Vulnerable youth: Background and policies)"을 통해 미국 청소년정책과 관련한 주요 대상인 "기회청소년(opportunity youth)"에 대해 서술하면서 "취약한(vulnerable) 또는 위기에 선(at-risk) 청소년"과 어디에도 속하지 않는 이른바 "단절된 청소년(disconnected youth)"에 대해 정의하고 있다. 우선, 이 용어는 정서적 문제와 적응문제를 경험하고, 학교 중도탈락의 위험이 있거나 졸업 후의 성공을 위한 기술을 결여하고 있는 개인들을 의미하는(denote) 것으로 사용되었다. 불안전한 가족이나 지역사회환경에서 성장하는 청소년들을 서술하는 것으로도 사용되었다. 많은 연구자, 정책가, 청소년 옹호자들은 이러한 개념정의에 동의한다. 취약청소년들은 지역사회에 상처를 주는 잠재성을 가진 문제행동과 성과를 맞게될 위험에 처한 특성과 경험을 갖는다. 위기에 선(at risk)라는 용어가 반드시 청소년들이 이미 부정적 성과를 겸험한 것을 의미하지는 않는다. 그 보다는 부정적 성과를 가질 가능성이 보다 많다는 것을 제시한다. 위기에 선 청소년들은 낮은 것부터 높은 것 까지의 각기 다른 수준의 위험부담을 경험하며, 일부는 복수의 위험 요인을 갖는다. 그러나 이들 청소년들은 부정적 성과를 완화하는(mitigate) 레질리언스(resilience)를 보여주고 있다.

취약청소년들에 대한 연구자들은 성인기로 들어감에 따른 낮은 성과(poor outcomes)을 경험하는 위기에 처한 복수의 집단을 규명하였는데, 여기에는 ① 위탁에서 벗어나는(emancipating) 청소년, ② 가출 노숙 청소년, ③ 청소년사법시스템에 관련된 청소년, ④ 이주 청소년과 영어유창성이 제한적인 청소년, ⑤ 신체적 · 정신적 장애를 가진 청소년, ⑥ 지적 불안정을 가진 청소년, ⑦ 특수교육을 받는 청소년 등이 포함된다. 일부 연구자들은 또한 위험성과에 기반하여 취약청소년으로 구분하는 집단들이 있는데, 여기에는 청소년 미혼모, 고교중퇴자, 재학 또는 재직하지 않은(즉, 학교에 다니지 않거나 고용되지 않은) 무소속 청소년 등이 포함된다.

모든 취약 청소년들이 모두 부정적 성과를 갖는 것은 아니다. 그러나, 사회과학문헌

고찰을 보면, 청소년들이 성인기로 이행함에 따라 청소년기에 부정적 성과에 직면할지 아닐지에 영향을 주는 복수의 요인들을 규명했다. 여기에는 ① 빈곤, ② 가족 불안정성: 한 부모 가족, ③ 가족 역기능: 어머니에 대한 폭력을 목격하거나, 가족구성원 중 범죄에 연루된 경우, ④ 아동 혹사(maltreatment): 학대와 방임의 경험, ⑤ 지역사회 내 폭력 노출, ⑥ 학교 자원의 부족과 환경적 열악성, ⑦ 지역사회 자원: 빈곤 지역 등, ⑧ 빈번한 주거 이동, 그리고 ⑨ 인종적 · 민족적 배경 등과 같은 요인들이 포함된다. 연구들은 이들 중 두가지 이상을 경험하는 경우 더욱 취약하다는 점을 알려준다.

또한, 미국 의회 보고서에서는 "어디도 속하지 않는 단절된(disconnected) 청소년"에 대해 설명하고 있다. 청소년 옹호가들과 연구자들은 고용과 교육에서 모두 부정적 성과를 경험한 취약한 청소년에 초점을 두었다. 일반적으로 '단절된(disconnected)' 이라고 특징화되는 청소년들은 일하거나 학교를 다니거나 하지 않는 경우를 말한다. 그러나, 이 용어에도 통일된 개념정의는 없다. 미국의 측정(Measure of America: MOA)이라는 비영리 사회과학연구위원회(Social Science Research Council)에서는 단절된 청소년(disconnected youth)을 "16-24세 사이의 학교나 일 중 어느 것에도 속하지 않는" 청소년들로 정의하고 있는데, 미국 의회 연구소(Congressional Research Service: CRS)의 인구연구에 관한 분석보고서에 의하면 '단절된(disconnected)'이라는 개념정의는 청소년의 연령과 청소년들이 학교나 일에 속하지 않는 기간을 어떻게 보는 가에 따라 다르게 나타난다고 보았다. 일부 연구는 16세부터 24세까지를 청소년으로 계산하고 또 다른 연구는 16-19, 또는 18-24 등으로 각기 다른 연령 범주를 사용한다는 것이다.

취약한 (또는 위기에 처한) 청소년들은 성인기로의 이전에 더 많은 복잡한 일을 경험하게 되는데, 여기에는 가족갈등이나 가족의 포기 및 적절한 임금과 건강보험을 제공하는 고용을 확보하는데 어려움을 겪는 것이 포함된다. 이러한 청소년들은 책임있는 성인으로서의 미래발전에 부정적 결과를 초래하는 상황에 빠지기 쉬운데, 여기에는 10대에 부모가 되거나, 가출, 약물, 비행, 신체적 · 성적 학대 및 학교 중도탈락 등이 포함된다. 노동시장과 학교로부터 이탈 또는 단절은 성인기로이 전이가 성공적으로 이루어지기 어렵다고 볼 수 있는 대표적인 지표가 되고 있는 것이다.

2) 연방청소년 정책프로그램의 발전

연방정부는 이들 기회청소년들이 청소년기나 성인기로의 이행과정에서 경험하게 되는 도전들에 대처하는 단일한 범분야 연방정책(a single overarching federal policy) 또는 입법장치(legislative vehicle) 들을 채택하지 않고 있다. 그 보다는 오늘날의 연방청소년정책은 20세기 초에 수립된 복수의 프로그램으로부터 진전되어 왔으며, 1964년 빈곤과의 전쟁(War on poverty)선언 이후 확대되어 왔다. 이러한 프로그램은 6대 분야에 집중되는데, 노동력개발, 교육, 소년사법과 비행예방, 사회서비스, 공중보건, 및 국가 및 지역사회 서비스 등이 포함된다. 이들 프로그램은 기회청소년들에게 그들이 성인기에 필요한 기술을 개발하도록 하는 기회를 제공하는 것을 목적으로 한다.

불리한 청소년들을 지원하는 일련의 연방 서비스와 활동에도 불구하고, 이들 프로그램의 많은 부분은 응집된 지지시스템으로 발전하지 못했다. 이는 부분적으로는 일부 기관에서 이루어지는 프로그램 행정 때문이기도 하고, 이들 활동을 조정하는 메커니즘의 결여 때문이기도 하다. 기회청소년을 지원하기 위해 개발된 이러한 복잡한 연방의 구조들에 관한 관심에 대응하여, 의회는 2006년에 톰 오스본 연방청소년조정법(Tom Osborne Fedeal Youth Coordination Act; P.L. 109-365)을 통과시켰다. 이 법에 따른 활동들에 재정지원이 전혀 없었음에도 불구하고, 행정명령 13459호에 의해 "청소년프로그램에 관한 기관 실무그룹(The Interagency Working Group on Youth Programs: IWGYP)"을 2008년에 구성하였으며, 청소년 프로그램을 관장하는 다수의 기관들간의 활동을 조정하는 일들을 수행하였다. 이와 별도로 의회는 기회청소년을 위한 서비스

전달을 개선하기위한 입법을 고려했으며, 이들 청소년에게 "긍정적 청소년개발(positive youth development)" 초점을 가진 정책을 통하여 이들 청소년에게 기회를 제공하고 있다. "청소년프로그램에 관한 기관 실무그룹(IWGYP)"은 긍정적 청소년발달을 청소년들이 성공적 성인이 되는데 필요한 기술, 태도, 행동을 획득하고 실천하도록 도움으로써 청소년들이 긍정적 추구에 참여하는 하나의 과정으로 특징화한다.

"청소년프로그램에 관한 기관 실무그룹(IWGYP)"에는 집행 부서로 청소년을 위한 지원을 조정하기 위한 실무그룹을 두고 몇가지 이니시어티브들을 시행하였다. 법무부에서는 1970년대 이후 "소년사법과 비행예방에 관한 조정회의(Coordinating Council on Juvenile Justice and Delinquency Prevention)"를 운영하였다. 최근 오바마와 트럼프 행정부는 기회 청소년을 위해 일하는 지역커뮤니티들을 지원하기 위해 선정된 기관들에 대한 재정지원을 조정하는 "퍼포먼스 파트너십 파일럿(Performance Partnership Pilots: P3) 이니시어티브"를 시행하였다. 톰 오스본 연방청소년조정법(Tom Osborne Federal Youth Coordination Act, P.L. 109-365)은 연방정부가 청소년에 대한 연방 프로그램의 조정을 개선하기 위해 청소년위원회(a youth council)를 설치할 수 있도록 승인한다. 결과적으로 청소년위원회는 설치되지 않았지만, 2008년에 기관간 실무그룹을 구성하는 성과는 이루었던 것이다.

청소년정책 대상으로서의 취약청소년과 단절된 청소년을 위해 미국은 지난 30여년 이상 서비스전달을 개선하고 이들 청소년이 "긍정적 청소년발달" 초점을 가진 정책들을 통해 기회를 제공하기 위해 1995년 청소년지역사회개발 포괄 보조금(Youth Community Development Block Grant of 1995)과 2000년 미국청소년법안(Younger Amercian Act of 2000: YAA)등과 같은 입법 노력을 기울여 왔다. 특히, 미국청소년법안(YAA)은 미국 최초의 청소년정책을 확립하는 법이라 할 수 있는데, 청소년들이 성인과 성실한 시민으로 충분히 준비하는데 필요한 유능감과 인성 발달을 목적으로 한다. 지역청소년센터, 직업준비 프로그램, 청소년주도 프로그램, 지역사회 서비스 프로그램, 멘토링 프로그램, 문화프로그램, 스포츠 프로그램 등 다양한 청소년 개발 프로그램에 대한 재정적 지원을 규정하고 있다. 그러나, 이 법은 2021년 12월 현재까지 아직 법안의 형태로 되어 있으며, 의회를 통과하지 못하여 법으로 제정되지는 못한 상황이다.

4. 연방정부의 청소년지원 역할

오늘날 미국 연방정부의 청소년정책은 1900년대 초에 아동과 청소년을 지원하기 위해 시작된 복수의 프로그램과 이니시어티브들로부터 진전되어 왔다. 20세기 시작 때부터 1950년대까지, 청소년정책은 광의적 아동복지 이슈의 프레임 워크 (framework)아래 함께 취급하였다. 1912년에 설립된 아동국(Children's Bureau)는 아동 노동과 특별한 필요를 가진 아동의 보호에 관심의 초점을 두었다. 연령 범주는 명료하게 구분되지 않았지만, 당시의 아동 노동 개혁 입법에서 제안된 것에 기반하였다. 아동은 16세 이하를 말하는 것이었다. 또한 이 시기 동안에는 일과 교육 지원프로그램들이 16-23세 청소년을 위한 경제 대공항(Great Depression)의 재정적 압력을 완화하기 위해 만들어졌으며, 점차 연방의 관심은 비행청소년으로 분류되는 청소년의 수가 증가되는 것에 대한 대응에 초점을 두게 되었다.

그 후 1960년대와 1970년대에는 6가지 정책영역에서 목표로 하는 청소년 프로그램을 만드는 것으로 두드러진다. 여기에는 ① 인력 개발과 직업훈련, ② 교육, ③ 소년사법과 비행예방, ④ 사회 서비스, ⑤ 공중보건, ⑥ 국가 및 지역사회 서비스 등이 속한다. 1980년대부터 현재까지는 이들 프로그램의 많은 부분이 확대되었으며, 없어진 프로그램도 있다. 연방 정부는 또한 최근에 대상을 분명히 한 입볍과 이니시어티브들을 통해 청소년들에 이바지하려는 전략을 채택하고 있다.

1) 1960년대-1970년대 주요 동향

이 시기는 빈곤과의 전쟁 이니시어티브와 프로그램의 확장이란 특징을 갖는다. 주요 프로그램으로는 경제기회법, Economic Opportunity Act(EOA) of 1964(P.L. 88-452), 초중등교육법, Elementary and Secondary Education Act(ESEA) of 1965(P.L 89-10), 고등교육법, Higher Education Act(HEA) of 1965 (P.L. 89-329), 청소년보존봉사단법, Youth Conservation Corps Act of 1970(P.L. 91-378), 종합 고용 및 훈련 활동법 Comprehensive Employment and Training Activities Act(CETA) of 1973, 소년사법 및 청소년비행예방법, Juvenile Justice and Delinquency Prevention Act(JJDPA) of 1974(P.L. 93-415), 모든 장애아동교육법, Education for All Handicapped Children Act of 1975(P.L. 94-142) 등이 포함된다.

특히, 이 시기 연방정부는 백악관아동 · 청소년회의(White House Conferences on Children and Youth)를 주기적으로 개최하여 정책건의를 수용하였다. 이후 이는 1990년에 제안된 청소년법 제32호에서 규정된 바 있는데, 백악관아동청소년회의는 기존의 모든 국가의 정책을 검토하고 청소년과 가정을 강하게 만드는 데 필요한 정책대안을 제안토록 하고 있으며 주로 각 청소년단체나 기관에서 제출하는 사업을 심사하고 조정하고 지원하는 것을 목적으로 하였다(1990년 청소년법 제82호). 이 회의에는 중앙과 지방의 청소년, 가정복지의 행정대표, 전문가, 일반국민대표로 구성하고 회의가 끝난 다음 대통령과 국회상임위원회에 행정적 후속조치 등에 관하여 보고토록 하고 있다. 백악관 회의는 보건 · 인간서비스부 장관이 청소년가정행정청장(Commisioner)의 도움을 받아 동 회의를 계획하고 준비하여 시행하도록 하되 연방정부 각 부처의 경험과 기술, 자원 등을 동원하게 되어 있다(동법 제83조). 이러한 내용은 법안으로 제시되고 법으로 확정되지 못한 상황이지만, 미국 청소년정책의 발전과정에서 대통령이 주관하는 청소년정책의 최고결정을 위한 국가기구를 마련하고자 한 노력으로 평가할 수 있다.

2) 1980년대 이후 - 현재의 청소년프로그램

현재의 연방 청소년정책은 몇가지 영역의 사회정책과 관련하여 조금씩 만든 프로그램들에 의해 이루어진 것이다. 빈곤과의 전쟁 시기 때까지 역사를 거슬러가는 많은 청소년 초점의 프로그램들이 오늘날까지 지속되고 있으며, 일부 새로운 프로그램들이 기관별로 나타나고 만들어졌다. 가족청소년서비스국(Family and Youth Service Bureau: FYSB)은 청소년 이슈에 관한 지도력(leadership)을 제공하기 위해 만들어졌지만, 관리하는 청소년프로그램은 많지 않은데, 여기에는 가출홈리스청소년프로그램(Runaway and Homeless Youth Program)과 10대 임신예방(Teen Pregnancy Prevention) 프로그램 등이 포함된다. 오늘날 연방 청소년정책은 긍정적 청소년발달을 증진시키고 청소년에 초점을 둔 프로그램을 관리하는 연방기관들 간의 조정을 강화하려는 최근의 이니시어티브들을 포함하고 있다.

미국 의회 보고서에서는 앞서 말한 6개 영역에서의 50개 주요 연방 프로그램들을 확인할 수 있다. 여기에는 각 프로그램을 승인하는 입법과 미국코드번호(US. code)가 있으며, 목표, 2000년 회계연도 이후부터 2020년도(2000FY 2006-FY 2020)까지의 재정지원 수준, 관할 기관, 목표로 하는 위기 청소년 대상 등을 포함하고 있다. 이 보고서에서 포함하고 있는 프로그램들은 주로 10-24세까지의 취약 청소년을 연구하거나 이들을 위해서 제공하는 목표를 기준으로 선정한 것이다.

이들 프로그램은 취약 청소년들에게 기술을 개발할 기회를 제공하고, 이들에게 청소년기와 성인기로의 이행 동안에 도울 수 있는 기술과 능력을 개발하는 기회를 제공하는 것을 목적으로 한다. 의회는 이들 프로그램에 몇가지 서비스와 활동을 위한 재정을 할당하였다. 여기에는 갈등 해결, 상담, 범죄/폭력 예방, 갱 개입, 직업훈련지원, 멘토링, 부모/가족 개입, 계획과 프로그램 개발; 연구와 평가 등이 포함된다. 프로그램은 규모, 범위, 및 재정지원 승인수준과 유형(필수 vs. 재량)등에 따라 달라진다.

미국 의회 보고서에 제시된 목록이 모든 청소년프로그램을 포함하고 있지는 않지만, 목표 청소년 대상을 가진 일부 프로그램은 누락될 수 있다. 두 개의 주요한 포괄 보조금 프로그램(block grant program)으로 TANF(temporary assistance for needy families program)와 SSBG(social service block grant)은 포함하고 있지 않는데, 이는 청소년업무에 대한 전용자금(dedicated funding)을 제공하고 있지 않기 때문이다. 그러나 각 주에서는 TANF와 SSBG 기금을 청소년업무에 필요한 목적으로 사용하도록 선택할 수 있다.

3) 미국 연방정부의 6대 정책영역

(1) 직업훈련과 인력개발(Job Training and Workforce Development)

연방정부는 청소년을 위한 4개의 주요 직업훈련과 인력개발 프로그램에 대해 재정을 지원한다: 여기에는 청소년활동(Youth activities), 직업봉사단(Job Corps), 유스빌드(YouthBuild), 그리고 청소년보존봉사단(Youth Conservation Corps)가 포함된다. 이들 프로그램은(청소년보존봉사단, Youth Conservation Corps을 제외하고) 노동부(Department of Labor: DOL)에서 관리하며 직업 목적을 충족하는데 부가적 지원을 필요로 하는 14-24세까지의 저소득 청소년을 대상으로 한다.

(2) 교육(Education)

취약청소년을 위한 대부분의 연방교육 프로그램은 초중등교육법, Elementary and Secondary Education Act(ESEA) of 1965과 고등교육법, Higher Education Act(HEA) of 1965에 의해 승인되고 교육부(Department of Education: ED)에 의해 관리된다. ESEA는 Title I-A라는 가장 큰 프로그램과 함께 K-12 교육 프로그램에 대한 1차적인 연방 재정을 제공한다. HEA는 중등교육 이후의 비용을 충당하도록 도우는 일-학업 지원을 위한 원천이 된다.

(3) 소년사법 · 비행예방(Juvenile Justice and Delinquency Prevention)

법무부(Department of Justice: DOJ)에 속해 있는 소년사법 · 비행예방국(OJJDP: Office of Juvenile Justice and Delinquncy Prevention)는 청소년 범죄자들과 청소년비행의 예방에 관한 연방활동을 조정하고 프로그램을 관리한다. 프로그램에는 소년사법 · 비행예방(JJDPA: Juvenile Justice and Delinquncy Prevention Act of 1974)에 의해 실행되는 것들을 포함한다. JJDPA는 1974년에 처음 실행되었으며(P.L. 90-415) 가장 최근에는 21세기 법무부 세출승인법(21st Century Department of Justice Appropriations Authorization Act) (P.L. 107-273)에 의해 재승인되었다.

(4) 사회 서비스(Social Services)

위기 청소년을 지원하는 주요한 사회서비스 프로그램은 사회보장법(Social Security Act)에 의해 승인되었다. 보건 · 인간서비스부(Department of Health and Human Service)가 관리한다. 대표적인 것으로는 위탁돌봄 프로그램, 위탁돌봄 프로그램(Foster Care Program and Chafee Foster Care Independedece Program: CFCIP)와 가출 · 홈리스 청소년 프로그램(Runaway and Homeless Youth Program)이 있다.

(5) 공중보건(Public Health)

취약청소년을 위한 공중보건 프로그램은 미국 보건·인간서비스부 아동가족행정청(Department of Health and Human Services, Administration for Children and Families) 및 약물오남용 및 정신건강서비스 행정청(Substance Abuse and Mental Health Services Administration: SAMHSA)에 집중되어 있다. 이들 프로그램은 청소년의 정신건강, 약물오남용, 10대 임신예방 및 임신하거나 양육하는 10대들을 위한 지원과 관련된다.

(6) 국가 및 지역사회 서비스(National and Community Service)

국가 및 지역사회서비스 법인(Corporation for National and Community Service: CNCS)은 두 개의 법률에 의해 승인된 프로그램들을 관리하는 독립된 연방 기관이다. 1990년 국가 및 지역사회 서비스 법(NCA: National and Community Service Act of 1990, P.L. 101-610) 및 1973년 국내자원봉사서비스법(DVSA: Domestic Volunteer Service Act of 1973)이 그것이다. 이들 프로그램은 복수의 서비스 활동을 통해 이를 필요로 하는 커뮤니티에 대중 서비스를 제공하는 것에 초점을 둔다.

4) 취약청소년 프로그램 조정을 위한 연방의 노력

취약청소년을 위한 일단의 서비스와 활동에도 불구하고, 많은 프로그램들이 하나의 정책 영역이나 여러 가지 정책 영역에 걸쳐 조정하려는 시도를 거의하지 않으면서 개발된 것이다. 정책결정가와 청소년 옹호자들은 연방 기관들은 최소한 개념을 정의하고 소통과 자문을 하는 등과 같이 업무를 조정(coordination)하는 메카니즘을 개발해야 한다고 주장한다. 이들은 업무 조정은 청소년을 위한 프로그램을 확대하고 청소년에 영향을 끼치는 공공 정책의 복잡성 증대와 상호 관련된 본질, 기관 간의 정책형성의 분절성 및 이전의 제도적 경계를 가로지르는 새로운 정책 우선순위를 수립해야 하는 상황 등의 여러 가지 이유로 인해 필요하다고 주장한다.

청소년 프로그램의 업무조정을 개선하기 위한 연방 노력들은 다음과 같은 것이 있다. 첫째는 복수의 정부기관이 관련된 조정을 강화하는(spur) 법과 행정명령이다. 여기에는 Claude Pepper Young American Act(P.L. 101-501), YouthBuild Transfer Act(P.L. 109-281), 및 Tom Osborne Federal Youth Coordination Act(P.L. 109-365) 등이 있으며, 이들 세 개 중에서 YouthBuild Transfer Act만 재정지원이 이루어졌다. 2008년에 George W. Bush 대통령은 '청소년프로그램에 관한 기관 실무그룹'을 설치하는 행정명령 13459호에 서명하였다. 한편, 구체적인 청소년 주제 영역과 청소년 대상 인구에 따른 프로그램을 조정하는 노력들이 이루어졌는데, 여기에는 조정위원회와 두 개 이상의 기관에 의해 수행되는 재정지원 프로그램 등이 있다.

5. 청소년 · 청년의 미래비전을 위한 시사점

청소년에 대한 미국의 국가적 관심은 "학교에서의 교육"에서 청소년들의 일상생활까지 포함하는 것으로까지 확대되고 있으며 여기에 청소년문제의 예방과 대처라는 청소년개발(Youth Development)의 측면이 강조되고 있다. 이러한 점에서 미국의 청소년정책과 관련한 일반현황과 정책 개관에 따른 주요 특성을 요약하면서 우리나라 유스(Youth) 즉, 청소년 · 청년의 미래비전(future vision)을 위해 시사하는 바를 다음과 같이 정리하기로 한다.

첫째, 미국사회는 구성자체가 다양성에 기초를 둔 사회이기 때문에 전국적으로 통일되고 조직화된 제도로서 청소년정책의 체계적 활동은 행해지고 있지 않다. 일찍 발달된 교육자치제와 실용주의의 추구를 중요하게 생각하는 전통으로 청소년업무도 지역에 따라 독특한 인종, 인구, 문화적 배경, 경제적 조건, 교육 등의 특색을 고려해서 수립 실시되고 있다. 미국의 청소년업무는 연방정부 차원에서는 보건 · 인간서비스부가 주로 맡아하고 있으며 내무부, 법무부, 교육부 등 여러 부처에서 청소년관계 사업을 시행하고 있다. 주정부이하의 행정단위에서는 청소년업무를 청소년서비스국에서 담당한다. 각주의 시 · 군 행정기관과 교육위원회, 각급 지역사회 센터 등에서 청소년활동 및 복지사업을 주관하고 있다. 특히, 미국의 청소년정책사업과 프로그램은 다양하고 모든 분야를 망라한 종합적인 접근을 하고 있으며 연방정부의 각종 지원사업은 청소년을 가지고 있는 모든 미국 가정과 시설에 주어지고 있을 만큼 청소년업무의 내용과 규모는 방대하다는 사실에 주목할 필요가 있다.

둘째, 미국의 청소년정책은 긍정적 청소년발달(positive youth development)에 기반하여 청소년개발(youth development)과 지역사회청소년개발(commuity youth development)을 기조로 하는 가운데, 청소년 가치의 국가적 인정과 청소년기관 중심의 이기적인 분산적 정책이 아닌 통합적인 하나의 청소년운동이 되도록 하는 등의 패러다임 전환을 강조하고 있다. 우리나라도 청소년의 역량개발을 위한 적극적 관점(positive perspective)에서의 패러다임의 전환이 필요하다. 미국의 경우 '취약한' 청소년, '위기에 처한' 청소년 등의 용어들이 '기회' 청소년, '가능성의' 청소년이란 용어로 전환되고 있으며, 청소년업무가 가치로운 일로 인정받고 핵심가치에 대해 합의하는 연방 청소년정책의 역할을 강조하였다. 그동안의 역사적 과정에서 형성된 분열적인 실천 현장을 통합하고 기관을 통한 서비스 제공의 형태에서 벗어나서 청소년업무의 전환을 모색하고 있는 것이다. 이에 따라, 청소년업무의 발전을 위해 각기 다른 목적과 범주별 재정에 의존하는 기관들의 이기성을 극복하고 업무제휴를 모색하고 공동협력하는 방향으로 전환하는 노력을 강조하였다.

우리나라에서도 미래사회 발전(development)에 대한 관심과 청소년의 긍정적 발달(positive development) 또는 청소년개발(youth development)에 대한 재조명이 요청된다. 사실, 위기 청소년 정책에 대해서도 이러한 정책들이 특정 청소년들을 더욱 체계적인 방식으로 오히려 주변화시키고 있다는 비판이 제기되고 있는 실정이다. 특히, 미국 청소년 정책의 한계는 능력보다는 청소년이 문제를 교정하는데 집중함으로써 상대적으로 친사회적이며 청소년의 건강한 개발에 초점을 맞추는 접근을 소홀히 해 왔다는 점을 기억할 필요가 있을 것이다.

CHAPTER 02

청소년개발의 정책기조와 연방기관간 협력전략

CHAPTER 02

청소년개발의 정책기조와 연방기관간 협력전략

1. 정책기조로서의 청소년개발

1) 미국 청소년정책의 특성

미국은 우리나라의 '청소년정책5개년계획'과 같은 중장기 종합계획(master plan)은 수립하고 있지 않다. 그동안 청소년정책 수행의 비효율성에 관한 논의가 지속되고 있지만, 여전히 단일한 범분야 연방 청소년정책(a single overarching federal youth policy) 또는 입법 장치(legislative vehicle)를 갖고 있지 못하며 청소년 전문가와 민간연구기관들을 중심으로 합의된 단일한 정책의 필요성을 강조하고 있는 실정이다(천정웅 · 이민희 · 박선영 · 황성하, 2013). 최근의 한 연구에서는 미국의 청소년전문가 9명 중 7명은 단일한 연방정부 차원의 국가청소년정책이 결여된 점을 미국 청소년정책의 가장 큰 도전과제의 하나로 지적하고 있다(Borden et al., 2020). 이는 미국의 정부체제가 연방제를 중심으로 하고 있기도 하지만, 사회의 구성 자체가 다양성에 기초를 두고 있으며, 연방정부정책의 실질적인 계획수립과 집행은 주별, 지역별로 시행하는 오랜 전통을 갖고 있는 것과 관련된다.

또한 미국은 21곳 이상의 연방부서와 기관들이 청소년관련 업무를 맡아하고 있으며 청소년정책을 조정하는 연방정부 차원의 하부구조는 가지고 있지 않다Pozzoboni & Kirshner, 2016). 다만, 이들 유관기관들은 2008년 이후 '청소년 프로그램에 관한 기관 실무그룹(IWGYP: Interagency Working Group on Youth Programs)'을 설치하여 공동 협력을 증진하기 위해 노력하고 있다. 최근의 IWGYP의 성과는 지난 2016년 12월에 '청소년을 위한 통로(Pathway for Youth)'라는 보고서를 발간한 것으로, 이는 이러한 실무그룹이라는 기구에 참여 중인 "연방 협력기관(partners)들의 공통의 목적을 위한 노력의 첫 단계"로 평가받고 있다(IWGYP, 2016, p. 3).

최근 미국 청소년분야의 핵심 지도자들은 청소년업무와 관련하여 몇가지의 패러다임 전환(paradigm shifts)을 강조하고 있다. Borden 등(2020)은 청소년 가치의 국가적 인정과 연방정책을 지역적 상황에 맞도록 하는 패러다임의 전환을 강조하며, Shek, Leung, Merrick(2017) 등은 청소년 발달과 관련하여 소프트 스킬(soft skill)을 개발하는 방향으로 패러다임을 전환해야 한다고 보았으며, Fusco(2012)는 청소년정책에 대한 청소년 목소리를 촉진하는 내용을 강조하고 있다.

국가청소년정책의 핵심은 청소년업무의 가치와 공유된 우선순위를 수립하는 일이며, 이를 위해서는 무엇보다 청소년의 가치를 국가적 차원에서 인정하고 청소년업무의 핵심가치에 대해 합의할 필요가 있다. 미국에서 청소년업무가 그 가치를 제대로 인정받지 못하고 있는 점은 청소년 분야가 분열적(fractured field)이라는 현실과도 관련이 있다. 청소년업무의 실천현장은 "활동이 있는 장소들이 다양한 만큼 제각각이다"(Pozzoboni & Kirshner, 2016, p. 3). 청소년지도자들을 고용하는 단일한 기구는 없으며, 청소년업무가 이루어지는 단일한 상황은 없다(Cooper 2018). 각기 다른 장소에서 일하는 청소년지도자들은 각기 다른 모델을 사용하고 각기 다른 성과에 초점을 맞추고 있다(Pozzoboni & Kirshner, 2016). 즉, 청소년분야의 복합적이고 분열적인 본질이 그렇다는 것이다. 이런 점에서 기관 간의 공유된 가치가 필요하며, 이는 기관들 간의 이기적 벽을 허물고 청소년분야를 하나된 것으로 향해 나가도록 할 것으로 본다(Border et. al., 2020).

또 다른 주장은 기존의 단체와 기관 중심의 현장 활동과 분산적 패러다임에서 벗어나서 통합적인 하나의 운동으로 나아가야 하며 이를 위해서는 각 기관과 조직들 간의 제휴가 중요하다는 것이다((Dunne, Ulicna, Murphy, & Golubeva, 2014). 기관별로 자기 이익 추구를 중심으로 하는 단체(siloed organizations)의 본질적 특성은 청소년을 위한 통합적 접근을 저해하고 궁극적으로는 청소년을 위해 일하는 것을 어렵게 하는 원인이 된다. 따라서 프로그램의 가치와 조직의 기여에 대해 생각하면 할수록 청소년으로 부터는 멀어지게 된다고 지적한다(Borden et, al, 2020). 조직들 간의 제휴는 청소년업무 분야의 융합과 진전을 위해 다른 무엇보다도 중요하다고 본다. 이는 IWGYP의 연방공동협력 전략계획의 첫 번째 목적에서도 청소년성과를 개선하기 위해 조정된 전략을 증진하는 것을 제시하고 있는 것으로 나타난다(IWGYP, 2016). 즉, "청소년들은 전통적인 범주화된 프로그램과 기관별 이기적 목적에 따른(siloed) 프로그램들에 적합하지 않는 복합적인 도전과제들에 직면한다." 따라서 프로그램이 청소년들에 기여하기 위해서는 원활하게 제휴하고 공동협력해야한다는 것이다 (p.15).

2) 청소년개발(youth development)에 대한 이해

청소년개발 'youth development'는 청소년발달로도 해석하지만 '발달'이 청소년에게 일어나는 성장과 성숙 등의 변화에 초점을 둔 것과 달리, '개발'은 조작적인 조건과 필요한 요소를 통해 청소년의 변화를 인위적으로 가속화시키거나 유도하는 것을 강조한다는 점에서 차이가 있다. 청소년개발은 성장(growth), 성숙(maturation), 개선(improvement) 뿐만 아니라 변화에 필요한 다양한 요소와 작동체계까지를 포함하는 개념인 것이다(김진호, 2006). 청소년개발은 모든 청소년들이 그 시기 전반을 통해 욕구에 부응하고 역량을 함양하기 위해 경험하는 과정(Nixon, 1997)으로 건강한 조건의 존재를 특히 강조하고 건강이란 개념을 기술(skills)과 친사회적 행태 및 장차의 고용, 교육, 시민적 생활의 성공에 필요한 역량(competence)을 포함하는 것으로 확대한다(Bazemore & Terry, 1997).

Johnson, Bassin과 Show(1996)는 청소년개발의 철학적 요소에 대해 다음과 같이 제시하였다. ① 청소년기는 생애과정의 전환기(turning point)이며 긍정적 방향으로 청소년을 지원하기 위한 지역사회의 기회이다. ② 청소년개발은 자연적이며 진화적이며 복잡하다. 청소년개발은 가정, 지역사회와 국가로부터 분리되어 일어나지 않는다. ③ 청소년의 성장과정은 환경에 의해 영향을 받게되며 부모, 교사, 또래관계 등 주요한 인간관계로부터 영향을 받는다. ④ 청소년개발의 접근은 모든 청소년을 위한 기회지원 서비스를 포함한다. ⑤ 청소년개발은 지적 · 정신적 · 정서적 제공을 위한 사람이나 장소의 개입을 통하여 지원되어 진다. 따라서 청소년이 학습되어진 의사결정과 이용가능한 선택의 이해를 따라 자신의 미래를 책임지려 할 때 그에 맞는 지원을 제공할 필요가 있다.

청소년개발은 기존의 문제중심의 관점에 대한 비판으로부터 대두되고 발전하였으며, 특히 긍정적 관점의 중요성은 아동복지, 소년사법, 정신보건 문제 등의 청소년문제와 관련된 영역은 물론, 아동인권분야와 방과후 활동, 지역사회 청소년개발, 청소년참여 등의 청소년활동과 관련한 여러 분야로 더욱 확대되어가고 있다(천정웅, 2009). 청소년개발은 ① 다양한 역량개발, ② 긍정적인 행동 증가, ③ 보호요인 강화, ④ 위험행동 감소에 초점을 맞추고 있으며 전체청소년이 성공적 삶의 성과를 성취하도록 돕는 것이며, 문제예방에 대한 가장 효과적이고 효율적이며 보상적인 즐거운 접근법이다(Benard, 2004).

Benson과 Saito(2001)는 청소년 프로그램이나 청소년활동조직, 지역사회가 청소년발달을 촉진하는 데 활발하게 기여하고 참여하도록 하기 위한 청소년개발의 이론적 개념틀을 개발하였다(김진호 외, 2009 재인용). 첫째, 배경부문은 청소년개발의 투입부문에 영향을 미치는 환경적 요인으로서, 경제적 요인, 자원요인, 리더십, 국가정책이 포함된다.

둘째, 투입부문은 청소년개발이 실질적으로 일어나는 장으로서, 크게 프로그램(청소년들에게 발달적 체험과 배움의 기회를 계획적으로 제공하기 위해 디자인된 활동), 조직(청소년들에게 발달적 기회를 제공하는 장소), 사회화제도(청소년개발이 추구하는

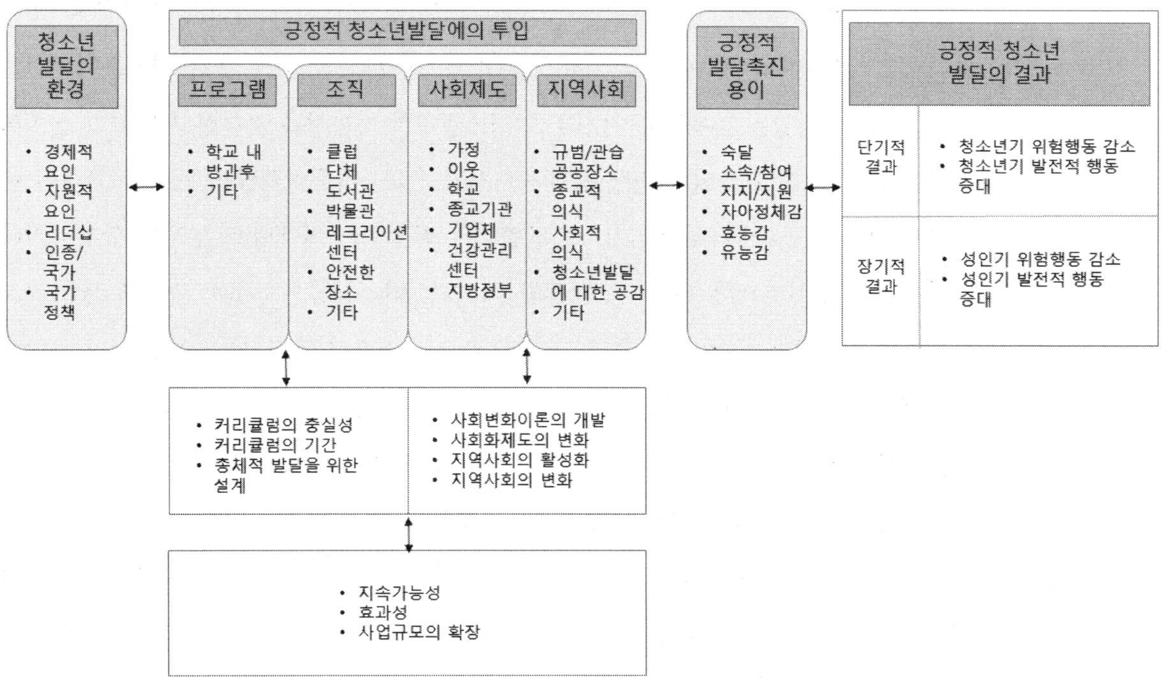

[그림 2-1] 청소년개발의 이론적 개념틀

출처: Benson & Saito(2001). p.137. 천정웅 외(2010). 재인용.

목적과 방향을 같이하는 사회체제), 지역사회(청소년발달에 영향을 미치는 환경적 생태계 전체)과 등으로 유형화된다.

셋째, 긍정적 발달 촉진요인은 청소년이 프로그램, 조직, 사회제도, 지역사회와의 상호작용의 과정을 통해 얻게 되는 중간결과물로서, 향후 긍정적인 발달에 영향을 미치는 발달적 자산이다.

넷째, 결과부문은 청소년개발의 과정을 통해 산출되는 단기적 · 장기적 결과를 말한다.

3) 청소년개발의 관점과 원리

청소년개발의 관점은 "청소년은 관리될 수 있는 문제로서가 아니라 개발될 수 있는 자원으로" 본다(Roth & Brooks-Gunn, 2000: 3). 이 관점은 모든 청소년들을 서비스를 통해 개발할 수 있는 잠재력을 가진 개인적 · 생태적 자산성을 소유하고 있다고 전제하면서 그들의 건강한 삶의 기회를 증대시키려고 한다. 청소년개발의 개념과 특성이 예방적 접근법(prevention approach)과 구별되는 점은 청소년개발은 문제가 발생하거나 위기상황이 생기지 않도록 하는 것뿐만 아니라, 더 나아가 긍정적 발달과 청소년의 건강과 안녕(well being)에 기여하는 조건들을 적극적으로 주장하는 데 있다. 청소년개발 옹호자들은 단순히 문제를 예방하는 것은 청소년을 성인으로 준비시키기 위해서 충분하지 않다고 주장한다(Benson, 1997; Small & Memmo, 2004).

비록 단일 개념이 존재하지는 않지만, 청소년개발은 "모든 청소년들이 그 시기 전반을 통해 욕구에 부응하고 역량을 함양하기 위해 경험하는 과정"으로서 정의될 수 있다(Nixon, 1997: 571). 청소년개발은 건강한 조건의 존재를 특히 강조하고 건강이란 개념을 기술(skills), 친사회적 행태 및 앞으로의 고용, 교육, 시민생활에서 성공하는 데 필요한 역량(competence)을 포함하는 것으로 확대한다(Bazemore & Terry, 1997). 특히, 청소년개발은 그 과정의 중요한 부분으로서 가족, 친구, 이웃, 학교, 지역사회 집단 및 여타 지지의 중요성을 인식한다(Villarruel, Perkins, Borden, & Keith, 2003).

청소년개발 프로그램과 절차(protocols)는 본질상 몇 가지 전제에 입각하고 있다. 가장 중요한 것은 모든 청소년들은 지지와 지도를 받으면 성공적 성장(thriving)을 도모할 수 있다는 점이다. 그들 삶의 일부인 위험부담(risk)과 환경에 대한 강조는 그들이 가지고 있는 능력과 재능을 부인하는 것이다. 사실, 문제로 둘러싸여 있고, 때로 위험부담이 있거나 문제적 행동에 빠지기도 하지만 대부분의 청소년들은 생존해가고 있으며, 많은 청소년들은 성공적 성장(thrive)을 도모한다.

어떻게 그렇게 할 수 있는가? 그 질문에 대답하는 일은 청소년의 내 · 외부에 존재하는 레질리언스(resilience)의 힘을 이해하고, 개인적 · 환경적 강점과 자원을 알게 되는 핵심이다. 또 다른 핵심 전제는 모든 청소년들이 자신의 희망을 실현하고, 문제를 해결하고, 위험부담을 최소화시키는 기회와 통로(pathways)를 필요로 한다는 점이다. 그러나 모든 청소년은 동일한 프로그램과 기회를 필요로 하는 것이 아니다. 청소년들의 삶과 생활스타일에 맞추어야 한다.

또 다른 암묵적 전제는 상황주의(contextualism)에 대한 것이다. 첫째, 기본 아이디어는 유기체적 발달모델을 거부한다. 즉, 발달은 어떤 종착점인 성숙을 향해 전진(progression)하는 것이란 생각과 초기 이벤트(event)는 그 이후의 이벤트와 인과적 관계에 있거나 아니면 연계되어 있다는 것이다. 상황주의적 사고에서 보면, 청소년의 삶에 존재하는 레질리언스는 정서와 사고, 자원과 도전, 동기와 기회 등에서 우발적으로 함께 생겨나오는 문제이다(Saleebey, 2009).

2. 긍정적 청소년발달의 요소

1) 긍정적 청소년발달(positive youth development)의 의미

청소년을 바라보는 관점이 변화됨에 따라 1990년대 문제예방적 접근방법의 대안으로 긍정적 관점에서의 청소년개발이 등장하게 되었고, "청소년문제 예방(prevention) 중심 정책"에서 "청소년개발(development) 중심 정책"으로의 전환이 시도되었다. 청소년개발의 원리들은 문제중심적 접근의 문제점을 극복하고 예방적 접근법의 한계점까지도 지적하였다(Pittman & Irby, 1996). 긍정적 청소년발달을 위한 주요 원리들을 살펴보면, 예방과 학업중심을 벗어나 성인기에 대한 충분한 준비를 하도록 하는 것, 제공된 서비스위주의 활동을 극복하는 것, 단기 교정이나 일시적, 일회성을 극복한 시간적 프레임의 확대와 지역사회 장(setting)으로 확대 등이다(Pittman, et al, 2003).

긍정적인 관점에서의 청소년개발은 청소년을 문제의 주체가 아니라 사회의 문화적 · 경제적 자원(youth as resource)인 동시에 성인과 함께 사회변화를 이끌어가는 적극적인 존재로 인식하는 데에서 출발한다. Pittman(1991)은 긍정적 청소년개발을 "청소년의 잠재역량을 보다 바람직한 방향으로 성장시키고 발전시키는 일련의 과정"이라고 하였으며, Benson과 Pittman(2001)은 "청소년들이 다양한 체험, 경험, 활동 등을 통해 청소년기에 당면한 기본적인 욕구를 충족시키고, 성공적인 성인으로서의 삶을 위해 필요한 역량 즉, 사회적 · 도덕적 · 정서적 · 신체적 · 인지적 · 직업적 측면에서의 역량들을 발달시켜 나가는 일련의 과정"으로 정의하였다.

긍정적인 관점에서의 청소년개발 패러다임은 청소년기의 발달이 개인적인 요인(심리적 · 생물학적 · 지적 · 인성적 · 천성적인 특성들)과 환경적 요인(가정, 또래집단, 학교, 지역사회, 국가 등) 사이의 역동적이고 상호호혜적인 상호작용을 통해 일어난다는 가정에 기초하고 있다. 또한 발달적 맥락주의(developmental contextualism)에서 인간 발달과 관련하여 제안한 다양한 원칙들을 반영하고 있다(김진호, 2006). ① 아동기에서 성인기로의 전환은 하나의 과정이지 하나의 사건이 아니며, ② 그 과정은 과거의 역사적 경험뿐만 아니라 현재의 경험에 의해 영향을 받고, ③ 개인적 · 환경적 특성에 의해 사전에 결정되지 않으며, ④ 성인기로의 발달경로는 다양한 형태로 나타나며, ⑤ 특정한 경험이나 사건들은 새로운 발달경로의 전환을 유도하는 전환점의 역할을 한다는 것이다.

김진호(2006)는 청소년개발의 목표를 달성하기 위해서는 다양한 요소와 작동체계가 요구된다고 보고 긍정적 청소년개발의 내용과 작동체계를 개념적으로 보여주는 하나의 모델을 소개하고 있다. 이 그림은 청소년개발의 요소와 방향성을 명시하고 있으며, 청소년과 청소년을 둘러싼 외부의 지원체제가 밀접하게 연계되어 작동되는 메커니즘을 보여준다.

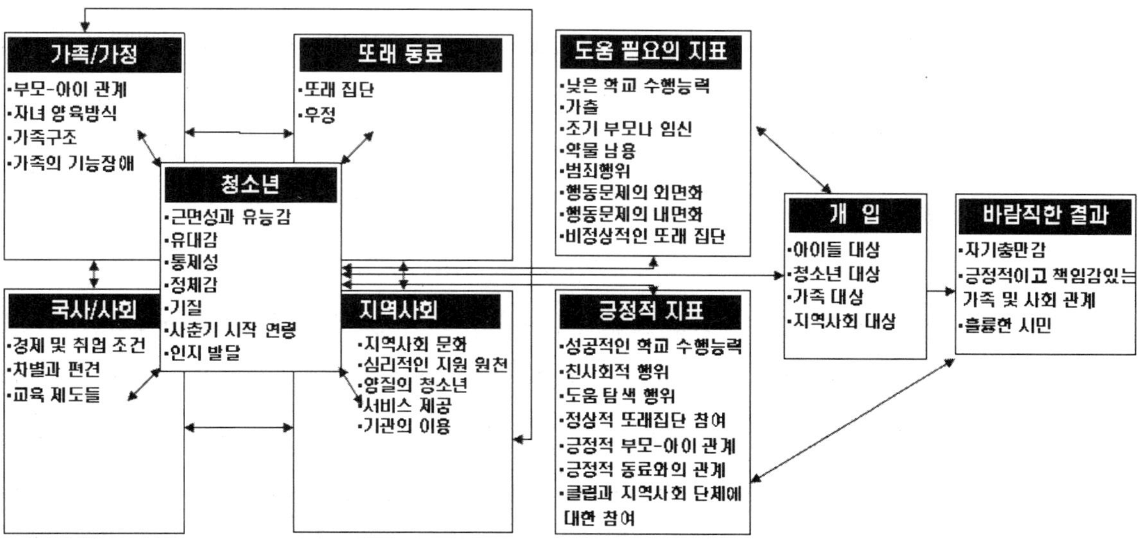

[그림 2-2] 긍정적 청소년개발의 개념적 모델

출처: U.S. Department of Helath and Human Services, 1997, p.3.

2) 긍정적 청소년발달의 요소

연구자들은 긍정적 청소년개발의 목표영역과 요소들을 다양하게 제시하였다. 먼저, 청소년개발에 대한 이론체계가 확립되면서 광범위한 사회적 맥락에서 공통적으로 적용가능한 청소년개발의 목표영역으로 일곱 가지를 제시한다(Huebner, 2003; Pittman & Irby, 1996).

첫째, 신체적 건강(physical health)으로 "현재와 미래의 신체적 건강을 유지하고 개선하는 방식으로 행동하는 것"을 말한다. 영양섭취, 다이어트, 운동, 피임, 위험행동(예, 음주, 흡연, 약물사용) 등에 대한 의사결정도 포함된다.

둘째, 정서적 건강(emotional health)으로 "우호적이거나 적대적 상황에 대해 긍정적으로 반응하고 대처하며, 자신의 감정상태와 주변상황에 대해 숙고하고, 레저와 놀이활동에 참여할 수 있는 능력"을 말한다. 청소년들이 성장함에 따라 경험하게 되는 정신적 스트레스도 증가한다(Blum & Rinehart, 1998).

셋째, 지적 역량(intellectual competence)으로 "형식 및 비형식교육기관에서 학습하고, 학교졸업에 필요한 기초지식을 습득하며, 비판적 사고기술 · 창의력 · 문제해결기술 · 자기표현기술 등을 활용하고, 자기주도적으로 학습할 수 있는 능력"을 말한다. 학업성취는 성인기의 직업적 성취와 밀접한 관련성이 있으며(Masten et al., 1995), 직업에 대한 기대수준과 열정에도 영향을 미친다(Rojewski & Hill, 1999).

넷째, 사회적 역량(social competence)이며 "친구 및 다른 사람들과 우호적인 관계를 유지할 수 있는 능력"을 의미한다. 청소년들이 다양한 상황에서 다른 사람들과 적절하고 효과적인 상호작용을 위해 사용하는 기능(skills)을 말한다(Scales & Leffert, 1999). 기획 및 의사결정기술, 공감(empathy), 대화기술, 또래집단에서의 좋은 지위획득, 책임수용의지(willingness to accept responsibility), 헌신적 참여, 평화적인 갈등해결능력 등을 대표적인 예로 들 수 있다(Downs, 1990; Scales & Leffert, 1999).

다섯째, 시민적 역량(civic competence)으로 "민주시민으로서 사회적 선(lager good)을 위하여 타인과 협력적으로 일하고, 우호적인 관계를 유지할 수 있는 능력"으로 정의된다. 주로 환경미화사업, 요양원 자원봉사활동, 지역사회의 정치적 이슈 이해하기 등과 같은 지역사회 봉사활동을 통해 이루어지고 있다. 봉사학습경험은 청소년의 자아정체감, 유능감, 효능감 뿐만 아니라 공동체의식 형성에도 영향을 미친다(Scales & Leffert, 1999; Youniss & Yates, 1997).

여섯째, 문화적 역량(cultural competence)이다. "집단간 또는 개인간에 존재하는 사회적, 경제적, 문화적 배경과 관심 및 흥미의 차이를 존중하고, 우호적으로 반응할 수 있는 능력"을 말한다. 국제적으로는 다른 나라 사람들과 우호적인 관계를 맺을 수 있는 것으로 이해될 수 있으며, 지역적으로는 이웃들과 우호적인 관계를 맺을 수 있는 것으로 이해될 수도 있다. 따라서 공감기술은 핵심적 요인이라고 할 수 있다(Scales & Leffert, 1999).

일곱째, 직업적 역량(vocational competence) 즉, 고용가능성(employability)을 증대시키는 것으로 "고용에 필요한 기능적 · 구조적 기술을 획득할 수 있는 능력"으로 볼 수 있다. 자신의 진로설정과 진로목표 달성을 위해 필요한 준비과정을 이해하고 실천하는 과정이 포함된다. 즉, 고용가능성을 높이는 것은 청소년개발의 중요한 목표가 된다는 것이다.

한편, 위에서 제시된 7가지 역량 외에도 성취동기(motivation for success)를 청소년개발의 핵심적인 수단이자 목표로 새롭게 등장하는 것에 주목할 필요가 있다. 청소년개발의 목표로 설정한 역량의 중요성이 아무리 높다고 할지라도, 청소년 개개인이 각각의 역량에 대해 부여한 중요성 정도와 동기화 정도에 따라 청소년개발의 결과가 달라지기 때문이다. 목적달성을 위한 자기동기화(self-motivation) 즉, 청소년의 주도성(initiative)을 청소년개발의 핵심적인 열쇠로 강조하는 것이다(Larson, 2000).

또한, Lerner et al.(2005)과 Roth(2000)는 학업, 사회적, 직업적 영역에서의 역량

(competence), 자신감(confidence), 가족, 지역사회, 그리고 동료와의 관계(connection), 인성(character), 배려와 이타심(caring and compassion) 등 다섯 가지 C로 구성된다고 보았다. 첫째, 역량은 지적, 사회적, 직업적, 인지적 등의 전체적인 인간영역의 행위와 실천에 대한 긍정적인 느낌이다. 역량은 사회적 능력, 문화적 능력, 신체건강, 정서적 건강, 지적능력 및 취업능력을 포함한다.

둘째, 자신감은 자신의 가치에 대한 전반적인 긍정적 정서로 긍정적인 미래 및 전문가적 감각, 자기효능감 등이다. 미래 및 전문가적 감각은 삶에 있어 진보의 인지능력, 미래의 계속적 진보에 대한 기대이며, 자기효능감은 기여할 수 있는 존재이자 다른 사람의 기여를 인정하는 능력을 의미한다.

셋째, 관계는 개인과 또래, 가족, 학교 및 공동체 사이에서 관계에 대한 기여이며, 양방향적인 상호작용이 반영된 사람과 제도에 관한 긍정적인 관계이다.

넷째, 인성은 보살핌과 책임성을 보여주는 개인적 가치로서 책임감 및 자율성, 자기 인지 및 정신적 충만감, 자신의 성격이나 개인에 대한 인지에 해당한다.

다섯째, 배려와 이타심은 다른 사람에 대한 공감과 연민의 감정이 이에 해당한다. 이상의 5C에 또 다른 영역으로 기여(contribution)을 추가하여 6C로 정의하기도 한다. 여기에서 기여(contribution)란 자기자신, 가족, 지역사회 및 시민사회에 대한 기여로서 청소년 리더십, 사회봉사경험, 남을 돕는 행태 및 이데올로기 등을 말한다(천정웅, 2013).

이 밖에 Larson(2000)은 긍정적인 청소년 발달이 창의성(creativity), 지도력(leadership), 이타주의(altruism) 그리고 시민적 참여(civic engagement) 등 네 가지 자질로 구성됨을 강조하였으며, King et al.(2005)은 1991년부터 2003년까지 발표된 청소년 발달 문헌을 검토한 후 역량(competence), 대응(coping), 건강(health), 끈기(resilience) 그리고 안녕(well-being) 등 다섯 가지 공통적 요소를 도출하였다.

3) 긍정적 청소년발달의 촉진요인

발달자산(developmental assets)은 청소년의 긍정적인 발달에 필요한 삶의 내 · 외적 차원의 기본적인 요인들로서 청소년들이 건강하게 성장하고 올바른 성품을 형성하며 사회적인 영향에 적절하게 대처할 수 있는 능력과 주관을 가지게 돕는다(Benson, 1997; Benson & Saito, 2000). 이는 위기 상황 혹은 특별한 도움이 필요한 상황에 있는 청소년뿐만 아니라 모든 청소년들에게 필요하며 중요한 것이다. 성장발달자산의 구조는 청소년의 건강한 발달에 대한 다차원적이고 포괄적인 접근을 제공하며 그동안의 위험요인 또는 결핍요인의 감소 중심 접근만으로는 문제해결에 한계가 있음을 지적하는 동시에 청소년이 가지고 있는 강점에 초점을 둘 것을 강조한다(Benson & Pittman, 2001). 청소년의 긍정적인 발달을 촉진시키도록 하는 자산증진(assets promotion) 중심적 접근은 청소년개발이 단지 특정의 위기상황에 반응하는데 초점을 맞추기 보다는 가치와 자산성, 청소년의 잠재력을 그 상황과 관계없이 강조해야 함을 제안한다.

서치연구소(Search Institute)에서 Benson(1997)이 제시한 발달자산(development assets)은 총 40개에 이르는데, 크게 외적자산(external assets)과 내적자산(internal assets)으로 구분된다. 외적자산은 청소년들이 지역사회의 사회적 환경 속에서 갖게 되는 긍정적 경험과 사회적 여건을 말하며 지지(support), 역량함양의 기회(empowerment), 행동기준 설정과 기대(boundaries and expectations), 생산적인 시간활용(constructive use of time)등 4가지 범주가 포함된다. 내적자산은 개인적 가치와 신념을 의미하며 배움에 대한 열의(commitment to learning), 긍정적 가치관(positive values), 사회적 역량(social competence), 그리고 긍정적 정체감(positive identity) 등의 범주가 포함된다.

〈표 2-1〉 발달자산 지표

영역		개별지표
외적 자산	지지	가정의지지, 가족 간의 긍정적인 의사소통, 다른 성인들과의 관계, 우호적인 이웃, 우호적인 학교환경, 학교생활에 대한 부모의 참여
	역량함양의 기회	청소년을 존중하는 지역사회, 청소년에 대한 역할부여, 청소년의 지역사회에 대한 봉사, 안전감
	행동기준 설정과 기대	분명한 가정규범, 명확한 학교규범, 이웃의 청소년에 대한 감독, 성인들의 청소년에 대한 역할모델 수행, 긍정적인 또래친구의 영향, 높은 기대
	생산적인 시간활용	창의적인 활동참여, 청소년프로그램 참가, 종교기관의 활동참여, 가족과 함께 하는 시간
내적 자산	배움에 대한 열의	성취동기, 학교생활에 대한 적극적인 참여, 과제수행, 학교와의 결속력, 즐거움을 얻기 위한 자발적인 독서
	긍정적 가치관	타인을 돕는 것에 대한 가치부여, 사회정의 실현에 대한 가치부여, 자신의 신념에 대한 충실성, 정직성, 책임감, 위험행동 억제력
	사회적 역량	계획수립의사결정 능력, 대인관계능력, 타문화의 수용능력, 위험상황에 대한 저항기술, 평화적인 갈등해결능력
	긍정적 자아정체감	자신의 운명에 대한 통제감, 자아존중감, 목적의식, 자신의 미래에 대한 낙관적인 관점

출처: Benson(1997). Development Asset Framework. 천정웅(2021), p. 140.

서치연구소(Search Institute)에서 지난 10여 년간 연구한 결과는 청소년들이 더 많은 "발전 자산들"을 경험할수록, 위험성 많은 행태들에 그만큼 연류될 가능성이 더 적으며, 긍정적으로 처신하는 일이 더 많아진다는 것을 나타내주고 있다(Scales & Leffert, 1999). 25개의 청소년개발 관련 연구를 조사한 한 연구에서는 광범위한 긍정적인 청소년개발 접근법은 결국 긍정적 성과와 문제행태의 예방을 가져다 줄 수 있다는 것으로 결론짓고 있다(Catalano, Berglund, Ryan, Lonczak, & Hawkins, 1999).

3. 청소년개발 정책의 역동성

1) 긍정적 청소년발달이 청소년정책에 주는 영향

긍정적 청소년발달(PYD)은 하나의 인간발달의 과정이며 프로그램적 준거틀이라는 특징에 더하여 사회발전과 지역사회개발을 지향하는 하나의 철학적 정향이다. 긍정적 청소년발달은 미국에서 학교 지역중심 프로그램 및 대안적 환경에서의 하나의 개입전략으로서 점차 많이 활용이 증대되고 있다. 긍정적 청소년발달 이론은 청소년 주변의 지지와 네트워크를 말하는 생태발달자산에 대해 서술한다. "문제를 예상하고 고치려하거나 예방하는 대신에 이 새로운 패러다임은 강점, 역량, 그리고 청소년들이 할 수 있는 기여 및 이러한 강점을 개인과 사회의 건강한 발달을 최대화할 수 있는 환경 속에서 자원과 지지와 함께 이러한 강점을 맞추는 방법을 고려한다."

최근 몇 년은 청소년 개인에게 교육서비스와 고용서비스를 제공하는 것으로 부터 다음 세대의 재능을 함양하고 개발하는 것을 핵심으로 하는 친사회적 지역사회를 육성하는 것으로 강조점이 전환되어 왔다. 이러한 접근법은 지역사회의 모든 구성원들이 - 정부 관리, 교육가, 청소년단체 종사자, 사회서비스 기관 종사자, 멘토, 가족 및 청소년 자신들 - 청소년들을 의미있는 교육과 일에 연결되도록 도우는 일에 관여하는 것을 추구한다.

Benson(2002)은 자산 구축 전략을 다음과 같은 것을 결합하는 것으로 개념화하였다. ① 청소년과의 자산 구축 관계에서의 성인의 관여를 지속하도록 동원하는 것, ② 청소년을 각자의 역량으로 또래와 함께하거나 지역사회에서 활용하는 데에서의 지도자로서 동원하는 것, ③ 다부문 즉, 학교, 종교기관 등을 각기 가진 자산구축 잠재성을 동원하는 것, ④ 질 높은 아동 방과후 학교, 주말 및 여름 프로그램에 관한 종합적 지역사회

인프라, 그리고 ⑤ 위에서 제시한 전략을 지지하고 유지하는 재정, 지도력, 미디어와 정책 등과 같은 지역사회 지지의 동원 등이다.

한편, 긍정적 관점에서의 청소년개발 패러다임이 청소년정책에 미친 영향은 다음과 같이 세가지로 요약할 수 있다(Pittman, Irby, & Ferber, 2001).

첫째, 정책목적의 확장(broadening the goals)이다. 긍정적관점에서의 청소년개발 개념은 청소년정책의 목적이 '청소년문제의 예방이나 감소' (problem reduction) 중심에서 '성공적인 성인으로서의 삶을 준비'(preparation for adulthood) 하는 영역을 포함하는 방향으로 전환하는데 있다고 본다. 성공적인 성인으로서의 삶을 준비하기 위해서는 물론 문제행동 감소나 지적능력 향상도 중요하지만 이것만으로는 충분하지 못하다. 따라서 청소년정책의 목적은 청소년문제의 예방뿐만 아니라, 청소년들에게 자신의 발전적인 삶을 위해 필요한 역량들을 발달시킬 수 있는 기회를 제공함으로써 긍정적인 발달을 촉진시키는 데에도 관심을 집중시키는 방향으로 전환시키고 있다.

둘째, 정책영역의 확대(increasing the options)이다. 청소년들은 다양한 환경적 요인들(ex, 안전한 장소, 우호적인 성인, 역할모델, 양질의 청소년기관 및 프로그램, 참여기회 등)과 상호작용하면서 성장 · 발달한다. 그러나 기존의 문제예방적 모델에서는 특정 문제행동에 초점을 맞추어 이를 예방하기 위한 프로그램의 제공에 치중하여 왔지만, 성공적이지 못하다는 진단을 받고 있다. 이런 점에서, 청소년개발(youth development) 패러다임은 오히려 청소년문제가 일어날 때마다 대응하는 반응적 접근보다는 다양한 친활동적 기회와 여건을 만들어 줌으로써 청소년의 성장 · 발달을 지원하는 것이 보다 더 효과적이라는 것을 강조한다.

셋째, 정책적 전략의 수정(redefining the strategies)이다. 청소년정책의 목적이 '성공적인 성인으로서의 삶의 준비'로 전환됨에 따라 정책전략을 수립하는 방법도 청소년정책의 목적이 문제예방과 감소에서 성인의 역할 및 책임 준비로 전환되고 있으며, 정책적 관심 역시 단기간의 문제행동 치료 · 예방에서 장기적 발달에 초점을 맞추게 되었다. 이에 따라 정책적 투입요인도 단순한 기초서비스(사회보장, 건강, 주택, 경제지원) 제공에서 청소년발달에 영향을 미치는 모든 요인들의 여건조성과 기회 확대로 전환되고 있다. 청소년개발의 무대 또한 학교중심에서 청소년단체, 도서관, 공원, 종교단체 등 지역사회내의 모든 시설 · 공간으로 확장되었다. 청소년들의 역할 또한 청소년서비스의 수혜자에서 자신의 발달과정에 적극적으로 관여하며 지역사회나 국가에 적극적으로 참여하는 존재로 전환되고 있다.

2) 청소년개발 정책에서의 노력들

비록 지난 15년 동안 다양한 시도들이 있어 왔지만, 미국 연방정부는 청소년들이 겪고 있는 여러 가지 도전과제들에 대응하는 하나의 단일한 범 연방정책을 승인하지 못했다. 현재의 연방 청소년정책은 20세기 초의 진보시대(Progressive Era, 1890-1920) 아동복지 이니시어티브들을 통해 수립되었으며, 뉴딜 시기와 위대한 사회(Great Society) 이니시어티브 동안 확대되었다. 아동 노동과 특수 욕구 아동의 보호에 초점을 두어야 하는 긴급한 필요에서 1912년 아동국(Children's Bureau)이 설치되었다. 뉴 딜(New Deal) 정책은 결과적으로 청소년들에게 대불황(Great Depression)에 따른 빈곤을 지원해주는 일과 교육 지지 프로그램들을 포함하였다. 또한, 루즈벨트 행정부 미국청소년법(S. 1463; American Youth Act)을 도입하여 고용되지 않았거나 전일제 학생이 아닌 청소년들을 고용할 수 있게 하는 공공 일자리 프로젝트(public-works projects) 시스템을 관리하는 연방 국가청소년행정청(National Youth Administration, NYA)을 설립하는 것을 추진하였으나 결과적으로 하원(The House)과 상원(The Senate)은 이 법을 표결에 부치지 못했다. 제2차 세계대전 이후, 연방 정책은 점차 비행문제 해결에 초점을 두는 노력을 증대시켰다(Fernades-Alcantara, 2020). 오늘날, 청소년정책과 서비스의 구조는 각 주(states) 및 각 자치단체(municipalities) 별로 다양하게 이루어지고 있으며, 앞서 1장에서 제시된 바와 같이 6가지의 주요 영역에 집중되어 있다. 여기에는 노동인력 개발, 교육, 청소년사법과 비행예방, 사회 서비스, 공중보건, 및 국가와 지역의 봉사서비스 등이 포함된다. 1990년대 이후 현재까지의 청소년정책에서 최근의 노력을 보면, 주로 구체적인 대상에 초점을 두거나 청소년서비스의 행정관리를 통합 · 조정하는 것으로 나타나고 있다.

미국에서 청소년을 위한 단체와 기관들의 전체적인 모습을 보면 복수의 부문들과 철학적 기조를 포괄한다. 여기에는 ① 연방, 주, 또는 지방 정부로 부터 재정지원을 받거나 지정되어진 교육, 청소년개발, 아동복지 기관들과 노동 기관들; ② 4-H Extension (학교외 교육)과 같은 다부문 기관들이 포함되는데, 다부문에는 USDA, 랜드그랜트 대학들(land-grant universities and colleges: 1862년과 1890년의 모릴법의 혜택을 받기 위해 미국의 주가 지정한 고등 교육 시설로 대부분의 랜드그랜트 대학교들은 대형 공립 대학교가 되거나, 일부 사립학교도 포함한다)과 비영리단체들이 속한다; ③ 교내 및 학교밖 시간 서비스를 제공하는 맨토링, 상담, 심화교육(enrichment) 위주의 민간 비영리 및 영리 청소년기관들; 그리고 ④ 재정과 프로그램 지원과 옹호를 통해 청소년개발을 지지하는 Annie E. Casey 재단, Children's Defense Fund(아동옹호기금), Forum for Youth Investment(청소년투자 포럼) 등과 같은 재단들이 포함된다. 범정부적인 청소년 정책은 없었지만, 이전에는 연방 정부가 취약한 청소년들의 욕구를 현재의 가족청소년서비스국(Family and Youth Services Bureau)의 전신인 청소년 개발과 비행예방청(Youth Development and Delinquency Prevention Administraton, YDDPA)을 통하여 대응하였다. YDDPA는 네가지 청소년욕구를 규명하였는데, 역량감(a sense of competency); 유용감(a sense of usefulness), 소속감(a sense of belonging), 그리고 권능감(a sense of power or potency) 등이다. 이러한 욕구는 당시 미국 전역에서 실행된 YDDP 프로그램들을 통해 이루어졌다. 오늘날 가족청소년서비스국은 연방정부의 보건 · 인간서비스부(Department of Health and Human Services)에 설치되어 있으며, 긍정적 청소년발달(PYD)은 이 기관의 추동원칙으로 제시되고 있다.

아동발달 이론가들과 실천가들 사이의 미국에서의 성공적인 성인기로의 전이를 위해 필요한 모델에 관한 합의는 1980년대에 발전되기 시작하였으며 그 목소리는 카네기 청소년개발위원회(Carnegie Council on Adolescent Development)의 보고서들인 '전환기(Turning Points, 1989)'와 '시간의 문제(A Matter of Time, 1992)'에서 찾아볼 수 있다. '시간의 문제(A Matter of Time)'는 제인 퀸(Jane Quinn)이 책임자로 있던 지역중심 청소년단체의 전국적 연구의 결과물이었으며, 그녀는 현재 뉴욕시에 있는 Children's Aid Society(CAS)에서 하는 지역사회학교 이니시어티브를 이끌고 있다. '시간의 문제(A Matter of Time)'는 청소년들간의 핵심적인 발달적 속성에 관심을 두어야 한다고 보는 개혁가들 사이의 증가하고 있는 관심사를 반영하였으며, 학교와 지역사회에서 청소년과 함께 일하는 데에서 긍정적 강점과 자산 접근법을 요청하는 하나의 운동으로 합류되었다. Hahn(2002)은 '전환기(Turning Points)'는 이 분야의 철학과 연방 청소년개발 프로그래밍 정책을 알려주는 총체적 접근법(a holistic approach)을 정의하는데 중요한 것이라고 주장한다. 이러한 운동은 심리학, 교육학, 청소년사법 등에 있어서의 이전의 철학과 실천으로부터 중요한 전환을 제시하였으며, 기존의 청소년서비스 제공 패러다임에 대한 하나의 도전을 나타낸 것이다. 긍정적 청소년발달과 실천에 대한 통합된 개념정의에 관한 관심과 함께, 복수의 대통령 행정부에서 연방청소년프로그램의 조정에 대한 관심을 규명하였다. 미국 회계 감사원(U.S. Government Accountability Office(GAO): 미국 의회 산하의 회계, 평가, 수사 기관이며, 의회조사국(CRS), 의회예산처, 기술평가원과 함께 미국 의회의 4대 입법 보조기관 중 하나)은 1996년 회계연도에 16개 기관 전체에서 수행한 131개 '위기' 또는 비행 청소년 프로그램을 확인하였다. 2002년 백악관 취약 청소년 타스크 포스(White House Task Force for Disadvantaged

Youth: TF)에서는 청소년을 주대상으로 하는 12개 기관에서 전개하고 있는 300개 이상의 유사한 프로그램 목록을 만들고 몇가지 우려를 제시하였다. TF팀에서는 많은 청소년 프로그램들이 동일한 서비스를 제공하는 것과 같이 보이고 유사한 목적을 갖고 있다는 점을 발견했으며, 이를 임무 단편화(mission fragmentation)로 특징화하였다. TF팀은 또한 미션 크립(mission creep: 임무목표나 임무수행법이 시간에 걸쳐 점점 변화되는 과정)에 관한 우려를 표명하였다. 즉, 각기 다른 목적과 임무를 가진 기관들이 동일한 청소년집단에게 유사한 서비스를 제공하고 있는 것을 발견하였던 것이다. TF팀에서 표명한 다른 우려들 중에는 취약한 청소년의 구체적 하위집단에 대한 서비스 조정의 결여, 엄격한 평가의 결여로 인한 프로그램 책임성의 한계, 그리고 책임성을 감소시키는 지정된 세출(earmarked apporpriation)과 같은 자금흐름(funding stream) 등이 있다.

Hahn(2002)은 다양하고 분절된 청소년 서비스가 성장한 하나의 이유는 연방 프로그램이 주, 카운티 및 시로 양도되는 일반적 추세 때문이라고 한다. Annie E Casey Foundation의 프로젝트인 KID COUNT Indicator Brief는 "단절된" 또는 "기회" 청소년의 수를 줄이는 5가지 전략을 다음과 같이 제시하고 있다: 즉, ① 단절된 청소년과 젊은 성인(young adults)을 교육에 재관여시키고, ② 단절된 청소년과 청년의 욕구에 맞춰진 인력개발 프로그램을 제공하며, ③ 단절된 청소년을 경제 회복 투자와 계획에 포함시키고, ④ 고용에 장애가 되는 것에 대처하고, 사회적 네트워크의 중요성을 인식하는 발달적 기회를 창출하며, 그리고 ⑤ 시스템 간의 공동협력에 촛점을 두는 종합적 개혁을 도모하는 것 등이다.

4. 연방청소년기관 공동협력을 위한 전략계획

1) 비전, 목표, 및 과제

미국에서 단일한 범분야 중장기 국가청소년정책이 없는 것에는 여러 가지 이유가 있다. 연방정부의 청소년정책 형성과 관련한 역사적 과정, 미국의 정부 구성형태와 시스템, 사회문화적 전통 등을 생각할 수 있다(서정아 · 성윤숙, 2021). 20세기 시작 때부터 1950년대까지, 청소년정책은 광의적 아동복지 이슈의 준거틀(framework) 속에서 실행되어 왔다. 이 시기에 16-23세의 청소년을 위한 일과 교육 지원프로그램들이 경제 대공황(Great Depression)의 재정적 압력을 완화하기 위해 만들어졌으며, 그 후 점차 연방의 관심은 비행청소년의 수적 증가를 억제하는 것에 초점을 두게 되었다, 이러한 추세는 1964년 빈곤과의 전쟁(war on poverty) 선언 이후 점차 확대되면서 오늘날까지 계속되고 있으며, 새로운 프로그램들이 관련 기관들을 통해 나타나고 만들어졌다(Fernandes-Alcantara, 2020).

최근 연방정부의 청소년정책은 청소년개발을 증진시키고 청소년프로그램을 관리하는 연방기관들 간의 조정을 확대하고 있는데, 그 대표적인 것이 1장에서 언급한 "청소년프로그램에 관한 기관 실무그룹(The Interagency Working Group on Youth Programs: IWGYP)"이다. 특히, 청소년프로그램 기관 실무그룹(IWGYP)에서는 2016년 12월에 '청소년을 위한 통로: 연방 공동협력을 위한 전략 계획(Pathway for Youth: Strategic Plan for Federal Collaboration)'을 발행했는데, 연방정부 차원에서 만든 최근의 공식적 정책계획문서로 평가된다. 시기적으로 COVID-19와 관련한 현재의 상황이 계획 내용에 반영되는 않았지만, 미국의 청소년을 위한 연방정부 부서간의 업무협력과 실행을 위한 기본적 방향을 수립했다는 점에서 중요한 의미를 갖는다. 특히, 여기에는 비전과 목표, 세부과제 및 실천방안 등이 간략히 제시되어 있어 주목할 필요가 있다(IWGYP, 2016).

우선, 청소년프로그램 기관 실무그룹(IWGYP)은 청소년에 초점을 둔 활동을 지원하는 12개의 연방 부서와 7개의 연방 기관으로 구성되며, 기본 책무는 2008년 발효된 대통령 행정명령 13459호와 Omnibus Appropriation Act 등에 명시되어 있는데, ㉮ 연방, 주, 지역 및 마을 차원에서 혁신적 공동협력의 증진, ㉯ 증거 기반 전략의 규명과 보급, 그리고, ㉰ 청소년에 관한 연방 기관간 웹사이트 개발 등으로 정의되어 있다(IWGYP, 2016). '청소년을 위한 통로(Pathways for Youth)'는 10-24세 청소년을 주요 정책대상으로 하고 있으며, 특히 학교, 일, 가족에 연결되어 있지 않는 청소년을 강조한다. '청소년을 위한 통로(Pathways for Youth)'는 다음과 같은 네가지의 범분야 이니시어티브를 개발하였다.

① 연방지원 신청과 연방 문건과 출판을 위한 범분야 청소년 주제들에 관한 공유어 개발
② 청소년을 위한 기회의 통로를 제공하는 공동협력 모델의 평가 · 보급 및 긍정적 결과 도출
③ 청소년 관여와 파트너십 전략을 포함하는 청소년을 위한 증거기반 전략에 관한 정보의 집중과 보급
④ 데이터 수집과 청소년 프로그램의 장기적 평가의 증진

청소년을 위한 통로(Pathways for Youth)는 파트너기관들이 청소년을 위한 공통의 목적을 확인하고 청소년 프로그램, 정책, 기타 지원에 관한 강한 모델을 향상시키며(elevate) 청소년과 함께하고 청소년을 위해 하는 미래의 공동협력 업무의 영역을 명확히하도록(articulate) 도우는 첫발의 의미를 갖는다(서정아 · 성윤숙, 2021). 청소년프로그램기관 실무그룹(IWGYP)은 청소년, 가족, 학교, 비영리 단체, 주 아동 캐비넷(Children Cabinet) 기관장, 연방, 주, 및 지역 차원의 정부기관 등을 포함하는 광범위한 이해당사자들로부터 의견을 요청하였다. 이러한 의견제시(input)과정을 통해 몇가지 주제들이 대두되었으며, 이로부터 청소년을 위한 비전(vision for youth)을 만들었다. 이 비전은 청소년을 위해 기회를 제공하는 의미있는 연결과 안전, 건강 및 생활하고, 배우고 일하

는 안정된 장소를 포함하는 통로(pathways)의 중요성을 인정한다.

청소년을 위한 통로(Pathways for Youth)는 모든 청소년을 고려하고, 가장 취약한 청소년들, 특히 학교, 일, 가족에 연결되어 있지 않는 청소년을 강조한다. 학교에 다니지 않거나, 직장이 없거나 가족으로부터 벗어나 있는 청소년들은 그에 따른 수입손실과 복지와 의료비용 및 개인적 잠재력 미충족 등으로 인해 매년 수십억 달러의 비용을 국가가 부담하는 결과를 초래하는 심각한 상황에 있다. 이러한 단절에 따른 위험에 처한 청소년들이나 이미 단절된 청소년들은 상호관련된 이슈들을 경험하게 되는데 이는 조정된 접근을 통해서 가장 잘 대응할 수 있게 된다. 연방 자원을 가장 잘 사용하게 되면 기존의 융통성을 최대화하고 각 기관간 함께 일할 수 있는 전략을 탐색하게 된다.

청소년을 위한 통로(Pathways for Youth)는 관련 문서에서 강조한 실무그룹의 진전과 실적에 의해 만들어졌다. 이 계획은 청소년 프로그램과 관련한 연방의 공동협력에 구체적인 초점을 갖고 있다는 점에서 기관별 계획과는 다르다. 실무그룹은 이 계획서를 개발하기 위해 파트너기관들과 공동협력하고 핵심적인 연방의 조정 그룹들과 관련하면서 연방전략계획에서 벗어나지 않도록 하였다.

2) 기관 공동협력 전략계획의 주요 경과

청소년프로그램 기관 실무그룹(IWGYP)은 본 계획수립을 위해 다양한 메카니즘을 활용하여 공적 의견수렴을 하였다. 미국 전역에서의 청문회, 청소년 주제에 초점을 가진 학술행사를 활용한 단기 청문회, 청소년과의 청문회, 라운드 테이블, 연구자와 청소년 프로그램사업 주체들과 함께한 웨비나, 유스닷거브(youth.gov)를 통한 피드백, 그리고 연방정부 관보를 통한 공지 등을 활용하였다.

계획수립을 위한 전체적인 과정은 ① 의견수렴을 위한 분석틀 개발, ② 일반국민

의견수렴, ③ 연방 전략계획을 포함하여 청소년주제에 관한 핵심적 전략문서의 검토, ④ 의견수렴결과의 요약 공시 및 일반인의 피드백 요청, ⑤ 연방파트너 기관들의 관여, ⑥ 초안 문서 개발과 국민의 피디백 요청, ⑦ 청소년을 위한 통로(Pathways for Youth) 마무리 등으로 나타나고 있다. 유스닷거브(youth.gov)에 제시된 초안에 대해 2013년부터 2015년까지 접수한 공식적인 커멘트는 총 43개 였으며, 그 내용은 대체로 초안의 내용을 지지하며, 청소년 지원을 위해 연방 차원에서의 공동협력을 지속해야 할 필요성을 재강조하였다(IWGYP, 2016).

공공 청문세션은 구체적인 청소년 주제에 초점을 갖고 시작하였는데, 논의 도중에 참가자들에 의해 다른 관련 주제들이 제시되거나 논의되었다. 주요한 주제들로는 교육, 고용과 이행문제, 주거, 모든 청소년의 성과 개선, 소년사법, 멘토링, 신체적 · 정신적 건강와 웰니스, 긍정적 청소년개발, 안전, 봉사학습, 청소년관여, 청소년심화활동기회(youth enrichment opportunites) 등에 관한 것이다. 예를 들면 2010년도의 공적 청문 세션에서 제기된 질문들에는 다음과 같은 것이 포함되었다.

- 청소년들의 삶을 의미있게 되도록 하기 위해 우리가 할 수 있는 하나의 가장 중요한 것은 무엇인가요?
- 청소년(24세까지)의 욕구는 무엇인가?
- 효과적인 프로그램과 전략은 무엇인가요?
- 프로그램이나 정책의 갭(gap)은 무엇인가?
- 어떤 프로그램이 진실로 청소년들의 삶을 의미있게 하는가? 어떻게 이를 아는가?
- 공동협력을 개선하기 위해 어떻게 이러한 장벽을 제거할 수 있는가?
- 어떤 유형의 이티시어티브들이 공동협력을 증진하고 청소년을 위한 성과를 개선하는가?
- 자원을 효과적으로 사용하기 위해서 모든 청소년(단지 프로그램에서 직접적으로 혜택을 보는 청소년들 만이 아니라)을 위해 어떤 일을 해야하는가?

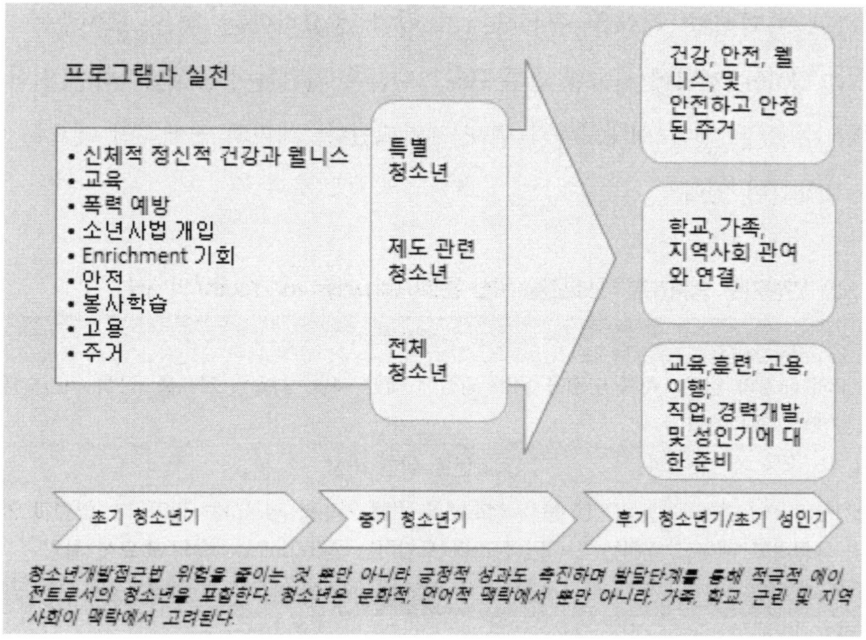

[그림 2-3] 미국의 연방 기관 공동협력을 위한 전략계획에 대한 의견수렴 준거틀

출처: IWGYP(2016), p.7에서 번역

3) 기관 공동협력 전략계획의 구성

'청소년을 위한 통로(Pathways for Youth)'는 청소년을 위한 비전(vision for youth)과 3대 전략목적(goal)을 갖고 있다. 각 목적은 몇 개의 목표(objective)와 전략을 갖는다. 전략목적은 IWGYP의 기본 목적은 물론, 이해당사자들이 연방, 주, 지역 수준에서 제시한 의견을 포함한 것이다. 각 기관의 일과 부서들간의 공동협력을 통해서 본 계획에 제시된 세가지 전략을 추구한다(IWGYP, 2016). 이러한 계획에 따라 청소년 프로그램과 연구 활동은 19개 파트너 연방 부서와 기관들로 확산되었으며, 이는 최선을 다해 청소년을 지원하기 위해 지식을 교환하고 활동을 조정하며, 중복을 줄이고 자원을 최대화하고 효과적인 전략을 공유하는 노력이 중요하다는 것을 보여주는 것이다 (IWGYP, 2016). 계획에 서술된 업무 프로그램들은 기관들이 공동협력하여 일함으로써 달성할 수 있는 것을 최대화하기 위해 제안되었다. 계획의 전체적인 개요는 다음과 같이 요약되어 있다

〈표 2-2〉 연방기관 협력계획 '청소년을 위한 통로(Pathways for Youth)'의 구성

<table>
<tr><th colspan="3">서론</th></tr>
<tr><td colspan="3">IWGYP의 배경과 임무; 계획 마련을 위한 과정에 대한 서술, 최초의 분석틀, 공적 의견수렴 과정, 연방정부의 초안 작성</td></tr>
<tr><th colspan="3">청소년을 위한 비전</th></tr>
<tr><td colspan="3">강정기반의 청소년을 위한 비전을 통해 청소년을 위해 기회를 제공하는 의미있는 연결과 안전, 건강 및 생활하고 배우고 일하는 안정된 장소를 포함하는 통로(pathways)의 중요성 확인</td></tr>
<tr><th colspan="3">청소년성과 개선을 위한 목표</th></tr>
<tr><td>목표 1:
청소년 성과 개선을 위한 조정 전략의 증진

하위목표 1:
청소년프로그램을 위한 연방 지침의 조율과 단순화

하위목표 2:
연방, 주, 지역 및 마을 차원에서의 청소년 프로그램과 재정 지원의 조정

하위목표 3:
자원을 지렛대로 하는 기술지원노력의 조정</td><td>목표 2:
연방, 주, 지역, 마을 차원에서의 증거기반 및 혁신적 전략 사용의 증진

하위목표 1:
증거기반 전략의 채택 격려 및 그 실행 지원

하위목표 2:
혁신 지원 및 지식의 격차를 메꾸는 증거기반의 심화</td><td>목표 3:
프로그램 강화와 청소년에게 이로운 청소년 관여와 파트너십의 증진

하위목표 1:
지속된 청소년관여의 지원과 프로그램 강화를 위한 청소년-성인 관계성의 증진

학위목표 2:
생활기술과 리더십기술을 포함한 청소년들의 비판적 기술을 개발, 숙련, 응용하는 복합적 기회의 연방, 주, 지역 및 마을 차원에서의 제공과 격려</td></tr>
</table>

범분야 이니시어티브
1. 연방지원 신청과 연방 문건과 출판을 위한 범분야 청소년 주제들에 관한 공유어 개발 2. 청소년을 위한 기회의 통로를 제공하는 공동협력 모델의 평가 · 보급 및 긍정적 결과 도출 3. 청소년 관여와 파트너십 전략을 포함하는 청소년을 위한 증거기반 전략에 관한 정보의 집중과 보급 4. 데이터 수집과 청소년 프로그램의 장기적 평가의 증진
관련 문서
행정명령 13459호, Omnibus Appropriations Act 언어, IWGYP 참가자 명단, IWGYP 공공 의견수렴 요약보고서

출처: IWGYP(2016), p. 38에서 번역요약. 서정아 · 성윤숙(2021) 참조.

5. 청소년 · 청년을 위한 정책적 시사점

미국은 청소년에 대한 다양한 정책적 노력에서 연방정부 차원의 공식적인 국가전략의 큰 틀은 없지만, 주와 자치단체별로 자율적이고 다양한 형태로 실행되고 있음을 알 수 있다.

첫째, 미국 청소년정책의 방향은 청소년개발(Youth Development)로 모아지고 있는데, 청소년개발은 긍정적인 방향으로 청소년의 능력을 개발하여 청소년이 건강하게 성장하도록 하는 것으로, 청소년들을 사회적 · 도덕적 · 정서적 · 신체적 · 인지적으로 유능하게 도와주는 일련의 진보적인 활동과 경험들을 통해 청소년기와 성인기의 도전에 준비하도록 하는 과정이라 할 수 있다. 특히, '긍정적 청소년발달'은 청소년의 건전한 성장과 발달을 촉진하는데 최적의 기회들을 제공하기 위해서 어떻게 정책적으로 접근해야 할지에 대한 가이드라인(guideline)을 제공해 주고 있다는 점에서 매우 큰 의미를 갖는다. 이러한 개념적 틀을 통하여 청소년발달과 관련된 모든 부문들의 통합과 재구성을 시도함으로써, 비로소 청소년의 성장과 발달의 과정, 및 이를 지원하는 시스템간의 총체적이고 역동적인 관계망을 이해할 수 있게 해주는 정책기조로 작동하고 있음을 알 수 있다.

둘째, 청소년에 관한 국가적 관심이 "학교 안에서의 교육"에서 학생들의 일상생활을 포함하는 것으로 확대되었으며 문제가 생기고 난 뒤에야 투자를 하게 되는 그간의 정책을 반성하게 되는 계기가 되었다. 청소년개발(youth development)의 개념과 관련하여 미국의 청소년은 또한 오늘날 구조화되지 않은 자유시간을 너무 많이 갖고 있다는 사실을 생각할 필요가 있다. 미국 청소년들은 교사나 부모가 있는 학교와 가정에서 보내는 시간이 더 적어지고 있으며 부모 중 한 사람이 집에 있는 전통적인 양친가정은 전체 가정의 25%에도 미치지 못하고 있으며, 결국 일상 활동 시간의 40%(1년에 2,300시간)는 부모나 교사의 지도감독을 받지 않는 가운데 보내고 있다. 청소년들이 시간을 보낼 수 있는 안전한 장소는 거의 없으며 그들의 에너지와 지식을 유용하게 적용할 기회도 거의 없다. 약물과 거리 폭력의 위험 속에서 쇼핑이나 비디오 및 TV 보기 등으로 시간을 보내는 경우가 대부분이라는 것이다. 따라서 청소년개발은 청소년들이 학교가 끝난 후 찾아갈 수 있는 안전한 장소(safe places), 의미 있는 관계성을 개발할 수 있는 사람들의 지도감독(supervision), 그들의 에너지와 학교에서 배운 기술을 적용할 수 있는 기회를 제공하는 구조화된 활동(structured activities) 등을 제공함으로써 청소년들로 하여금 자신의 미래를 위한 보호를 받을 가치가 있음을 믿게 해 주는 기회를 주는 것이다.

셋째, 연방정부가 일반적 지침을 만들거나 주정부와의 역할 배분을 중심으로 하는 업무내용에 비추어 실질적인 계획과 사업집행을 위해서는 지역적 상황에 맞도록 하는 지역적 맥락화(community-based local contextualization)가 패러다임 전환의 중요한 내용으로 논의되고 있다(서정아 · 성윤숙, 2021). 이는 법령에 의해 구성된 미국의 연방

청소년기관들의 협의기구인 IWGYP에서 수립한 정책 계획인 '청소년을 위한 통로(Pathways for Youth)'에서도 강조되고 있다. '목표1'의 하위목표로서 '연방, 주, 지역 및 마을 차원에서의 청소년 프로그램과 재정지원의 조정'이 제시되고 있으며, 이는 '목표 2'로 제시된 '연방, 주, 지역, 마을차원에서의 증거기반 및 혁신적 전략 사용의 증진'과도 연결된다. 미국의 청소년전문가들은 하나의 국가로서 지역적 커뮤니티로서 각기 적합한 현지화된 정책이 가치있으며 청소년들에게 실질적인 혜택을 주는 것으로 본다. 이런 점에서 자치단체의 지역사회 중심(community-based)의 청소년정책의 중요성에 대한 재인식이 요청된다. 미국 사례에서 알 수 있는 지역적 맥락화는 주로 지역사회의 역량을 증대시키거나 관련 기관간의 협력체제를 수립하는 것을 통하여 지역사회 실정에 맞게 지역사회 주민과 청소년의 참여를 통해 현실성있는 개입을 강조하는 의미를 갖는다. 이런 점에서 지역적 맥락화와 관련한 우리나라에 적합한 모델을 찾는 다양한 측면의 정책연구가 이루어지기를 기대한다.

CHAPTER 03

지역사회청소년개발(CYD)의 기조와 실천사례

CHAPTER

03

지역사회청소년개발(CYD)의 기조와 실천사례

1. 지역사회청소년개발(CYD)의 전개

청소년은 가족과 이웃, 그리고 지역사회(community) 속에서 성장하며 그 중에서도 건강한 지역사회는 청소년이 성공적 성인으로 자라는 핵심적 환경으로 흔히, "아이를 키우려면 온 마을이 필요하다(It takes a village to raise a child)"라는 말로 그 중요성이 강조되고 있다(Booth & Crouter, 2001). 지역사회는 청소년들의 직접적인 생활공간이며, 만나는 사람과 활동하는 장소를 제공하고 문화와 행동양식을 공유하는 인격형성과 사회화를 위한 중요한 역할을 하기 때문이다(Delgado, 2015).

청소년과 지역사회의 상호 필요불가결한 관계성은, 청소년 발달을 위한 지역사회의

이 장은 학술지 "청소년시설환경"에 수록된 내용을 수정 · 보완한 것임. 청소년시설환경, 18(3), pp 11-20.

기능회복과 역량강화의 필요성을 지속적으로 제기하고 있으며, 이는 지역사회가 청소년성장의 원초적 환경으로서 갖는 이점과 구조적 상황들을 청소년발전을 위해 활용하는 방안들이 다양하게 논의되어 온 것에서도 잘 드러난다(오해섭, 2008; 천정웅, 2013). 한국은 물론 세계 각국에서 지역중심 청소년업무, 지역사회 청소년문제행동 대책, 청소년업무 협력체계와 네트워크 구축 등과 관련한 실천적 노력과 연구 들이 수행되어 왔으며, 특히 2000년대 중반 이후 우리나라에서는 살기 좋은 마을, 마을공동체, 청소년친화도시, 청소년이 행복한 지역사회 등과 관련한 정부와 민간의 노력들이 전개되어 왔다(이윤주 외, 2018).

미국은 지역사회의 역사성과 기능을 강조하면서 청소년의 성장을 위한 지역사회의 발달적 맥락을 중시해 온 전통을 가지고 있으며 지역사회 중심 청소년업무(community-based youth work)에 대한 이론개발과 정책적 접근을 지속해 온 대표적인 국가이다(Fernandes-Alcantara, 2018). 특히, 미국의 청소년전문가들은 긍정적 청소년발달 모델을 지역사회에 정착할 필요성을 제기하면서, 지역사회는 청소년들에게 긍정적 관계, 능력, 태도 등 자신의 성공적 삶을 위해 필요한 역량을 발달시키는 기회를 제공함으로써 청소년의 긍정적인 발달을 촉진하는 노력을 기울일 것을 강조하고 있다(Ashcraft, 2017; Benson, 2003; Lerner, 2017). 이른바 지역사회청소년개발(community youth development: CYD)로 알려진 이러한 노력은 긍정적 청소년발달(positive youth development: PYD)을 넘어 청소년의 시민적 관여(civic engagement)를 통한 사회변화(social change)를 지향하는 방향으로 나아가는 현장실천과 정책발전을 추동하고 있다.

여기에서는 미국의 지역사회청소년개발(CYD)의 이론적 기조와 그 실천사례를 소개함으로써 한국에서의 지역사회 중심 청소년업무의 발전, 특히, 최근 진전되고 있는 청소년친화도시, 마을 공동체 등과 관련한 논의의 정책적 접근을 위한 함의를 찾아보는 것을 목적으로 한다. 이를 위해 지역사회청소년개발(CYD)의 개념적 이해와 역사적 발전과정 등에 대한 내용을 바탕으로 그 의미와 핵심요소 등을 고찰하고, 미국 CYD 실천의 공통적 가치와 원칙들로 제시되는 핵심 테마(theme)를 활용하여 그에 따른 대표적 실천사례를 자치단체 중심으로 몇 가지 유형으로 구분하여 알아보기로 한다.

2. CYD의 토대적 원칙과 실천의 공통적 가치

1) 지역사회청소년개발의 토대적 원칙

지역사회청소년개발(CYD)은 어느날 갑자기 그리고 처음부터 완전한 모습으로 대두된 것은 아니다. 이웃과 지역사회에 있는 행동가와 청소년 실천가, 청소년개발과 학교개혁의 주창자, 그리고 청소년문제 예방을 위해 노력한 진보주의자 등이 모두 청소년과 지역사회에 대한 총체적 접근을 확산하는 분위기를 만들어가게 됨에 따라 발전해온 것이다(Pittman, 2017).

CYD의 토대가 되는 원칙들은 1975년 지역중심의 "전국청소년네트워크(National Network for Youth)"란 단체의 일과 방향을 밝히는 핵심 원칙에도 분명히 제시되어 있는데, ① 청소년들은 각자가 처한 상황에 관계없이 강점을 가지고 있고; ② 자신의 삶에 관하여 의사결정을 할 권리를 포함한 사회적 기본 권리를 가져야 하며; ③ 학교와 같은 기구나 제도 보다는 가족과 지역사회에 소속되어 있다는 신념 등이 원칙으로 포함되어 있다(Hughes & Curnan, 2000). 이러한 토대는 또한 역사를 통해 청소년과 지역사회 업무의 가장 우수한 일들 속에서 발견될 수 있으며 그러한 일은 미국 전역의 지역사회에서 매일 발생하고 있다. 그리고 지리적, 문화적, 학문적, 실천 또는 정책의 경계를 넘어 볼 수 있는 사람들의 지식, 경험, 및 관점들에 기반하여 구축된 것이다.

CYD의 개념화와 발전과정을 보면, 청소년발전(youth development: YD)과 지역사회개발(community development: CD)의 개념을 바탕으로 “지역사회 속의 청소년(youth in community)”을 위한 새롭고 보다 큰 맥락으로 확장된 것을 알 수 있다. CYD는 청소년이 자신들의 재능을 활용하고 지역사회 생활에서의 투입을 증대시키기 위해 성인들과 파트너십이 되어 개인적 발달과 지역사회개발에 개입하는 것을 전제한다. CYD는 청소년들이 자신들의 가족, 지역사회, 지구 및 신성한 것과의 연결성 뿐만 아니라, 정체성, 자기 가치, 자립성 및 소속감을 개발하는 과정에 적극적으로 관련되는 것이다. 그래서, CYD의 핵심원칙은 존중과 파트너십의 문화를 창조하고, 정의롭고 온정적인 사회, 안전한 장소를 만들고, 감사하는 문화를 창출하며, 실제적이고 사용가능한 기술을 이전하고, 관계성에 대해 의식하고, 인간의 참된 소명을 찾고 영위하는 것 등을 포함한다.

2) CYD 실천의 공통적 가치

CYD는 긍정적 청소년발전과 지역사회개발(community development)를 접목한 의미를 갖는다. 따라서 CYD의 실천사례도 이 두가지 분야를 강조하는 자치단체와 청소년기관 등을 중심으로 다양한 형태로 실천되고 있음을 알 수 있다. 실제로 Perkins 등(2009)(2001아닌지 확인)은 CYD는 미국 연방정부에서 학교 외 시간에 운영하는 다양한 방과후 프로그램 등을 집중적으로 지원하는 “21세기 지역사회 학습센터(21st Century Community Learning Center)”를 포함하는 지역사회 동원화 노력을 위한 준거틀로 본다.

그러나, CYD의 근본적인 전제는 청소년과 지역사회개발 사이에 중첩되는 부분이 있다는 것이다. CYD를 특별하게 보는 것은 그것이 청소년의 창조성, 열정, 그리고 역량을 미래가 아니라 오늘 현재의 참가자로서 사회변화 노력에 참여하는 것에서 구축되고자 추구하는 점이다. 결과적으로 CYD는 청소년을 지역사회라는 활동장에 있는 완전한 파트너이며 리이더(leader)로 전제하는 새로운 역할을 강조하는 것으로 볼 수 있다.(Camino & Zeldin, 2002).

Camino와 Zeldin(2002)은 다양한 분야에서 나타나고 있는 CYD를 실천하는 공통된 가치와 원칙을 연구한 바 있는데, 다음과 같은 3가지 테마로 모아진다고 하였다: ① 욕구 뿐만 아니라 자산을 규명하고 그것을 바탕으로 구축한다, ② 시민을 관여시키고 지역적 통제를 증진한다. ③ 역량 구축과 체계적 변화를 위해 파트너십을 창출한다. 이러한 테마들은 CYD에 관한 일종의 합의를 나타내는 것으로 청소년개발, 지역사회구축, 청소년문제 예방 등과 같은 다양한 분야에서 시민적 관여와 권력 공유의 원칙을 실제로 유착하고 있음을 나타내준다. 미국에서 볼 수 있는 여러 가지 CYD의 실천적 시도, 이니시어티브(initiative), 프로그램들은 "전체로서의 지역사회"를 개인적 웰빙 만큼 가치롭게 보고 있음을 알 수 있다.

이런 이해를 바탕으로 CYD 실천사례를 여기에서는 "지방자치단체를 중심으로 청소년의 긍정적 발달과 지역사회 변화를 위한 기여를 실천하는 제도와 정책, 프로젝트와 프로그램" 등을 포함하는 것으로 이해하고 그 특성을 크게 청소년발전, 지역사회개발, 청소년 주도, 및 자치단체 주도 유형 등으로 구분하여 ① 청소년개발을 통한 자치단체 청소년업무 사례(뉴욕주, Queens 구), ② 청소년과 함께하는 지역사회개발 사례(캘리포니아주, Richmond 시), ③ 청소년단체 주도 지역사회청소년개발 사례(몬타나주, Red Ridge 시), ④ 자치단체 주도의 지역사회청소년개발 사례(버지니아주, Hampton 시), 등 4가지로 구분하여 알아보기로 한다. 이는 CYD의 이론적 준거를 청소년개발과 지역사회개발의 두가지를 포괄하는 것으로 보아 접근한 것이다.

3. 지역사회청소년개발(CYD)의 이론적 기조

1) 지역사회청소년개발의 개념

CYD는 성인과 청소년들이 오랜 기간 긍정적인 관계를 갖도록 하는 건설적이고, 고무적인 환경을 창조하는 것으로 정의된다. 청소년들이 역량을 함양하고 자신의 발달뿐만 아니라, 자신이 속한 지역사회에서도 동반자로서 참여할 수 있도록 하는 기회를 동시에 제공하는 것이다. 따라서 CYD는 성인과 청소년들이 오랜 기간 긍정적인 관계를 갖도록 하는 건설적이고, 고무적인 환경을 창조하는 것으로 정의된다(Perkins & Borden, 2003). 청소년전문가들은 청소년들의 부정적인 발달과 위험행위를 억제하기 위해서는 긍정적 청소년개발 모델이 지역사회에 정착되어야 한다고 주장한다(Benson, 1997; Larson, 2002). 지역사회는 청소년들에게 긍정적 관계, 능력, 역량, 태도 등 자신의 긍정적인 삶을 선택하는데 필요한 역량을 발달시킬 수 있는 기회를 제공함으로써 청소년들의 긍정적인 발달을 촉진하는데 모는 노력을 기울여야 한다는 것이다.

1990대 긍정적 청소년발전 운동을 설명하기 위해 사용된 문구는 "문제가 없다는 것이 완전한 준비를 의미하지는 않는다(problem free is not fully prepared)"는 것이었다(Pittman, 1991). 논리적으로 그 다음에 이어질 질문은 "무엇을 위한 준비인가?"이다. 물론, 우리는 청소년들이 현재 자신의 삶을 즐기고, 자신의 기능과 역량을 개발하여 다재다능하고 생산적인 시민으로 성장하기를 원한다. 그러나 청소년의 현재의 삶을 무시한 채 미래의 삶 만을 강조하는 것은 충분하지 않다. "완전한 준비"와 더불어 청소년들은 자신의 발전과 자신의 지역사회 개발에 파트너로서 참여해야 할 필요가 있는 것이다(Delgado & Staple, 2008).

이러한 맥락에서 Hughes와 Curnan(2000)은 긍정적 청소년발전의 준거틀을 통합하고, 청소년들이 실질적으로 참여할 수 있는 맥락을 제공하는 CYD의 필요성을 제기하고, Pittman(2000)은 "완전한 준비가 완전한 참여를 의미하지는 않는다(fully prepared isn't fully participating)"고 주장하였다. 결과적으로 CYD는 청소년발전에 대한 논의의 초점을 "문제없음(problem-free)" 또는 "완전한 준비(fully prepared)"에서 "파트너로서의 참여(engaged partners)"로 나아가게 한 것이다. 따라서 CYD는 청소년 지지적인 지역사회를 창출하는 것이며, 청소년을 자신의 발전에 적극적으로 관여하도록 하고 보다 큰 지역사회의 웰빙에 기여하도록 권한부여(empowering)하는 것으로 이해하는 것이다.

2) 지역사회청소년개발의 준거틀(framework)

CYD 접근법의 여러 가지 요소들이 봉사학습, 지역사회 학교, 임파워먼트, 및 길거리 아웃리치 등과 같은 각기 다른 환경에서 찾아볼 수 있지만, 그것을 설명할 수 있는 단일한 모델은 없다(Hughes & Curnan, 2000). CYD 원칙을 행동으로 전환하는 일은 한결같지 않은데, 이는 원칙 그 자체만으로는 사람들이 CYD 접근법을 제대로 파악하기 위해 필요한 내용을 충분히 전달하지 못하기 때문이다. 이러한 상황에서 CYD 접근법을 보다 분명하고 직접적인 방법으로 제시하기 위해 CYD 준거틀이 제시되었으며 하나의 교육을 위한 도구일 뿐만아니라, CYD를 발전시키는데 필요한 전략과 활동을 창출하는 일에 사람들을 관여시키기 위한 도구로서 지속적으로 보완되고 있다.

CYD 준거틀에서는 "지역사회청소년개발(CYD)은 의도적 사회변화이며, 청소년과 성인이 파트너십 관계를 통해 정의롭고 안전하며 건강한 지역사회를 창출하기 위해 함께 일하는 하나의 과정"으로 정의한다(Hughes & Curnan, 2000, p. 12). 목표 대상, 전제, 전략, 성과 및 영향이라는 다섯 개의 틀을 사용하여 각각의 내용에서 지역사회청소년개발이 준거해야하는 요소들을 담고 있다. 원칙 또는 전제와 성과들은 전략과 활동을 개발하고 실행하는데 필요한 나침판으로 볼 수 있으며, 이론적 으로 보면, 전략과 활동들은 장소와 상황에 따라서 다양하게 변용하는 융통성을 갖는다. 대체로 CYD준거틀은 다음과 같이 구성되고 있다.

첫째, 목표대상(for whom)은 청소년에 강조를 둔 지역사회, 가족 및 청소년이다. 청소년은 제공할 것이 많고, 변화를 위한 강력한 촉매제가 될 수 있으며, 정이롭고 안전하며, 건강한 지역사회를 창출하는 일에 적극적으로 관여해야 한다는 것이다.

둘째, 원칙(principles) 또는 전제(assumptions)의 준거이다. 청소년은 성장하여 생산적인 시민이 되도록 성인의 개입, 가르침, 격려를 최대한으로 필요로 하는 미래의 부모, 이웃, 근로자 대신에 하나의 문제의 집단인 것 같이 보여진다. 정의롭고 따뜻한 동정심이 있는 지역사회를 창출하고 그 속에서 청소년들이 가치롭게 받아들여지고 관여하도록 하기 위해서는 다음과 같은 몇가지를 필요로 한다는 것이다.

우선, ① 청소년들이 자신의 삶에 영향을 주는 관계, 프로그램 및 제도에 개입한다. 집단적이며, 시민적 행동을 통해 변화가 일어난다. 모든 사람들은 자원이며 청소년들은 발달하고 개인적 지배는 참여와 발전을 통해 발생한다. 지역사회는 성인들과 파트너관계 속에서 하나의 촉진 세력으로 나아가는 청소년들이 없이는 개선되지 않는다. 또한 ② 사람들간 및 사람과 환경과의 상호관계성의 원칙과 지역사회를 의미, 관계만들기 및 인간발달을 위한 환경으로 보는 원칙에 기반한 깊이있는 사회적 변화를 전제한다. 청소년과 성인들은 함께 배울 수 있고 또 배워야만 한다. 모든 사람들과 지역사회는 자산을 갖고 있다. 강점관점의 접근(strengths-based approach)은 발달(development)과 부합하며, 전체적인 접근법(holistic approach)은 가장 효과적이다. 다양성을 가진 가족은 청소년과 사회의 토대가 되는 것이다.

③ 상호성, 존중과 호혜성에 바탕하는 파트너십이다. 파트너십은 공동창출과 공동학습을 가능하게 해주며; 지역사회의 토대적 요소이다. 평생학습(lifelong learning)이 고무되고 지지되며, 다양성과 문화가 가치롭게 되고 있다. 각자의 정신성(spirit)을 육성

하는 것은 본질적인 것이다. 촉진적 리더십이 참여(participation)를 값지게 보고 비계층적이며 계획과 결정에서 소유권을 갖게된다는 점에서 선호된다. ④ 지속가능성과 지구에 대한 깊은 관심이다. 사람들은 지구의 생명시스템의 일부이며 책임을 맡고 있다. 따라서 모든 행동은 미래 세대에 대한 긍정적 영향을 고려하여 취해져야 한다. 지역사회의 발전은 지리적 영역(근린 등)의 정의 뿐만 아니라 관계적 유대(민족 집단, 이익집단 등)로 이루어진다. 각 개인들은 자기 지역에 대한 몫이 있으며 동료 지역사회 구성원들에게 투자하는 것이다. 모든 지역사회 구성원들은 정책결정과정에 대한 접근, 기회, 그리고 발언권을 갖는다.

셋째, 전략(strategies)적 준거로 정책개발(policy development) 및 역량구축과 촉진적 리더십(facilitative leadership)를 포함한다. 정책 개발은 청소년, 가족, 지역사회의 가치를 보호·확장하는 정책수립을 위해 정책결정가와 실행가들이 CYD 관련 지식과 기술을 개발하도록 도우는 것이다. 역량구축과 촉진적 리더십(facilitative leadership)은 CYD 철학, 청소년개발, 지역사회개발, 촉진적 리더십과 참여, 파트너관계 기술, 조직개발, 사회변화와 문화변화, 정신성의 교육, 시민 참여, 학습 커뮤니티 등에 대한 지식 창출, 적용 및 보급의 촉진을 포함한다.

넷째, 성과(outcomes)에 대한 준거이다. 정책성과, 현장 성과, 청소년성과, 지역사회/가족 성과 등으로 구성되는데, ① 정책성과는 청소년, 가족, 지역사회의 가치를 인정하는 정부와 민간부문의 모든 수준에서 정책을 수립하고 청소년의 안전을 보장하고, 건강하고 생산적인 삶으로 이끌며 지역사회에 기여하는 분석틀을 제공한다. ② 역량구축과 촉진적 리더십은 지역, 주 및 전국 수준의 CYD 촉진가, 청소년을 위한 집중적 리더십 프로그램, 효과적인 청소년·성인파트너십을 위한 촉진적 리더십훈련, 지역사회 중심의 청소년·성인 파트너십, 청소년, 가족, 지역사회 및 지역중심 단체를 위한 네트워크지지 등과 같은 결과를 갖는다. ③ 청소년은 건강한 인성, 가족, 지역사회 개발을 위한 불변의 기초요소를 획득한다. 기초요소에는 소속감(애착), 자립성(자율), 숙달(성취), 관대함(이타주의), 상호의존성 등이 포함된다. ④ 청소년과 그 가족의 삶의 질을 개선하고 청소년 발달과 학습을 촉진하는 지역사회의 성과를 갖는다. 이러한 성과가 나타나는 장소로 다음과 같은 것을 생각할 수 있다.

- 청소년과 가족이 질 높은 교육과 기본적 사회적 재화, 즉, 주거, 음식, 보건에 대해 접근한다.
- 학습은 교차세대적, 적극적 및 참여적이다.
- 청소년과 성인은 그들과의 관계성인 시대와 커리큘럼을 띄어넘은 멘토/파트너를 가진다.
- 문화적 다양성과 가족다양성을 받아들인다.
- 청소년과 성인들은 위험을 무릅쓰고 "용기있게 실패하는" 방법을 배운다
- 청소년과 성인들은 두려움을 다루고 동정심을 표현하는 방법을 배운다.
- 청소년, 가족, 문화적, 및 지역사회 전통이 값지게 받아들여지고 전승된다.
- 영성적 진리가 가치롭게 된다.
- 재능이나 기술을 가진 모든 사람들은 그것을 공유해야하는 의무를 느낀다.
- 지역사회와 가족들은 청소년들이 완전하고 건강하게 관여하는 자원과 기술(경제적, 사회적, 정서적)을 갖는다.
- 사람의 사람에 의해, 사람을 위해 개발된 지속가능한 지역사회

다섯째, 영향(impact)에 대한 준거이다. 우선 정의롭고 열정적으로 함께하는 지역사회가 되는 것이다. 청소년들이 가치롭게 되고 완전하고 건강하게 관여하는 곳이다. 청소년은 또한 다른 사람들과 함께 자신의 삶에 영향을 주는 조건들에 긍정적으로 영향을 끼치는 파트너이며 기여자들이다. CYD 접근법에 의해 변화된 개인, 지역사회 단체 및 기관들이 나타난다. CYD는 새로운 사회 사상으로 인식되며 점차 CYD운동에 대한 전세계적 참여를 기대할 수 있는 것이다.

〈표 3-1〉 CYD 준거틀(CYD Framework)

구분		내용
목표 대상		• 청소년에 강조를 둔 지역사회, 가족 및 청소년
전제		• 청소년들이 가치있고 관여하는 정의롭고 공감적인 지역사회의 창출을 위해서는 필요로 하는 요건들
전략	정책개발	• 전국적 행동, 주별 행동, 지역적 행동
	역량구축과 촉진적 리더십	• CYD 철학과 청소년개발 등에 대한 지식 창출, 적용 및 보급의 촉진
성과	정책	• 정부와 민간 수준에서 정책을 수립하고 청소년 안전 보장과 지역사회 기여하는 분석틀을 제공함
	현장	• 역량 구축과 촉진적 리더십은 지역, 주 및 전국 수준의 CYD 촉진가, 지역사회 중심의 청소년/성인 파트너십의 결과를 갖는다.
	청소년	• 청소년은 건강한 인성, 가족, 지역사회 개발을 위한 불변의 기초요소를 획득한다.
	지역사회/가족	• 청소년과 그 가족의 삶의 질 개선. 청소년 발달과 학습을 촉진하는 지역사회. • 지역사회와 가족들은 청소년들이 완전하고 건강하게 관여하는 자원과 기술(경제적, 사회적, 정서적)을 갖는다. • 사람의 사람에 의해, 사람을 위해 개발된 지속가능한 지역사회
영향		• 정의롭고 열정적으로 함께하는 지역사회 • 청소년은 파트너이며 기여자들이다. • 새로운 사회사상으로 CYD운동에 전세계적 참여

출처: Hughes & Curnan, 2000. p.p. 12-14.

3) 지역사회청소년개발의 핵심요소

CYD는 청소년들이 현재 가지고 있지 않는 것이 무엇인지에 관심을 갖기 보다는 그들이 현재 필요로 하고 원하는 것을 뒷받침하는 것에 초점을 둔다. 청소년들이 완전히 준비하고, 관여하고 활기찬 시민이 되도록 갖추어야 하는 핵심요소가 무엇인지에 관심을 갖는 것이다. 여기에는 ① 성인의 지지와 안내를 통한 결속, ② 사회적, 정서적, 도덕적, 행동적, 인지적 역량, ③ 기술의 완전한 습득, ④ 개인적 정체감, ⑤ 명목주의가 아닌 실질적인 참여, ⑥ 미래의 희망과 신념, ⑦ 개인적 안전과 소속감, ⑧ 영성에 대한 지각, ⑨ 청소년의 기여를 가치롭게 하고 상호 호혜성을 기르는 것, ⑩ 자기 결정성, ⑪ 개인적 책임감, 그리고 ⑫ 개인적 영향과 효용감 등이 포함된다(Astroth 외, 2002).

CYD는 또한 모든 청소년들에게 성공적 발달(development)과 지역사회에의 관여(engagement)에 필요한 핵심요소를 제공하는 과정을 촉진하는 것을 의미한다. 이를 위해 ① 또래와 성인들과의 긍정적 관계를 갖는 기회; ② 기술 함양과 역량 개발을 위한 기회; 그리고 ③ 자신의 발달과 지역사회개발에 의미있게 관여하고 의견을 개진할 수 있는 기회 등의 3가지가 중요하다(천정웅, 2013; Perkins, 2009).

첫째, 청소년들의 역경극복을 위해 부모가 아닌 일반 성인들과의 긍정적 지지관계는 필수적이다(긍정적 관계성). 일반 성인과의 관계는 청소년의 좋은 모델링, 신체적, 지적, 정서적, 및 사회적 성장을 위한 건설적인 피드백을 제공하는 환경적 요인이 된다. 또래와 성인들과의 긍정적 관계는 친사회적 규범 확립을 위해서도 중요하다. 친사회적 규범은 행동에 대한 규범을 강화하고 긍정적 또래 관계를 가능하게 하고, 또래 청소년을 격려하고 보상하며, 일상, 실천, 규범의 공유를 통해 응집력을 발전시킨다(Perkins, Border & Villarruel, 2001).

둘째, 청소년이 사회에 기여하는 성인이 되기 위해서는 개인적·사회적 자산을 형성할 기회가 필요하다(역량 개발). 이러한 자산은 ① 학문, 사회, 정서와 직업분야에서의 능력-Competence, ② 자신감(정체성)-Confidence, ③ 자신과 다른 사람과의 관계적 연결-Connection, ④ 긍정적인 가치, 진실성, 도덕적인 강한 의식에서 오는 성격-Character, ⑤ 보살피는 것과 동정심 – Caring 등을 포함하여 5Cs로 불리고 있다. CYD 관점에서는 여기에 여섯 번째의 'C'를 추가하는데 ⑥ 가족, 이웃 그리고 지역사회에 기여(Contribution)함으로써 '5Cs'를 활용할 실천적 기회를 갖는 것이다(Lerner, Phelps,

Forman & Bowers, 2009; Pittman, 2017).

셋째, 의미있는 참여와 발언권을 위한 기회이다(의미있는 관여). 청소년이 자신의 사회적 세계의 현실적 차이를 알 때 분별력을 갖게되고, 유능하게 느끼는 기회를 가지게 된다면, 무엇인가 다르다는 느낌(a sense of mattering)을 갖는다. 자치활동은 종종 참여, 도전, 흥미와 같은 경험을 아우르며, 능숙함과 기술의 범위를 증진시킨다. 자치활동의 힘은 학교, 청소년업무, 그리고 지역사회에서 청소년에게 제공된 '발언권'과 '선택'으로부터 나온다(Blakeslee & Walker, 2018; Eccles & Gootman, 2002).

이렇게 보면 지역사회청소년개발은 자신의 위험행동을 예방하고, 환경에서의 위험과정을 감소시키는 의미로써 그들의 개인적, 사회적 강점을 증진시키는 하나의 청소년업무(youth work) 모델이다. 미국의 청소년전문가들은 청소년의 발달을 돕기위해서 구조화된 환경을 계획할 때 CYD의 구조를 활용한다. 결국 긍정적 청소년발달을 보장하기 위해서는 청소년시기 전반을 통해 지역사회개발을 같이 고려할 필요가 있는 것이다(천정웅, 2013).

4. 지역사회청소년개발의 실천사례

1) 청소년발전(YD)시스템 – 뉴욕시 Queens

미국 뉴욕시의 다섯 개의 자치구(borough) 중의 하나인 퀸즈(Queens)는 청소년발전(YD)시스템을 활용한 CYD의 대표적인 사례로 볼 수 있다. Queens에서의 청소년발전시스템은 뉴욕주(New York State)와 뉴욕시(New York City)의 청소년발전에 관한 역사와 시스템과 별개로 이해할 수 없는데, 이는 자치구의 정책과 실천의 역동성은 주와 시의 정책과 시스템에 의해 전적으로 영향을 받고 또 통합되기 때문이다(Fuqua, 2016).

뉴욕시는 공적으로 조정되고 재정지원을 받는 청소년서비스 시스템을 제2차세계대전 이후 설립하였으며, 레크레이션 프로그램부터 오늘날의 다부문적인 정책 이니시어티브(initiative)들까지 포함하는 역사를 가지고 있다. 미국의 빈곤과의 전쟁(War on Poverty)과 교육개혁의 대표적인 도시가 되었으며, “지역사회 연대”를 통한 상호협력이 활발한 것도 특징이다. 뉴욕주의 청소년개발의 핵심적 특징은 청소년국 체제(Youth Bureau system)이며 뉴욕시에서는 청소년과 지역사회발전과(Department of Youth and Community Development)가 자치정부(municipal) 청소년 부서의 역할을 수행한다(NYC DYCD, 2013).

Queens 지역은 네들란드 이주민들에 의해 발견되었으며, 오늘날은 민족적이고 경제적인 다양성과 역사적으로 이민자를 중심으로 조성된 근린지역으로 알려져 있다. 뉴욕시의 전체 면적의 약 40%와 인구의 32.5%를 차지하고 있다. 전체 인구(약 230만명) 중 18세 이하는 약 21%에 이르며 이들 중 48%는 해외에서 태어났으며, 아시안들의 주요거주지 중 가장 큰 곳이다(뉴욕시 한인 약 9만 8천명 중 60%정도가 Queens에 거주한다).

Queens의 청소년서비스 기본 틀(framework)은 공립학교와 지역중심 센터들을 주요 서비스전달 지역으로 하는 것이다. 그러나, Queens에 독특한 과학박물관 프로그램 등과 함께 지속적이고 종합적인 시 전역의 시스템을 만들려는 합치된 노력이 지속되고 있다. 특히, 방과후학교 프로그램에 대한 연방정부의 투자가 시작되면서 뉴욕시에서는 방과후학교 법인(the Afterschool Corporation, TASC)과 방과후학교 교육파트너십(the Partnership for afterschool Education, PASE)이란 역량함양 단체협의회(intermediary capacity-building organizations)를 만들었으며, 이른바 TASC모델이라고 알려진 방과후학교 프로그램 모델을 창출하였다(Fuqua, 2016).

Queens의 또 다른 청소년발전과 관련한 노력은 Queens Community House와 Beacon Community를 통해 알 수 있다. 특히, 1975년에 설립된 Queens Community House(QCH)는 Queens에서 4번째로 큰 자치정부의 재정지원을 받는 청소년서비스 제공기관이 되고 있다. QCH는 현재 25개 프로그램 사이트 - 9개 지역중심 센터, 7개 고등학교, 3개 중학교, 3개 초등학교 및 3개 대학 등에서 청소년 프로그램을 제공하고 있다(Fuqua, 2016).

2) 청소년과 함께한 도시경관 변혁 – 캘리포니아 Richmond

미국 CYD의 다른 사례는 캘리포니아(California)주 리치몬드(Richmond)시의 고등학교 학생들이 Y-PLAN(Youth-Plan, Learn, Act, Now)으로 불리는 혁신적 전략을 통해 학교, 근린지역 및 도시의 계획과 변혁에 적극적으로 참여한 내용에서 찾아 볼 수 있다. 고등학생들을 중심으로 건강하지 못한 지역사회 환경과 성인 지향적 도시계획 및 정책 결정 구조의 불리성에 어떻게 효과적으로 도전하였는지를 보여 준다. 또한 이 사례는 저소득 지역의 청소년들이 긍정적 사회변화를 위해 필요한 도구를 구비할 수 있는 지를 설명하고, 이를 구조화하는 중요한 조건들에 대해 알게 해 준다(McKoy, Stewart & Buss, 2015).

Richmond는 미국 전역에서 찾아볼 수 있는 지역사회의 조건을 혁신적 재개발 전략을 통해 개선하려고 하는 다른 낙후된 산업도시들과 동일한 현실적 상황을 가진 도시이다. 그러나, 이제 많은 사람들이 Richmond 시는 “르네상스”를 경험하고 있다고 말한다. Richmond는 제2차 세계대전 시기에는 선박건조 작전의 본거지였기 때문에, 전후 산업의 유산을 이어받은 그늘 속에서 어려운 상황을 겪었으며, 학교의 학업성취가 떨어지고 노동자들은 급속한 경제 변화의 요구를 충족해야하는 어려움을 경험하였다.

특히, 오랜 기간 인접 지역들과는 고속도로와 철로가 지역을 가로지르는 상황으로 인해 사회적 · 물리적으로 나뉘어져 있었으며, 많은 일들은 시의 전체적 상황과 현지 학교의 다양한 인구구성을 반영하지 못하였다.

Richmond는 2012년 받게 된 정부의 보조금을 계기로 도시의 물리적 · 사회적 하부구조를 개선하고 모든 주민들이 여러 가지 기회와 투자로부터 이득을 받도록 보장하기 위해 현지학교를 포함하여 각 부문들과 일하기 시작하였다. 특히, Y-PLAN을 통해 Richmond 고등학교 학생들을 남부 해안선 (South Shoreline)개발 사업에 활용하게 된다. 여기에는 청소년들은 자신이 살고 있는 장소에 대해 "단순하지만, 강한 통찰력"을 갖고 있다는 인식이 바탕이 되었다(McKoy, Buss & Stewart, 2014).

지역사회 개발 프로젝트에는 500명 이상의 저소득 청소년들이 참여했으며, 장소를 결정하고 도시를 변혁하는데 중요한 역할을 하였다. 청소년의 가치를 인정함에 따라 시에서는 일부 학생들에게는 매년 인턴쉽 기회를 제공하고 있다. 도시의 건조경관(built environment)에서 눈에 띄는 변화가 나타나고 있으며, 학생들의 제안을 공공 장소 건설과 도시설계에 반영하는 것이 원칙이 되고 있다. 학생들은 또한 쉼터, 조명, 화장실, 지도 및 버스 운행 어플활용 등을 포함하는 대중 교통서비스의 개선에도 영향을 주었다(McKoy et al., 2015).

3) 청소년주도의 청소년위원회 – 몬타나 Red Lodge

몬타나(Montana) 주의 작은 도시인 레드 로지(Red Lodge)시의 청소년위원회(Red Lodge Youth Council: RLYC)는 청소년이 위원회 설립하고 주도적으로 활동한 것으로 CYD의 적절한 사례로 2000년대 초부터 알려져 있다(Astroth, Brown, Poore & Timm, 2002). RLYC는 1999년에 당시 이곳에서 재정적 이슈와 이사회 리더십 이슈 때문에 활동을 하지 않고 있었던 Boys & Girls Club이라는 청소년단체를 다시 운영하기 위해 일부 성인들과 청소년들이 노력하는 과정에서 청소년들에 의해 만들어지게 된 것이다. 당시 6-7학년이었던 청소년들이 방과후 프로그램이 필요하여 지역사회포럼을 조직하고 이 단체를 다시 만들려는 새로운 전략계획을 수립하게 되면서 이 그룹은 그 노력의 범주를 지역사회 청소년들의 조건들을 개선하기 위해 확장하기로 결정하였다.

이들은 자신들의 위원회에 더 많은 청소년들을 초대하고 성인 리더들을 자신들의 팀에 가입하도록 했으며, 시 의회의 한 분과로 인정해줄 것을 요청하면서 명칭도 Red Lodge Youth Council로 정하였다. 이들의 목적은 3가지 였다: ① 청소년에게 지역 문제에 대해 발언할 수 있게 하고. ② 지역사회에서 청소년에게 영향을 끼치는 이슈에 관계하도록 하고 ③ Red Lodge를 청소년을 위한 건강하고 정당한 지역사회가 되도록 하는 과정을 계획하는 것이다(Astroth et al., 2002).

RLYC는 14세의 Angela Schilz를 대표로 해서 시 의회의 분과위원회가 되었으며 Red Lodge Boys & Girls Club의 부속 기구로 활동하게 되었다. 청소년위원회는 8학년에서 12학년까지의 12명의 청소년과 학교, 소년 사법, Boys & Girls Club, 시 정부, 지역사회 주민 등을 대표하는 7명의 성인들로 구성되었다. 모든 청소년과 성인 구성원은 동등한 투표권을 가졌으며 RLYC의 모든 사무는 청소년들이 보았다. Boys & Girls Club의 성인 조정자는 이 프로그램을 조직화하는 일에 대한 급료를 받았다(Zeldin & McDaniel, 2001).

청소년위원회는 청소년을 위한 건강하고 정당한 지역사회를 구상하고, 계획하고 건설하는 과정에 청소년, 성인, 지역사회 단체를 나란히 함께 가도록 하였다. 더욱이 청소년위원회 위원은 청소년-성인 공동협력과 자산 구축에 초점을 둔 지역사회 포럼을 이끌어가고, 시와 학교, Boys & Girls Club이 관련되는 의사결정에 참여하고, 실무적으로 지역사회 건설에 관여한다.

RLYC의 활동에는 다음과 같은 내용들이 포함된다. ① 지역의 청소년이슈에 관한 연구와 자료수집, ② 지역사회 포럼, 발표, 도시계획 의제 이끌기, ③ 청소년의 욕구에 부응하는 중장기 계획의 개발, ④ 5일간의 야외 리더십 모임 개최, ⑤ 지역 전체 청소년의 조건을 개선하는 전략 개발, ⑥ 지역 교육위원회에 청소년위원의 정원을 보장하기 위한 노력 전개, ⑦ 지역 스케이트 보드 공원 건설의 계획과 감독, ⑧ 공부와 운동에서 뒤처지는 청소년들의 특별한 성취를 인정하는 '우리들의 청소년'이라는 이벤트의 첫 기념일 지정, ⑨ 청소년을 위한 건강한 주말 저녁 활동 프로그램의 조정 등이다(Zeldin & McDaniel, 2001).

4) 청소년에 의한 시민적 관여 증진 – 버지니아 Hampton

버지니아(Virginia) 주 햄프톤(Hampton) 시는 시 정부가 청소년의 시민적 관여(civic engagement)를 증진하는 역할을 한 경우로써, 특히 청소년위원회 뿐만 아니라 청소년 임파워먼트를 시 기관과 비영리 단체의 문화가 되도록 했다는 점에서 CYD의 대표적인 사례로 알려져 있다. Hampton 시의 시민적 관여 시스템은 상보적이고 서비스와 리더십 개발을 위한 구조화된 통로를 제공하는 몇가지 제도적 요소를 가지고 있는데, 단순하고 일화적인 것(서비스 날, 하천 청소 등)에서 부터 보다 복잡하고 지속적인 청소년위원회(youth commision)와 청소년기획가(youth planner) 등의 청소년에 의해 주도되는 시스템을 갖고 있으며, 각급 학교내의 교장 자문위원회와 시 교육위원회 등에 청소년대표를 포함하는 등의 방법으로 청소년의 실질적인 참여를 제도화하고 있다(Sirianni & Schor, 2010).

Hampton 시는 버지니아 주의 해안에 있는 인구 15만여명의 도시로 대략 주민의 반은 백인이고 반은 흑인이며 적당한 경제기반을 가지고 소득 격차가 거의 없는 곳이다. 비당파적 의회와 매니저(manager) 형태의 정부를 가지고 있으며 시 의회 구성원 가운데 가장 많은 표를 받는 사람이 시장이 된다. 1990년대 이전까지는 근린 협회를 제외하고는 풀뿌리 지역사회나 청소년조직화의 전통이 거의 없었다. 그러나 1980년대 중반에 경제개발과 지역 재정수지의 심각한 문제에 직면하여, 당시 시장인 제임스 이슨(James Eason)과 시의회에서 임명된 행정관인 봅 오닐(Bob O'Neill)은 지역정부를 재창조하는 일련의 이니시어티브에 뜻을 같이 하고 관료주의적 계층제를 줄이고 공동협력적 근린 계획을 통하여 권력을 시민들에게 확장하였다.

1990년 도시가 청소년문제로 관심을 가지게 되면서 시스템 변화를 시도하여 공동협력적 계획과정을 통해 운영하도록 만들었으며, 미국 연방정부로부터 3년간의 지역사회 파트너십 보조금를 받게 된다. 공동협력적 계획 과정에서 핵심적인 역할을 한 것은 얼터너티브(Alternatives)라는 전국적으로 알려진 지역 청소년단체였으며, 공동협력사업의 과정에서 햄프톤 청소년연합(Hampton Coalition for Youth)이라는 단체를 발족하게된다(Sirianni & Schor, 2010).

중요한 점은 공동협력 계획과정에서 이러한 단체를 만들게 된 계기가 이 도시를 CYD 사례가 되도록 하는 일과 관련된다는 점이다. 당시 Alternatives라는 단체가 청소년들의 관점을 수렴하기 위해 20명의 청소년들을 모집하였는데, 이들은 지도자들에게 자신들이 문제가 있고 고쳐야(fix)할 필요가 있는 존재로 보는 것을 원하지 않는다고 말한 것이다. 그들은 의미있는 일에 도전하고 싶고 지역사회에 기여할 참된 기회를 갖기를 원했다. 청소년들은 Alternatives라는 단체의 프로그램 중에서도 청소년 스스로 자신들의 문제를 해결하는 형태를 성공적인 것으로 보았다(Light, 1998). 이에 따라 Alternatives는 마침내 이전과 달리 청소년리더십 개발에 초점을 두는 청소년이 중심이 되는 단체로 재창조하기로 결정하였다. 그리고 당시 "긍정적 청소년발달(PYD)"과 "지역사회 청소년개발(CYD)"을 강조하기 시작했던 한 전국적 청소년개발 네트워크의 도움을 받게되었다. 이 단체는 청소년들은 결점을 가진 존재가 아닌, 지역사회 자원이 되는 것으로 보는 관점을 가진 곳이다(Hughes & Curnan, 2000) .

이러한 흐름이 지속되면서, 마침내 1992년 여름 이들간의 합숙모임을 통해, 청소년 임파워먼트에 입각한 합의된 비전을 만들게 된다. "우리의 임무(mission)"와 "지역사회에서의 파트너십(partnership)"이라는 두가지 원칙과 그에 따른 계획을 설정하게 된 것이다. 당시에는 "강한 공공 정책"은 모든 아동이 자격을 갖게 되는 지역사회가 되도록 함으로써 그 방법을 실현할 수 있다고 보았으며, 청소년을 임파워하는 것을 가장 근본적인 임무로 보고 "청소년들이 지역사회의 삶에 관련되도록 하는 기회를 주는 종합적 시스템"을 마련할 것을 요청하였다. 또한 시정부는 햄프톤청소년연합(Hampton Coalition for Youth)을 시 정부의 하나의 부서가 되도록 하고 동시에 공공기관, 비영리 단체, 기업과 기관들과 광범위한 네트워크를 가질 수 있도록 하였다. 그 후 몇 년 뒤에 청소년위원회가 만들어지면서 Hampton시는 시민적 관여 시스템의 토대를 마련하는 결정적 시기를 맞게되었다(Hampton Coalition for Youth, 1993).

오늘날, Hampton 청소년 위원회는 청소년에 영향을 주는 것으로 볼 수 있는 정책 이슈에 관해 일할 것을 선택하는 상당한 도덕적 권위를 가지고 있다. 햄프톤 청소년연합(Hampton Coalition for Youth)이 1994년에 시의 공식부서로 되면서 첫 번째로 한 제도적 변혁은 10대 청소년 두 명을 시간제로 기획부서에 고용한 것이었다. 청소년위원회는 시 종합계획을 그들의 위원회 활동과 관련한 업무에서 하나의 준거틀로 활용하였다. 청소년연합은 또한, 다른 기관과 단체를 위한 청소년개발과 역량구축 정보센터(clearinghouse)의 역할을 한다. 이를 통해 이른바 "자원으로서의 청소년"과 "발달자산" 전략을 통합조정하는 역할을 하고 있는 것이다(Bautista, 2018).

5. 청소년 · 청년을 위한 정책적 함의

본 장은 지난 20여년간 발전되어 온 미국의 지역사회청소년개발(CYD)의 대두과정과 개념 및 핵심 요소 등에 대한 이해를 바탕으로 미국에서 전개되고 있는 청소년실천업무 중에서 CYD에 부합하는 몇 가지의 실천사례를 고찰한 것이다. 연구를 위한 이론적 분석틀로서 CYD의 토대적 원칙과 실천의 공통적 가치에 대해 제시하였다.

지역사회청소년개발(CYD)의 기조는 "문제없는(problem-free), 완전히 준비된(fully prepared), 파트너로 참여하는(engaged partners) 청소년"을 전제하여 "긍정적 관계성, 역량 개발, 의미있는 관여" 등의 3가지 기회를 제공하는 것으로 요약할 수 있다. CYD의 핵심 요소인 긍정적 청소년발달(PYD)은 성인들과의 관계성, 안전한 장소와 활동, 신체적 정신적 건강, 시장성있는 기술, 그리고 서비스를 받을 기회와 시민 참여 등과 같은 광의적 발달 욕구를 강조한다. CYD는 이러한 PYD 전략을 넘어 청소년이 성인들의 지혜나 관대함의 대상이나 수혜자가 되기 보다는 광범위한 지역사회 이슈와 기구들을 위한 파트너이자 자원으로서 일관되고 지속적으로 관여하도록 하는 것이다(Astroth et al., 2002).

또한, 이런 이해를 바탕으로 CYD 실천사례를 청소년발전, 지역사회개발, 청소년 주도, 및 자치단체 주도 등의 4가지 유형으로 구분하여 뉴욕주 Queens 구, 캘리포니아주 Richmond 시, 몬타나주 Red Ridge 시, 그리고 버지니아주 Hampton 시의 사례에 대해 알아보았다. 미국 뉴욕시 Queens구의 청소년발전을 지향하는 지역사회중심 이니시어티브는 지난 100여년 이상 세틀먼트 하우스(settlement house)들을 운영한 역사 속에서 발전되고 있다. 청소년발전 시스템이 나아가는 방향을 보면, 이전보다 더 부문간의 파트너십이 강조되고 옹호활동이 중요하게 될 것으로 전망된다. 캘리포니아 Richmond 시의 사례는 청소년들이 건조경관(built environment)을 조사하고, 구상하고, 변형하기 위한 진정한 노력에 합법적으로 참여하도록 초대될 때 청소년들이 할 수 있는 긍정적 기여의 경험이 특색있게 드러날 수 있다는 것을 보여준다. 실행을 통해 배우는 것(행동학습)으로서의 장소 만들기(도시재생)인 것이다. 또한, 버지니아 Red Lodge 시의 청소년위원회 사례는 CYD 실행을 위해서는 성인들의 사고와 역할인식의 변화가 필요하다는 점을 보여준다. 청소년은 예산에 관한 의사결정을 할 능력이 없다거나 성인들은 단지 청소년을 통제하려고 하고 청소년문제를 "고치는" 프로그램을 만들려고 하는 것과 같은 선입견을 극복할 필요가 있음을 알게해 준다. 버지니아 Hampton 시의 청소년 시민적 관여에서의 정책 혁신은 시 정부를 재창조하는 노력으로 시작되었지만, "민주주의적 지역사회 건설로서의 관계성 구축" 이라는 Hampton시의 프래임은 청소년과 시민을 임파워하기 위해 신뢰, 공동협력, 파트너십, 대화 그리고 사회자본의 중요성을 강조한 것이다.

이러한 결과는, 그동안 우리나라에서 정부와 민간부문에서 지속적으로 관심을 가져왔던, 지역사회 청소년문제 행동대책, 청소년이 행복한 지역사회조성, 아동청소년친화도시 등의 다양한 지역중심의 청소년업무 접근 노력이 보다 나은 성과를 얻기 위해서는 다음과 같은 몇가지 함의를 고려할 필요가 있음을 알게 해준다.

우선, CYD의 기조를 구현하는 것은 적지 않는 사회적 노력을 필요로 한다는 점이다. CYD의 비전은 보다 정의롭고 온정적이며, 건강한 역량있는 지역사회를 창조하여 그곳에서 청소년과 모든 주민들이 번성하는 것이다. 그러나, 이러한 비전이 현실이 되도록 보장하는 것은 개인, 단체 그리고 정책의 중심적 도전과제로 남아 있다. CYD는 우리의 초점을 개인으로서의 청소년으로부터 집합적 지역사회로 확장하는 요구와 함께 중요한 도전과제를 제시하고 있다.

또한, 미국 CYD의 실천사례는 우리의 실정에 맞는 실제적 · 정책적 접근노력이 필요함을 알게 해준다. 청소년 친화적 지역사회는 단순하게 생겨나지 않으며 이미 수립된 계획과 정책 결정 및 실천 속에서 청소년의 통찰력을 보다 나은 계획, 정책 및 지역사회를 만드는데 가치있게 기여하도록 하고 이들의 시민적 리더 능력을 확장하도록 하는 역량을 구축하는 의도적 개입을 통해 가능할 수 있다는 점을 시사한다(Blakeslee & Walker, 2018). 사실, 지난 20여 동안 미국과 한국을 포함하여 세계적으로 지역사회 구축, 시민 사회, 시민 참여, 그리고 민주주의적 이상을 향한 강한 방향성을 목격하고 있다.

따라서, 본 연구는 CYD가 긍정적 청소년발달(PYD)을 바탕으로 "지역사회 속의 청소년(youth in community)"을 위한 지역사회개발(CD)의 맥락 속에서 태동하고 발전된 것은 결코 우연한 일이 아니며, 정당하고 건강한 지역사회라는 목적을 청소년업무의 중심에 두어 왔다는 점을 알게 해준다. 이러한 강조는 우리 사회 전반의 청소년에 대한 잘못된 정보와 상투적 고정관점을 생각하면 청소년의 강점과 역량에 관심을 집중하는 것은 더 이상 늦추어져서는 안된다는 주장을 설득력있게 해준다.

그동안, 미국에서의 청소년발전과 지역사회 개발 그리고 CYD 접근법은 스스로 하나의 분야가 되도록 발전해 왔다. 이들은 믿을 수 있는 증거 기반과 학문적 탐구 영역, 대중적 이해, 그리고 설득력있는 아이디어, 전문가적 수준과 훈련과정 즉, 다시 말해, 하나의 분야라고 주장하는데 필요한 요소들을 창출함으로써 자신의 일을 정당화하려고 노력해 온 것이다. 이러한 작업에서 대중적 운동이 중요한 역할을 하는 것은 불가피하다.

이런 점에서, CYD는 미국의 경우 청소년과 성인을 지역사회를 개선하는데 관여하도록 하는 하나의 접근법이면서 또 하나의 청소년운동으로서도 성장하고 있음을 기억할 필요가 있을 것이다. 한 분야를 키우려면 운동이 필요한 것이다. 운동과 분야는 동시에 발전되기 때문이다. 청소년실천업무라는 분야가 발전하기 위해서는 청소년운동이 필요하며 다른 업무분야의 실천운동들의 경험을 중요한 동력으로 활용할 수 있을 것이다. 그래서, 만일 "제대로 된 청소년업무 분야"를 만들려고 한다면 전체 지역사회 즉, 교육, 보건, 문제예방 등을 포함하는 청소년에 관심을 갖는 모든 범주의 기관과 단체들이 함께할 필요가 있다. 그러나, 현재 청소년운동으로 볼 수 있는 대부분은 청소년을 위한 운동이거나 청소년에 의한 운동이란 두 진영 중 하나에 토대를 두고 있다. 이제 이러한 단절에 대해서 살펴볼 때가 되었다.

04
CHAPTER

지역사회 청소년 네트워크의 유형과 실천경험

CHAPTER

04

지역사회 청소년 네트워크의 유형과 실천경험

1. 지역사회 청소년 네트워크의 필요성

청소년에 대한 전통적 접근은 청소년 자체 또는 이슈(issue)로서의 청소년문제에 개입하는 것이었다. 그러나 청소년의 성장환경에는 다양한 복합적 요인들이 관련되기 때문에 단일적 · 대응적 개입은 한계가 있으며 긍정적 발달을 목표로하는 지역사회의 청소년발전 역량을 강화할 필요성이 제기되어 왔다. 특히, 지역사회의 공공기관, 민간단체, 주민들이 청소년발전을 위한 공동협력 파트너십을 통해 수행하는 종합적인 지역사회중심 네트워크에 대한 관심이 점차 증대되고 있어 주목된다.

실제, 청소년정책 입안자(youth policy maker)들과 청소년실천가(youth worker)들은 청소년성장의 원초적 환경으로서의 지역사회가 갖는 이점과 상황들을 청소년발전을

이 장은 학술지 청소년시설환경에 수록된 내용을 수정 보완한 것임. 청소년시설환경, 11(4), pp. 145-156.

위해 활용하는 방안과 다양한 형태의 관계성에 대해 지속적으로 논의하여 왔다(Ashcraft, 2003). 한국에서는 물론 주요 선진 국가에서 청소년 실천현장과 연구개발 등에서 지역사회 청소년문제행동 대책 또는 지역중심의 청소년활동, 다부문 청소년업무 협력체제, 청소년기관간 네트워크 구축 등이 강조되고 있는 것은 이를 뒷받침하고 있으며, 이에 대한 보다 성공적 접근이 필요하다는 인식을 제고하고 있다(김영지 · 방은영 · 박정선, 2006; 이태수 외, 2008).

더욱이 국내외적으로 청소년참여(youth participation)가 강조되면서 청소년들이 자신들의 삶과 지역사회 환경, 넓게는 사회생활 전반에 영향을 끼치는 결정에 주체적 · 자율적으로 참여하는 일이 중요한 국가 · 사회적 책무의 하나로 이해되고 있다(천정웅, 2012). UN은 1985년을 '세계청소년의 해'로 정하면서 '평화, 발전, 참여'를 주제로 채택하였으며, 1988년 유럽각료회의에서는 국가와 지방단위 청소년정책의 기본조건으로 '참여'를 선택하였으며, 1989년 채택된 유엔아동권리협약은 청소년참여에 관한 일련의 국제적 흐름을 반영하여 참여권을 청소년의 중요한 권리로 천명하였다. 우리나라도 1998년 제2차 청소년육성5개년계획을 통하여 '청소년의 권리보장과 자율참여확대'를 5대 주요과제 중 첫 번째로 정하고 이후의 청소년정책에 지속적으로 반영하고 있다.

그럼에도 불구하고 청소년과 지역사회 환경의 중요성에 대한 인식은 여전히 높지 못하며, 지역사회와 청소년의 긍정적 발달과 성공적인 성장발전, 그리고 청소년참여의 증진 즉, 총체적인 청소년발전에 대한 관심은 제한적으로 나타나고 있는 실정이다. 특히, 미국 등을 중심으로 지역중심 청소년활동 또는 업무(community-based youth work)에 대한 이론개발과 실천이 강조되고 있지만 우리나라의 경우 아직 미흡한 수준이며, 특히 이를 위한 지역사회 청소년업무 네트워크 구축은 초보적 상태에 있다. 지역사회나 청소년관련 네트워크에 대한 연구 또한 드물게 이루어지고 있으며, 체계적인 연구는 더욱 부족한 것이 현실이다(길임주, 2009).

이에 따라 본 챕터에서는 청소년개발(youth development) 관점(perspective)에서의 청소년참여의 증진 또는 지역중심 청소년 네트워크의 필요성을 인식하고 지역사회 내에 존재하는 다양한 청소년관련 기관, 자원, 제도 간의 네트워크와 연계협력에 관련된 이론과 실천유형을 고찰한다. 또한, 지역사회 청소년업무 네트워크를 성공적으로 구축하고 운영한 정책과 실천의 경험을 가진 주요 선진국의 경험사례를 분석하여 그 성공요인을 파악하고 우리나라에 대한 시사점을 알아본다. 특히 청소년발전을 위한 긍정적 청소년개발과 관련한 접근법으로서 지역사회청소년개발(community youth development)을 분석틀로 하여, 그 개념과 핵심요소를 알아보고, 이를 지역사회 네트워크 이론을 통해 지역사회 청소년참여 네트워크의 유형을 제시하기로 한다.

2. 지역사회청소년개발과 지역사회네트워크 이론

1) 지역사회와 청소년발전

지역사회 또는 공동체로 번역될 수 있는 커뮤니티(community)는 일련의 공유된 신념, 환경, 우선순위, 관계성 또는 관심사를 혼합한 연결을 함의한다. 하나의 주어진 집단의 개인들을 또 다른 집단으로 하나의 공동체(community)로 묶는 이러한 연결의 네트워크는 장소에 기반을 둘 수도 있고 아닐 수도 있다. 문화와 신념체계를 중심으로 연결되는 것으로는 인종이나 종교에 기반한 공동체(community)를 생각할 수 있고, 공통의 이익, 환경, 우선순위로 연결되는 것으로는 전문가 공동체나 이익공동체를 생각할 수 있다. 그러나, 지리적 공간이 아닌 공동체라고 하더라도 교회나 사회적 모임, 전문가 협회 등과 같이 지역적 기관을 통해 구성원들이 연결하는 다소 형식화되는 모습을 갖는다(김정주 · 천정웅 · 김영지 · 임지연, 1998).

또한, 지역에 기반을 두는 지역사회(community)라고 하더라도 단순히 지리적 공간으로만 볼 수는 없는 중앙집중적으로 된 일종의 연결 단위의 의미를 갖는다. 이 점에서 지역사회는 집단적 정체성과 집합적 행동의 가능성을 갖는 어떤 형태의 개인간의 상호연결의 존재로 볼 수 있는 것이다. 그러나, 이러한 현지성(locality)을 가진 지역사회의 개념이 오늘날에는 사이버공간을 포함하는 것으로 확장되고 있음을 유념할 필요가 있다(천정웅, 2011).

특히, 청소년들에게 있어서 지역사회는 가장 직접적인 공간적 생활현장이다. 청소년들이 만나는 사람과 활동하는 장소를 제공해 주고 일정한 문화와 행동양식을 공유하게 해주고, 새로운 문화를 낳는 기능과 인격발전과 사회화를 위한 교육적 기능을 수행한다. 청소년에게 있어 지역사회는 밀접하게 연관되어 있으며 서로 규제하고 영향을 주고 받는 상호작용적 관계에 있다. 이 점에서 청소년은 지역사회를 떠나서 존재할 수 없으며, 지역사회 역시 청소년 없이는 존재할 수 없다는 상호 필요불가결한 관계성을 갖고 있음을 알 수 있다(김진호, 2007; Barton, Watkins & Jarvoura, 1997).

이런 맥락에서 보면, 청소년들이 지역사회 내에서 이루어지는 각종 이슈와 문제해결과정에 참여하는 것은 물론이며 지역사회가 청소년을 위해 충분히 투자해야하는 것도 당연한 일인 것이다. 청소년이 가지고 있는 새로운 관점과 방향제시 능력, 통찰력, 에너지, 열정, 노력 등이 지역사회 문제해결과정에 실질적으로 기여할 수 있는 기회를 제공해 주어야 한다(오해섭 · 이민희 · 김영호, 2007). 이를 통해 청소년은 자신이 속한 지역사회에 온전한 기여자가 될 수 있으며, 청소년의 역량과 재능은 한층 더 높은 단계로 발전할 수 있을 것이다.

다른 한편, 청소년에게 있어 지역사회가 긍정적인 역할만 수행하는 것은 아니라는 점에 주목할 필요가 있다. 청소년유해환경과 유해시설 등이 지속적으로 확산되고 있으며, 가출, 폭력, 성범죄 등의 위험에 노출되는 청소년도 날로 증가하고 있으며, 이러한 유해한 환경으로부터 청소년의 피해와 문제행동을 예방하는 사회적 인프라는 오히려 취약한 실정이다. 이와 같이 청소년의 긍정적인 성장과 발전을 위협하는 위험요인들이 확산되고 있는 상황에서 지역사회가 이에 대처할 수 있는 체계를 갖추고 있는가 아닌가는 청소년을 위한 지역사회의 본질적 기능을 회복하는 중요한 기준으로 논의되고 있다. 지역사회 중심의 통합적인 지원과 서비스가 강조되고 이를 위한 지방자치단체, 청소년기관, 시민단체 등의 역량강화와 연계협력 네트워크의 필요성이 강조되는 것도 이러한 맥락에서 인 것이다..

2) 지역사회청소년개발의 이해

지역사회청소년개발(community youth development: CYD)은 청소년개발(youth development)과 지역사회개발(community development)을 동시에 강조하는 용어이다. 이미 논급한 바와 같이, 지역사회는 청소년에게 역량개발의 기회 뿐만아니라 자신과 주변 사람들, 그리고 지역사회와 긍정적으로 연계될 수 있는 기회를 제공해 준다. 따라서 지역사회청소년개발의 개념은 모든 청소년들이 자신의 발달 뿐만 아니라 지역사회에서도 동반자로서 적극적으로 참여해야한다는 것을 강조한다.

실제로 지역사회청소년개발의 개념은 1990년대에 미국에서 부각되었던 탄력성(resiliency)연구와 긍정적 청소년발달(positive youth development)이론에서부터 발전되었다. 지역사회청소년개발 체계에서는 긍정적인 발달을 조성하기 위한 기술과 기능 발달, 그리고 지역사회의 향상을 위해 새로 습득한 기술을 활용하는 것에 대한 지지와 기회를 필요로 한다.

따라서, 지역사회청소년개발은 청소년문제 예방의 차원을 초월한다. 지역사회청소년개발을 통해 청소년이 자신의 발달적 욕구를 충족시키는 방향으로 성장해 나간다면,

문제행동도 자연스럽게 예방될 것으로 보는 것이다. 이러한 인식은 긍정적 청소년개발(positive youth development)에 대한 중요성을 확산시켰으며, 미국을 비롯한 서구선진국의 경우 많은 지역사회에서 청소년들의 긍정적이고 건강한 발달을 촉진하는 환경을 만드는 일에 관심을 집중하도록 하는 바탕이 되었다. 지역사회들은 청소년들의 긍정적인 행동과 웰빙(well-being)을 촉진하면서 동시에 부정적인 행동유발을 억제하는 환경을 조성하기 위해 지역사회 자체를 재설계하는 노력을 하고 있다.

청소년전문가들은 청소년들의 부정적인 발달과 위험행위를 억제하기 위해서는 긍정적 청소년개발 모델이 지역사회에 자리잡아야 한다고 본다. 그리고 지역사회는 청소년들에게 긍정적인 관계, 능력, 역량, 태도 등 자신의 긍정적인 삶을 선택하는 데 필요한 역량들을 발달시킬 수 있는 기회를 제공함으로써 청소년들의 긍정적인 발달을 촉진하는데 모든 노력을 기울여야만 한다는 것이다(Villarruel, Perkins, Borden, & Keith, 2003).

Perkins(2009)는 지역사회청소년개발은 모든 청소년들에게 성공적 발달(development)과 지역사회에서의 참여(engagement)에 필요한 핵심요소를 제공하는 과정을 촉진하는 것을 의미한다고 규정한다. 그리고 ① 동료와 성인들과의 긍정적 관계성의 기회; ② 기술 함양과 역량 개발을 위한 기회; 그리고 ③ 자신의 발달과 지역사회 발전에 의미있게 참여하고 목소리를 내는 기회 등을 지역사회청소년개발의 3가지 핵심요소로 강조하였다.

첫째, 긍정적 관계를 위한 기회는 친사회적 규범을 확립하는데 중요하다고 본다. 친사회적 규범은 긍정적 행동환경에서 다른 사람들과 상호작용하는 기준이다. 이러한 긍정적 행동환경은 실제로 행동을 위한 그러한 규범을 강화하고 긍정적 또래 관계를 촉진하고, 또래를 격려하고 보상을 주는데 있어서 주도권을 잡고 공유한 일상과 실천, 그리고 규범을 통하여 응집성을 강화하는데 이니시어티브를 갖게한다.

둘째, 청소년들에게 지지, 발달을 위한 기회, 그들의 기량을 사용하도록 하는 기회가 주어졌을 때, 환경이 주는 압력에도 굴복하지 않도록 성장할 수 있을 것이다. 지지와 기술을 가진 청소년들은 압력에 덜 취약하고 오히려 자신의 사회적 자본의 확장을 통하여 얻는 도전으로부터 더욱 많이 배우고 성장하기 쉽다. 이러한 청소년들이 건강한 선택을 더 많이 할 수 있는 것이다. 성인이나 사회가 청소년을 스트레스와 도전으로부터 완벽하게 보호할 수는 없다. 결국 청소년들은 이러한 것에 마주하게 될 것이고 그런 까닭에 청소년들에게 성공적 성인이 되는데 필요한 기술을 개발하는 기회를 제공하여 준비시키는 것이 보다 나은 것이다.

셋째, 의미있는 참여와 목소리를 위한 기회이다. 자신의 환경에 참여함으로써 얻는 발달적 이익은 많다. 참여와 기여는 청소년들이 관대함, 분별력, 능숙함, 소속감과 같은 발달적 욕구를 받아들이게 해준다. 청소년이 효과적일 때, 즉, 청소년이 자신의 사회적 세계에서 참된 유능하게 느끼는 기회를 가지게 된다면, 무엇인가 다르다는 느낌(a sense of mattering)을 갖는다. 더욱이, 숙달되었다고 느끼는 것은 어떠한 흐름을 생산하는 경험(flow-producing experience)에 참여함으로써 개발되는 것이다(Csikszentmihalyi, 1997; Perkins, 2009, p. 112 재인용). 흐름의 경험은 높은 수준의 목표 지향성, 집중성 그리고 내적 동기를 내포한다. 이러한 흐름의 활동과 경험을 통하여, 청소년들은 자신의 기술, 재능, 흥미 등을 찾는 하나의 발견과정에 참여하는 것이다. 문제해결, 의사결정 그리고 다른 사람과 함께 일하는 기회를 갖기 때문이다.

이렇게 보면, 지역사회청소년개발은 자신의 위험 행동을 예방하고, 환경에서의 위험과정을 줄이는 하나의 수단으로써 청소년 자신의 개인적, 사회적 자산을 증진하는 청소년과 함께 일하는 하나의 모델인 것이다. 미국을 비롯한 선진국 청소년 실천가(youth worker)들은 청소년의 발달을 안내하는 구조화된 환경에서 지역사회청소년개발을 활용하고 있다.

3) 지역사회 네트워크의 개념

지역사회 청소년참여 네트워크에 대해 이해하기 위해서는 그 분석틀로서 지역사회 청소년개발에 대한 이해가 필요하지만, 또 다른 이론적 토대 또는 분석틀로서 지역사회조직화(community organizing), 청소년조직화(youth organizing), 네트워크 이론(network theory) 등에 알아볼 필요가 있다. 여기에서는 보다 직접적인 관련을 갖는 지역사회 조직과 네트워크의 의미 등에 대해 고찰한다.

먼저, 네트워크의 개념은 학자에 따라 다양하게 정의되고 있지만, 공통적인 전제는 목적달성을 위한 효과적인 행위능력은 협력관계를 통한 공유와 연대에 의해서 획득된다고 보는 것이다. 이러한 네트워크는 소통(communication)에 의하여 또는 소통을 위하여 형성되는 사회적 상호작용이며, 조직과 조직 간의 연계를 의미한다. 이러한 측면에서 사회적 지지망이나 지역사회내 협력적 관계 등의 영역도 사회적 네트워크와 개념적으로는 유사성을 갖는다고 볼 수 있다. 그러나, 네트워크의 지향점이나 관계내용, 기능 등과 관련하여 강조점을 어디에 두느냐에 따라 이해의 내용이 다르게 나타나고 있다.

실제로 지역사회 중심의 청소년대책과 청소년활동 등과 관련해서는 네트워크란 용어와 함께 이른바, 지역사회 안전망(safety network), 공동제휴(collaboration), 협력(cooperation), 공동협약(compact), 협의체(council), 협회(consortia), 결연(alliance), 연맹(federation) 등의 여러 용어들이 함께 사용되고 있음을 알 수 있다.

특히, 공동제휴(collaboration)라는 용어는 청소년분야에서 많이 사용되고 있다. 공동제휴(collaboration) 란 용어는 2명 또는 그 이상의 개인이 함께 공동의 목적을 달성하기 위해 일하는 경우에 사용할 수 있다. 청소년과 지역사회 개발과 관련하여 보면, 공동제휴는 "사회 문제를 해결하기 위해 몇 개의 기관 · 단체가 이점을 찾아내고 그 목적과 프로그램을 동원하는 하나의 노력" (Ashcroft, 2003, p. 28) 으로 이해된다.

지역사회 공동제휴에 대해 이해하기 위해 버그스트롬(Bergstrom) 등은 (1995) 공동제휴 분석틀(framework)이라는 하나의 모델을 제시한 바 있는데, 이 모델은 미국의 청소년단체 협의기구인 "전국 청소년 제휴 네트워크(National Network for Collaboration)"의 업무형태에서 착안한 것이다. 1991년에 설립된 이 단체는 아동, 청소년 및 그 가족들이 직면하고 있는 경제적, 사회적, 인간적 존중과 스트레스를 해소하기 위한 프로그램들을 지원한 바 있다.

공동제휴의 개념정의와 관련하여 네트웍(network), 협력(cooperation), 결연(alliance) 및 조정(coordination) 등의 개념은 몇 가지 구별되는 특징이 있다. 우선, 네트워킹(networking) 은 가장 약한 연계형태로서 각 구성원 및 기관들 간의 비형식적 의사소통이 존재하는 경우이다. 협력(cooperation) 또는 결연 (alliance)은 네트워킹 보다는 강한 연계형태로 정의되지만 여전히 그 범주가 제한적이다. 일단의 주요 사람들 및 기관간 상호 조언을 하는 하나의 집합체로 정의될 수 있다. 조정(coordination) 및 파트너쉽(partnership) 이란 네트워킹이나 협력 등의 개념 보다는 형식성이 강하다. 이러한 유형의 연계형태는 새로운 주체나 서비스를 창출하기 위해 자원을 공유하는 것을 필요로 한다. 연합(coalition) 은 지도력을 공유하는 것으로 보다 오랜 기간 지속되는 연계형태를 말한다. 이러한 여러 개념들과 비교하여 보면, 공동제휴(collaboration) 라는 용어는 고도로 정예한 의사소통 채널과 높은 생산성을 갖는다는 점이 특징이다.

〈표 4-1〉 네트워크와 유사개념의 비교

수준	목적	구조	과정
네트워킹	• 대화와 공동이해 • 정보의 Clearinghouse • 지지 기반 창출	• 느슨/탄력적 연계 • 느슨한 역할 정의 • 지역사회 행동이 주요 연계	• 낮은 핵심 리더십 • 의사결정 최소화 • 갈등 적음 • 비공식 소통

수준	목적	구조	과정
협력과 결연	• 욕구를 맞추고 조정 제공 • 서비스 중복 최소화 • 과업실행 보장	• 소통허브로 중앙기구 • 준 형식적 연결 • 다소 역할 정의함 • 연결은 권고적 • 집단은 재정을 관리함	• 촉진적 지도자 • 복잡한 의사결정 • 약간의 갈등 • 중앙 집단내에서의 형식적 소통
조정 또는 파트너십	• 공동이슈를 위한 자원공유 • 새로운 것 창출을 위한 자원 수렴	• 의사결정자로 구성된 중앙기구 • 역할 개념 정의됨 • 연결은 형식적 • 집단은 새로운 자원과 연합 예산을 개발	• 자주적 지도자이지만 이슈에 초점을 둠 • 중앙과 하위집단의 집단의사결정
동맹	• 아이디어 공유 및 기존체제에서 자원을 기꺼이 가져옴	• 모든 성원이 의사결정에 참여 • 역할과 시기가 정의됨 • 연결은 문서로 형식화 • 집단은 새로운 자원과 연합 예산을 개발	• 지도력 공유 • 모든 구성원과 형식적 의사결정 • 소통이 이루어지고 우선순위화됨
공동협력	• 공유된 비전을 달성 benchmarks에 영향줌 • 이슈와 기회에 따른 상호의존적 체제 구축	• 의사결정공유에서 합의 사용 • 역할,시기,평가 형식화 • 연결이 형식적이고 과업지시로 작성됨	• 지도력, 신뢰수준, 생산성 등이 높음 • 아디디어와 결정이 동등하게 공유 • 고도로 발달된 소통

네트워크와 관련한 개념적 이해를 바탕으로 지역사회청소년개발과 관련하여 정의하면, 네트워크는 "지역사회의 청소년발전을 위해 청소년 관련 조직, 기관, 단체, 주민 등이 상호협력 또는 상호교류를 통해 청소년업무를 지원하거나 자원을 공유하는 지지체제"로서 규정할 수 있을 것이다. 이러한 개념정의는 네트워크는 기본적으로는 지역사회에서 발생하는 문제해결과정에 자원을 필요로하는 욕구에 기반해 형성된다는 점에서 보다 중요한 의미를 갖는다. 즉, 네트워크는 공유된 목적을 성취하고 목표를 이행

하기 위해 개인이나 조직 및 기관 간에 상호작용하고 자원을 교환하여 더 좋은 효과와 성과물을 낳을 수 있는 사회적 체계인 것이다. 네트워크는 또한, 청소년문제를 비롯한 지역사회 문제해결을 위한 다양한 전문조직간 노력들의 결합이라는 측면에서 지역사회 조직을 실천하는 과정으로도 이해할 수 있는 것이다.

한편, Hardcastle과 Power(2004)는 지역사회 복지 실천에 있어서 지역사회 집단들, 사회복지기관들, 그리고 사람들 간의 관계나 상호작용의 행동패턴을 바꾸는 실천 기술의 적용이 필요하며, 지역사회를 원조하는 참여를 개발하는 전략과 지역사회 조직화를 포함하는 것이라고 하였다. 이런 관점에서 본다면 네트워크는 조직적이고 의도되고 계획적으로 이루어져야 하는 것이다.

Taylor(2005)는 지역사회조직의 실천모델의 하나로 직접적으로 지역사회 연계(liasion) 모델을 제시하였다. 유대(bond)나 연결의 고리이자, 네트워크를 만들어가는 것이며, 직접적으로 서비스 기관에서 인력들에 의하여 제공되는 활동을 넘어 확장된 지역사회 실천을 통하여 실질적인 관계망을 구축해 나가는 것이라고 하였다. 이는 네트워크 활동이 지역사회 조직에서 중요한 영역임을 강조하는 것이라고 할 수 있다.

Perkin과 Borden(2006)은 지역사회와 청소년프로그램의 중요성을 성인들과의 소통이라고 하는 측면에서 강조하고 있다. 즉, 학교들은 정형화된 구조의 교육환경을 제공하는데 반하여 지역사회는 사회화와 배움의 중요한 기회를 제공하고 있으며, 청소년프로그램은 청소년들에게 예민한 삶의 기술과 권한이 증진되도록 작용한다는 것이다.

한편, 조직이론 분야에서는 지역중심 청소년 네트워크와 관련하여 기관단체간 협력조정(interorganizational coordination)에 관한 논의가 있는데, 기관과 단체 간의 협력조정은 현대사회에서는 거의 모든 부분에 존재하기 때문에 무척 중요하다고 전제하면서, 특히. 공공 영역의 경우에는 상호연계성과 복잡성의 특징을 갖고 있지 않는 부문을 생각한다는 것은 거의 불가능하다고 강조한다(김정률, 2010).

3. 지역사회 네트워크 유형과 청소년 네트워킹

1) 지역사회 네트워크의 유형

네트워크는 일반적으로 평등한 협력관계로 인식된다. 그러나 이는 지향하는 가치에 대한 의미일 뿐 실제로 평등하지 않은 경우도 많다. 네트워크의 유형을 연구한 학자들은 수평적 네트워크, 수직적 네트워크 또는 이와 유사한 분권형 네트워크, 집권형 네트워크라고 유형을 구분한다.

먼저, 수평적, 분권적 네트워크는 중심기관이 존재하지 않는 네트워크 참여자들 간의 수평적 관계를 기반으로 계층적 서열관계나 독점적 지위를 찾을 수 없는 형태를 말한다. 같은 지리적 영역을 공유하고 같은 과업환경을 가지며, 같은 지역안에 위치해 있고 비슷한 결정기구를 가지며 일차적으로 수평적 관계를 유지하는 조직들로 구성된다. 청소년분야와 관련하여서는 청소년수련원들 간의 네트워크가 예가 될 수 있다.

이와 대비하여, 수직적, 집권형 네트워크는 참여자들의 권력비중과 역할 분담이 다분히 비대칭적이며 중심 조정자가 핵심적인 역할을 하지만 참여자들 역시 나름대로의 주권을 가지는 유형이다. 즉, 상위조직의 이익과 관심 책임 등이 하위조직보다 우위에 있게 된다. 따라서 정책 전달 체계 속에서의 민관협력 네트워크의 경우 나타날 수 있으며, 청소년분야에서는 CYS-Net과 같이 중앙정부의 예산과 방침에 의한 네트워크 형태와 같은 경우이다.

그 밖에도 네트워크에 소속되어 있는 조직들의 힘과 영향력의 관점에서 조직과 조직 간의 접근성과 중앙성에 근거하여 네트워크 유형을 분류하기도 하는데 체인 네트워크, 스타 네트워크, 집단 네트워크, 분절된 네트워크와 같이 분류된 유형이다. 또한 네트워크의 활동의지와 동작의 방식을 근거로 느슨한 연계 네트워크, 자발적 네트워크, 의무적인 네트워크 등의 형태를 이야기하기도 한다.

그러나 이러한 네트워크유형에 대한 연구자들의 분류는 형성된 네트워크의 구조적 특성을 이야기하는 것으로 실제 현장에서 하나의 목적을 가지고 의도적인 네트워크를 구축하고자 할 때 어떠한 유형의 네트워크로 갈 것인지는 당사자들의 역량과 판단에 의해 다를 수 있다. 즉, 어떠한 유형의 네트워크를 지향해야 하는지에 대해서는 전략적 판단이 필요하다는 것이다.

Noam과 Tillinger(2004)는 지역사회에서 이루어지는 방과후 청소년활동과 관련하여 참여기관들의 파트너십의 유형을 기능적 모델, 협력적 모델, 상호연계 모델, 전환적 모델 등의 네가지로 제시하고 있다.

첫째, 기능적 모델(functional model)에서는 기관들이 공통의 관심사와 이해관계에 기초하여 기관의 이익을 위해 파트너 관계에 참여한다. 둘째 협력적 모델(collaborative model)은 파트너들이 서로 책임감을 갖게 되며 공통된 목표를 설정하고 상호간에 서로 배우며, 상대방의 강점을 서로 인정하고 상호의존하기 시작한다. 셋째, 상호연계 모델(interconnected model)은 수많은 소통의 과정을 통해 파트너들과 친숙하고 친밀한 관계 맺음의 환경이 조성된다. 문제를 함께 해결하는 동반자적 관계이며 보고의 의무도 없고 권력관계나 관료적 위계질서가 나타나지 않는다. 넷째, 전환적 모델(transformational model)은 모든 파트너들의 변화를 지향하는데, 각기 공동임무나 강한 공동체 형성을 초월하여 더불어 성장하는 단계로 진입하려 노력한다.

한편, 오해섭 외(2007)의 연구에서는 한국의 청소년네트워크를 청소년행정서비스 체계 유형을 중심으로 크게 정부주도형, Agency형, NGO형, 대학주도형 등 네가지로 나누고 있다. 이 중에서 정부주도형 이외에 Agency형은 정부주도에 의한 제도화된 기구를 통하여 청소년개발정책을 추진하는 유형이며, NGO형은 한국청소년단체협의회와 같이 NGO의 법적 연합회로 구성된 민간조직체들이 청소년개발을 추진하는 유형이다. 또한 대학주도형은 대학이 개발을 추진하고 기업이 지원하는 유형을 말한다. 이러한 유형은 정부의 정책과 민간의 역할을 중심으로 한 협력관계의 성격을 중심으로 구분한 특성을 가지며, 가장 바람직한 혀태는 법적 연합회로 구성되어 운영되는 NGO형으로 청소년 정책의 책임성과 효과성, 체계성 면에서 보면, 정부의 정책을 추진하는 각 단체와 시설간의 네트워크에 이상적인 것으로 본다.

이태수 외(2008)는 아동 · 청소년과 관련한 사회복지서비스 네트워크의 현황과 실태를 분석하면서, 위스타트와 희망스타트 운영, 지역아동센터의 네트워크 운영, 청소년지원센터의 네트워크운영, 아동보호전문기관의 네트워크 운영, 그리고 사회복지공동모금회 지원 지역네트워크 사업운영 등으로 구분하여 고찰한 바 있다. 또한 아동 · 청소년복지네트워크의 모형을 개발하면서, 네트워크 운영주체에 따라 공공형, 반민반관형, 민간형 등으로 구분하여, 대도시, 중소도시, 농산어촌에 따라 네트워크 센터를 다르게 제시하였다.

2) 지역사회 청소년 네트워크의 구축

지역사회 청소년참여 네트워크의 구축을 위해서는 어떤 단위에서 어떤 대상을 중심적으로 고려해야하는가를 결정할 필요가 있다. 이재완(2007)은 지역복지 네트워크 구축영역을 2가지 차원에서 설명하고 있는데, 가로축과 세로축을 설정하고 각 축에서 네트워크와 관련된 단위와 대상을 표시하고 있다. 즉, 네트워크가 이루어지는 단위(지점)을 중심으로 전국단위에서, 광역시 도 차원에서, 그리고 시군구 단위에서 또는 지역, 소집단, 개인단위에서의 종적인 네트워킹이 이루어진다. 그리고 복지대상자 또는 복지분야별로 즉, 아동, 노인, 장애인,여성, 환자 또는 담당기관 및 부문별(사회복지관, 장애인 복지관, 노인복지관, 보건의료기관, 노동관련 기관 등)로 횡적인 복지네트워킹이 형성된다.

청소년분야에서의 지역사회네트워크 구축을 위해서도 이러한 2개 차원의 접점을 활용하는 접근을 생각할 수 있다. 지역사회 청소년 네트워크 구축은 수직적(공간적, 지역적 범주 및 단위), 수평적(대상자별, 영역별 부문별)으로 만나는 한 지점을 범주로 할 수도 있고, 다른 영역이나 지역을 상호교차하여 설립될 수 있다. 즉, 공간적, 영역별로 범주를 어디까지 할 것인가의 문제를 고민하여 지역사회 네트워크를 구축할 수 있다는 것이다..

또한 이재완(2007)은 공간적, 영역별 범주 설정을 위해서는 크게 사회복지기관간의 상호네트워킹, 복지관련 기관과의 네트워킹방안, 복지대상자(지역주민) 및 그의 가족집단, 그리고 비공식적 단체 등을 포괄하는 네트워킹, 그리고 이러한 각 네트워크를 연결할 수 있는 통합적인 지역복지네트워킹 방안 등을 제시하고 있는데, 지역사회 청소년네트워크의 경우에도 청소년업무 실무자 모임을 먼저 구성하고 청소년과 그 가족집단과 비공식적 단체 등을 포괄하면서 점차 이러한 각 네트워크를 연결할 수 있는 통합적인 지역사회 청소년참여 네트워크를 구축하는 것을 고려할 수 있다. 또한, 네트워크 구성시 처음부터 모든 관련집단, 단체가 다 참여하기 곤란하기 때문에 가능한 부분부터 점진적으로 구성해 나갈 필요가 있다.

이태수 외(2008)는 아동 · 청소년복지네트워크 구축을 위해 네트워크 센터를 설립하는 방안을 제시하면서, 그 기본 역할을 제시한 바 있는데, 아동 · 청소년을 위해 지역사회 내의 인적 자원을 연계하고 필요시 전문 인력자체를 보유하여 전문프로그램을 공급할 수 있는 상시적인 센터를 설치하여 아동 · 청소년관련 정보의 공유, 관련기관간 연계사업 또는 공동사업 전개, 지역내 전문 인력집단의 형성 및 지역 현실에 따라 확보가 용이하지 않은 전문인력 직접보유, 전문프로그램 시행하는 역할을 수행할 수 있다고 보았다.

김정주 외(2004)의 연구에서는 지역사회 네트워크 구축의 과정을 우리나라의 실증적 사례를 분석하여 3단계로 분류하여 네트워크 주도자간의 간 단계별 과제들을 제시한 바 있다. 즉, 1단계는 중심조직 혹은 주도집단 중심의 기본구조 형성단계로서 공동의 합의를 도출하고, 공동프로젝트가 가능한 정책적 제도화를 도모한다. 2단계는 중심조직 혹은 주도집단 중심의 연계촉진 단계이다. 모든 기관들이 서로간의 정보를 공유하고 인지하며, 유능하고 열의 있는 중간리더 양성이 필요하다. 또한, 이 단계에서는 단체장들의 연계에 대한 합의를 공유하고, 공공과 민간 기관간의 적절한 역할 분담이 있어야 한다. 3단계는 지역청소년연합(가칭) 중심의 파트너십 단계로서 조직간 공통분모를 찾아내어 단계적으로 공공 이슈화하고, 기관간 동등한 협력이 지속되도록 중개적 역할이 필요하며, 지역내 다른 조직들과의 관계에서 열린 입장을 견지하여야 한다.

〈표 4-2〉 지역사회 네트워크 유형 구분 비교

구분	유형	주요 특성
일반적 분류	수평적, 분권적 네트워크 수직적, 집권형 네트워크	• 중심기관이 미존재, 참여자간의 수평적 관계 기반 • 참여자간 비대칭적 역할관계, 계층적 서열관계
Noam & Tillinger (2004)	기능적 모델 협력적 모델 상호연계 모델 전환적 모델	• 공통 관심사, 이해와 기관 이익에 기초한 파트너관계 • 상호 책임감 갖는 파트너, 공통 목표 설정, 상호 인정 • 소통과정을 통해 친숙하고 친밀한 관계, 비 위계적 • 각기 공동임무나 더불어 성장하는 단계 진입 노력
오해섭 외 (2007)	정부주도형, Agency 형 NGO 형 대학주도형	• 정부정책을 민간과의 협조로 추진하는 네트워크 모형 • 이 중 법적 연합회로 구성되는 NGO형이 가장 바람직한 형태이며, 청소년정책의 책임성과 효율서, 체계성 면에서 이상적임
이태수 외 (2008)	복지서비스 유형별(위스타트, 지역아동센터 등) 네트워크 운영주체별(공공, 반민반관, 민간)	• 아동 · 청소년과 관련한 사회복지서비스 네트워크 • 아동 · 청소년복지네트워크의 모형 개발로 제시

4. 외국 지역사회 청소년 네트워크의 실천경험

서론의 문제제기와 연구의 분석틀에서의 지역청소년개발에 대한 개념고찰, 그리고 지역사회 네트워크의 이론과 유형에 대한 분석을 통해 지역사회와 관련한 청소년네트워크는 청소년문제 해결을 위한 협력체제의 구축, 청소년발전을 위한 지역사회의 역량 함양의 측면, 그리고 청소년참여를 통한 네트워크 구축의 과정 등과 밀접한 관련이 있음을 알 수 있다. 이러한 이해는 미국과 유럽 등의 주요한 서구선진국에서의 지역사회 청소년네트워크 경험을 통해서도 확인할 수 있다(Barbosa, Gannett, Goldman, Wechsler, & Noam, 2005)..

여기에서는 미국을 중심으로 개발되었지만 영국 등 유렵으로 확산되고 있는 성공적인 지역사회 청소년 네트워크 사례를 고찰하면서 그것이 세계적으로 확산되는 성공요인들을 분석하기로 한다.

1) 지역사회 청소년네트워크 실천사례

(1) 지역사회 주목전략(CTC) 사례

지역사회 주목 전략(Community That Care: CTC)은 청소년의 건강문제와 문제행동의 원인변수 등에 대한 연구에 입각한 지역사회 전반에 관련된 종합적인 청소년 예방전략이다. 이론적으로 사회발전 모델(Social Development Model)에 토대를 두고 있으며, 그 목적은 청소년 문제행동을 예측하고 이러한 문제행동을 예방하는 보호요인을 증대시킴으로서 위험요인을 줄이기 위해 지역사회를 동원하고 훈련시키는 것이다.

지역사회 주목 전략(CTC)은 청소년의 긍정적 사회발전을 증진하고 청소년범죄를 예방하기위해 지역사회를 조직화하고 운영하도록 이끌어준다. 지역사회 주목 전략(CTC)은 또한 지역사회 고유의 위험요인과 보호요인에 가장 적합한 예방정책, 행동조치 및 프로그램 들을 선정하도록 지원한다. 지역사회 주목 전략(CTC)은 일반 프로그램과 같이 직접 청소년을 대상으로 적용하는 것이 아니다. 운영체제는 미국 법무부 소년사법 및 비행보호국(OJJDP)에 의해 비행예방 프로그램의 분석틀로서 채택되었으며, 지난 10여년 간 미국 전역의 500여 지역사회에서 실행되었다. 특히, 1990년대 후반부터 지역사회 주목 전략(CTC)는 영국을 비롯, 네들란드 등의 유럽 내 일부 국가에서도 시범적용을 하는 등 지역사회 중심의 청소년 문제행동 대책의 중요한 전략으로 채택되고 있다 (Hawkins, 1999; France & Crow, 2001).

(2) 종합 지역사회 이니시어티브(CCI)

CCI 즉, 종합 지역사회 이니시어티브(Comprehensive Community Initiative)로 불리는 이 지역중심 청소년 대책은 “지역사회 뿐만 아니라, 개인과 가족들의 삶을 개선하기 위한 근린지역 중심 노력이다” (Connell & Kubisch, 2001, p. 181). 종합 지역사회 이니시어티브(CCI)는 개인과 가족 중에서도 특히 불리한 상황에 처해 있는 위기 아동과 청소년에 특별한 관심을 갖고 이들이 직면하고 있는 신체적 · 경제적 · 사회적 여러 조건을 개선하려고 한다.

최근, 종합 지역사회 이니시어티브(CCI)의 성과와 과제에 대해 정리한 바 있는 Kubisch(2005)는 다음과 같은 두가지 점을 그 특징으로 지적했다. 첫째, 종합적 지역사회 이니시어티브(CCI)는 개인적 차원을 넘어서는 목표를 가지고 있다. 다른 사회 프로그램과 구별되는 점이다. 둘째, 종합 지역사회 이니시어티브(CCI)는 두가지 원칙에 의해 운영된다. 우선 지역사회를 분석하고, 문제에 대처하고, 해결을 추구한다는 점 등에서 “종합적”이라는 원칙을 갖는다. 또한 지역사회 건설(community building)이라는 원칙을 갖는다.

이러한 점은 이 전략(CCI)이 지역사회 주민을 참여시키고, 지역사회의 능력을 증대시키고, 사람과 기관 등을 연결시킴으로서 궁극적으로 보다 효과적으로 된다는 것이다. 그리고 이러한 원칙에 입각하여 다양한 운영 전략과 활동을 갖게 된다. 여기에는 사회 서비스, 경제개발, 신체적 건강, 삶의 질을 위한 활동 등이 포함된다. 이와 같은 종합 지역사회 이니시어티브(CCI)에 입각한 대표적인 역사적 사례로는 1930년 대의 근린권 프로그램 및 1960년대의 빈곤과의 전쟁 노력 등을 들 수 있다 (Stagner & Duran, 1997).

(3) 건강지역사회/건강청소년 이니시어티브(HCHY)

HCHY 즉, 건강 지역사회/건강 청소년 대책(Healthy Communities/Healthy Youth)이니시어티브는 미국 서치연구소(Search Institute)의 발달자산(developmental assets) 연구를 기초로 하여 발전되었으며, 미국 전역의 약 220여개 지역사회에서 실행되고 있다. 이 모형은 지역사회 개발과 청소년발달의 두 가지 개념을 시험적으로 적용한 것으로 볼 수 있다. 이 점에서 지역중심 청소년개발(community-based youth development)을 위한 대표적인 노력의 하나로 정의된다.

Benson(2003)에 의하면, 지역사회가 아동과 청소년을 위한 인프라를 강화하려고 하는 경우 일종의 "변화과정"을 겪는다고 한다. 이러한 과정이 지역사회로 하여금 그 신념과 규범을 평가하고, 청소년과 가정을 지원하는 체제를 수립하고 이를 위한 단체를 설립하는 등 공약을 하며, 이를 확장하는 조치를 취한다. 이러한 변화과정에는 3가지 중요한 원칙이 작용한다. Benson은 지역사회는 반드시 종합적이며, 공동제휴를 통한 활동과 함께, 장기적이며 상당한 수준의 주민참여가 이루어지는 특징적 변화를 갖게 된다고 강조한다. 여기서 종합적이란 여러 가지 사회체제 간 상호연결성이 존재한다는 것을 말하며, 공동제휴에는 특히 기업체들이 중요한 역할을 한다.

한편, 이러한 건강 지역사회/건강 청소년 대책의 가장 대표적인 예로서는 미국 미네소타 주의 세인트 루이스 파크 (St. Louis Park)라는 중소도시 지역사회에서 태동되어 10여년 이상 지속되고 있는 지역사회 중심 청소년개발 운동인 아동 청소년 제일 이니시어티브(Children First Initiative: CFI)를 들 수 있다. 이는 미국 전역에 산재한 수백의 발달자산 이니시어티브들의 첫 번째시도 였다는 점에서 폭넓은 지지와 서치연구소의 지도를 받았다.

(4) 청소년단체중심 지역사회 청소년네트워크 사례

1990년대 초반 와싱턴(Washington DC)에서는 6개의 청소년단체 및 정부 관련 기관들이 함께 아동과 청소년문제 해결을 위해 협력한 사례가 있다. 뉴욕에서는 콜럼비아 대학과 할렘(Harlem) 지역이 협력하여 고등학교 학생들에게 기업경영에 대해 가르친 청소년창업 프로그램(Young Entreprenuers Program) 등 몇가지 지역 개발 및 청소년대책 프로그램을 실시한 바 있다 (Otto, 1995)

Jarvis, Shear, Hughes(1997)등은 종전의 개인에 초점을 맞춘 청소년 서비스와 활동들을 옛 이야기(old story)라고 하고, 지역사회를 중심으로 한 청소년발전을 위한 단체활동을 새 이야기(new story)로 부르면서 지역사회 청소년개발(community youth development) 접근법에 바탕한 세 개의 지역사회 청소년 중심 네트워크의 예를 제시하고 있다. 여기에는 와싱턴(Washington)에 있는 전국청소년네트워크(National Network for Youth), 미국 남부 8개 주에서 활동하는 남동부 네트워크(Southeastern Network), 그리고 샌디에고 청소년과 지역사회서비스연합(San Diego Youth and Community Service)의 활동이 포함된다.

이들 세 개의 사례는 모두 지역사회청소년개발을 기본 성격으로 하고 있으며, 그 출발과 운영과정에서 학습조직(learning organization)으로의 전환을 경험한 공통점을 갖는다. 이들 네트워크들은 또한 건강한 지역사회에 대한 공통된 비전을 가지고 있으며, 이러한 지역사회를 만드는데 청소년의 역할이 중요하다는 확고한 신념, 그리고 그것을 실현하는 약속(commitment) 등을 공유하고 있었다고 평가되고 있다.

(5) 청소년참여증진을 통한 지역사회네트워크 사례

정부를 비롯한 공적 영역의 의사결정과정에 참여하는 경험은 청소년 뿐만 아니라, 일반 성인들에게도 중요한 교육적 효과를 가진다(천정웅, 2013). 중앙단위의 전국적 정치에 관련되는 사람들의 수나 재정의 규모는 너무나 크기 때문에 제대로 이해하는데 한계가 있을 수 있으며, 서로 멀리 떨어져 있는 사람들과의 연계성은 소통이 쉽지 않을 수 있다. 그러나, 그 반대로 학교나 인근지역, 교회 및 자발적으로 참여하는 협의체 등에 참가하는 경험은 청소년들의 성공적인 성장을 위해 중요한 기회를 제공해 주는 기반이 될 수 있다.

이런 점에서 청소년들이 시나 군의 자치단체의 일에 참여하는 직접적인 경험을 하는 사례에 대해 알아 볼 필요가 있다. 이는 현재 우리나라에서 시행되고 있는 청소년참여위원회를 통한 형식적인 참여활동을 의미하는 것 이상의 상황을 전제한 것이다.

많은 선진국의 사례를 보면 그러한 적극적 참여가 가능하다는 것을 분명히 알 수 있다. 미국 San Francisco의 예를 보면 12세에서 23세까지의 연령으로 구성된 영향력 있는 청소년위원단(youth commission)을 설치하여 운영하고 있다. 이 위원단은 청문회를 하고, 결의안을 만든다. 그러나 보다 더 야심적인 경우는 Virginia주 Hampton시의 경우에서 찾을 수 있다. Hampton시는 하나의 "청소년들이 지역사회의 생활에 참여하는 기회를 주는 종합적인 제도(comprehensive system of opportunties)"를 가지고 있는 사례로 볼 수 있다.

Hampton은 인구 146000명의 공장근로자들이 많은 매우 다양성이 높은 도시로서 청소년위원단만 운영하는 것이 아니라 시 전역에 청소년자문위원단(youth advisor boards)과 시민위원단(citizen's board)의 청소년의원(youth representatives)의 전체 네트워크를 가지고 있다. 청소년들은 각 학교와, 시의 기획부서, 공원 · 레크레이션과(Parks and Recreation Department), 및 경찰서에서 공식적 역할을 갖고 있다. 청소년들이 참여할 수 있는 대규모의 청소년 심의과정도 있다. 참여자들에게는 연수, 코우칭, 기타 여러 가지 형태의 지원이 제공된다(Levine, 2007).

2) 지역사회 청소년네트워크의 성공요인

지역사회 청소년네트워크 특히, 위에서 고찰한 외국사례에서와 같은 지역사회 개발과 청소년참여와 관련된 네트워크들의 효과성을 연구한 자료들은 많지 않다. 그러나, 성공적인 몇가지 네트워크와 이니시어티브들에 대한 분석을 제시한 연구들을 보면, 지역사회 청소년네트워크들의 성공요인에 대해 분석할 수 있다.

(1) 일반적 성공요인

먼저 Bergstrom 등(1995)은 지역사회 개발을 위한 역량을 창출하는데 필요한 여섯가지 구체적인 기술 또는 요소를 서술하였다. 여기에는 공동협력의 과정에 영향을 주는 기술이나 과업의 광의적 범주를 포함한다.

① 공동협력을 통해 이바지하고자 하는 지역사회에 대한 이해이다. 여기에는 한 지역사회가 가지고 있는 이점과 그 주민들의 가치를 인식하는 것이다. ② 지역사회 개발 또는 그 자체 자원을 지역사회에서 제기된 이슈해결을 위해서 지역사회를 동원화하는 과정이다. ③ 효과적인 지도력이다. 공동협력에서의 지도자는 직위를 가지고 있는 개

인 뿐만 아니라 지역사회, 집단 또는 단체내의 변화에 영향을 줄 수 있는 개인들을 포함한다. ④ 분명하고 개방적인 소통이다. 지역사회 구성원들이 지도자에 접근하는 것과 같은 비공식적 채널뿐만 아니라, 회의록과 보도자료 같은 공식적 소통 채널이 필요하다. ⑤ 연구와 평가가 필요하다. 지역사회에 대해서 그리고 공동협력 자체에 대한 진전상태를 모니터링하는 지속적인 수단 뿐만아니라 그러한 진전상태를 소통하는 방법을 마련할 필요가 있다. ⑥ 구성원 자격, 자원, 전략적 계획 등을 포함하는 시스템의 구성요소의 지속가능성은 필수적이다.

또한, Mattessich, Murray-Close와 Monsey(2001)는 제휴적 네트워크인 공동협력(collaboration)의 성공에 영향을 주는 19가지 요인을 정의하였다. 이들은 각 요인들을 여섯가지 범주로 구분하였는데, 환경, 구성원, 과정/구조, 소통, 목적 그리고 자원 등이 그것이다. 각 범주는 이니시어티브의 작용내용과 그에 참여하는 사람들의 특징을 포함하고 있다.

① 성공적 공동협력의 환경(environment)에 관련된 요인은 지역사회에서의 공동협력의 역사, 우호적인 정치적/사회적 풍토, 지역사회내의 하나의 지도력 으로서 공동협력 집단 공동체 내에서의 인식 등이다. ② 구성원(membership)과 관련된 요인에는 상호 존중, 구성원간의 이해와 신뢰, 구성원의 적절한 상호교환, 공동협력을 자신들의 이해관계로 보는 구성원, 그리고 타협능력 등이 포함된다. ③ 과정/구조(process/structure)에 관련된 요인에는 과정과 성과에 공통적인 몫의 공유, 복합적 의사결정의 층(layers), 융통성, 명백한 역할과 정책 가이드라인의 개발과 적용능력 등이 포함된다. 의사결정 과정의 "소유성"과 각 구성원이 하나의 중요한 기여적 성원이라는 점에 대한 생각은 공동협력의 중요한 요인이다. ④ 소통(communication)에 관련된 요인에는 개방적이고 빈번한 소통과 비형식적, 형식적 소통 연결 등이 포함된다. ⑤ 목적(purpose)에 관련된 요인은 고정되고 달성가능한 목적과 목표, 공유된 비전 등이 포함된다. 비전과 목적은 시작시점에 제시될 수 있거나 파트너들이 같이 일함으로써 만들어질 수 있다.

⑥ 자원(resources)에 관련된 요인은 충분한 기금과 함께 구성원과 지역사회의 존경을 유지하면서도 의사결정과정을 통해 집단을 이끌어갈수 있는 사람이 필요하다.

(2) 사례의 분석을 통한 성공요인

한편, 지역사회청소년개발과 청소년참여 네트워크와 관련한 선진국 사례 중에서는 특히, 영국에서의 지역사회 주목 전략(CTC)의 실행에 대한 평가연구와 미국에서의 아동 청소년제일 이니시어티브(Children First Initiative: CFI)에 대한 평가연구가 있다(김영지 외, 2006). 이 중에서 지역사회청소년개발과 가장 밀접한 관련을 갖는 청소년참여 네트워크의 대표적 유형으로 볼 수 있는 CFI의 성공요인에 대해 알아봄으로써 다른 사례들의 성공요인들이 시사하는 바를 포괄적으로 이해하기로 한다.

아동 청소년제일 모델(CFI)은 앞서 고찰한 실천사례를 통해 확인가능한 유형 중에서 건강지역사회/건강청소년(Healthy Communities/Healthy Youth)에 속하는 대표적인 것이다. 자원의 체계적 통합을 시도하지 않는 점이 특징이며, 전문가 뿐만 아니라 일반 시민들까지 그 가치를 아동과 청소년에 대한 지원을 증대하도록 강조하는 방향으로 나아가도록 한다. 다음과 같은 4가지 요인들이 중요한 것으로 분석된다.

첫째, 세인트 루이스 파크(St. Louis Park)라는 지역사회에 관련된 상황적 요인이다(지역사회 상황). 지역사회라고 정의된 경계들, 이웃근린에 대한 인식, 그리고 상대적으로 규모가 작은 중소도시라는 특징은 관계성의 상호 협조적 본질에 기여하였다.

둘째, 청소년발달 자원을 활용하여 조직함으로서, 전체 지역사회가 실제적이고 종합적인 하나의 이론을 갖게 된 셈이다(청소년발달자원 구축 모델). 지도자들은 이 운동에 신뢰성을 주기위해서 연구에 기반한 모델을 가졌던 것이다. 이러한 자원구축모델은 그것이 존재하는 환경의 독특성을 반영하도록 고안된 것이었다. 기업, 시청, 교육 등의 각 부문은 이 발달자원과 관련하여 나름의 역할을 하였다.

셋째, 지도력의 특성으로 아동 청소년제일 전략(CFI)의 지도자들은 지역사회 내의 다양한 여러 부문을 대변함은 물론, 지역사회내의 아동과 청소년에 대한 약속들을 공유했다(지도력). 이러한 헌신적 노력은 이 운동을 고무하고 조직화하는 능력과 연계하여 더욱 큰 의미를 갖는다. 이끌어가려 하기 보다는 이 운동의 업무를 촉진하려는 지도자들의 능력은 많은 사람들이 참여하도록 하는 요인이 되었다.

넷째, 아동 청소년제일 이니시어티브(CFI)는 그 목적이 모든 아동 청소년을 지원한다는 점에서 보편적인 성격을 갖는다(보편성). 미국 내 대부분의 청소년중심의 노력들과는 달리, 아동 청소년제일 전략(CFI)은 위기청소년 만을 대상으로 그들의 욕구에 부응하기 위해서만 창출된 것이 아니다. 지역사회 내의 모든 아동과 청소년들이 이 CFI 운동의 잠재적 수혜자였다. 이러한 보편적 접근법으로 인해 이 운동은 반대를 최소화할 수 있었다. 모든 성인들이 아동 청소년제일 이니시어티브(CFI)를 위해, 부모로써, 이웃주민으로써, 교인으로써 또는 학교에서의 자원봉사자로써 참여하였다.

이제 이상의 논의를 통해, Bergstrom 외(1995)와 Mattessich 외(2001)에서 제시된 기술이나 요소, 그리고 성공에 영향을 주는 요인 등은 지역사회 청소년네트워크의 성공적 구축과 실행을 위해서도 기본적으로 고려되어야 하는 성공요인이며 항목으로 볼 수 있을 것이다. 또한, CFI 사례에서 볼 수 있는 지역사회상황, 청소년발달자원 구축모델의 적용, 지도력, 보편성 등의 특성은 지역사회 청소년네트워크의 성공적 구축과 실행을 위해 중요한 성공요인임을 시사받을 수 있다.

5. 청소년 · 청년 네트워크 구축을 위한 시사점

본 챕터는 청소년의 긍정적 발달을 목표로 지역사회의 청소년발전 역량을 강화하는 것이 중요하며, 지역사회 중심 네트워크에 대한 관심이 증대되고 있지만 청소년분야의 네트워크 구축은 초보적 단계이며, 이에 대한 연구도 부족하다는 인식에 기반하고 있다. 지역사회 청소년 네트워크에 대한 이론과 유형을 알아보고 선진외국의 실천현장을 통해 확인할 수 있는 경험사례를 분석하여 그 성공요인들에 대해 알아봄으로써 우리나라 청소년네트워크 구축을 위한 시사점을 알아보았다. 이론적 분석틀로서 지역사회청소년개발(community youth development)의 개념과 핵심요소를 알아보고, 네트워크의 개념과 관련 이론을 분석하였다. 이를 바탕으로 지역사회 청소년 네트워크는 전반적으로 청소년문제행동, 지역사회 역량함양, 그리고 청소년참여증진을 위한 네트워크 등의 성격을 가진 다양한 네트워크 들이 있음을 고찰하였다. 또한 관련한 실천경험을 미국을 비롯한 주요 선진국에서 확산되고 있는 성공적인 지역사회 청소년네트워크 사례를 통해 분석하여 그 성공요인을 알아보았다.

선진국에서의 지역중심의 청소년 네트워크 경험을 한국에서 적용하는 데에는 적지 않은 노력이 필요할 것이다. 우리 실정에 맞지 않은 점이 있을 수도 있지만, 이를 통해 확인할 수 있는 공통적인 성공요인들은 우리나라의 실제적 · 정책적 노력에 많은 시사점을 줄 수 있을 것이다. 특히, 민간 청소년단체, 학교 등 교육기관, 공공기관, 기업, 종교기관 및 보건복지 기관 등의 연계협력은 매우 긴요하다. 경험사례로 살펴본 모든 이니시어티브들이 이론적 틀을 가지고 체계적으로 현장에 적용하고 있으며, 프로그램 실행 후에는 평가를 통해 그 성공요인을 진단하고 문제점을 파악하고 있음을 알 수 있었다. 청소년업무의 각 부문별 관계기관과 전문가는 물론, 청소년을 비롯하여 학부모 및 지역사회 일반주민들의 참여는 지역중심 청소년 대책 프로그램의 성과를 좌우하는 중요한 요소가 되고 있다.

프로그램의 중요한 참가자들에 대한 연수를 통해 프로그램 참가의 중요성을 강조하고 자발적이며 적극적 참여를 이끌어 내는 노력도 필요하다. 네트워크 구축에 관한 고찰과 선진사례를 통해서도 알 수 있는 바와 같이, 초기 도입단계에서는 핵심적인 전문가들을 찾고 또 확보하는 것은 이후의 실행과정에 매우 중요하다. 후반 단계에서는 전문가와 지역사회 참여 가운데 균형을 갖는 것도 필요하다. 따라서, 열정적이고 지지적인 지역주민, 재정적 · 행정적 지원, 헌신적이고 전문적인 전담인력 등의 중요성은 아무리 강조해도 지나치지 않을 것이다. 끝으로, 지역사회 청소년 네트워크 구축 또는 공동협력의 발전은 시간과 인내를 필요로 한다는 점을 기억할 필요가 있다. 지역사회 청소년네트워크를 구축하는 것은 청소년의 역량개발이 요청되고 있는 오늘날의 청소년과 청소년분야의 발전을 위해서는 더욱 더 긴요한 일이 되고 있다. 지역사회 중심 청소년 네트워크에 대한 분명한 초점을 갖고, 새로운 자원을 찾아내고 안전하게 하는 것 등은 공동협력을 발전하도록 도울 것이다.

05 CHAPTER

청소년시설과 공간의 동향과 운영사례

CHAPTER

05

청소년시설과 공간의 동향과 운영사례

1. 청소년시설 · 공간의 일반 현황

미국은 전국적으로 수 많은 청소년기관들이 산재해 있고 각기 나름의 시설과 공간을 활용하면서 다양한 프로그램들을 실시하고 있다. 특히 지역사회를 중심으로 하는 각종 청소년 활동을 위한 청소년센터나 소규모 회관 등은 다양한 이름과 형태로 존재하고 있으며 가출청소년이나 특별한 관심을 필요로 하는 청소년들을 위한 전문적인 돌봄과 치료 중심의 청소년을 위한 공간과 시설들을 확인할 수 있다(천정웅 외, 2013). 광대한 국가 규모를 통해서 알 수 있듯이 전국적인 시설 현황을 하나의 편람으로 자료화한 것을 찾기는 쉽지 않지만, 청소년기관(acacamps.org)이나 검색사이트들(guidestar.org;

이 장은 2021년도 한국청소년정책연구원의 연구과제인 '미래지향적 청소년 시설 및 공간 혁신방안 연구'의 일부로 수행된 연구결과를 수정 보완한 것임.

greatnonprofits.org) 등을 통해 크고 작은 청소년단체와 시설의 기본정보를 주별, 지역별, 도시별, 이슈별 등으로 찾아 볼 수 있다.

야외활동과 관련한 시설과 야영장 등에 대해서는 미국캠핑협회(American Camping Association) 홈페이지에서 2021년 9월 기준으로 전국 3,778개 시설, 10,934 프로그램이 있는 것으로 나타나고 있는데, 이 가운데 협회의 공인을 받은 것은 전국적으로 2,400여개가 있으며 그 중에서 야외활동을 직접 운영하는 시설이 약 2,000여개, 야영과 숙박활동을 위한 장소를 제공하는 형태의 시설이 약 430여곳 있는 것으로 나타나고 있다. 미국캠핑협회의 인증을 받기 위해서는 건강, 안전, 프로그램의 수준 등에 관한 약 300여개의 기준을 충족해야 한다.

미국의 청소년시설은 우리나라와 같은 국가적 중장기 계획을 통해 인위적으로 제도화한 것이 아니며, 주로 민간부문을 중심으로 지역별(local)로 각기 다른 설립 배경과 형태를 가지며 운영의 구조와 방법도 다양하다. 일반적으로 청소년비행과 관련한 교정시설들을 찾아볼 수 있지만, 청소년활동과 관련한 시설들은 '청소년 센터(youth center)', '지역사회 센터(community center)' 또는 '청소년 클럽(youth club)'등의 명칭을 쓰는 경우가 많다. 시설의 규모와 형태도 대규모의 현대적 시설부터 마을 단위의 소규모의 공간까지 매우 다양하며 근린권역(neighborhood)의 청소년들이 직접 공간을 가꾸고 관리하는 모습도 흔히 볼 수 있다.

대표적 형태인 청소년센터(youth center)의 경우는 주로 11-18세 청소년을 위한 사교와 레크리에이션을 위한 역할을 하는데, 청소년들이 신체적 · 사회적 · 정서적 · 인지적 능력을 개발하는 기회를 주고, 성취와 리더십, 기쁨, 우정과 인정을 경험하는 곳으로 기능하고 있다. 따라서 청소년센터에서는 댄스, 요가 및 무예 등과 같은 신체적 활동과 과학, 만들기, 극장과 같은 학습과 예술 활동을 위한 구조화된 프로그램이나 게임, 놀이(playing), 친교활동, 클럽 모임, 야외 놀이와 같은 비구조화된 활동의 기회를 제공한다. 비구조화된 활동이 청소년센터의 본질적 부분이기도 하지만, 성인들의 통제와 슈

퍼비전을 제공하는 구조를 갖는다.

청소년센터의 이러한 요소들은 시설의 공간 디자인을 청소년 친화적이며, 청소년들이 자주 찾아오도록 하면서 안전을 최우선으로 고려하도록 한다. 청소년센터를 비롯한 각종 청소년시설은 전국적인 인증 기관들이 제시하는 프로그램과 시설에 대한 필수요건을 구비해야 하는데, 특히, 전미 방과후 학교 협회(National AfterSchool Association: NAA)와 전국청소년교육협회(National Association for the Education of Young Children: MAEYC)등은 나름의 인증기준을 갖고 있다.

한편, 최근의 전 지구적 COVID-19 팬데믹(pandemic) 상황은 미국에도 크나 큰 영향을 미쳤다. 필수인력 외에는 집에 머물도록 하는 명령(stay-at-home orders)이 내려졌고 학교는 문을 닫고 온라인 수업으로 전환하였으며, 청소년활동(youth activities)은 멈추어 섰다(Arnold, 2020). 많은 청소년조직들은 프로그램을 가상공간으로 옮기고 비대면 형태로 전환하면서 각종 자료들을 새롭게 만들고 청소년과 그 가족들과 단절되지 않도록 하는 방법을 찾고 있다. 청소년시설의 경우도 청소년의 발길이 끊어지고, 각종 재정지원의 감소로 인한 인력 감축과 프로그램 중단 등을 경험하고 있다.

그러나, COVID-19 팬데믹의 상황 속에서도 미국의 청소년분야는 이를 청소년에 대한 하나의 역설적 기회로 보는 접근 노력을 지속하고 있다. 팬데믹에 따른 제약으로 오히려 청소년은 더 많은 자유시간을 갖게 되었으며, 그 시간들을 보다 생산적으로 활용하기 위해서는 청소년 분야의 역할이 더욱 중요하다고 강조하고 있다(Ettekal & Agans, 2020). 이러한 접근은 주로 프로그램과 관련하여 나타나는데, 청소년시설의 경우에도 공간 활용의 측면보다는 주로 프로그램 운영의 방향과 내용을 바꾸는 방법으로 대응하고 있음을 알 수 있다.

2. 커뮤니티 센터와 청소년센터의 동향

오늘날의 COVID-19가 초래한 영향에 대응하는 청소년시설의 혁신 사례들을 찾는 것은 쉽지 않다. 대부분의 시설들은 미시간 주 앤 아버(Ann Arbor)시에 있는 대표적 청소년기관인 "뉴트럴 존(Neutral Zone)"에서 한 것처럼 "당분간 안녕(Goodbye for Now)"과 같은 문구를 통해 잠정적인 운영 중단을 알리는 안내문을 붙이고 있기 때문이다. 이는 사회적 거리두기가 새로운 일상(new normal)으로 자리 잡게 되면서 청소년과의 직접적인 대면활동이 어려워진 이유도 있지만, 기본적으로는 민간기관의 경우, 연방정부나 주정부의 지원보다는 모금이나 독지가의 지원을 통해 주로 운영되는 상황이므로 팬데믹으로 재정적 지원이 크게 감소한 것이 주된 이유로 볼 수 있다. 다만, 미국의 각 지역에 설치된 커뮤니티 센터(community center)와 같이 공공재정에 의존하는 시설의 경우는 여건이 상대적으로 나은 편이다. 커뮤니티 센터는 일반인도 이용하지만, 주 이용층은 청소년이다. 뉴욕시의 경우, 커뮤니티 센터 외에도 청소년을 주 대상으로 하는 "커뮤니티 하우스(Community House)"라는 시설을 통해 각 지역별, 구역별 특성에 맞는 프로그램을 활용한 맞춤형 운영을 위해 노력하고 있다.

커뮤니티 센터는 지역사회의 근린권역에는 필수적인 자산이다. 지역별로 재정지원 수준에 따라 다양한 규모로 건립되어 있지만, 그 핵심은 지역주민들의 삶이 질(quality of life)에 기여하는 것이다. 청소년 뿐만 아니라 전체 주민을 대상으로 하지만, 주요 이용층은 가족단위 또는 아동과 청소년이 중심이 되고 있다. 커뮤니티 센터는 19세기 초 빈곤자가 많은 도심지역의 과밀지대(inner-city)에 있는 학교를 중심으로 학교 시간 외 운영하는 '이웃 사회 센터(neighborhood social centers)'로 시작되었다. 이민자 인구들의 통합을 지원하고 저소득 가족들에 필요한 서비스를 제공하는 것을 목적으로 하였던 것이 점차 효과성과 접근성을 높이기 위해서는 자체 건물을 갖고 보다 오랜 시간

동안 기능을 제공할 수 있도록 운영하는 모습으로 발전하여 오늘에 이르게 되었다.

미국에서 대표적 커뮤니티 센터로는 일리노이 주 시카고 시의 "SOS 어린이마을 라베조리오 커뮤니티 센터(SOS Children's Villages Lavezzorrio Community Center)"와 플로리다 주 라르고 시의 "라르고 커뮤니티 센터(Largo Community Center)", 아리조나 주 포에닉스 시의 "메어리베일 커뮤니티 센터(Maryvale Community Center)", 텍사스 오스틴 시의 "라이프워크스 수츠 재단 청소년과 가족 자원 센터(Lifeworks Sooch Foundation Youth and Family Resource Center)", 그리고 캘리포니아 주 윤트빌(Yountville) 시의 " CA윤트빌 타운 센터(CAYountville Town Center)" 등을 들 수 있다.

하나의 사례로 일리노이 주 시카고에 있는 SOS 어린이마을 라베조리오 커뮤니티 센터(SOS Children's Villages Lavezzorrio Community Center)는 아동과 청소년을 위한 안전한 장소(safe place)는 물론 이들을 위한 교육, 운동, 상담, 놀이, 위탁보호를 지원하고 있다. 건물은 최대한 개방형으로 설계되었으며, 아동을 위한 안전과 보호를 위한 하나의 비콘(Beacon)과 같은 공간이 되도록 구성하였다. 예산이 부족한 상황에서 건립에 착수했지만, 다양한 분야에서의 많은 전문가들이 각자의 전문성을 자발적이고 대가 없이 공공을 위해 봉사하는 의미를 갖는 '프로보노(pro-bono) 지원'으로 설계되었다.

또한, 플로리다 주 라르고 시에 있는 라르고 커뮤니티 센터(Largo Community Center)는 가장 앞서가는 대표적인 혁신적(innovative) 커뮤니티 센터의 하나로 평가받고 있는데, 특히 실내 공원같은 환경(interior park-like environment)을 구현하고 있는 디자인으로 유명하다. 청소년들을 위한 프로그램도 있지만, 지역사회 내의 어르신들을 위한 레크레이션 프로그램을 함께 제공하고 있다.

물론 청소년만을 위한 지역사회 청소년 센터(community youth center)의 사례도 많이 찾아볼 수 있다. 위에서 알아본 바와 같은 커뮤니티 센터의 한 부분에 청소년 센터(Youth Center) 또는 틴 센터(Teen Center)의 이름을 가진 공간을 포함하고 있거나 별도의 건물로 설치한다. 특히 별관형의 청소년 센터 사례로는 캘리포니아 주 콘코드

(Concord) 시에 있는 콘코드 커뮤니티 유스 센터(Concord Community Youth Center)의 경우를 들 수 있다. 이 센터는 1995년에 호프만 가족 재단(Hofmann Family Foundation)로 부터 백만 달러를 지원받으면서 시작되었으며, 현재는 학업지원, 복싱, 치어리더, 댄스, 체조, 유도, 미식축구, 체력단련, 태권도와 레슬링 등을 포함하는 센터로 알려져 있다. 26년 이상의 역사를 통해 학업(academics)과 체육활동(athletics)이라는 두가지 영역을 중심으로 다양한 프로그램을 운영하고 있는 현대식 시설의 종합 청소년 센터의 모습으로 발전하게 된 것이다.

3. 청소년시설 · 공간의 주요 사례

1) 청소년시설 · 공간의 종류와 형태

미국의 청소년시설은 커뮤니티 센터나 커뮤니티 청소년 센터와 같은 지역사회의 대표적인 현대식 공간과 시설의 형태를 갖는 경우도 있지만, 마을단위의 소규모 전용공간의 모습을 갖고 있는 사례를 많이 볼 수 있다. 거창한 이름이나, 규모가 큰 현대식 건물은 아니지만, 청소년들이 학교를 오가는 길이나 일상생활 속에서 자유롭게 이용하는 소박하면서 청소년 친화적 모습의 청소년시설들이 지역사회 단위에 산재해 있음을 알 수 있다. 청소년시설의 개념이 때로는 물리적 건물을 중심으로 하는 공간성을 넘어서 활동의 마당, 활동의 플랫폼으로 확장되고 있는 것이다.

청소년단체 중에는 미국 소년소녀클럽(Boys & Girls Club of America)과 같이 공간을 활용하여 활동하는 경우가 있는데, 소년소녀클럽은 전국적으로 찾아볼 수 있으며, 지역 청소년들이 가까이하는 작은 규모의 공간을 여러 곳에 많이 마련하여, 하우스

(House) 또는 클럽하우스(Clubhouse)라는 이름으로 운영하고 있다. 이 외에도 우리나라와 같은 청소년활동은 캘리포니아 주 산타 클라라(Santa Clara) 시에서 볼 수 있는 청소년활동 센터(Youth Activity Center: YAC)나 틴 센터(Teen Center)와 같이, 주로 시정부의 "공원과 레크레이션과(Park & Recreation Department)"에 의해 운영하는 것을 많은 지역에서 확인할 수 있다. 커뮤니티 레크리에이션 센터(Community Recreation Center), 10대 중심의 틴 센터(Teen Center) 등은 거의 모든 지역에서 찾아 볼 수 있으며, 주로 청소년을 위한 방과후 프로그램과 학습과정 들을 제공하고 있다.

미국의 청소년시설과 관련하여 주목할 또 다른 점은 청소년을 위한 예술활동과 미디어 활동과 같은 특별한 목적을 가지고 필요한 설비와 프로그램을 갖춘 시설들을 여러 곳에서 찾아볼 수 있다는 점이다. 대표적인 사례로는 뉴욕에 있는 "맨하탄 근린 네트워크 청소년 미디어 센터(Manhattan Neighborhood Network's Youth Media Center)"와 유타 주 솔트 레이크 시의 "카흐러트 청소년 미디어 예술 센터(Kahlert Youth Media Art Center)"를 들 수 있다. 청소년시설은 또한, 도서관을 비롯하여 박물관이나 극장, 수족관 등 일반인 대상의 문화시설에서 10대 청소년을 위한 전용공간을 제공하거나 청소년프로그램을 다양하게 개발하여 주관하는 것으로도 나타나고 있다(정세호 · 장용우 · 김영수 · 아재욱 · 이명신, 1994). 예를 들면, 뉴욕시에 있는 공립도서관 하밀턴 그랜지 틴 센터(New York Public Library, Hamilton Grange Teen Center)는 전체 123평(4,400sqf)정도의 큰 홀의 형태로 구성되어 있는데, 그 속에 다양한 공간들이 서로 개방적으로 연결되도록 하고 있다. 이용하는 청소년들의 편의에 따라 가구 구성의 배열(layout)을 맞추어 조정하거나 변화시킬 수 있게 되어 있는 역동성을 갖는다.

특히, 하밀턴 그랜지 틴 센터는 레이아웃이 멋진 청소년센터로 알려지고 있는데, 쾌적한 환경과 함께 벽면의 색도 밝게 하여 아이들과 청소년들이 보다 좋아할 수 있도록 만들었으며 천정은 최대한 높이고 오픈 타입의 노출조명을 설치하고 계단식 휴게공간은 가변적으로 하여 공연(performance)을 할 수 있도록 하여 효율성을 높였다. 진열형

유리케이스를 활용한 개방형 미디어 비트린(open media vitrine)은 전체공간에서 별도 공간이라는 생각이 들지 않게 구획되었다. 청소년을 위한 개방공간으로 시원한 시야를 확보하고도 3개의 개별 공간을 활용할 수 있도록 되어 있다.

샌프란시스코 실험박물관(Exploratorium)이나, 아트 패리스 또는 예술궁전 (The Palace of Fine Arts), 그리고, "시카고 갤러리 37 예술 센터(Gallery 37 Center for the Arts)" 등도 청소년과 관련한 중요한 시설로 볼 수 있다. "캘러리 37"의 경우는 "방과후가 중요하다(After School Matters)"와 "시카고 공립학교 고급예술교육 프로그램(Chicago Public Schools'Advanced Arts Education Program)"과 같은 혁신적인 예술 프로그램들을 직접 운영하고 있다. 미국 최고(最古)의 미술관으로 불리는 코넷티컷 주에 있는 "워즈워스 아테네움 미술관(Wadsworth Atheneum Museum of Art)"의 경우도 예외가 아니며, 오레곤 주 포틀랜드 시에 있는"킹스쿨 현대예술박물관(King School Meseum of Contemporary Art: KSMoCA)"은 청소년이 직접 운영하는 곳으로 널리 알려져 있다(정세호 외, 1994).

청소년시설에 대한 기업의 참여도 활발하다. 대표적으로 미국 헐리우드 영화사, 미국 AT & T사 및 미국 유나이티드 테크놀로지 코오퍼레이션(UTC) 사와 같은 수 많은 사례들을 찾아볼 수 있다. 또한, 청소년전용극장이 여러 지역에 있으며, 뉴욕의 워싱턴 스퀘어나, 소호거리와 같은 일반적인 야외 문화공간이 청소년전용 활동을 위해 활용되고 있으며, 빈민가와 같은 특별한 장소에서 청소년을 주요 대상으로 하는 음악회 등의 공연활동이 개최되는 모습도 자주 볼 수 있다(정세호 외, 1994).

2) 청소년센터(youth center)의 구조와 기능

미국의 청소년센터에 관한 설계와 구조 및 건축 등에 대한 구체적인 기준은 국가건축학연구원(National Institute of Building Science: NIBS)에서 제작한 건물전체설계가이드(Whole Building Design Guide: WBDG)를 통해 알 수 있다. 국가건축학연구원(NIBS)은 정부기관과 전문가, 산업계, 노동계, 소비자단체 및 규제 기관(regulatory agencies) 등이 함께 참여하는 비영리, 비정부 법정기관이다. 미국 전역의 주택, 상업 및 산업과 관련하여 안전하고 적정한 규제 속에서 건설하는 것을 방해하는 (잠재적) 문제를 찾아서 규명하고 해결하는 것을 목적으로 한다. 미국의 "주택 및 지역사회개발법(Housing and Community Development Act of 1974)"에 의한 미국 의회의 승인을 통해 권위있는 출처와 민간과 공공 부문의 자유롭고 공평한 논의가 이루어지는 기회를 제공한다. NIBS의 임무는 미국의 각종 건축물의 성능을 개선하고 에너지와 자원를 보존하고 낭비를 줄이는 목적을 위하여 건축학과 기술의 향상을 도모하는 것이다.

또한, 건물전체설계가이드(WBDG)는 미국의 연방 에너지 관리 프로그램(Federal Energy Managemen Program)에 의해 "광범위한 건물들과 관련한 디자인 지침, 기준, 기술까지 제공하는 모든 인터넷 자원"에 대한 길잡이로 제시되어 있다. WBDG는 미국 국방부(Department of Defence: DOD)의 건축 프로그램을 위해 제작되기 시작하였으며 육군, 해군, 공군 등과 관련한 시설의 설계와 건축의 기준을 제시하는 유일한 포털(sole protal)로서 오늘날에는 모든 건축 산업 전문가들을 위해 기여하는 것으로 그 역할이 확장되었다. WBDG는 거의 모든 건축물(building)과 공간(space) 유형들에 대한 구체적인 설계 기준을 제시하고 있는데, 청소년센터에 대한 것은 지역사회 서비스(Community Service)와 관련한 내용 중의 하나의 항목으로 제시되어 있다. 우선 청소년센터의 공간유형은 다양하게 제시하고 있으며 센터 내 각 공간의 구성은 기능별로 유기적으로 연결하여 설치하도록 규정하고 있다.

청소년시설의 공간 유형과 건물 구조는 각기 다른 연령 집단 간의 비구조화된 사회적 상호작용을 수용하고 모든 이들에게 안전하고 감독자가 있는 교육적 배움의 환경을 제공하는 두 가지 목적에 적합하도록 시설의 외관과 기능적 공간을 갖추도록 규정하고 있다. 전형적인 청소년 센터 활동 공간(youth center activity spaces)은 공통공간/게임룸(commons/game room), 접수 데스크, 스낵바, 활동실, 다목적실/실내체육관, 컴퓨터실, 10대 전용 별실(teen room), 야외활동장 등을 포함한다. 또한 청소년센터는 사무실, 화장실, 주방(kitchen), 기계/전기실과 같은 업무 지원을 위한 필수공간이 있다.

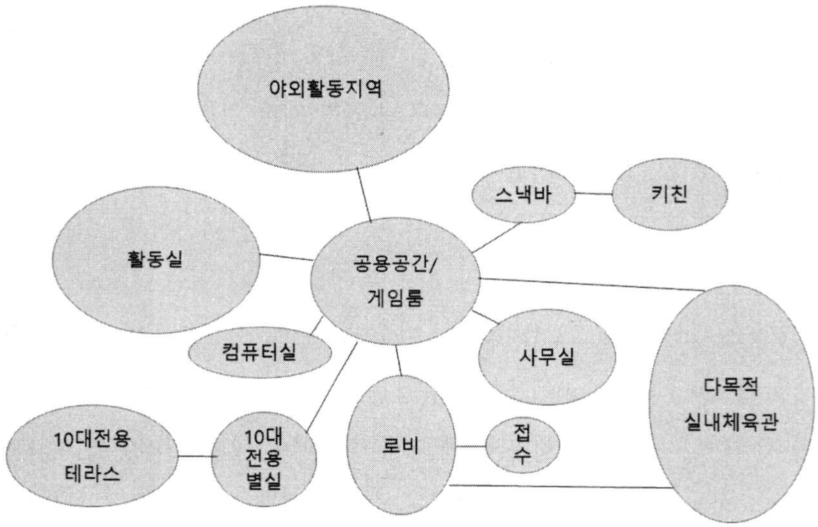

[그림 5-1] 청소년센터 주요 공간의 기능별 연계도

출처: https://www.wbdg.org/building-types/community-services/youth-centers에서 2021년 9월 2일 인출하여 재구성.

청소년센터의 설계 및 구조와 관련하여 주목할 점은 센터 기능의 효과적 수행을 위해서는 공통공간(commons)의 역할이 매우 중요하게 제시되고 있는 것이다. 거의 모든 활동공간들이 공통공간을 중심으로 연결되도록 배치하고 게임이나 간단한 간식(스낵바 근처), TV 시청, 및 대화공간 등을 포함하여 사람들이 모이는 지점이 되도록 하면서 센터 내 사회적 상호작용이 이루어지는 가장 중요한 기능을 하도록 구성하고 있다는 점이다. 이러한 공통공간은 접수 데스크를 지나서 로비에서 자연스럽게 확장되는 모습이 되면서 접수 데스크에서 전체 공통공간을 볼 수 있도록 하는 형태가 되고 다른 공간들로 가는 출입구들을 연결하도록 규정하고 있다.

스낵바(snack bar)는 자판가 코너와 요리강습 기능을 할 수 있는 주방(teaching kitchen)이 있는 제대로 된 바(hot bar)의 형태로 되어야 하며, 활동실(activity room)은 최소한 두 개가 있어야 한다. 그 중에서 한 개는 신체적 활동이 가능한 곳, 다른 하나는 학습이나 만들기를 할 수 있는 곳으로 되는 것이 좋다. 컴퓨터실은 놀이나 과제를 할

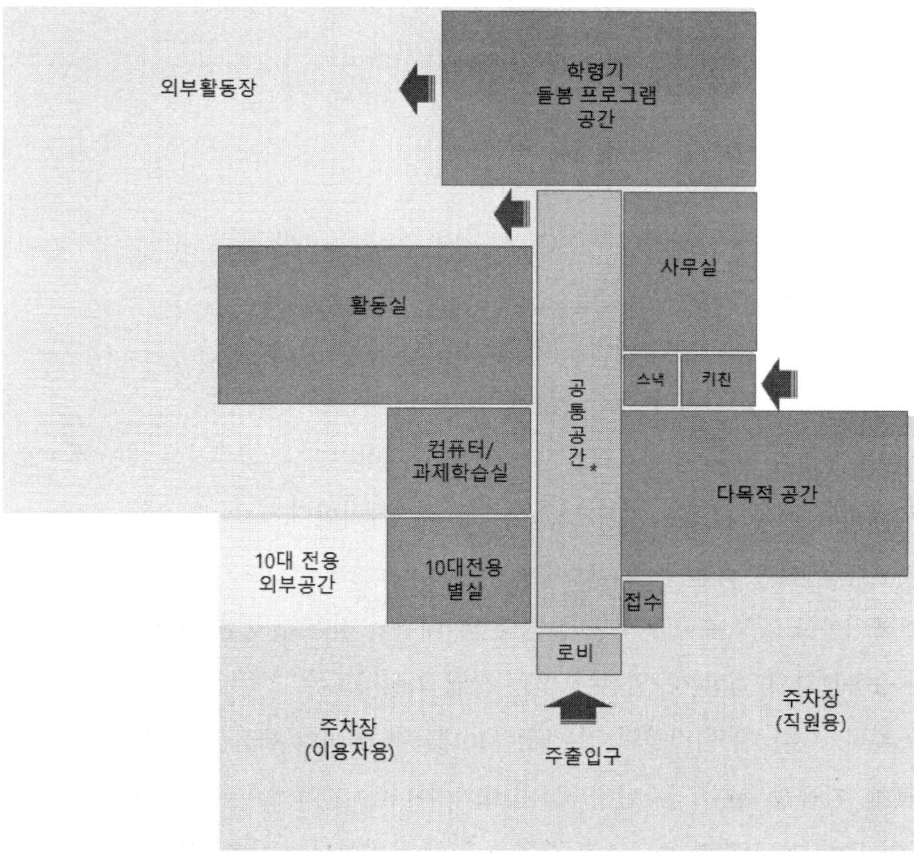

[그림 5-2] 청소년센터 주요 공간 예시구성도

출처: Unified Facilities Criteria(UFC): Youth Centers. UFC 4-740-06, 12 January 2006. Department of Defense, United States of America.

수 있도록 관리 가능한 컴퓨터와 인터넷 연결이 제공되는 것이어야 한다. 10대 전용 별실(teen room)은 전체 시설로부터 조금 독립적으로 10대 후반의 청소년들이 활용할 수 있는 개별공간으로 제공되어야 하는데, 공통공간과 유사한 기능을 제공하지만, 게임, TV시청 및 대화를 위한 공간을 포함하여야 한다. 이상적으로 10대 전용 별실은 개별적인 느낌을 갖도록 하면서도 전체 시설과도 연결감이 있도록 유지하는 것이 좋다.

청소년시설의 디자인을 위한 핵심적 고려사항으로는 다음과 같은 몇가지가 강조되고 있다. 첫째, 집과 같은 환경 만들기: 공공시설의 내구성 확보를 위한 필수사항들을 충족하면서, 마감, 가구, 부착물과 장비들은 편안하면서도 집과 같은 질적 수준을 유지해야 한다.

- 풍부한 자연채광
- 출입구, 로비 등의 환영적 분위기
- 주거 스타일의 문과 창문
- 주변광(ambient lighting)의 간접조명 사용
- 비자연적인 마감이나 질감 및 색조의 기피

둘째, 창의성 개발: 시설의 임무의 하나는 창의적 발달을 고무하는 것이며 프로젝트 개발과정과 최종 설계는 이를 달성하도록 고려해야한다.

- 실내 색조와 질감의 신중한 고려
- 즐거움을 갖도록 하면서도 중간 톤의 배경색 사용을 통한 절제감 유지
- 공통공간의 벽면 중 일부는 벽화 작업 가능하도록 고려함
- 특히, 10대 전용 별실의 경우에는 10대들이 실내의 색감을 선택함

셋째, 자율성 촉진: 청소년센터는 학교가 아니다. 전체적으로 지도감독(supervision)이 이루어져야 하지만 비구조적 활동을 위한 구역에서는 자율성을 갖도록 고려한다. 다음과 같은 공간에는 청소년시설의 후원자들은 접근가능하도록 설계한다.

- 스낵바와 화장실
- 게임, 컴퓨터, TV시청
- 혼자 있는 조용한 장소

넷째, 직원을 위한 적절한 공간 제공: 센터의 프로그램과 업무를 개발하고 유지하도록 지원인력을 위한 공간을 제공하며, 정상적 일상 업무 외에 직원들은 다음과 같은 일을 할 수 있어야 한다,

- 생각과 계획
- 만남과 소통
- 방문자 접견
- 장비보관과 기록

다섯째, 안전하고 건강한 환경 유지: 시설은 청소년을 보호하고 건강한 환경을 유지하기 위하여 장비와 운영전략을 수용할 수 있도록 설계해야 하며 다음과 같은 요소를 고려한다.

- 허가를 받지 않은 잠재적으로 위험한 사람의 출입금지
- 잠재적 아동학대 상황의 모니터를 위해 모든 공간을 볼 수 있게 함
- 쉽게 청소할 수 있는 마감재
- 좋은 실내 공기 질과 풍부한 자연광의 보장
- 장비, 가구, 마감재 등에 석면과 납이 포함되지 않도록 확실히 함

또한, 청소년센터는 아동돌봄시설에 대해 규제되는 정도는 아니지만 많은 경우 그에 준하는 유사하거나 동일한 기준을 적용한다. 청소년시설에 대한 관련 규정으로는 연방정부의 규정과 기준, 공원과 레크리에이션과의 기준, 그리고 공공 놀이터 안전기준 등과 같은 여러 가지 표준과 지침을 확인할 수 있다.

3) 청소년활동센터(youth activity center)의 설계 기준

청소년센터(youth center)에 대한 내용과 별개로 미군 시설내의 주거단지에 설치해야하는 청소년활동 센터(dependent youth activity centers: DYAC)의 설계가이드(design guide)와 커뮤니티활동 센터(Community Activity Center) 내에 설치되는 청소년활동 센터(youth activity center)와 관련한 설계 기준들을 확인할 수 있다. 앞에서 언급한 바와 같이 건물전체설계가이드(WBDG)는 미국 국방부(DOD)의 각종 국방시설에 통합적으로 적용하기 위한 설계지침을 제공하는 것으로 출발하였다. 따라서 군 주둔지 내에 있는 청소년활동 센터(DYAC)나 커뮤니티 센터 내 청소년활동 센터의 경우도 미국의 육군, 해군, 공군 등의 가족들의 생활주거와 관련한 학교, 병원, 커뮤니티 시설에 적용하기 위한 성격으로 준비된 것이지만, 그 내용은 미국 내 모든 커뮤니티 센터의 각종 활동시설의 설치와 운영을 위한 기준으로 활용되고 있다.

주거단지에 설치해야하는 청소년활동 센터(DAYC)의 설계지침서는 총 7개의 장으로 구성되는데, 제1장에서는 지침서의 목적, 범위, 구성, 책임소재 등을 포함하고 있으며, 제2장은 청소년활동(youth activity) 제3장은 입지(location) 제4장은 일반설계요건(general design), 제5장은 세부 공간기준(individual space criteria), 제6장은 공간 구성의 원칙(space organization principles) 등에 관한 내용을 규정하고 있다. 마지막 제7장에는 제6장의 내용에 따른 청소년활동센터의 설계 예시(illustrative designs)를 제시하고 있다.

청소년활동 센터(DYAC)는 우선, 청소년 연령별로 활동과 사회적 관계의 형태가 다르다는 점에서 초등학교(6세-11세), 중학교(12세-14세), 고등학교(15-19세)로 3개 그룹으로 구분하며 청소년활동의 목적을 역량개발과 관련하여, 자아정체성, 사회적응성, 신체적 · 인지적 발달 등의 세가지로 설정하고 있다. 청소년활동센터의 종류도 중심지역에 입지하는 경우와 근린지역에 입지하는 경우로 구분하고, 6세부터 19세까지를 포함하는 미군 주둔 지역내 청소년규모가 250명 이하는 전용센터를 건립하지 않고 타 시설을 이용하는 것으로 하며, 250이상 600명까지, 601명 이상 1200명까지, 1201명부터 2400명까지 및 2401명 이상 등으로 구분하고 공간 규모를 다르게 제시하고 있다.

〈표 5-1〉 청소년활동 모듈별 청소년활동센터의 권장 규모

구분	청소년 규모	드롭인	프로그램	대형 공간	사무 · 지원	(전체)
중심 지역	250–600	930	670	1760	1510	5600
	601–1200	1730	1020	2550	2240	6700
	1201–2400	2350	1350	4780	3310	8300
	2401 이상	3650	2450	7150	6000	11000
근린 지역	250–600	1150	670	–	1120	3400
	601 이상	1920	1020	–	1320	4500

출처: Unified Facility Criteria Guide(UFC): Community Activity Centers(2005). P. 231.
https://www.wbdg.org/ffc/dod/unified-facilities-criteria-ufc/ufc-4-740-06에서 2021년 9월 25일 인출.

또한, 청소년활동의 구성단위 즉, 모듈(module)은 드롭인(drop-in) 공간, 프로그램 활동(program) 공간, 대형 공간(large space), 사무 · 지원공간(administration and support) 및 야외활동(outdoor activity) 공간 등의 다섯가지로 구분한다.

첫째, 드롭인 공간 모듈은 게임룸(game room)과 라운지(lounges), 스낵공간(snack facilities)을 포함한다. 설계시에는 집단의 다양성에 대한 고려, 상호간 대면, 청소년 전용 구역, 주변 환경의 개선에 대한 고려, 스낵 공간의 중심화, 다양한 개인적 활동의 보장, 독서를 위한 조용한 공간, 초등생과 게임을 위한 전용 구역, 개방성 및 접근 가능성의 고려, 그리고 무소음 공간 등의 요소들을 고려해야 한다. 특히 소음을 방지하기 위해 음향적으로 분리된 2개의 라운지를 마련해야 하며, 음악소리는 제한하고 독서나 보드 게임과 같은 조용한 활동은 독립적인 공간에서 할 수 있도록 해야 한다. 또한, 한 개의 라운지는 대규모 공간과 프로그램 활동실과 구분되어야 하는데, 이는 이러한 곳에서 나오는 소음이 드롭인 공간의 프라이버시를 방해하지 않아야 하기 때문이다.

둘째, 프로그램 공간 모듈은 집단활동이나 클럽활동 등을 위한 모임공간(meeting spaces)와 강습을 위한 공간과 개인별 프로젝트 수행을 위한 공간을 포함한다. 설계시에는 중복이나 동시사용을 위한 공간, 차별화된 세부공간, 초등학생을 위한 고려, 질서있는 공간 배치, 자의적 신체활동을 위한 프라이버시 고려, 작품 등을 전시하는 장소 및 소음 격리를 위한 고려 등이 요구된다. 프로그램 공간 모듈에 포함되는 모임공간에서는 클럽활동, 특별활동, 강좌, 상담, 정기미팅, 동아리 모임 등이 이루어지며, 프로젝트 공간에서는 세라믹이나 평면 또는 입체적 아트(art), 가죽, 목공, 자수, 정원가꾸기 등과 관련한 활동이 가능하도록 되어야 한다. 이 밖에 소그룹활동으로 음악 수업이나 감상, 악기 연주, 영화감상, 댄스, 발레, 아동놀이 등이 가능하도록 준비해야 한다.

셋째, 대형 공간 모듈은 대규모 활동을 위한 공간을 의미하는 것으로 내부에 무대나 단상이 있는 공간이나, 알코브(alcove, 구석자리) 및 창고(storage) 등을 갖고 있다. 이는 근린지역의 센터에는 설치하지 않는다. 대규모 공간을 설계할 때 고려사항으로는 활동적이고 적극적인 스포츠 기능이 가능하도록 해야 하며 체육활동과 사회적 활동이나 문화활동으로 전환할 수 있도록 해야 하며, 동시에 여러 활동이 가능하도록 분리가능한 형태를 갖추어야 하며, 탈의실은 직접 진입할 수 있도록 하고, 스낵구역이 인접해야 하며, 창고를 갖추어야 한다는 것 등이 제시되어 있다.

넷째, 사무·지원공간 모듈은 출입구(entry)를 포함하여 센터내의 모든 활동과의 연결적 흐름(circulation)의 효율성을 고려한 구성은 물론 일반행정관리와 라커룸, 기계실 등을 함께 고려한다. 설계시에는 다양한 활동을 지원할 수 있도록 하고, 방문자에 대한 접수와 프라이버시를 지키면서 지도감독(supervision)을 할 수 있는 모습이 되어야 하며, 전체 센터의 기능과 밀접한 상호관련성을 갖도록 하는 것을 고려할 필요가 있다. 이 밖에도 사무·지원공간 모듈은 화장실과 창고(storage)를 포함한다.

다섯째, 야외활동 공간 모듈은 기본적으로 다음과 같은 네가지 기능을 수행하는 영역을 구비해야한다. ① 농구, 배드민턴, 라켓볼과 같은 야외 스포츠(outdoor sports), ② 피크닉과 댄스 등과 같은 사회적 활동(social activities)을 위한 야외공간, ③ 대화나 간식을 함께할 수 있는 패티오(patio, 앞뜰) 테라스나 실내 라운지를 확장한 형태의 공간, 그리고 ④ 실내 프로그램을 위한 모임이나, 공예활동(crafts), 클럽활동 등을 위해 추가로 활용할 수 있는 야외활동 프로젝트 공간(outdoor project spaces) 등이 있다. DAYC에는 이 밖에도 세부 시설과 공간의 용도와 구성, 활용프로그램과 공간에 대한 예시 구성도(illustrative layout), 기준면적과 설계와 관련한 세부 사항 등이 구체적으로 제시되어 있다.

청소년활동센터(DYAC)의 전반적인 공간 구성과 관련하여 네 가지의 중요한 원칙들이 있으며, 각 원칙은 다음과 같이 설계시 고려할 사항들(design implications)이 제시되어 있다. 첫째, 청소년 장소로서의 이미지(image of DYAC as youth's place)에 대한 원칙이다. 이를 위해서는 확실한 경계 구분, 뚜렸한 이미지, 청소년의 세계에 대한 정향성(oriented to youths' world) 등을 고려해야 한다. 청소년의 세계에는 학교, 운동장, 근린권의 모이는 장소 등을 포함한다. 청소년활동센터는 그 전반적인 형태나 각 구성요소들의 경험과 공간, 관계성 및 기타 세부사항들에서 다른 시설과 구분되는 특징을 갖추어야 한다는 것이다.

둘째, 청소년시설로서의 정체성과 관련한(place to identify with) 원칙이다. 이를 위해서는 설계와 운영에서 청소년을 위한 역할, 주변환경에 영향을 미치는 능력, 환상적인 이미지, 개별적인 요소들의 특성화, 및 각기 다른 특정한 영역구분(distinct turfs) 등을 고려한다. 청소년의 정체성은 전반적인 공간 설계와 변화하는 욕구를 충족하도록 지속적으로 환경을 개선하는 일에 참여하는 기회를 통해 증진되어야 한다.

셋째, 다양한 활동범위(wide range of activities)의 원칙이다. 이를 위해서는 기본적 세가지의 활동 모듈을 고려하고, 복수의 차별화된 장소들을 구비하고, 복수의 출입구와 다목적용 공간을 구비해야 한다. 청소년활동센터의 공간과 구성은 이용자와 활용성에서 연령, 관심, 집단규모 등의 다양성을 수용하여야 한다. 복수의 출입구를 두는 것은 각기 다른 공간의 다양한 활용과 차별성을 강화해 준다.

넷째, 사회적 상호작용(opportunities for social interactions)의 원칙이다. 이를 위해서는 서로 볼 수 있는 상호 가시성(intervisibility)과 개방적 이미지를 고려하고, 출입구에서 바로 접근할 수 있도록 하고, 프라이버시와 지도감독(supervision)의 정도를 다양하게 하고 방해를 받지 않고 접근이 가능하도록 할 필요가 있다.

다섯째, 입지적 대응성(local responsiveness)의 원칙이다. 이를 위해서는 입지 지역의 활동과 부지 패턴(site pattern)에 대응할 필요성이 있다. 청소년활동센터의 활동패턴(activity pattern)은 모든 설치물에 표준화되는 것은 아니며 청소년시기를 지난 사람들의 특별한 욕구에도 부응하도록 할 필요가 있다. 청소년활동센터의 시설들은 현지의 지역적 활동 요구에도 맞도록 설계하는 우수한 대응성이 요구되는 것이다.

청소년활동센터(DAYC)의 설계지침서에는 이 밖에도 청소년활동센터(DAYC)의 공간에 관한 일반원칙(general principles)을 제시하고 있는데, 부지 설계, 공간 설계, 기능, 구조 및 환경적 지원, 그리고 화재 안전에 관한 내용을 규정하고 있다. 특히 기능적 측면에서는 건물내 기능별 크기 및 정도에 따라 인접한 구역의 연관성을 최적으로 구축하고, 걸어 다니기 편리한 동선의 흐름과 신체 장애자의 이동 편의성을 고려해야 하는 내용을 포함하고 있다. 구조 경제성을 최적으로 하고 음향의 적합성과 통제성을 규정하고 있으며, 비상시 안전과 효율적 피난을 위한 내용도 제시되어 있다.

4) 청소년시설 · 공간의 청소년참여 사례

미국 청소년시설과 관련한 특별한 것은 "청소년이 이끄는 공간(youth driven space: YDS)"즉, 청소년들이 중심이 되는 시설 프로젝트(project)에 대한 관심이 크게 증대하고 있는 점이다. 이 프로젝트는 미시간주 앤 아버(Ann Arbor)시에 있는 "뉴트럴 존(Neutral Zone)"이 "데이비브 웨이카트 청소년프로그램 질관리센터(David P Weikart Center for Youth Program Quality)"와 공동협력을 통해 전개되고 있다. 청소년시설에서의 관리와 프로그램 설계 · 운영에는 청소년의 목소리와 활력이 중심이 되어야 한다는 접근이다.

여기에는 다음과 같은 4가지 핵심 영역이 있다. ① 청소년자문위원회 설치를 통한 구조적 변화(structural changes)로 정기적 모임을 통해 프로그램 제공과 조직 운영에 관한 결정의 지침을 제공한다, ② 성인들이 주로 맡아했던 역할을 청소년들이 모임과 활동을 주로 맡아하는 프로그램 디자인과 실행으로의 변화이다. ③ 청소년들이 성공적으로 운영을 주도하도록 도와주는 성인들의 지지적 역할 등을 통해 성인과 청소년들의 파트너십 관계를 형성하는 일이다. 그리고 ④ 가버넌스(governance)와 목적 설정에 청소년이 이끄는 원칙을 잘 접목시켜 지속가능성을 구축(building sustainability)하는 것이다. 성인들은 단순히 청소년들이 이끌어가도록 맡겨두는 것이라기 보다는 청소년들이 성공적으로 이끌수 있도록 적극적인 지지적 역할을 한다.

이런 점에서 "청소년이 이끄는 공간(YDS)은 청소년시설의 공간적 활용은 물론, 프로그램의 운영에서 지향해야 할 방향을 제시하는 것으로 볼 수 있다. 처음에 8개 기관과 시설로 출발하였지만, 현재는 매년 참여기관 간 컨퍼런스를 개최하고 있으며 "청소년이 이끌어가는 커뮤니티 센터(youth-driven community center)"를 표방하는 시설들이 많이 나타나고 있다. "미시간주립대학교 커뮤니티 평가와 연구협력단(Michigan State University's Community Evaluation and Research Collaborative)의 연구결과에 의하면, YDS 프로젝트는 시범기관과의 1년간의 활동을 통해 청소년, 직원, 및 조직에 강력한 영향을 끼친 것으로 나타났다. 연구결과 YDS는 청소년 파트너쉽과 참여기회의 개발뿐만 아니라, 청소년 프로그램 관여와 또래 관계 및 21세기 기술함양에 실질적인 효과를 갖는 것으로 나타났다.

청소년시설 운영과 관련하여 청소년 친화적 공간에 대한 내용도 관심을 가질 필요가 있다. "청소년 친화적 공간(youth-friendly space)"이란 청소년이 찾아오도록 하는 환영적 분위기를 만드는 것을 의미한다. 청소년시설은 물리적인 입지와 건물을 제공하지만, 그 공간을 만들어가는 것은 이를 이용하고 그 속에서 상호작용하는 청소년들이란 것을 강조한다. 이들의 이러한 기여는 시설의 외관이나 느낌 이상의 의미를 가지며 청소년들이 시설 활용의 지침이나 안전 프로토콜과 같은 것을 직접 만들게 된다.

우선 청소년시설의 입지를 선정할 때 유의해야 하며, 공간을 구성할 때도 물리적 공간(physical place)의 안전도 중요하지만, 개방적이고 수용적인 환경을 만들어가는 행동과 상호작용을 통해 보다 안전한 공간(a safer space)이 되도록 하는 것이 그 이상으로 중요하다. 안전한 공간 창출을 위한 팁으로는 다음과 같은 몇가지가 제시되고 있다.

- 공간에 적용되는 핵심 가치,
- 집단 규범과 기대 설정.
- 반 차별적 정책의 채택,
- 갈등 해결과정의 실행,
- 트라우마를 알려주는 렌즈의 채택

또한 청소년지도자들이 실천해야 할 청소년 친화적(youth-friendly) 공간창출을 위한 방안들도 미국을 비롯한 서구 선진국에서 다양하게 나타나고 있다. 다음은 10가지 최상의 실천(best practice)으로 제시된 것이다.

- 청소년의 의견반영(youth input)은 가장 중요한 우선순위이다.
- 프로그램은 재정 뿐만 아니라 집합적 경험, 상호존중 및 공통의 목적을 위해 일하는 것을 통해 실행된다.
- 유머와 겸손
- 융통성

- 권력 불균형에 대해 알기
- 전문적 한계와 인간적 한계를 이해하기
- 환경만들기
- 촉진방법
- 또래에서 또래로 이어지는 공동체
- 각자의 업무수칙(terms of engagement) 만들기.

빅토리아대학교의 긍정 공간 네트워크(Positive Space Network at the University of Victoria)에서는 집단 속에서 개인들 간의 상호작용을 통해 보다 안전한 공간(safer space)을 만드는 다양한 방안들을 제시하였다. 예를 들면, 다음과 같은 말들을 지키는 노력은 청소년시설과 기관을 이용하는 청소년들 간에 널리 공유되도록 할 필요가 있다.

- 자신과 타인의 신체적 · 정신적 · 정서적 경계를 존중한다.
- 말하거나 대답하고 싶지 않으면 그렇게 말한다.
- 필요한 것은 말로 표현한다,
- 가능하면 분명하게 하고, 누군가에 대해 염려되는 일이 있으면 직접 말한다.
- 다른 사람이 말하는 정보, 이야기 및 경험에 대한 프라이버시를 지킨다.
- 긍정적 의도를 전제한다.
- 우리 모두는 배우기 위해 여기에 와 있으며, 우리 모두는 무엇인가 의미있는 것을 제공한다.
- 질문을 명료하게하는 것을 격려한다.
- 당신을 포함하여 누구든지 비의도적인 실수를 할 수 있다.

4. 미국사례가 주는 정책적 시사점

COVID-19의 장기화가 초래하는 상황은 청소년분야 특히 청소년시설 · 공간의 운영을 위해서는 많은 도전과제를 제시하고 있다. 미국의 경우에도 청소년 활동은 멈추어 있는 편이지만, 다시 움직이기 위한 역설적 대응 노력은 지속되고 있다(김경준 · 강경균, 2021). 우리나라와 같이 청소년시설의 유형을 구분하는 것과 같은 연방정부의 정책은 없지만, 오랜 역사를 통해 다양한 규모와 형태의 청소년활동 시설과 공간들이 공공과 민간차원에서 지역별로 각기 다른 배경을 가지고 설립 · 운영되고 있으며, 시설별로 엄격한 기준과 운영규칙을 갖고 공적인 인증절차들이 작용하고 있다. 소년소녀클럽과 같은 전국적 청소년단체가 미국 전역에서 오랜 역사를 통해 활동해 왔으며, 클럽하우스, 센터, 틴센터 등의 이름을 가진 소규모 공간들을 곳곳에서 찾을 수 있다.

또한, 도서관은 물론, 박물관, 미술관, 수족관 등의 일반 문화시설에서도 청소년을 위한 부가 시설들을 독자적으로 설치하고 있으며, 야외활동 공간을 활용한 청소년의 문화활동도 많이 나타나고 있다. 물리적 건물 뿐만 아니라 야외시설과 공간을 활용한 프로그램 및 미디어와 예술 등에 특화된 시설들을 확인할 수 있으며, 다양한 기업들이 청소년시설과 프로그램을 제공하고 있다. 더욱이 중요한 것은 “청소년이 이끄는 시설(YDS) 프로젝트”가 관심 속에 전개되고 있으며, “청소년 친화적 공간(youth-friendly space)”을 만들기 위한 기관과 지도자들의 노력이 지속되고 있다. 이런 점에서 미국의 사례가 주는 시사점은 다음과 같은 몇 가지로 정리할 수 있을 것이다.

첫째, 청소년시설 · 공간의 명칭과 종류 등을 새로운 기본적 준거틀을 활용하여 새롭게 유형화하는 접근(typology approach)을 생각할 필요가 있다. 미국의 경우, 청소년센터, 지역사회청소년센터, 청소년활동센터, 청소년개발센터, 청소년클럽, 청소년하우스, 청소년클럽하우스 등의 다양한 명칭으로 불리고 있으며, 각 명칭은 기능과 규모 등이 각기 다른 모습을 갖는다. 지역사회청소년센터 내에 한 공간을 청소년센터로 운영하고 있기도 하고, 지역사회센터의 주 이용자들이 청소년층과 가족단위로 이루어지고 있음을 알 수 있다. 또한, 청소년활동센터의 경우는 중앙밀집지역과 근린지역을 구분하고 청소년인구 규모별로 공간의 종류와 크기를 다르게 규정하고 있다. 우리나라의 경우에도 대상청소년의 수와 학교급 및 주요 기능 등을 중심으로 기본유형을 가형, 나형 등과 같이 일반적으로 규정하고 각 유형별 설비와 공간 구성의 기준을 정하면서 시설의 명칭을 생각할 필요가 있다. 청소년문화의 집은 당초의 취지와 다르게 지역별로 다양한 규모로 존재하고 있는데, 자치단체별로 청소년문화의 집을 청소년수련관과 다름없는 규모와 기능을 갖는 것으로 설립하는 사례들은 준거틀에 따른 기준을 적용하지 않아 생기는 문제로 볼 수 있을 것이다.

둘째, 청소년시설 · 공간의 설치와 운영에 대한 기본 유형별 기준을 지키면서도 지역별 특성을 살릴 수 있는 ㅇㅇ동네형, ㅇㅇ마을형의 지역적 접근(community approach)을 강화할 필요가 있다. 미국의 청소년과 관련한 접근에서 관심을 끄는 것은 연방정부나 주정부 등의 공적 제도에 의하기 보다는 지역사회 중심의 민간에 의한 아래로 부터의 접근(bottom-up approach)일 것이다. 청소년시설은 또한 세계적인 규모의 현대적 시설부터 조금 큰 가정집이나 창고형 건물을 청소년들 스스로 개조한 형태의 시설이나 공간 등이 다양하게 존재하고 있다. 우리나라의 경우에도 ㅇㅇ지역형 청소년공간 모델을 창출할 필요가 있으며, 그 방향의 하나는 소규모의 동네중심의 정겨운 홈(home)들을 많이 만들고 청소년들이 집을 오가듯이 자주 일상적으로 활용하는 곳으로 만드는 것이다. 청소년시설의 특성을 기본틀을 지키는 범위내에서 지역별 개성을 나타낼 수 있게 하는 방안을 고려하는 것이다.

셋째, 청소년시설별로 건축적 측면에서가 아닌 설립목적과 취지, 운영주체, 주요 기능 및 특화된 프로그램의 지속적 · 성공적 운영을 통해 브랜드화하는 특성화 접근(characterization approach)이 필요하다. 미국의 경우, 청소년센터 외에도 청소년미디어센터, 청소년아트센터, 청소년전용극장 등 특별한 목적을 가진 청소년전용공간 들이 다양하게 운영되고 있음을 알 수 있다. 특히, 미국은 청소년시설을 정책적으로 만든 우리나라의 경우와는 다르게 민간부문을 중심으로 전개해 온 특징이 있다. 우리나라에서도 청소년시설에 대한 기업과 민간의 적극적 관심을 끌어내고 특별한 분야나 기능을 강조하는 전용 시설을 많이 만들고, 각 시설별 대표성있는 프로그램을 갖추도록 하는 등의 정교화하면서도 실천적인 노력을 요청할 수 있을 것이다,

네째, 청소년시설 설치와 운영계획의 수립과 실천 등의 여러 가지 측면에서 청소년을 중심으로 하는 참여적 접근(participation approach)이 중요하다. 미국의 경우, 청소년이 이끄는 청소년시설(YDS)이나 청소년친화적 공간창출을 위한 노력 등이 지속되고 있으며, 점차 많은 기관과 단체, 그리고 청소년지도자들이 이에 호응하고 있다. 우리의 경우에도 청소년참여 정책이 강화되고 있다는 점에서 이러한 참여적 접근을 보다 적극적으로 확산하는 구체적 실천노력을 기대할 수 있을 것이다. 청소년들이 시설을 객체적으로 이용하는 것이 아니라 스스로가 자신들이 이용하는 공간을 꾸미고 운영하는 주체적인 활동이 가능하도록 하는 '친화적 환경'을 만드는 변화노력이 필요할 것이다.

물론, 미국의 사례를 우리나라에 적용하는 것에는 한계도 있을 것이며, 역사와 문화가 다른 기본적 차이도 있다. 그러나, 분명한 것은 청소년시설과 관련한 명칭과 종류 및 기준 등은 30여년 전 권위주의 시대에 마련된 직관적 접근에 기반하고 있다는 점이다. 이러한 기본틀을 4차산업혁명의 시대, 특히 오늘날과 같은 COVID-19 팬데믹에 따른 뉴노멀(new normal)의 시대에 그대로 가져가는 것은 비혁신적이며 오늘의 청소년에게 부적절한 일이 될 것이다. COVID-19 이후 우리나라 청소년시설의 혁신을 위해서 미국의 사례에서 얻을 수 있는 유형화 접근, 지역화 접근, 특성화 접근, 참여적 접근의 몇가지 시사점들이 의미있게 반영되기를 기대해본다.

06

CHAPTER

청소년진로체험 지원기조와 실천사례

CHAPTER

06 청소년진로체험 지원기조와 실천사례

1. 청소년 진로체험의 의미

청소년기는 진로의사결정과정에서 결정적인 시기이며 진로선택에 대한 교육적 책임을 수행하여야 하는 시기로 보아 진로발달과 관련하여 많은 관심을 받고 있다(강영배, 2013). 청소년기의 진로발달과 관련하여 예측이 불가능한 오늘날과 같은 급변의 시대에는 보다 유연하고 창의적인 진로교육이 요망되고 있으며, 특히 진로체험은 진로탐색에서 필수적인 활동으로 청소년들의 일의 세계와 관련하여 원하는 것을 학습할 수 있도록 해주고 학교에서 쉽게 습득할 수 없는 소중한 기술을 배울 수 있게 하는 중요한 의미를 갖는다(강경균, 성윤숙, 김승보, 장현진, 2019; 정윤경, 2011). 청소년들의 미래는 교실에서의 학습은 물론 진로와 관련한 다양한 체험을 통해서 느끼고 생각하는 가

이 장은 2019년도 한국청소년정책연구원의 연구과제인 '청소년기관의 진로체험지원체계 구축방안 연구'의 일부로 수행된 결과를 기관의 승인을 받아 시민청소년학연구(제12권 제2호)에 수록한 것을 수정한 것임.

운데 자연스럽게 형성되는 것이다. 진로교육은 이론과 실습이 함께 겸비될 때 학습자의 것이 될 수 있고, 사전에 진로를 체험해 본 청소년은 학업이나 취업에서 실패가 적기 때문이다(김희대, 2014).

이러한 인식에서 우리나라에서도 그동안 '전문상담교사제', 'Wee 프로젝트', '진로진학상담교사제' 등을 제도화하고, 최근 10여년 동안에는 청소년의 '창의적 체험활동', '자유학기제', '진로체험지원센터 설치 · 운영' 등과 같은 정책사업들을 실시함으로써, 학교 안과 밖에서 청소년들이 자신의 진로를 창의적이고 적극적으로 개발할 수 있는 기회를 제공하고 있다(강경균 외, 2019). 이러한 흐름은 한국적 상황에 맞는 청소년 진로교육을 찾고 청소년의 주도적이고 창의적인 진로개발 역량을 함양하기 위한 제도적 · 정책적 노력으로 볼 수 있을 것이다. 주목할 점은 청소년의 진로발달을 위한 노력이 점차 학교 안에서의 교과 및 지식위주의 이론적, 정태적 교육에서 학교와 지역사회의 연계를 통한 진로체험활동을 강조하면서, 지역사회내의 기업은 물론, 청소년시설과 단체와 같은 청소년기관의 역할과 활동 프로그램으로도 중요한 의미를 갖게 되는 것이다.

이에 따라 청소년의 진로활동체험처가 다양화되고 지역사회 연계를 통한 협력망과 지원체계 구축에 대한 관심이 높아지고 있으며, 청소년수련시설 등의 지역별 진로체험지원센터 위탁운영과 진로체험 지원 전산망 '꿈길'을 통한 체험처 정보 제공확대 등의 정책적 지원과 관련 정책연구들이 강화되고 있는 실정이다(강경균 외, 2019; 김기현, 유홍준, 오병돈, 2014; 김현철, 백혜정, 이지연, 2017; 윤형한, 김승보, 정지은, 2018). 청소년 진로체험활동과 관련한 이러한 동향은 선진국인 미국과 일본, 영국 등의 국외사례를 통해서도 확인할 수 있으며, 관련 국가의 역사와 사례를 통해서 얻은 다양한 시사점들을 우리나라 상황에 반영함으로써, 우리나라 청소년 진로체험활동의 성공적 정착을 앞당길 필요성을 제기해 주고 있다.

특히, 미국의 경우, 청소년들의 진로 진입과 관련한 흐름은 크게 1950년대의 "생애조정(life adjustment)운동"으로부터 1990년대의"학교로부터 일(school to work)세계로의 이행"에 대한 강조를 지나 오늘날에는 "진로기술교육(Career and Technical Education: CTE)"대한 논의로 이어지는 변화와 발전의 오랜 역사적 과정을 경험하고 있다(McFarland, 1954; Gordon, 2014). 현재는 진로기술교육(CTE)이라는 이름으로 진로교육과정을 운영하고 있으며, 진로교육 논의와 관련하여 "일-기반 학습(work-based learning: WBL)"이라는 용어를 통해 학교에서 배운 것을 직업세계에 접목시키는 노력을 기울이고 있다. 자치단체별로"일-기반 학습(WBL)"과 관련한 프로그램을 등록하는 방법과 잡 쉐도우(job shadow), 학교기반기업(school-based enterprise)활동, 인턴십(internship), 청소년도제제도(youth apprencticeship) 등을 학습과 연계시키는 방법을 활용하여 진로체험활동을 강화하면서 퍼킨스 법(Perkins Act)등 관련법령의 지속적 개정을 통해 제도적으로 뒷받침하고 있다.

또한, 민간부문은 오랜 역사를 가진 진로기술학생단체(CTSO)와 America's Promise, Junior Achievement(JA) 등의 청소년기관들이 중심이 되어 실시하고 있는 다양한 진로체험활동의 사례를 확인할 수 있다(ACRN, 2019). 미국은 특히 위기청소년을 위한 많은 법률과 정책이 있으며, 다양한 기관에 의해 이들을 위한 교육과 활동을 실시하고 있다. 그 중에서도 학업중단 청소년들이 학교에 재입학하여 고등학교 과정을 완료하는데 도움을 주는 소규모의 종합적인 방과후 활동과 여름방학 프로그램, 그리고 실제 생활 중심의 체험활동들은 효과가 좋은 것으로 알려지고 있다(이상봉, 2015; 정윤경, 2011).

본 챕터는 청소년의 진로체험활동을 위한 우리나라의 정책적 · 제도적 노력에 대한 인식을 바탕으로 미국의 청소년 진로체험활동운영의 기조와 청소년기관 중심의 진로체험 활동 지원사례 등을 고찰함으로써 그 정책제도적 함의를 찾아보는 것을 주요 내용으로 한다. 이를 위해 진로체험활동과 관련한 미국의 주요 법령과 제도, 공공부문과 민간부문의 주요 수행기관, 그리고 진로체험활동과 프로그램의 다양한 유형과 대표적인 사례를 알아본다.

2. 진로체험활동의 개념과 제도

1) 청소년 진로체험활동의 개념적 이해

청소년의 진로체험활동을 이해하기 위해서는 청소년기의 진로의 중요성, 진로발달, 진로탐색 등의 다양한 용어에 대한 체계적 고찰이 중요하다. 진로체험활동의 중요성과 다양한 방법, 청소년진로체험을 위한 학교와 지역사회와의 연계의 필요성, 청소년시설과 단체와 같은 청소년기관의 역할 등에 대한 이해는 제대로 된 용어 인식에서 출발하기 때문이다.

강영배(2013)는 진로에 대한 개념적 이해를 위해 진로는 생애 전반을 통해 이루어지는 연속적 과정(process)이며, 다양한 역할과 직업을 포괄하는 공간(space)의 특성, 자아실현을 중시하는 개성 중시적 삶의 양식 즉, 라이프 스타일(life style)을 지향한다는 세가지 특징을 제시한다. 진로는 단순한 삶의 경험의 누적이라기 보다는 미래에 대한 전망을 내포하고 있으며, 이런 점에서 진로는 선택되는 것이 아니라 만들어가는 것으로 보는 것이다. 진로와 직업선택의 문제는 청소년의 발달과정과 과업과 관련되며, 단기간에 이루어지는 의사결정이 아니라 개인의 가치관, 정서적 요인, 교육기회와 성과 등의 영향을 통해 이루어지는 현상이다. 또한, 청소년의 진로발달에는 가족, 학교와 교사, 또래집단이 개인이 갖는 차별적 사회화의 과정과 관련하여 중요한 영향을 미치며, 아르바이트 등과 같은 일 경험을 통해서 사회적 직업과 관련한 구조적 메커니즘에도 영향을 준다는 점을 알 수 있다. 특히, 일 경험과 관련하여 직업을 가진다는 것은 단지 개인적 수준의 선택과 노력만이 문제가 아니라, 직업과 관련한 여러가지 선택들이 실업상황과 같은 환경적 요인에 의해 결정될 수 있다는 점을 알 필요가 있다.

청소년에게 진로체험활동이 중요한 의미를 갖는 것은 진로발달과 관련한 청소년기의 특징과 함께, 일의 경험을 통해 알게되는 사회구조적 메카니즘이 관련되기 때문이다. 진로탐색과 선택에 관한 기반을 형성하거나, 자신의 흥미와 관심 등에 기초한 진로계획 수립 및 사회적 이행을 위한 준비와 같은 다양한 경험을 실제적이고 구체적인 진로직업체험을 통해 발달과업 속에 축적할 수 있는 것이다.

진로체험활동에 대한 개념화 논의가 미흡하지만, '진로교육의 일환으로 체험학습 형태로 이루어지는 진로지도프로그램'(김기헌, 유홍준, 오병돈, 2014: 21) 또는 학생에게 다양한 진로와 직업을 탐색할 수 있도록 직 · 간접적 경험을 제공함으로써 학생의 진로선택과 진로설계에 도움을 주는 교육활동으로 볼 수 있다. 진로교육법에서는 진로체험은 '학생이 직업현장을 방문하여 직업인과의 대화, 견학 및 체험을 하는 직업체험과 진로캠프, 진로특강 등 학교 내외의 진로교육 프로그램에 참여하는 활동'으로 규정하여 직업현장체험을 강조하고 있다. 한편, 김승보, 주희정, 김영식(2016)은 진로체험활동의 개념을 다시 넓은 범주의 진로개발체험활동(learning for career development), 중간 범주의 일기반 체험활동(work-based learning), 좁은 범주의 직업현장기반 체험활동(job-based learning) 등의 3가지로 구분하고 있다. 어떤 범주를 보더라도 진로체험활동은 경험학습적 접근과 학교 밖 세계와의 만남을 통한 관계성을 강조하고 있음을 알 수 있다(강경균 외, 2019).

2) 청소년 진로체험활동의 제도와 운영

청소년들의 취업과 진로체험은 성인이 된 이후의 직업 생활과 직간접적으로 연결된다는 점에서 청소년업무와도 정책적, 실천적으로 깊은 관련이 있다. 청소년들이 자신의 직업과 진로에 관하여 탐색하고 개척하는 진로개발활동을 보다 원활하게 하도록 지원하는 것은 4차 산업혁명 등으로 급변하는 시대적 변화에 부응하는 국가 인재개발의 측면에서도 중요성이 강조되고 있다. 우리나라에서도 학교와 지역사회의 연계 강화, 자유학기제 시행을 통한 진로체험의 강화, 청소년기관의 역할 제고 등의 다양한 노력이 지속되어 왔다(한상근, 2014; 강경균 외, 2019). 우선, 제6차 청소년정책기본계획(2018-2022)를 통해 여성가족부를 비롯한 중앙부처는 학교의 체험 프로그램 수요와 수련시설, 전시관, 복지시설 등과의 연계를 통한 청소년체험활동 지역사회 연계 모델을 개발 추진하고 있으며, 지역사회 공공시설 인프라를 활용한 청소년활동 터전 확충을 위해 공공청소년수련시설, 청소년지도사 및 프로그램 지원 사업을 통한 청소년체험활동 지역사회 연계강화와 '찾아가는 체험활동' 지원을 확대하고 있다.

우리나라의 진로체험활동은 그동안 지속적으로 추진하여 온 역대 정부의 체험활동과 체험학습 강화 정책과도 관련이 깊다. 방과후 학교, 창의적 체험활동, 자유학기제 실시, 마을교육공동체 사업 등과 같은 일련의 시책들은 일방적 지식전달 및 입시위주의 교육적 한계를 탈피하고 단순한 노작활동(hands-on activity)을 넘어 살아있는 교육으로서의 체험학습을 강화하기 위한 노력인 것이다(김승보, 주휘정, 김영식, 2016; 윤형한, 김승보, 정지은, 2018). 학교에서의 진로교육은 본질적으로 교육과정과 학교혁신의 기제로서 체험활동을 강조해 왔다. 실제로 학교 교육과정에서 진로체험활동에 배정된 공간은 창의적 체험활동의 '진로활동', 선택교과인 '직업과 진로' 그리고 자유학기제의 진로체험 프로그램 등을 들 수 있다

한편, 진로체험활동의 주체는 크게 청소년, 학교 및 청소년시설 그리고 기업을 들 수 있다. 이 가운데 학교는 진로체험활동의 내용과 성과를 교육과정에 반영할 수 있으며, 청소년시설과 단체 등의 청소년기관은 청소년체험활동의 기반으로서 시설, 인력, 프로그램 등의 자원을 보유하고 있으며, 학교와 청소년기관은 모두 기업과의 유기적 협력관계를 구축함으로써 기업을 진로지도의 협력자로 활용할 수 있는 의미를 갖는다(김기헌 외, 2014; 김은석, 2012). 특히, 청소년기관은 청소년수련시설, 청소년단체, 청소년지도사, 각종 수련활동인증제도, 중앙 및 지자체의 청소년사업 등을 포괄하는 체

험활동의 기반자원을 보유하고 있다(임지연, 김한별, 한도희, 2016). 청소년기관의 이러한 자원은 청소년진로체험활동의 직·간접적 기반 인프라가 되는데, 일 체험이 가능한 다양한 프로그램 시설과 설비를 구비한 기관들을 많이 찾아 볼 수 있으며, 진로체험의 관점에서 이들 자원을 재구성하고 프로그램화하는 노력이 추가됨으로써 "청소년 개인의 자아 이해와 사회적 역량 형성 그리고 삶과 미래의 탐색을 위한 진로개발 활동과 본질적으로 연결되어 있다"고 본다(강경균 외, 2019; p. 34).

청소년기관은 진로체험활동을 학교에서의 교육과정으로 접목할 수 있는 여지를 가질 수 있을 것이다. 강경균 외(2019)는 청소년활동이 방과후 활동이나 과외활동이 아니라, 교과연계 활동이나 창의적 체험활동, 자유학기제 활동 등 정규 교육과정으로 운영됨으로써 학교와 청소년기관의 파트너십 구축을 도모할 수 있다는 점을 강조한다. 나아가 청소년기관이 진로체험지원센터를 직접 수탁·운영하고 있는 지역사회의 체험학습 허브로서 진로체험지원센터의 역할을 주목한다. 프로그램이나 콘텐츠 역시 실천학습이나 경험학습과 같은 상황과 맥락 중심의 역량개발을 강조한다.

3. 미국의 진로체험활동 운영기조

1) 진로모델과 "일-기반 학습(WBL)"

미국의 청소년진로체험활동을 기본적으로 이해하기 위해서는 먼저 1971년 이후 주정부 단위에서부터 연방정부 차원의 전국 단위에 이르기까지 다양하게 개발되고 발전해 온 진로교육 모형과 1990년대 이후 진로체험활동을 뒷받침하는 핵심 용어가 되고 있는"일-기반 학습(WBL)"에 대해 알아 볼 필요가 있다. 우선, 진로교육의 고전적 연구를 통해 Jesser와 Vanier(1974)은 대표적인 진로교육모델을 4가지로 구분하여 제시한 바 있는데, 이는 구체적인 상황과 프로그램의 내용 등이 다양화되고 있는 오늘날에도 미국 진로교육과 진로체험활동을 이해하는 대표적인 준거틀이 되고 있어 주목할 필요가 있다.

첫째 모델(Model I)은 학교중심 진로교육모델(School-Based Career Model)로써 유치원부터 고등학교까지의 교육과정에서 진로지도와 상담을 크게 강조하고 교육과정 내용과 연계하여 직무에 필요한 역량을 개발하는 것을 특징으로 한다. 학습 경험이 학습자에게 보다 적실성있고 의미있게 되는 시스템을 개발하는 것이다. 둘째 모델(Model II)은 고용자 중심 진로 모델(Employer-Based Career Education Model)로써, 지역사회 내 기업 고용주가 직장체험 학습 기회를 제공하는 것을 주요 내용으로 한다. 수업전체에 지역사회를 포함하면서, 선택적인 학교 밖 프로그램을 통하여 학생들에게 학업과 실제적인 직업에 필요한 기술을 배운다. 셋째 모델(Model III)은 가정 · 지역사회 중심 모델(Home/Community-Based Model)로서 18세에서 25세까지를 주대상으로 가정을 학습의 센터로 활용하여 진로 선택기회를 제공한다. 이 모델은 적절한 교육을 통해 선택하고 나아가도록 하기 위해 청소년들의 열망을 규명하고, 자신의 능력, 경험 및 동기에 맞는 것을 연결하도록 돕는 성인들을 지원한다. 또한 농촌 주거 모델(Rural Residential Model)은 넷째 모델(Model IV)로서 필요한 취업 역량을 가지고 있는 농촌지역의 취약계층 가족들을 지원하고, 해당 지역의 경제발전과 가족의 삶을 개선시키는 것에 초점을 둔다. 이 모델의 프로그램은 인터뷰, 개인자료, 흥미, 필요, 적성 자료 및 가용자원 등에 기반하여 각 가족의 욕구를 파악하여 만들어진다.

미국의 이러한 네 가지 진로교육 모델 중에서도 특히, 학교중심 진로교육 모델은 초등학교에서의 진로인식, 중학교는 진로탐색, 고등학교는 진로준비 등으로 연속적으로 진로지도와 연계한 교육과정을 설계하도록 하였으며, 고용자 중심 진로 모델은 실제 작업현장에서 이루어지는 진로교육을 통해"일 기반 학습(WBL)" 체험을 강조하는 의미를 갖는다. 가정 · 지역사회 중심 모델은 지역사회의 청소년과 성인들의 교육수요를 충족시키는 직업교육을 강조하며, 농촌 주거 모델은 취약한 교육환경에 있는 농촌 청소년의 진로교육 수요를 충족하는데 기여하는 것이다(Greeehaus & Callanan, 2006).

그러나 이러한 네 가지 진로교육 모델은 진로교육의 전달을 위한 여러 대안적 가정들을 조사하고 시험하며 다양한 가정들에 부합하는 전형적인 진로교육 프로그램을 설계하고 개발하기 위해 구상된 것이다. 실제로 일부 프로그램들은 커리큘럼의 모든 과목에 진로교육 개념을 통합하고자 했으며, 수많은 개념들 만큼이나 다양한 모델들이 각 주와 지방정부, 교육기관 등에서 제시되었다(Jesser & Vanier, 1974). 그 중에서도 오레곤(Oregon)주의 경우, 학습자들이 초 · 중 · 고 및 성인에 이르는 전반적 교육과정을 통해 점차 진로선택의 폭을 확장해나가는 규칙적 피라미드 형태의 모델을 제시했으며, 오하이오(Ohio)주는 교육과정의 연속체(continuum) 속에서 점차 확장해가는 형태의 모델을 개발하였으며, 미시간(Michigan)주의 경우는 "진로교육의 나무모델(Tree Model of Career Education)"을 통해 나무의 뿌리부분은 진로교육의 "학교내(in-school)" 구성요소를 나타내고 기둥 부분은 다양한 직업을 표시하고 가지와 잎 부분은 삶의 역할(life roles)을 상징하는 것으로 제시한 바 있다(Jesser & Vanier, 1974). 대부분의 모델들은 진로교육이 전체 교육체제 속으로 통합되는 절차와 시스템을 나타내고자 했으며 그 어떤 모델도 모든 상황에 맞는 대답을 모두 제공하기는 쉽지 않다는 것도 사실이다.

다음으로 "일 기반 학습(WBL)"은 청소년들을 위한 구조화된 학습경험을 위해 고용주와 학교가 공동협력을 통해 수행하는 여러 가지 활동들을 인정하고 식별하는 하나의 포괄적인 용어로 볼 수 있다. 이러한 경험들은 학생들이 중등교육 이후와 직장에서 사용할 수 있는 활용성 높은 기술들을 갖도록 지원하는 것에 초점을 둔다. "일-기반 학습(WBL)"은 졸업 이후 노동시장에 진출하는 학생들에게 직업기술교육의 질과 성취기준을 강화시켜주고 모든 학생들에게 특정 분야가 아닌 모든 직업부문에 대해 학습하도록 직업기술교육을 확장하는 것이다(진미석 외, 2006). 이와 같이 청소년들의 진로체험 또는 "일-기반 학습(Work-Based Learning: WBL)"은 청소년들에게 학교에서 배운 것을 직업세계에 연계하는 기회를 제공한다. 그러나, 많은 학생들이 학업기술과 현장기술을 충분히 배우지 못하고 실제 직업세계에서 적응하는 방법을 이해하지 못한 채 졸업하고 있는 것이 현실이다(김희대, 2014).

교육, 훈련 및 진로 발전에서의 진로 경로(career pathways)는 중등교육과 그 후의 교육, 인력기관 및 고용자들에게 모두 끊김없이 이어지는 연속체(seamless continuum)로 볼 수 있다(Raelin, 1997). 따라서 진로 경로의 맥락에서 보면,"일-기반 학습(WBL)"은 교실과 일의 세계를 연결해주고 참가자들에게는 교육적 성과와 고용상황을 개선하도록 이끌어주는 중요한 역할을 하는 것이다(Cahill, 2016). 또한, "일-기반 학습(WBL)"에 참여하는 청소년들은 관련 과목 이수, 출석율, 졸업율 등에서 높은 비율을 보였으며, 직장에서의 직접적인 경험은 청소년들로 하여금 책 중심(book oriented), 교사 주도(teacher-driven), 추상적 교육 보다 더 효과적으로 일을 할 수 있게 해준다(Bailey, Hughes, & Moore, 2004).

미국의 각 주와 지방 정부 등 자치단체들은 등록된 WBL 프로그램과 등록하지 않지만 인정하는 미등록 프로그램들을 진로를 위한 탐색, 개발, 적용을 위한 체험활동으로 활용하고 있는 사례가 많이 있다. 이러한 모든 WBL 경험은 청소년들이 특정한 진로경로에서 성공하는데 필요한 지식, 기술, 훈련을 관찰하고 경험하도록 해주는 것으로 보기 때문이다. WBL은 또한 기본적 경험에서부터 장기적이고 보다 집중적인 경험까지를 아우르고 유급 및 형식적 훈련을 포함하는 등 수준에 따라 다양한 진로체험 활동을 포함하는데, 인턴십(internship)과 도제(apprenticeship) 프로그램부터, 산업체 현장 방문, 잡 쉐도우(job shadow) 등의 프로그램이 있다. 지역사회 서비스, 자원봉사, 진로연구 프로젝트, 학교기반 기업(SBE) 프로그램들은 진로 인식과 진로 탐색 경험으로 고려된다.

2) 법령과 정책 · 제도적 운영기조

미국의 직업교육과 관련한 역사에서 중요한 입법은 주로 1917년에 제정된 Smith-Hughes Act를 들지만, 오늘날의 진로교육을 지지하는 유사한 입법은 그 이전에도 있었다. Gordon(2014)는 주요한 직업 관련 입법으로 1984년 이전과 그 이후 1990년대부터 오늘날까지의 것으로 크게 구분하고 있는데, 이는 1980년대 초 미국 교육이 국제적으로 뒤처지고 있다는 우려에서 시작된 교육개혁과 중등교육에 대해 강조하기 시작한 시기를 중심으로 한 것이다. 특히, 1984년 Carl D. Perkins 직업기술교육법(Vocational and Technical Education Act)은 중요한 의미를 갖는다. 이 법은 1984년 이후 개정을 거듭해 오면서 미국내 진로기술교육에 대한 발전을 촉진하는 중요한 역할을 하고 있다. 실제로 미국 내 대부분의 주는 이 법에 따라 교육과정 개발 보급을 비롯하여 기금을 확보하는 등 법 취지에 부합하는 다양한 활동을 하고 있다.

Carl D. Perkins 법들은 1990년 기술 및 응용기술 교육법(Vacational and Applied Technology Education Act of 1990) 이후, 1998년 재승인되고 2006년 Carl D. Perkins 진로기술교육향상법(Career and Technical Education Improvement Act of 2006: Perkins IV)으로 새롭게 개정되면서 책무성과 프로그램의 개선, 중등교육과 그 후의 교육과의 연결, 엄격한 학업과의 연계 및 기업과 산업체에 초점을 맞추는 것 등을 주요 테마(theme)로 하였다(Gordon, 2014). Perkins IV법의 목적은 진로기술교육을 받는 중· 고등학교 학생들의 진로직업기술을 충분히 개발하도록 지원하는데 있으며, 중 · 고등학교에서 제공하는 기술교육 프로그램의 지속적 향상을 위한 지역적 협력을 강조하였다(이지연, 2014).

미국의 청소년 진로기술교육과 관련한 법들은 이 외에도 1994년의 "학교로부터 일세계로의 이행 지원법(School-to-Work Opportunities Act: STWOA)"과 1998년 "노동투자법(Workforce Investment Act)" 및 이를 개정한 2005년의"노동투자개정법(Workforce

Investment Act of Amendments)"이 있으며, 이 법은 2012년의 개정을 거쳐 "2013 노동투자법(Workforce Investment Act of 2013)"으로 이어졌다. 또한, 2001년에는 "낙오아동방지법(No Child Left Behind Act)"이 제정되었으며, 2007년에는"기술, 교육, 과학에서의 의미 있는 수월성 증진을 위한 기회창출법(America Creating Opportunities to Meaningfully Promote Excellence in Technology, Education, and Science Act: 약칭 COMPETES Act 또는 ACA)"이 제정되고 2010년 "미국 COMPETES 재승인법(America COMPETES Reauthorization Act)"으로 바뀌게 되었다(Gordon, 2014).

이와 같이 진로기술교육에 대한 연방정부의 지원은 청소년들과 고용자들의 욕구를 충족하는데 중요한 요소가 되었다. 1917년 Smith-Hughes Act 통과 이후, 연방정부는 직업지향적 교육의 개선과 확산을 뒷받침하기 위해서 주정부와 지방정부에 많은 재정을 지원하게 된다. 이러한 재정지원을 이끄는 연방의 입법은 점차 학생들의 욕구와 변화하는 경제 및 직장의 다양화를 반영하는 방향으로 발전하였다(Gordon, 2014).

한편, 미국의 진로체험활동과 관련한 주 정부차원의 정책 제도의 하나로"진로개발 프로그램 인가제"를 들 수 있다. Perkins 법에 의해 연방이나 주정부의 재정지원을 받는 진로개발프로그램은 주 정부로부터 인가를 받아야 한다. North Dakota 주정부의 예를 들면, 우선 중학교 1학년과 고등학교 3학년을 대상으로 하는 프로그램은 주정부로부터 자격을 취득한 진로지도 상담가가 서비스를 제공해야 하고 해당 프로그램은 개인 및 집단상담, 진로 사정(assessment), 직업 정보, 학생조사 및 요구분석, 직업 소개(placement), 후속활동(follow-up), 기타 학생들의 진로발달 요구를 반영한 서비스 등의 요소들로 구성해야 한다(정윤경, 2011).

특히, 진로교육에서 장애인과 사회적 약자 배려와 관련한 내용이 포함된 법이 많이 제정되었다. 1992년"직업훈련개혁개정법(Job Training Reform Amendment)"은 장애를 가진 청소년과 성인, 경제적으로 불리한 약자들에게 다양한 훈련과 고용프로그램의 참여기회를 보다 폭넓게 제공하는 것을 포함하였다. 주요내용으로는 고용지원, 인턴십,

교육서비스와 결합한 지역사회기반 훈련, 도제훈련, 다양한 프로그램과 서비스 등이 있다(Brolin, 1995).

4. 미국의 진로체험활동 지원사례

1) 진로체험활동의 수행기관

미국은 연방과 주 정부 교육부 등에서 진로관련 제도를 운영하고 있으며, 주 정부의 고용서비스 기관, 정신건강 및 상담기관, 대학의 부설기관 등도 청소년의 개인적 · 사회적 기술을 획득하는 것을 도우고 있다. 민간부문에서는 진로기술교육협회(Association for Career and Technical Education: ACTE)가 있으며 중 · 고등학교 재학 청소년 및 성인 대상 진로기술교육 프로그램을 계획, 개발하고 입법기관 및 정부기관과 협력하여 진로기술 프로그램을 지원을 위한 기금을 늘리는 데 힘쓰고 있다(이지연, 2014). 직업재활, 지역사회활동 프로그램, 재향군인회, 주 정부의 장애인 고용위원회 등도 청소년의 직업체험 기회습득을 보다 풍부하게 하는 데 도움을 주고 있다(김희대, 2014). 지역사회에 있는 은행, 백화점, 식품점, 보험회사, 주유소, 대출회사 등도 청소년의 일상생활과 직업학습활동에서 효과적인 체험학습을 할 수 있도록 도우는 기관이다.

진로체험은 또한 지역사회의 인적 · 물적 자원의 활용과도 관련되는데, 미국에서 청소년의 진로체험을 주관하는 기관과 조직으로는 YMCA, YWCA, 적십자사, 여성유권자연맹, 상공회의소, 4-H, 스카우트연맹, 캠프파이어 등과 같은 시민클럽 등이 있다(김희대, 2014). 로타리 클럽(Rotary Club), 키와니스(Kiwanis) 등도 지역사회의 개선을 위한 진로체험 프로젝트들과 관련이 있으며, 지역사회의 교회, 병원, 요양원, 도서관 등도 관련 활동을 하는 기관이 되고 있다. 여기에서는 청소년에게 진로체험활동을 제공하는 대표적인 기관으로 공공영역은 뉴욕주(New York State)의 "일-기반 학습(WBL)" 프로그램 운영과 관련한 내용과 민간영역은 진로기술학생단체(carrer and technical student organizations: CTSO)의 활동과 내용을 알아보기로 한다.

(1) 공공 영역의"일–기반 학습(WBL)"(뉴욕주 교육부)

미국의 중등학교에서의 "일-기반 학습"의 유형은 잡 쉐도우(job shadow)에서부터, 졸업학점을 받기 위해 감독(supervision)하에 수행되는 프로그램까지 다양하다. 뉴욕주는 4가지 유형의 공인 "일-기반 학습(WBL)"을 인정하고 있는데, 진로기술교육(Career and Technical Education: CTE)의 구성요소를 갖고 있다. 각급 학교들이 "일-기반 학습(WBL)"을 수행하는 승인을 받기 위해서는 우선 주정부 당국에 등록을 해야 한다. 뉴욕주의 경우, WBL 경험은 주정부에 등록된 프로그램과 미등록 프로그램을 포함한다. 이수 시간에 대한 근거를 학생들의 파일에 기록하는 것은 학교구(school district)의 책임이다. 학교구는 학생들이 WBL 시간을 이수하는 경우 지역센터와 공동협력할 수 있다(Cahill, 2016).

뉴욕주 교육부는 네 개의 "일 기반 학습(WBL)"프로그램을 등록하는데, 유급과 무급이 있으며, 학생들이 학교와 기업 파트너와 공동협력 속에서 자신의 진로 관심을 탐색하도록 해준다. 각 프로그램들은 기업 멘토들과 직접 일할 기회를 제공하며 진로 탐색 인턴 프로그램(Career Exploration Internship Program: CEIP), 일반교육일경험프로그램(General Education Work Experience Program: GEWEP), 일 경험과 진로 탐색 프로그램(Work Experience & Career Exploration Program: WECEP) 및 협동 진로와 기술 교육 일경험 프로그램(Cooperative Career & Technical Education Work Experience Program:

CO-OP) 등이 포함된다.

한편, 등록된"일-기반 학습(WBL)"경험은 아니지만, 등록하지 않고 인정해주는 학습경험(미등록 프로그램) 들이 있는데, 여기에는 잡 쉐도우(job shadow), 지역사회서비스/자원봉사(community service/volunteering), 진로연구 프로젝트(career-focused research project), 학교기반 기업(school-based enterprise), 기업가정신(entrepreneurship) 및 지역사회 중심 업무 프로그램(community-based work program)들이 포함된다. 그러나 이들 프로그램들도 앞서 언급한 등록을 위한 구성요소 중에서"뉴욕 주 교육부(NYSED)의 등록과 승인"이라는 항목을 제외한 다른 구성요소들은 충족해야 한다.

(2) 민간 영역의 진로기술학생단체(CTSOs)

미국의 대표적인 청소년중심의 진로체험활동을 운영하는 단체로 다양한 진로기술학생단체(Career and Technical Student Organizations: CTSO)들이 있다는 점을 주목할 필요가 있다."일 기반 학습(WBL)"과 진로탐색 등과 관련하여 진로기술학생단체(CTSO)들이 학교에서의 학습을 강화하는 활동을 하고 있는데, 이는 일종의 학생 협회로 고등학교에서 활동한다. CTSO들은 특정한 직업분야로의 진로에 관심을 가지고 있는 학생들을 참여시키고, 그들에게 리더십과 직업기술을 확장하도록 설계된 개인적, 협력적, 경쟁적 활동들을 제공한다. 어떤 CTSO들의 활동은 정규 수업 커리큘럼에도 포함되며 교실 밖의 교과과정과 관련한 노력을 지원하는 경우도 있다. 학생회원들은 이들 단체의 모임에 참가하고 위원회활동을 하며, 선출직에 도전하고, 영방, 주, 지역의 워크숍, 컨퍼런스(conference), 경진대회(competition) 등에 참가한다.

또한 학생회원들은 학교내 협회의 재정모금 활동과 지역사회 서비스 프로젝트에 참가하며, 다른 진로기술교육(CTE) 과정의 학생들을 위해 멘토로서 활동한다(Gordon, 2014). 연구결과들은 학생단체활동은 학생들이 각자의 완전한 잠재력을 발휘하는데 필요한 기술을 가르치는 가장 효과적인 방법이라는 것을 제시하고 있다. 이러한 단체들은 학생들이 직업적 분야에서 자신의 관심을 탐색하는 수단과 리더십, 사회적, 시민적 기술을 배우는 기회를 갖도록 설립 · 운영한다(Threeton, 2006). 진로기술학생단체(CTOS)들 중에서도 "전미 미래 기업지도자(Future Business Leaders of America: FBLA)","전미 경제교육클럽엽합(Distributive Education Clubs of America: DECA)","전미 미래 농업인 엽합(Future Farmers of America: FFA)"및"전미 가족, 진로 지역사회 지도자 연합(Family, Career and Community Leaders of America: FCCLA)"등은 진로체험활동을 하는 대표적인 단체로 알려져 있다.

이들 단체들은 각기 기업과 기업관련 분야(FBLA), 마케팅과 경영관리 및 기업가정신(DECA), 농업과 농업관련 진로(FFA) 또는 가족 및 소비자학 진로(FCCLA) 등과 관련한 분야의 진로체험활동을 실시하고 있다. 학생들은 컨퍼런스, 전문가와의 네트워킹 및 기업 방문 등을 통해 진로인식(career awareness)과 리더십, 소통, 팀워크 및 사회화 기술 등을 함양하기 위해 계획된 프로그램들에 참여한다. 이러한 진로기술학생단체(CTOS)에 참가한 청소년들은 각종 기술함양 경진대회 등에 참가하고 수상을 하게되거나, 장학금을 받고 인턴쉽에 참가하는 등의 기회를 갖는다(ACRN, 2019).

2) 진로체험활동 지원 프로그램과 사례

청소년진로체험활동은 주체와 참가자는 물론 그 방법과 내용 등에서 다양하게 진행되고 있다. 진로체험시설견학, 강연 등은 물론 현장탐방과 실습 등이 있으며, 온라인 등을 통한 진로정보자료를 활용한 진로탐색도 지속적으로 이루어지고 있다(김현철, 백혜정, 이지연, 2017; 정연순, 2012). 미국의 경우도 진로박람회(career fairs)와 필드 트립(field trips) 등의 진로탐색활동과 함께, 잡 쉐도우(job shadow), 봉사학습(service-learning),

학교기반 기업(SBE) 활동, 인턴십(internship), 청소년도제(youth apprecticeshihp) 등의 진로체험활동(work experience options)들이 진로기술교육(CTE)과 "일-기반 학습(WBL)"과 관련하여 전국적으로 실시하고 있다(ACRN, 2019).

그 중에서도 잡 쉐도우(job shadow) 프로그램은 미국의 가장 대표적인 중학교 고학년이나 고등학교 저학년들을 위한 진로 탐색 활동이다. 학생들은 직장에 있는 근로자들을 따라서 1-8시간 관심있는 직업이나 진로 경로에 대해 배우는데 STWOA법의 발효 이후 1996년부터 시작되었으며, 고용주인 기업 등 유관기관들과의 협력활동에 의한 청소년직업체험활동으로 점차 전국적으로 확산되었다(김은석, 2012; 정연순, 2012). 뉴욕주의 경우 참가 학생들에게는 학점은 별도로 부여되지않으며, 중학교 3학년부터 고등학교 졸업시까지의 경험은 NYS CDOS라는 졸업증명자격에 필요한 시간에 포함할 수 있다.

또한, 학교기반 기업(school-based enterprise: SBE) 활동은 청소년이 학교에서 경영하는 소규모 사업 운영에 참여하는 것으로 학교 내에 학생과 교사 및 직원들에게 서비스를 제공하기 위한 것이다. 활동 참여에 대한 추가적인 학점은 따로 없지만, 관련 교과목에 학점이 포함된다. 학교기반기업의 대표적인 예로는 교내 스토어(store), 매점, 신용협동조합(credit union) 등이 있다. 앞에서 언급한 진로기술학생단체(CTOS)들과 주니어 어치브먼트(Junior Achivement) 등의 청소년기관은 이러한 학교기반 기업(SBE)을 만들어 학생들이 비용관리, 주문, 압력 속에서 일하고, 공급품들을 보존하고, 시설을 유지하는 등과 같은 전반적 사업 운영에 대해 배우도록 하는 일을 주로 한다. 한편, 청소년 도제(youth apprenticeship) 프로그램은 교실내 교육과 현장직무훈련을 조합한 것이다. 세부 훈련 계획은 고용주와 청소년 간의 협의를 통해 개발한다. 도제 프로그램은 2년에서 5년까지 지속되는데, 학교 재학 중에는 1-2년 정도 참가한다. 도제 프로그램 가운데 현장직무훈련 기간에 대해서는 보수를 지급받는다.

미국의 진로체험활동은 이 밖에도 기업가정신(entrepreneurship) 등을 포함하는데,

그 성격과 특징이 다르거나 유사하게 주와 지방정부별로 등록 또는 등록하지 않고 인정받는 형태로 다양하게 시행되고 있다. 이러한 유형의 진로체험프로그램들은 "일-기반 학습"과 관련하여 실제로 학교의 진로교육과 연결되고 있으며, 뉴욕주의 경우 잡 쉐도우(job shadow), 학교기반 기업(SBE), 봉사학습 등의 6가지는 등록하지 않는 인정 프로그램으로 활용되고 있다.

(1) Junior Achievement 잡 쉐도우(Job Shadow) 프로그램

Junior Achievement(JA)에서 운영하는 잡 쉐도우 프로그램은 학생들이 진로에 대한 접근을 하는데 있어서 기업가적 사고를 갖도록 준비하는 것이 목적이다. 학생들은 요구가 많고 항상 변화하는 직장에서 필요로 하는 기술들을 획득하고 적용하게된다(ACRN, 2019). 프로그램에 참가함으로써 학생들이 얻을 수 있는 것은 다음과 같다. ① 진로 클러스터와 잠재적 직업 직책에 대해 인식하고 직책을 얻기 위해 필요한 필수 요건들을 연구하는 중요성을 이해한다. ② 직업을 구하는 데(job hunting) 필요한 네트워킹, 이력서 작성, 인터뷰 기술 등의 도구를 개발한다. ③ 각자의 개인적 진로 준비에 필요한 다음 단계를 찾는다.

Junior Achievement(JA)에서 운영하는 잡 쉐도우 프로그램의 기본사항은 다음과 같다. ① 고등학생에게 추천하는 세 개의 세션과 한 개의 잡 쉐도우 현장방문을 포함한다. ② 각 세션은 평균 45분이며 적어도 3시간의 현장 방문 경험을 포함한다. ③ 필요한 자료를 받을 수 있으며, 현장 코디네이터, 학생, 교사들을 위한 자세한 세션 계획이 담겨있다. ④ JA 잡 쉐도우 프로그램에서는 자체 개발한 Kuder Navigator라는 온라인 교육 및 진로계획 시스템이 있는데, 이를 사용하여 시작하는 지침을 제공한다. ⑤ 세션별로 준비된 학생친화적 자료들은 학생의 상호작용을 증대시키고 JA의 학습에 대한 경험적 접근을 강조한다. ⑥ JA 잡 쉐도우 프로그램은 주정부 사회과목기준과 영어 공통핵심기준(Common Core State Standards)과 잘 연관된다(ACRN, 2019).

한편, JA 잡 쉐도우 프로그램은 학생들의 다음과 같은 개념과 기술들에 대한 학습을 증대시킨다. 우선 개념들에는 진로 평가, 진로 클러스터, 진로 계획, 간략사업소개(elevator pitch), 인포그래픽 프로필(infographic profile), 관심분야(interest), 잡 헌팅(job hunting), 잡 인터뷰(job interview), 직업전망(job outlook), 네트워킹, 전문적 및 윤리적 행동, 이력서(resume), 스킬(skill), 감사 노트(thank you notes), 일 우선순위(work priorites) 등과 같은 것을 포함한다(Gray & Lewis, 2018).

(2) 진로기술학생단체(CTSO) DECA의 학생기반기업 운영사례

학교기반 기업(SBE)은 학교환경에서 시장의 필요에 맞추기 위해 재화와 서비스를 제공하는 기업가적 운영을 말한다. 시장, 재무, 서비스산업 또는 경영관리에서 학생들이 국가교육과정기준(National Curriculum Standards)에 맞추어 실제 경험을 통해 배우는 실험실로서 관리하고 운영한다. SBE는 교실에서의 수업을 재강화하는 현실적이고 실제적인 학습 경험을 제공한다. SBE에서는 소비자들에게 일정한 공간, 모바일 키오스크(Kiosk) 또는 인터넷 마케팅을 통해 판매할 수 있다. 의류, 음식, 식음료, 학교 물품, 사인과 배너 등과같은 아이템이 해당된다. 또 어떤 SBE에서는 창의적인 디자인, 광고판매 등과 같은 서비스를 제공하기도 한다. 청소년들이 학교에서 취업을 하거나 대학을 진학하는 과정을 돕는 효과적인 교육적 도구인 것이다. 많은 청소년들에게 첫 번째의 일 경험을 제공하고, 경영관리, 지도감독, 리더십 기술 등을 배우는 기회를 제공한다(Gordon, 2014).

DECA는 진로기술학생단체(CTSO)의 하나로서 주로 마케팅과 경영관리 및 기업가 정신 등과 관련한 진로체험활동을 수행한다(Gordon, 2014). 학교기반기업(SBE)운영은 DECA의 주요 진로체험관련 활동으로서 프로젝트 서면제안을 통한 각 학교별 지회 수준(chapter level)과 종합시험을 통한 개인 수준(individual level)의 두 개의 SBE 수료증명서를 발급한다. 이 수료 프로그램은 국가교육과정기준(National Curriculum Standards)과

21세기 고용기술을 SBE 학습 랩 환경에 맞게 강화한 것이다. 서면제안 프로젝트와 종합시험에는 소매, 마케팅, 기업가 정신의 개념 및 기업운영기준 등이 포함된다. 학교별 지회나 개인 증명을 받게 되면, 국제적 인정을 축적하고, 신뢰성을 제공하고, 교과과정의 효율성을 확인하고 가치있는 교육도구로서 SBE의 적실성을 강화한다. SBE 증명서 과정에 참여하는 것은 청소년들이 DECA의 경연 이벤트와 미래의 학습과 진로를 준비하는 하나의 효과적인 방법이 된다(Cahill, 2016).

(3) 청소년 도제(youth apprenticeship)프로그램 사례

도제제도가 다른 프로그램과 구별되는 기본적인 특징은 고용자의 역할에서 찾을 수 있다. 고용자는 현직과 교실 모두에서 개념을 정의하고, 내용을 전달하며, 문서 학습을 도우는 직접적인 책임을 진다. 이는 관련 수업에서 학습할 내용에 대해서는 물론, 수업 장소에 대해서도 상당한 권한을 갖는다는 점을 의미한다. 동시에 도제제도 등록 시스템은 도제들이 노동시장에 적용할 수 있고 또 양도 가능한 기술을 배우며 특정 고용자에게 한정된 기술은 아니라는 점을 분명히 하도록 디자인되어 있다(Parton, 2017).

청소년 도제 프로그램의 과정은 다음과 같다. 먼저 고용자는 도제를 고등학교 고학년에 재학 중일 때 고용한다. 프로그램 동안, 해당 도제청소년은 주당 며칠을 숙련된 멘토의 감독하에 일을 하면서 배운다. 일을 하지 않을 때는 고등학교나 커뮤니티대학의 수업에 참여한다. 과목은 도제청소년이 현직에서 배우는 것과 관련되며 일반적 지식함양에도 도움이 되는 것으로 한다. 청소년 도제들은 제때에 고등학교를 졸업하며, 졸업후 1년-3년 이상 일을 지속한다. 종료할 무렵, 청소년도제들은 직무경험에 대한 기간을 채우고 대학교 학점(어떤 경우에는 전문학사를 받는다) 또는 산업체 자격증을 받는다. 프로그램을 마치면, 몇 가지 선택이 가능한데, 네트워크와 시장성있는 기술 및 직무경험을 활용하여 정규 직업을 가질 수 있으며, 도제제도를 통해 얻은 학점을 통해 대학교 학위를 받을 수 있다(Parton, 2017).

이러한 수준 높은 청소년 도제프로그램들이 미국에서 시행되고 있지만, 그 수는 드물다. 미국 청소년 도제제도의 수적 부족과 다양한 특징들은 프로그램들이 학교에 따라서 또 고용자에 따라서 제각각 다른 방법을 갖고 있다는 것을 의미한다. 미국인들은 도제교육프로그램에 대한 정부의 더 많은 지원을 기대하고 있으며, 그 이유는 프로그램 참가자들이 학업과 직업관련 지식과 기술을 같이 배울 수 있기 때문인 것으로 나타난다(Snell, Voss, & Kline, 2017). 각 주별로 도제 프로그램의 명칭이 약간의 차이가 있으나, 전체적으로 각 주별 관련기관 협의회와 같은 중개적 성격의 단체를 통해 재정적, 기술적 지원을 하고, 질적 수준을 보장하기 위해 주별로 프로그램의 필수요건을 지정하거나 등록제도를 가지고 있는 등 유사한 특성이 있음을 알 수 있다. 프로그램의 기간은 1년부터 4년까지 다양하며, 중점적으로 도제제도를 도입하고 있는 산업분야로는 제조업이 가장 많고, 농업, 보건, 서비스사업, IT와 바이오테크 등 범위가 넓은 것으로 나타나고 있다. 참가규모는 각 주별로 수백명에서 수천명에 이르고 있다.

5. 진로체험활동의 정책개발을 위한 함의

본 챕터는 최근 우리나라에서의 청소년 진로체험활동을 위한 제도적 · 정책적 노력에 주목하고 진로교육 선진국인 미국의 청소년 진로체험활동의 운영기조와 청소년기관 중심의 진로체험 활동의 지원사례를 고찰함으로써 그 정책적 시사점을 알아보았다. 중심내용은 미국의 청소년체험활동 관련 주요 법령과 제도, 공공부문과 민간부문의 주요 수행기관, 그리고 진로체험 프로그램의 대표적인 사례를 알아보는 것이다. 이론적 배경과 분석적 준거로서 진로체험활동의 개념과 관련 제도, 청소년기관과 프로그램에 대한 주요 내용을 고찰하였다(강경균 · 성윤숙 외, 2019).

다양성과 실용성에 기초를 둔 미국 사회는 주별, 지역별로 유사하거나 다른 문화적 배경과 경제적 조건 및 교육적 특색 들을 가지고 있지만, 미국 경제를 위한 직업 교육의 질적 향상이 중요하다고 보고 오랜 역사적 과정을 통하여 청소년을 위한 다양한 진로교육과 직업체험 제도를 마련해 왔음을 알 수 있다. 최근에는 진로기술교육(CTE) 과정을 운영하면서"일-기반 학습(WBL)"이라는 포괄적인 용어를 통해 청소년의 진로체험활동을 교육과정 내용으로 포함하여 지역사회와 기업체 등을 연계하는 실질적 노력을 기울이고 있다(Gray & Lewis, 2018).

특히, 미국의 진로체험활동은 1971년 이후 발전되어 온 진로교육모델을 가지고 있으며"일-기반 학습(WBL)"체험을 개념적 기조로 하면서 Perkins 직업기술교육법의 제개정을 통해 대표적인 법적 장치를 마련하고 STWOA법과 COMPETES 재승인법으로 이어지는 정책 · 제도적 기조를 갖고 있다. 청소년의 진로체험을 주로 맡아하는 기관으로는 YMCA, 4-H, 스카우트연맹과 같은 청소년단체와 다양한 시민클럽들이 있다. 공공 영역으로는 자치단체 중심의"일-기반 학습(WBL)"프로그램 운영 사례를 알 수 있으며, 민간부문에서는 진로기술학생단체(CTSOs)와 주니어 어치브멘터(JA)와 같은 진로체험활동 전문 단체를 확인할 수 있다. 진로체험활동의 구체적 사례로는 잡 쉐도우 프로그램과 DECA의 학생기반기업 운영 및 청소년도제 프로그램의 운영 내용을 고찰하였다.

이제 지금까지 서술한 미국의 청소년진로체험활동의 현황과 청소년기관 중심의 지원사례 등에 대한 이해를 바탕으로 우리나라 진로체험활동의 정책개발을 위한 함의를 다음과 같은 몇 가지로 정리하면서 정책적 제언으로 제시하기로 한다.

첫째, 청소년 진로체험활동의 운영 주체를 진로교육적 측면과 청소년업무적 측면으로 구분하는 "병진적 접근(two-track approach)"이 필요하다. 미국의 경우 공공부문의 수행기관은 정부의 교육부서를 중심으로 운영되고 있지만, 민간부문의 경우 학생단체와 청소년기관을 중심으로 체험활동과 프로그램이 지속적으로 발전되고 있다. 뉴욕주의 사례에서 보는 바와 같이, 공공부문의 경우"일-기반 학습"을 활용한 제도화와 등록 관리 등을 주로 하고 있으며, 민간부문에서 프로그램 개발과 실행 등의 실제적인 업무를 학교 당국과 지역사회가 연계하여 맡아하고 있다.

우리나라의 경우, 진로교육과 관련하여 교육부와 학교 등이 중심이 되어 교육과정과 교과목과 관련한 제도적 노력을 하고 있으나, 진로체험활동의 실질적 참여증진과 연계활동 등을 위한 노력은 부족한 실정이며, 청소년업무와 관련한 측면에서도 일부 청소년기관들이 진로체험지원센터를 운영하고 있지만, 시설, 단체, 인력, 프로그램 등의 청소년체험활동의 기반이 되는 자원을 진로체험활동에 충분히 활용하지 못하고 있으며, 청소년참여제도 등 청소년업무 고유의 특성을 활용한 접근은 과제로 남아 있다. 청소년 프로그램과 관련하여 창의적 체험활동 등의 교과외 활동을 통해 진로체험을 강화하는 방안 특히, 창의적 체험활동은 진로체험을 포함하고 있으므로 체험중심의 진로활동을 청소년업무의 주요한 우선과제로 하는 접근이 필요한 것이다.

둘째, 청소년진로체험 활성화를 위한 법적 개념 정의와 운영구조에 대한 제도화 등의 "법제적 접근(a legal approach)"이 필요하다. 우선, 청소년기본법 제3조의 청소년활동에 대한 정의를 포괄적으로 개정하고, 청소년활동진흥법에서의 청소년활동의 정의에 관한 조항(제3조) 등에서 진로체험활동을 청소년활동의 개념으로 명시하는 방안 등을 고려할 필요가 있다. 미국의 경우"일-기반 학습"이라는 포괄적 용어를 중심으로 등록 및 등록하지 않는 프로그램들의 유형을 다양화하면서 제도적으로 연결시키고 있다.

또한, 제도적 측면에서는 교육 시범학교나 자유학기제 운영 등을 통한 미비점을 진로체험활동의 강화라는 측면에서 새롭게 구축하는 시스템을 마련하는 방향으로의 제도적 검토가 필요하다. 여기에는 참여청소년에 대한 진학이나 취업과 관련한 혜택을 확대함은 물론, 기업과 산업체를 진로체험을 위한 직업현장으로 활용하는 데 따른 인센티브 제도 등의 지원방안을 마련하는 것이 중요한 내용이 되어야 할 것이다. 진로체험활동을 운영하는 청소년기관에 대한 설비, 장비, 인력, 재정 등에 대한 지원을 보장하는 것은 물론이다. 미국의 경우, 청소년들에게는 학점으로 연결되어 진학에 도움을 주거나 인턴제 등과 같이 취업시에 우대되는 프로그램들이 운영되고 있으며, 학교기반 기업(SBE), 청소년도제 등에 대한 지원이 지속되고 있음을 알 수 있다.

셋째, 자치단체와 지역사회의 여건과 상황에 맞는 지역사회형 진로체험활동을 개발하고 성과를 확산하는 등의 적극적인 "지역사회중심 접근(community-based approach)"이 요망된다. 미국의 경우 연방-주정부-지방정부 등으로 연계되는 역할 분담이 있으며, 지역사회 내의 산업체와 학교, 청소년기관 등은 횡적으로 연결되는 체계를 가지고 있음을 알 수 있다.

우리나라의 경우, 최근 이른바 지역사회의 명칭을 앞세운 정책적 접근이 나타나고 있는데, 청소년진로체험활동과 관련하여서도 자치단체와 지역사회의 산업기반과 지역특성에 따른 특화된 체험활동과 제도를 마련하는 노력이 요망된다. 이를 위해 지역별 선도기술, 주요 생산물, 산업단지의 성과, 혁신도시 입주기업의 특성 등을 활용한 지역사회와 기업과 산업체 및 학교 등과 연계하는 접근이 필요하다. 지역사회중심(community-based)의 청소년업무(youth work)는 오랜 역사를 통해 그 중요성이 확인된 가치이며 접근법이다. 진로체험활동과 관련한 지역사회중심의 청소년업무 모델을 찾는 것도 중요한 과제로 볼 수 있다.

넷째, 청소년진로체험활동을 중심 사업으로 하는 진로우선(career-first)의 청소년기관과 단체를 발굴하고 청소년기관을 특화하는 등의 "진로우선적 접근(career-first approach)"이 필요하다. 현재 운영 중인 진로체험관련 기관을 보면, 진로와 관련한 학교연계, 체험활동, 진로교육과 상담, 네트워킹 등을 전반적으로 맡아하고 있으며, 한 두 개로 특화된 활동이나 프로그램을 집중적으로 운영하는 경우는 찾기 어렵다.

미국의 진로기술학생단체(CTSO)는 특정 진로영역에 관심을 가진 청소년들에게 개인적, 공동협력적, 경쟁적 경험과 활동을 제공해 오고 있으며, 주니어 어치브먼트(JA)와 같은 청소년기관은 청소년진로체험을 중심으로 활동하고 있다. 청소년단체 중에서 설립 목적과 활동 내용이 진로체험에 초점을 둔 경우 이를 적극적으로 지원하거나 기존의 진로체험지원센터 중에서 특정한 체험활동을 집중 운영함으로써 실익있는 진로체험활동을 개발하고 제공하며 관리하는 주관기관을 마련할 필요가 있는 것이다.

미국의 진로체험활동 지원사례가 우리나라에 주는 시사점은 이러한 병진적 접근, 법제적 접근, 지역중심 접근 및 진로우선적 접근 외에도 많은 것을 생각할 수 있다. "일-기반 학습(WBL)"과 관련한 여러 프로그램 중에서 학교기반 기업(SBE), 청소년도제(youth apprecticeship) 등은 우리나라에도 활용하는 방안을 고려할 수 있을 것이다. 지역사회의 비영리기관, 각종 학교, 직업훈련기관, 청소년시설과 단체 등을 평가하는 제도와 정부지원사업 참여 기회 등을 활용하여 해당 평가지표에 진로체험활동과 관련한 내용을 포함함으로써 진로체험활동을 강화하는 방향으로 유인하는 방안 등을 생각할 수 있으며, 미국과 같은 진로개발 프로그램 인증제도의 확산, 지역사회서비스나 자원봉사제도의 진로체험활동과의 연계를 강화하는 등의 시사점을 찾아볼 수 있을 것이다.

07

CHAPTER

청소년우대의 동향과 자치단체 사례

CHAPTER 07

청소년우대의 동향과 자치단체 사례

1. 청소년우대의 중요성

청소년의 성장환경에 관한 세계적인 관심은 다양한 교육과 문화활동은 물론, 청소년이 사회생활 전반에서 주체적이며 자율적으로 참여하는 여건을 조성하고 직 · 간접적인 지원을 확대하는 것을 주요한 흐름으로 논의하고 있다(박선영, 2019: Pittman, 2017). 청소년들이 건강한 청소년기를 보내도록 도우는 제도적 환경으로 학교를 생각할 수 있지만, 학교는 주로 학업 성취가 중심이므로 청소년분야에서는 학교 안팎에서의 다양한 청소년활동들을 강조해 왔으며, 학교사회복지, 청소년교육복지, 청소년문화복지 등에 대한 관심이 점차 높아지고 있다(김도영 · 이혜경 · 노자은, 2019; 김형태,

이 장은 2018년도 한국청소년정책연구원의 연구과제인 '청소년우대정책 현황 및 해외사례 분석 연구'의 일부로 수행된 결과를 기관의 승인을 받아 학교사회복지학회지(50호, 173-195)에 수록한 것을 수정한 것임.

2013; 장수한, 2010).

특히 학교 현장은 최적의 교육환경을 제공할 책임이 있다는 점에서 학생 모두가 자신의 잠재력을 충분히 발휘하며 건강한 시민으로 성장할 수 있는 복지환경 조성을 위해 최대한 노력할 필요가 있으며, 생태체계로서의 지역사회와의 관계는 중요한 의미를 갖는다(한인영 · 홍순혜 · 김혜란, 2009). 이러한 점에서 학교현장과 지역사회는 물론, 사회 전반에서 청소년의 인권과 복지를 강화하고 여가생활을 보장하기 위한 노력 및 청소년참여의 증진을 위한 의식과 제도 개선이 요청되고 있다. 교통수단, 문화활동, 여가시설 등을 중심으로 청소년에 대한 할인과 지원금 제공 등의 여러 가지 우대제도가 시행되고 있는 것도 유사한 맥락으로 볼 수 있다(김경준 · 모상현 · 송태진, 2018; 김도영 외, 2019).

우리나라의 경우에도 청소년복지 향상에 대한 사회적 욕구 증대와 청소년을 중요한 사회발전의 자원으로 보는 관점의 전환 등을 통해 청소년을 위한 여가시설과 여가활동이 강조되고, 청소년 역량의 함양, 사회정치적 참여확대, 청소년의 시민권 신장 등이 중요하게 논의되면서, 청소년우대와 관련한 사회적 인식 제고와 제도마련을 위한 국가 · 사회적 노력이 지속되어 왔다(김세광, 2014; 김윤나, 2018). 구체적으로는 1997년 이후 청소년카드제, 청소년할인제, 청소년우대정책 등에 관한 정책연구가 이루어져 왔으며, 2004년 '청소년복지지원법'에 청소년 우대 및 청소년증 발급에 관한 근거 규정을 마련한 후 청소년증이 제도화되고, 국가 또는 지방자치단체를 통한, 수송시설, 문화시설, 여가시설 등의 청소년이용료 면제와 할인에 관한 내용이 명문화되었으며, 우대의 내용과 방법 등에 대한 연구가 최근까지 수행되고 있다(김경준 외, 2018; 김경준 외, 2013; 신선미, 2007; 조아미, 2006; 함병수 · 신선미, 1997).

그럼에도 불구하고, 우리나라 청소년 우대정책은 적용연령과 교통, 여가 등의 적용대상과 범주, 적용방법과 수단 등이 여러 가지 측면에서 지방자치단체별 재정상황에 따라 시행의 일관성이 부족하며, 19-24세 연령은 배제되는 등의 문제점이 나타나고 있으며, 우대정책의 내용에 대한 청소년들의 만족도가 높지 않고, 청소년증의 경우에도 그 기능과 혜택이 제한적이며 청소년들의 관심이 낮다. 이런 점에서 주요 선진국에서 교통, 문화, 여가 등의 분야별로 시행중인 청소년 우대 정책, 특히 지방자치단체별 특성을 반영한 우대제도를 개발하고 적용한 사례는 중요한 의미를 갖는다(김경준 외, 2018; 박선영, 2019).

미국의 경우, 우대와 할인은 연령집단, 학생신분여부, 민족성과 시민성 등에 따라 구분되는데, 아동과 청소년, 학생, 성인, 노인, 또는 지역주민과 외국인 등으로 분류하는 것이 일반적이다. 이러한 구분은 하위집단별로 각기 다른 가격차별의 수요곡선을 갖는다고 보는 전형적인 인식에 기인한다. 아동이나 학생, 은퇴자 등은 일반적으로 소비와 저축에 쓰는 가처분소득(disposable income)이 낮다고 보며, 외국인들은 현지 주민보다 더 잘 사는 것으로 인식하여 재화와 서비스에 대한 비용도 더 많이 지불한다는 것이다(Apollo, 2014). 우대나 할인은 민간부문의 경우, 운영주체에 따라 교사, 경찰, 군인 같은 특정 직업군에 혜택을 제공하기도 한다.

한편, 청소년들의 생활과 여가활동에서 이동수단의 부재, 비용문제, 부모의 영향 등이 중요한 제약요인으로 지적되고 있으며 교통시설, 숙박 시설, 관광지 요금 등의 할인 여부는 청소년활동의 중요한 구조적 촉진요인으로 본다(구창모 · 안병욱, 2009; 이영진, 2010; Shogan, 2002). 따라서, 청소년에게 다양한 경험과 지식의 습득 기회를 제공하고, 청소년 문화를 느낄 수 있는 프로그램과 시설 이용 시 할인과 우대지원을 하는 것은 청소년의 성장과 발달을 위해 큰 도움이 될 것으로 본다(강창현 · 문순영 · 김기창, 2012; 정광호, 2010; Wiium & Dimitrova, 2019). 이는 청소년이 사회적 · 정서적으로 더욱 긍정적으로 발달하도록 도와주며 잠재력을 향상시키기 위해 학교와 가족 및 지역사회의 활동을 보다 유익하게 하는데 관심을 갖는 점과도 밀접하게 관련된다(노병일, 2015; 전재일 외, 2016). 사회 전반의 청소년우대에 대한 인식확대는 청소년들의 교육, 문화, 스포츠 등 성장기에 필요한 다양한 활동 참여를 촉진할 수 있을 것으로 기대되기 때문이다.

이런 인식에서 본 챕터에서는 미국의 청소년 우대동향의 기본적 내용을 교통수단, 문화활동, 여가시설 등을 중심으로 알아보고 우리나라의 청소년 우대와 관련한 정책 · 제도적 함의를 찾아보기로 한다. 미국의 경우, 연방정부 보다는 주 정부 중심 청소년서비스 전달체계를 가지고 있으며, 청소년발전(youth development) 정책으로 알려진 뉴욕 주 퀸즈(Queens)구 및 지역사회중심 청소년프로그램을 시행하고 있는 캘리포니아 주 리치몬드(Richmond) 시의 사례 등과 같이 청소년을 위한 제도와 프로그램 들이 자치단체별로 다양하게 실시하고 있음을 알 수 있다(천정웅, 2019; Bautista, 2018). 특히, 덴버(Denver)시는 청소년들의 주요 이용 영역인 교통수단과 박물관, 도서관, 문화활동 및 여가와 야외활동 시설 등을 동시에 이용할 수 있는 우대카드제도와 지원법제를 마련하고 있다는 점에서 본 연구의 주요 내용과 관련한 대표적인 자치단체 사례로 볼 수 있을 것이다.

2. 우대제도의 의미과 선행연구

1) 청소년우대제도의 의미

청소년우대에 대한 사회적 요구는 청소년은 우대할 만한 특별한 대상이며 국가 · 사회적으로 청소년의 건강한 성장과 발달을 위한 책임을 인식하고 성장기에 필요한 다양한 활동에 주체적이며 적극적으로 참여할 수 있도록 할 필요가 있다는 인식을 전제로 한다. 청소년기의 어려움 없는 성장을 위해서는 다양한 교육, 문화, 여가 활동에 필요한 경제적 제약이 없어야 하며 그를 위한 사회제도적 장치를 마련하는 것이 타당하다 (Ashcraft, 2017; Mendenhall & Carney, 2020). 또한 그 내용은 청소년들이 다양하게 이용하는 교통수단과 박물관, 공원, 문화공연장 등과 같은 시설의 이용비용을 면제하거나 할인하는 형태로 나타나는 것이 일반적이다.

청소년을 우대하는 것에 대해 형평성 문제나 사회적 비용부담의 문제를 제기하는 경우도 있지만, 세계의 여러 국가들이나 지역사회에서는 다음과 같은 몇가지 이유를 청소년우대제도의 필요성으로 생각하고 있음을 알 수 있다(김경준 · 최인제, 2009, p. 4). 첫째, 청소년의 정상적인 성장과 발달을 위한 기회를 국가사회가 보장하기 위한 수단이라는 점이다. 청소년양육의 책임이 가정 만이 아니라 사회에도 있다는 인식이 강화되고 있는 것이다. 둘째, 청소년은 사회적 약자라는 점에서 본래적 권리를 향유하도록 보장하기 위해서는 사회적, 정책적 지원이 필요하다는 것이다. 사회적으로 소외된 청소년, 경제적으로 어려움을 겪고 있는 청소년들도 건강한 성장을 할 권리가 있으며, 개별적으로 어려울 경우에는 사회 · 국가적으로 그러한 기회를 제공해야 한다는 것이다. 셋째, 청소년에 대한 직접적인 지원을 확대함으로써 청소년 중심의 활동을 유도하고 그럼으로써 청소년들은 자신들이 참여한 활동에 대해 보다 많은 선택과 영향력을 행사할 수 있다는 것이다. 넷째, 청소년을 우대하는 것은 청소년분야의 업무와 활동에 대한 지역사회 차원의 관심과 지원, 그리고 청소년들의 지역사회에 대한 소속감과 자긍심을 갖도록 하는 의미를 갖는다. 청소년들에 대한 우대의 주체는 결국 청소년들의 일상생활이 이루어지는 지역단위에 있으며, 이들의 협력을 통해 실현될 수 있는 것이다.

이러한 내용은 주로 청소년우대의 배경과 필요성을 청소년정책과의 관련성에서 고찰한 것으로 볼 수 있다. 그러나, 청소년의 정상적 성장 보장, 사회적 약자로서의 청소년 지원, 청소년 중심의 활동 유도, 지역사회 소속감 증진 등과 같은 필요성에 대한 인식은 점차 확장되어 ① 청소년대상에 대한 관심 확대, ② 청소년활동 참여의 활성화 필요성, ③ 청소년들의 요구확대, ④ 직접적인 지원을 통한 정책의 효과성 제고, ⑤ 청소년활동에 대한 정보의 효과적 수집과 관리, ⑥ 지역사회의 다양한 청소년정책의 개발과 ⑦ 지역간, 국가간 네트워크의 발달 필요성 등의 몇가지 측면에서 청소년우대제도가 발전되고 있다고 본다(김경준 외, 2018, pp. 13-14).

그리고, 청소년우대제도는 국가 · 사회적 요구에서 실시되는 경우가 증가하고 있지만, 최근에는 청소년들의 요구에서 출발하는 경우가 많으며, 지역의 청소년정책에 대한 관심과 박물관 등의 공공시설이나 영화관 등의 민간기업체의 적극적인 참여가 지역 청소년우대정책을 활성화하는 데 중요하다는 점을 지적하고 있다. 청소년을 우대하는 것은 또한, 사회보장제도의 확대와 청소년복지 정책의 측면에서도 중요한 의미를 갖는다. 우선, 사회복지제도가 발달한 나라들의 경우, 청소년의 복지를 구현하는 수단으로 청소년에 대한 우대를 제도화하고 있는 경향임을 알 수 있다. 청소년수당제도나 할인제도 등이 교육, 문화, 체육, 여가 등의 다양한 분야에서 발전되고 사회보장의 원칙과 관련하여 우대의 대상과 내용 및 방식 등이 규정되고 있다(김경준 · 최인재, 2009, p. 6).

청소년 우대의 의미와 필요성은 청소년인권 논의와 경제적 측면 및 사회적 측면에서도 언급되고 있다. 우선, 청소년우대는 청소년들에 대한 인권보장과 자치권향상 또는 청소년 권리 신장과도 관련된다. 학업에 많은 시간을 할애하며 살고 있는 청소년들에게 그 부담을 덜어주고, 자기충전, 휴식을 겸한 다양한 취미활동을 포함하는 여가생활을 찾아주는 것으로서의 여가권이 강조된다(김도영 외, 2019). 이는 청소년들에게 지역사회에 대한 애착심을 갖도록 하고 다양한 활동에 대한 자율적인 참여기회를 제공하는 의미도 있으며, 청소년들이 자신들의 의사를 표명할 수 있는 기회를 점차 확대하고 있는 것과도 관련되는 것이다. 청소년 우대는 또한 사회적인 청소년에 대한 연령차별에 대한 측면과 소외청소년에 대한 제도로 인식하는 사회적 경향과도 무관하지 않다. 청소년증이 처음 제도화되었을 때 청소년들의 관심이 낮고 활용도가 떨어졌던 것도 이러한 인식과 관련되며, 또한 실생활에서 우대라는 의미는 이익을 창출하기 위해 서비스 우대고객이나 특정 목표집단을 대상으로 특별한 혜택을 제공하는 경우에도 활용된다. 실제로 민간차원에서는 정부의 별다른 재정지원이 없이 이윤추구를 위해 자발적으로 이용요금 감면 등의 우대혜택을 제공하는 경우도 있다. 사회복지적 차원에서 취약계층을 대상으로 할인이나 무료 서비스를 제공하는 것과 관련되는 사례들도 다양하게 볼 수 있으며 그 일환으로 청소년층이 혜택을 받는 경우가 있다.

다른 한편, 청소년우대제도와 청소년복지정책은 대체로 유사하게 취급하기도 하지만, 청소년우대제도가 청소년복지정책의 하위개념으로 볼 수 있으며, 그 관계는 다음과 같은 몇가지로 제시되고 있다(김경준 외, 2007). 첫째, 두 개를 유사하게 보는 경우는 "청소년 복지정책을 주로 청소년을 대상으로 하는 우대정책으로 생각하여 청소년에 대한 할인 또는 무료지급, 각종 수당 및 장려금 지급 등을 시행하는 것을 말한다"(김경준 외, 2007, p. 18). 노인, 장애인 등의 다른 대상과 대조하여 청소년을 대상으로 하는 직접적인 사회보장서비스의 하나로 볼 수 있다는 것이다. 둘째, 청소년우대제도를 청소년복지정책의 하위 개념으로 보는 경우는 청소년과 그 가족에 대한 서비스와 관련기관과 시설 및 프로그램에 대한 지원정책을 실시하는 것과 같은 측면에서 우대를 제공한다는 것이다.

청소년 우대제도의 법적 존재형태가 중앙정부는 법률의 형태이며, 지방자치단체는 조례라는 점을 기억할 필요가 있다. 이는 정책의 변화에 따라서 중앙정부차원과 지방정부 차원의 우대의 연령범주와 혜택, 시설대상과 수단 및 내용의 측면에서 관련 법제의 제정과 개정이 쉽고 어려울 수 있다는 점과도 관련된다. 교통수단이나 문화여가시설 등의 운영주체가 중앙정부인지 지방자치단체인가에 따라 달라 질 수 있다는 것을 의미한다. 또한, 청소년정책의 측면에서도 문제중심, 일부의 문제청소년을 대상으로 하는 경우는 우대의 성격이 시혜적이고 소극적일 수 있는 반면, 청소년인권이 중요시되고 청소년참여가 강조되는 전체청소년을 대상으로 하는 경우는 당위적이며 적극적인 우대 정책의 성격을 갖게되는 것을 알 수 있다(Mendenhall & Carney, 2020). 즉,

청소년우대제도는 국가의 청소년정책의 성격과 정책의지에 따라 확대 또는 축소될 수 있으며, 그에 따른 청소년들의 관심과 참여정도에도 직접적인 영향을 미침으로써 정책의 효과성에 영향을 주게된다.

2) 청소년우대 관련 선행연구

청소년 우대제도의 대표적인 형태는 청소년카드제도로 볼 수 있다. 카드를 수단으로 학업지원, 직업훈련지원, 청소년활동 및 문화활동 지원 등의 경제적으로 어려운 청소년에 대한 복지적 지원 뿐만아니라, 일반 청소년의 다양한 활동에 대한 참여를 장려하기 위한 수단 등으로 사용하는 것이다(김도영 외, 2019). 청소년우대제도와 관련한 연구 또한 청소년카드를 중심으로 시도되었음을 알 수 있다. 청소년카드제는 1995년 국가 청소년정책의 핵심과제로 청소년카드제를 도입하기로 하고 그 기초연구를 수행한 바 있다(조금주, 2009). 함병수 · 신선미(1997)는 청소년카드제에 대한 기초연구를 통해 유럽의 사례를 포함하면서, 긍정적인 사회적 정체감과 책임의식 형성의 긍정적인 효과와 소비생활 조장 등 부작용의 발생가능성을 제시하면서 기술적으로는 스마트카드 기술 개발 상황과 청소년카드 운영기구 구성의 필요성을 강조하였다. 이후, 2000년에 서울시에서 쿠폰제 형태의 청소년 문화지원사업을 시행하면서, 청소년문화카드 형태에 대한 연구가 수행되었으나, 부정적인 여론과 담당자들의 업무부담에 대한 우려 등으로 실제로 도입되지는 못한 상황이 있었다. 당시의 연구에서는 청소년문화카드의 기능은 할인기능, 교통카드기능, 포인트누적기능, 전화카드 기능, 보험기능 등으로 하고 중장기적으로는 용돈 지급기능을 지양하고자 하였으며, 카드 형태는 직불카드로 출발하여 점차 IC카드를 도입하는 방향을 제시하였다(권이종 외, 2001).

청소년우대제도와 관련한 본격적인 연구는 2007년도에 시행된 “청소년 우대제도의 국제적 동향과 발전방안 연구"(김경준 외, 2007)로 볼 수 있으며, 학생증과 청소년증을 통합한 카드의 개발, 청소년증의 활성화를 위한 할인폭이나 할인율 확대 및 청소년우대(카드)제도 조례의 제정 등을 제안하였다. 일본, 호주, 캐나다, 프랑스 등의 주요 국가의 사례를 분석하였으며, 청소년증을 비롯한 당시의 우리나라 청소년 우대제도의 문제점을 분석하고 법 · 제도적 대안을 제시하였다. 청소년 우대를 수송시설, 궁 · 능, 박물관, 공원, 공연장 등의 시설 이용료의 면제 또는 할인에 국한하고 있다. 이 연구를 통해 개선방안을 연구하였던 청소년증은 9세-18세 청소년을 대상으로 2004년 1월 1일에 처음 발급되기 시작하여 신분확인과 수송시설, 궁 · 능, 박물관, 공원, 공연장등의 시설 이용시에 면제 또는 할인을 제공하는 것으로 시행하고 있으며, 비학생청소년의 불편을 해소하기 위해 출발하였으나, 모든 청소년들의 생활편의와 문화체험 기회보장을 위해 혜택을 확대하려고 시도하였다. 그러나 학생증과 차별화되지 않는 등의 이유로 청소년의 관심을 크게 받지 못하고 유명무실화된다.

이에 따라, 청소년증에 대한 일반적 인식을 제고하고 청소년들이 손쉽게 우대혜택을 누릴 수 있도록 하는 방안으로 "청소년희망카드(가칭) 도입방안 연구"(김경준 외, 2013)가 수행되었다. 스코틀랜드, 프랑스, 폴란드 등 주요 외국 사례를 검토하면서 이들 국가에서 시행하고 있는 청소년카드에 대해 제시하였다. 이를 통해 한국의 청소년우대제도 및 청소년증의 개선 필요성을 지적하고, 청소년증의 보편적 보급, 청소년 우대혜택의 통합, 지방자치단체에서의 청소년활동을 위한 활용 등을 위해 청소년증의 기능 확대가 필요함을 제안하였다. 청소년우대제도와 관련한 가장 최근의 연구는 2018년 "청소년우대정책 현황 및 해외사례 분석연구"를 통해 수행되었다(김경준 외, 2018). 이 연구는 최근 이슈가 되고 있는 청소년우대 연령의 상향조정시 추가 소요비용을 추산하는 것을 주요 목적으로 하고 있으며, 청소년우대정책의 국내 · 외의 주요사례를 분석하였다. 국가 법령과 지자체 조례 등을 통하여, 여성가족부, 보건복지부, 문화체육관광부 및 지방자치단체의 청소년 우대 관련 사업을 관장하는 부처에서 시행하는 주요 시설에서의 청소년이용료 할인과 직업훈련 수당 및 취업수당 지원 제도 등에 대해 고찰하였다. 일본, 호주, 뉴질랜드 등의 우대사례를 소개하고, 청소년교통 수요 예측 및 교통할인 연령 확대에 따른 비용 추계를 위해서는 2017년 5월 셋째 주(5월 15일-5월 21일)에 전국 지역 ㈜ KT 기지국에 이용자가 스마트폰을 이용하여 송수신된 데이터를 분석하였다. 이를 통해 월별 보정계수를 적용한 1년 통행 수요 산출과 교통할인에 따른 예산을 추산하였다(김경준 외, 2018, pp. 139-156).

3. 이용 영역과 대상별 청소년우대 동향

1) 교통수단 이용상의 청소년우대

미국은 우리나라와 같은 대중교통을 중심으로 하는 운송체계를 가지고 있지 않다. 뉴욕, 보스턴, 워싱턴 등 동부의 일부 대도시를 제외하고 대중교통은 보조교통수단으로 본다(김경준 외, 2018). 미국의 운송부담율은 자가 차량이 약 75%, 비행기 12%, 버스는 6.5% 정도, 기차는 0.8%에 지나지 않는 것을 알 수 있는데, 주요 도시의 대중교통 수송부담율을 보면, 전체적으로 1위는 뉴욕(New York City)로 55.66%이며, 2위는 뉴저지 주의 저지(Jersey City), 3위는 펜실베니아의 필라델피아(Philadelphia)로 38.19%를 보이고 있으며, 10위인 일리노이주 시카고(Chicago)까지 26.50%로 나타나고 14위인 버지니아주 알렉산드리아(Alexandria)까지 21.19%를 차지한다.

미국 초·중·고 학생청소년과 관련한 대표적인 운송수단은 스쿨버스이며 대부분의 지역에서 해당 교육구별로 운영되고 있다. 스쿨버스는 1915년부터 운행되기 시작했으며, 1939년 스쿨버스 안전규칙을 제정한 이후, 청소년의 통학수단으로 가장 널리 이용되고 있으며, 안전을 그 상징으로 한다. 스쿨버스는 정차하면 뒤따르는 모든 차도 멈춰야 한다는 법률도 제정되어 있고, 일부 주에서는 추월도 금지하고 있다. 뉴 저지 지역에서는 위반하는 경우, 1년 운행정지와 1000달러의 벌금을 부과하고 있다. 스쿨버스는 교육구와 대상 등 그 기준에 따라 무료인 경우부터 비싼 요금을 기간별로 지불해야 하는 경우 등 다양한 요금체계를 갖는다. 로스 엔젤레스(Los Angeles) 오렌지카운티(Orange County)의 경우를 보면, 탑승요금은 교육구 마다 다르고 또 동일한 교육구의 경우도 학생들 마다 다른 것을 알 수 있다.

스쿨버스 이용할 때 이외에는 도시지역 학생 청소년의 경우는 대중교통을 이용하는데, 초·중등학생들은 전체 교통의 10%이상을 차지한다고 본다. 이는 직장인의 통근교통량인 59% 다음으로 많은 비중을 차지하는 것이다. 이에 따라 초·중등교육기관에 다니는 학생들에게는 시카고의 CTA(Chicago Transit Authority), 로스 엔젤레스의 LA Metro, 뉴욕 주 12개 카운티를 운행하는 MTA 등과 같은 대중교통에 대해서는 할인요금제도나 할인 패스를 제공하고 있다. LA Metro 경우는 평일 특정 시간대에는 부분적 제한이 있지만, 대학생과 대학원생들에게도 할인 요금을 제공한다. 대학교에 따라서는 U-pass 프로그램을 사용하는데, 학생들에게 지역 내 교통에 한해서는 무제한적으로 이용할 수 있도록 한다(김경준·모상현·송태진, 2018).

예를 들면, 샌프란시스코-오클랜드-산 호세(San Jose)을 중심으로 하는 지역은 시내버스와 도시철도를 담당하는 MUNI(Municipal Railway)라는 공영교통기관과 광역 전철 BART, 그리고 통근열차인 칼 트레인(Caltrain) 등의 3개 교통공사가 대표적인 운송기관이다. 오클랜드(Oakland)시를 중심으로 하는 광역 전철인 BART의 경우 이동거리에 따라 요금이 다르며, 4세 이하는 무료이며 청소년은 할인이 제공된다. 5세-12세는 레드티켓(Red Ticket)을 구입하며, 62.5%의 할인율을 적용받는다. 또한, 보호자와 함께 견학하는 학생들에게도 같은 할인율이 적용되는데, 이 경우 승차권은 학교를 통해 3주

전에 구입해야 하며 보호자는 정상 요금을 지불해야 한다. 62.5%의 할인율은 가장 높은 할인율로서 65세 이상의 노인에게 해당하는 그린 티켓(Green Ticket)과 같은 할인율이다. 또한, 13세-18세 청소년은 오렌지 티켓(Orange Ticket)을 사용하는데, 50%의 할인율을 적용받는다.

시외 버스와 기차 암트랙(Amtrak)에서도 청소년할인을 제공한다. 먼저, 고속버스는 BoltBus와 Megabu가 있으며, Greyhound 버스의 경우는 Greyhound 학생우대카드(Student Advantage Card)를 구하면, 버스뿐만 아니라 Amtrak 기차까지 최대 40%까지 할인 받을 수 있다. 그러나, 암트랙은 미국을 독점하고 있는 철도회사이지만 아동과 청소년에 대한 할인은 엄격하게 대상을 규정하고 있다. 우선, 2세에서 12세 아동은 가장 싼 성인 요금에서 50% 할인된다. 단, 18세 이상의 유료 동승자와 함께 구입할 때 가능하며 1명만 가능하다. 만일 추가로 아동 한명이 더 있다면 반드시 예약을 해야 하고 성인 요금 1인에 해당하는 요금을 추가로 지불해야 한다.

미국의 운송수단과 관련한 청소년우대 상황은 교통요금할인 프로그램(reduced fare program)을 통해 볼 수 있다. 이는 미국 내의 특별한 이용자들이 대중교통시스템(public transport system)이용 시 할인요금(a discounted fare option)을 적용받는 것을 말한다. 연방기금을 받는 대중교통시스템은 반드시 노인이나 장애인들에게 최소 반값 요금을 받는 것이 필수적이며, 일부 운송시스템에서는 청소년, 학생, 군인 및 저소득 교통이용자들에게까지 할인 요금을 제공하도록 확대하고 있다. 이는 적절한 이동성(adequate mobility)이란 시민, 고용자, 학생, 및 소비자 등과 같이 사회 속의 각 개인들에게는 필수적인 것이며, 개인들이 고용, 교육, 의료서비스를 받도록 확실하게 해주는 능력과 다른 필요한 목적지에 도착하도록 하는 능력에 영향을 끼친다고 보기 때문에 이러한 교통이동비용의 부담을 줄여주기 위해 할인요금제도가 필요하다는 인식에 따른 것이다(서미 외, 2017).

2) 문화활동에서의 청소년우대

미국의 청소년 문화예술 교육은 음악, 미술, 연극 등의 각 분야를 주도하는 기관들이 있지만, 모든 기관은 청소년분과를 통해 아동과 청소년연령의 참가자들을 위한 문화 활동과 교육에 힘쓰는 공통점을 갖는다(맹영임 외, 2005). 지역사회 단위에서는 각종 박물관, 미술관, 과학관은 물론 공공도서관에서의 다양한 프로그램들이 청소년과 밀접한 관련을 갖는다. 특히, 박물관이나 미술관, 과학관 등의 청소년 문화시설은 어린이와 청소년의 학습과 관련한 현장견학(field trip)의 주요한 장소가 되기도 한다. 광의적으로 보면, 박물관의 범주에는 해양수산 박물관, 식물원, 미술관, 어린이 박물관, 사적지, 역사박물관, 자연사 박물관, 수목원, 천체 우주관, 과학관 등이 포함된다(설양환 · 임병로, 2001).

첫째, 미술관은 지역주민들과의 소통을 위한 다양한 노력을 기울이고 있으며, 아동과 청소년은 물론, 가족과 관련한 여러가지 프로그램을 운영한다. 다양한 그룹의 교사, 청소년들이 미술관을 찾으며, 교육을 받고 토론하는 모습, 교육센터에서 작품활동을 하는 모습을 보는 것은 어려운 일이 아니다. 시카고에 있는 아트 인스티튜트(Art Institute of Chicago)는 고등교육기관이면서 세계적인 미술관을 갖고 있는 곳이다. 이 공간은 언제나 무료로 모두에게 개방되어 있으며, 많은 집단의 청소년들이 미술관을 관람하며, 교육받고 토론하며 작품 활동을 한다. 뉴욕 맨하탄에 소재한 메트로폴리탄 미술관(Metropolitan Museum of Art), 휘트니 미술관(Whitney Museum of American Art), 근대미술관(Museum of Modern Art) 등에서는 12세 미만은 무료이다. 또한, 학생증을 제시하는 중 · 고등학생들에게는 오디오 가이드를 무료로 제공한다. 각종 전시와 교육프로그램, 공연 등에는 무료로 참여할 수 있음은 물론이고, 구내의 기념품 이용 시에는 25%의 할인 혜택을 제공한다.

둘째, 미국의 박물관은 특히 아동과 청소년들을 우대하는 오랜 역사를 갖고 있다.

뉴욕의 브루클린 어린이 박물관(Brooklyn Children's Museum)은 흑인 빈민가의 학생을 대상으로 한 방과 후 수업을 통해서 발전한 설립배경을 갖고 있다. 이 박물관은 지역 내의 많은 기업체와 뉴욕시로 부터의 후원을 받고 아동과 청소년의 접근성을 높이고 우대하는 다양한 노력을 하고 있다. 뉴저지 주의 뉴왁 박물관(Newark Museum)은 예약을 하지 않고 참석할 수 있는 미술 및 과학 프로그램들은 대부분 무료이며, 뉴왁 주민 외의 이용자를 위해서는 '권장 입장료'가 있는데, 이는 무료이용이지만 이용자들이 희망할 경우에 낼 수 있는 요금을 말하는 것이다(박소현 외, 2010). 이와 유사하게 권장이용료가 제시되어 있지만, 무료관람원칙으로 운영되고 있는 박물관들이 많이 있다. 미국 워싱턴 DC의 스미소니언 박물관(Smithsonian Institution)은 연간 운영비의 약 70%를 연방 예산으로부터 지원받고 있으나 지난 160여 년 동안 무료관람을 실시해왔으며, 그 중 4개관은 관람료를 받는 것을 법적으로 금지하고 있다(오창현, 2017). 2006년에는 유료관람으로 전환하자는 의견이 대두된 바 있지만, 민간재원을 조달하는 방향으로 정리되었으며 현재까지도 무료관람원칙을 유지하고 있다.

셋째, 미국의 도서관은 청소년우대제도에 대한 대표적인 시설로 볼 수 있다. 거의 모든 지역사회에는 도서관이 있으며, 무료 이용을 기본으로 하고 있음은 물론, 주민들의 대표적인 문화학습시설로서 아동과 청소년 및 가족들의 일상생활 공간이 되고 있다. 도서관의 역할과 관련하여 청소년서비스와의 연계가 강조되어 왔으며, 어린이 서비스를 위한 도서관 마케팅의 필요성이 제기되고 1979년 처음 개발된 가족장소도서관의 개념을 활용한 프로그램 등을 통해 아동 · 청소년 · 가족친화적인 서비스 기관으로 지속적으로 발전하고 있다(이용재, 2011). 실제로 공공도서관은 유치원부터 12학년에 이르는 청소년들의 학습과 디지털 및 경제 문해성, 구직 및 직업교육, 보건, 복지와 관련한 정보 수요를 충족시키고 있으며, 새로운 문화예술 영역을 소개하는 역할을 하고 있다(맹영임 외, 2005). 또한, 대부분의 도서관들은 청소년의 이용을 확대하기 위해 도서관 카드를 발급하고 있으며, 다양하게 활용할 수 있도록 그 기능과 역할을 지역사회로 확장하고 있다(박온자, 2005; Pink, 2015). 한 예로 보스턴의 도서관카드를 보면, 인근의 관광지와 박물관 등을 포함하여 많은 곳을 무료 또는 할인받는 기능을 가지고 있다.

3) 여가활동과 시설이용에서의 청소년우대

미국은 여가 및 레크리에이션 활동과 관련한 부분은 국가가 모든 국민들을 위해 제공하는 공적 서비스로 본다(문화체육관광부, 2014; Mowen, Payne & Scoot, 2005). 삶의 질에 대한 사회적 요구가 증대되면서 여가의 중요성이 부각되었고, 여가 및 레크레이션 활동과 관련한 부분은 국가가 모든 국민들을 위해 제공해야하는 공적 서비스로 보면서, 인적 · 재정적 자원과 여가시설 등에 대한 정부정책도 마련되었다. 청소년을 위한 여가 및 레크리에이션 시설로는 수영장, 테니스장, 실내 레크리에이션 센터 등의 시설과 설비들이 주별 또는 지역별로 다양하게 마련되어 있으며, 청소년들에게는 무료 또는 할인 혜택을 제공하는 경우가 많다(Witt & Caldwell, 2010). 우대 또는 할인혜택을 받는 이용자에 대한 이용요금의 부족분은 해당 기관이 정부의 지원을 통해 부담하는 것이 일반적이다(문화체육관광부, 2014).

미국의 여가정책은 사회취약계층을 포함한 모든 사회구성원이 여가시설 및 서비스를 동등하고 원활하게 향유할 수 있도록 지원하는 것을 기본방향으로 설정하고 있다(강창현 외, 2012; 송재호, 2007). 위스콘신 주의 밀워키(Milwaukee)권역의 경우를 보면 공립학교 시설을 포함한 각종 커뮤니티 센터(Community Center), 수영장(Pools), 20개가 넘는 실내운동장(Field Houses), 여름놀이장(Summer Playgrounds), 소방체험의 집(Survive Alive House) 등의 활동시설과 공간들이 있다. 이들 장소와 시설들은 청소년을 포함한 밀워키 주민이면 누구나 등록만 하면 유료 또는 무료로 이용할 수 있으며,

유료 이용의 경우, 저소득가정 청소년들은 10달러 이상의 과정은 5달러에 이용하며, 30달러가 넘는 프로그램은 10달러에 가능하며, 밀워키주민에게 우선권이 주어지지만, 밀워키 지역 외의 주민들도 동일한 할인을 받는다(김경준 외, 2018).

청소년여가활동을 연방정부, 주정부, 지방정부의 프로그램과 예산지원을 통해 우대 또는 할인받는 형태로 시행하는 정책사례가 있다. 미국 아이오와(Iowa)주에서 실시하는 I-CARD(Iowa-Alliance Recruitment and Development) 프로그램은 청소년을 포함하여 저소득층 가정에 문화-엔터테인먼트 기회를 제공하고 예술집단이 관객을 확보하고 활동지원을 받을 수 있도록 하는 제도이다. I-CARD 프로그램은 저소득층의 문화예술 및 여가활동 접근을 가로막는 장벽이었던 입장료를 무료화하거나 대폭 감소시켰으며, 참여자들이 더욱 활발하게 커뮤니티 행사에 참여할 수 있게 하고 지역 활동 기관들이 상대적으로 낮은 비용의 새로운 프로그램 등을 제공하게 하는 긍정적 효과를 나타낸 것으로 평가되고 있다(송재호, 2007).

정부와 공공기관에 의한 여가지원활동에는 이 밖에도 저소득층을 대상으로 한 청소년전용 레크레이션 바우처(voucher) 제도가 있다. 미국은 저 소득층 가족의 5-12세 및 13-15세 아동과 청소년들을 구분하여 바우처를 제공하여 레크리에이션 활동을 지원하고 있다. 청소년들이 자부심을 갖게하고 탈선예방, 건강증진, 의사결정 능력의 함양 등을 통해 가치 지향적인 삶을 살도록 돕는 목적을 갖는다. 바우처 발행은 학교와 가족 및 어린이 서비스국(Department of Family and Children Services)에서 담당하며 저소득층 가정을 선정한다. 발행과정은 지역사회개발부서에서 발급하고 청소년이 이용하며, 여가활동관련 기관에서 지역사회개발부서에 바우처를 제시하고 환급을 요청하는 구조를 갖는다(한양대학교 관광연구소, 2006). 바우처는 금액이 정해져 있지 않으며, 혜택은 가족 수와 수입에 따라 달라진다. 가맹기관이 참여하여 자금을 제공하도록 유도하고 있으며 지역사회개발부서에서는 가맹기관의 목록을 개발하고 관리한다.

4) 저소득, 장애 청소년을 위한 할인과 우대

지금까지 고찰한 미국에서의 운송수단과 문화시설 및 여가활동 등과 관련한 우대 지원 또는 할인제도에는 장애인과 저소득 청소년과 가족들을 위한 할인 감면 제도가 동시에 적용하고 있음을 알 필요가 있다. 우선, 미국은 저소득 청소년에 대해서 할인·우대하는 지원제도를 가지고 있다 대표적인 사례로 ① 아이오와(Iowa) 주의 아이오와 시(Iowa City)는 아이오와 운송회사(Iowa City Transit)를 중심으로 교통량이 많지 않은 시간대는 무료이용 및 월간 할인패스를 발행(정규요금의 15% 할인)한다. 단, 주민이면서 주나 연방지원 확인증이 필요하다. ② 미시간(Michigan) 주 앤 아버 시(Ann Arbor)는 라이드 운송회사(TheRide)를 중심으로 저소득 주민과 장애인 및 노인을 위한 요금할인카드(Fare Deal Card)를 발급하며 할인율은 50%이다. 단, 메디케이드 카드(Medicaid card)를 제시하거나 제3의 승인기관에 의한 확인이 필요하다(김경준 외, 2018).

저소득 청소년과 마찬가지로 미국은 장애 청소년의 경우에도 할인과 감면을 제공하고 있다. 그 내용은 크게 ① 타 기관의 적격성 기준을 통한 감면, ② 대학의 등록금 할인 감면, 그리고 ③ 이동통신 회사의 장애인 대상 요금 할인 및 부과서비스 제공 등의 3가지 방법으로 실행되고 있다. 할인 감면 서비스 대상자 확인은 사회보장국에서 발급하는 수급자 증명서를 토대로 한다. 이동통신 등의 경우에는 장애 여부를 확인하기 위해 장애인을 담당하고 있는 의사 혹은 전문의로 부터 간단한 확인을 받는다. 또한 장애학생은 장애를 이유로 하는 어떠한 차별도 받지 않도록 법으로 규정되어 있으며, 재활법 504계획(Section 504 of Rehabilitation Act)에 의해 연방 재정을 받는 모든 프로그램에서 장애에 기반한 차별을 금지한다. 특히 공립학교는 교육에 참여하고 있는 해당 장애학생들에게 스포츠 활동과 현장학습(field trip)과 같은 학교에서 후원하는 모든 프로그램과 활동에서도 적절한 편의와 도움 및 서비스를 제공해야하는 것을 규정하고 있다 (김경준 외, 2018).

한편, 청소년 연령을 청년(young adult)을 포함하는 경우로 보면, 이들 중 저소득자나 관련 법의 지원대상인 경우는 주거복지지원 대상이 되는데, 이들은 주택 바우처 제도, 공공임대주택 프로그램 등의 적용을 받을 수 있다(임덕영, 이경애, 진미윤, 이의중, 2017). 14-21세 저소득 청소년이나 16-24세 학교 중퇴자에 대해 교육, 직업훈련 등의 기회를 부여하는 프로그램이 있으며, 특히 16-24세 고등학교 중퇴자를 대상으로 장래 양질의 일자리를 찾을 수 있는 직업훈련을 지원하는 Youth Build 프로그램이 있다(박창남, 2014). 학교 청소년을 위한 정책으로는 연방정부차원에서 주정부 예산을 지원하는 법안(The Fostering Connection Act of 2008)을 통해 위탁 아동 및 청소년이 21세가 되기 전까지 학교 등록 및 학업을 수행하기 위해 필요한 교육안정화서비스, 주거지원, 진로 및 취업지원, 대학 진학을 위한 비용 지원 등의 복지혜택을 제공한다. 또한, 맥키니-벤토(The McKinney-Vento Homeless Assistance Act of 1987)법안을 통해 노숙아동과 청소년들에게 통학을 위한 교통수단을 제공하고 그 가족과의 연락과 접촉을 긴밀하게 하도록 지원한다(백혜정, 송미경, 신정민, 2015; 이황원, 2018).

이상에서 고찰한 미국에서의 청소년들의 이용 영역과 대상별 우대 동향을 보면, 먼저 초 · 중 · 고 학생청소년과 관련한 대표적인 운송수단은 스쿨버스이며 해당 교육구별로 다양한 요금체계를 가지고 있음을 알 수 있다. 시카고, 로스 엔젤레스, 뉴욕 등의 대도시의 경우 지하철 운영과 관련하여 할인요금제도나 할인 패스시스템을 가지고 있으며, 연령과 신분 등에 따라 각기 다른 할인율을 적용받는다. 미술관, 박물관, 도서관 등의 문화활동 공간은 연령에 따라 무료입장 또는 25% 할인 혜택 등을 제공하거나 할인된 정액요금으로 이용하도록 지원하고 있다. 정부의 예산 지원을 받는 박물관인 경우 무료관람이 법적으로 보장되고 있으며, 도서관은 지역사회의 대표적인 무료 이용기관으로 나타나고 있다. 공공도서관에서 발급하는 카드를 통해 인근 관광지를 무료 또는 할인이용하는 제도가 많이 시행되고 있다. 주별 또는 지역별 여가시설은 지역주민을 우선하는 정책을 통해 청소년을 포함한 주민들은 소득수준과 연령 등에 따라 할인 또는 무료로 이용가능하다. 특히 저소득층 청소년을 위한 카드제도(I-CARD)나 청소년전용 레크레이션 바우처(voucher)제도 등을 확인할 수 있다.

미국은 자유시장경제 원리가 지배적이며 개인주의 문화가 강한 국가이다. 따라서 정부의 역할은 최소한이어야 한다는 입장을 가지고 있으며, 청소년우대와 관련한 동향에서도 이용 영역과 대상별로 전체적으로 관련하는 정부차원의 법적 근거는 가지고 있지 않다는 문제점이 있다. 스쿨버스와 같은 경우도 주별, 지역별로 요금체계는 물론, 우대혜택을 주는 구체적인 대상도 각기 다르다. 전반적으로 대중교통의 수송분담율이 매우 낮고, 저소득, 장애청소년 등에 대한 교통할인과 여가시설에 대해서도 각 지역사회별로 각기 다른 시스템을 갖고 있음을 알 수 있다. 미국에서의 청소년우대 동향은 정치적 민주주의와 경제적 자본주의 및 다양성에 기반한 사회구성, 그리고 연방정부, 주정부, 지방정부로 구성된 행정체계 등은 물론 그에 바탕한 미국의 청소년정책의 특징과도 관련되는 것이다. 특히, 청소년의 생활과 활동 전반에 관련한 각종 우대 · 할인제도와 정책적 지원의 내용은 미국 사회의 역사적 형성과정과 그에 따른 청소년의 구체적 삶의 현장으로서의 지역사회의 각기 다른 환경과 상황적 특성을 배경으로 하고 있다. 종합적으로 보면, 공공분야와 민간 시장분야가 구분되면서도 이용 영역과 대상의 연령, 신분, 지역 주민 여부, 청소년이 이용하는 것의 성격과 유형 등에 따라 매우 다양하게 나타나는 특징을 갖는다. 이는 우리나라의 관점에서 보면, 문제점으로 보일 수도 있지만, 다른 한편 본 받아야하는 것이 될 수도 있다.

이런 점에서 미국의 청소년우대 동향을 자치단체 수준에서는 어떠한 지를 고찰할 필요성이 있을 것이다. 그러나, 청소년을 위한 우대정책과 제도와 관련한 지방자치단체의 사례를 찾기는 쉽지 않은데, 이는 대중 교통을 제외하고 도서관, 박물관, 미술관 등의 문화시설과 청소년 여가와 관련한 활동시설들은 대부분 무료로 이용할 수 있거나, 가족단위로 이용하는 것을 권장하는 것이 많기 때문이다. 그럼에도 불구하고 미국의 수도인 워싱턴 디시(Washington, DC), 동부지역의 대표적인 역사도시, 보스톤(Boston), 서부의 대표적인 대도시인 로스엔젤레스(Los Angeles) 등의 경우에서 청소년을 위한 여러 가지 정책적 노력을 확인할 수 있다. 특히, 콜로라도(Colorado) 주의 덴버(Denver)시는 보다 체계적이고 극적이면서 한 장의 카드로 도서관과 박물관은 물론, 문화활동시설 등 대부분의 지역 내의 자원들을 무료 또는 할인을 통해 활용하게 지원하는 마이 덴버 카드(MY Denver Card)라는 제도를 실시하고 있어 주목할 필요가 있다.

4. 자치단체 청소년우대 사례 - 콜로라도 덴버시

1) MY Denver Card 도입과 지원법제

마이 덴버 카드는 2011년에 도서관 카드를 잃어버려 도서 대출을 할 수 없게 되었던 매기 트라우트(Maggie Trout)라는 소녀(당시 12세)가 많은 서비스와 프로그램을 하나의 카드로 이용할 수 있도록 하자는 아이디어를 갖고 크리스 네비트(Chris Nevitt)라는 시의원을 만나 제안함으로써 시작된 것이다. 당시 시장이었던 마이클 핸콕(Michael Hancock)은 이를 받아들였으며, 2012년 11월 "법안 2A(Measure 2A)"을 통해 실현하게 되었다. 당시 이 법안에 따라 17백만 달러의 재정지원을 받았으며, 2013년 3월 27일 첫 카드를 매기 트라우트(Maggie Trout)에게 발급하여 핸콕 시장이 직접 전달하였다. 2014년 9월말에는 전체 대상자 105,000명 중에서 61,000명이 발급받았는데, 이는 약 5만 명을 예상했던 당국의 기대를 넘는 높은 발급율이었다(김경준 외, 2018). 2012년 당시"법안 2A"에 대한 덴버 유권자들이 지지는 압도적이었는데, 이 법안 통과로 덴버시는 추가 예산을 확보하고 중요한 서비스를 재충전함으로써 발전적인 계획들을 수행할 수 있었다. 법안 통과에 따라 덴버는 스마트한 21세기 도시(21st century city)가 될 수 있을 것으로 기대하게 되었다고 하는데, 스마트한 21세기 도시는 좋은 직업, 건강한 아동, 접근가능한 도서관과 안전한 거리를 갖게해 주는 견고한 재정적 토대를 바탕으로 달성할 수 있다고 보았다.

한편, 콜로라도 주 덴버 시의 마이 덴버카드와 같은 청소년 우대 제도는 덴버시의 아동과 청소년을 위한 지속적인 노력이 바탕이 된 것으로 볼 수 있다. 일찍이 2000년대 중반부터 아동친화도시를 위한 노력을 기울어왔으며, 청소년을 위한 정책과 프로그램 개발에 적극적인 다양한 접근을 해왔다(Kingston, et al., 2007). 덴버 시의 청소년우대 노력은 시 청소년위원단(Mayor's Youth Commission)에 의해 주로 이루어지는데, 청소년의 리더십개발의 기회를 제공하고 지역사회 청소년의 삶에 영향을 끼치는 이슈들에 대해 아동사무소(Office of children's Affairs)의 책임자에게 조언하는 역할을 한다. 청소년위원들은 최대 3년까지 봉사할 수 있으며, 덴버시의 주민이거나 덴버 지역의 공립학교(고등학교)에 재학중이어야 하며, 성인 위원들은 덴버시와 행정구, 카운티(county)에서 일하거나 청소년단체에 종사해야 하며, 청소년위원들은 성인 위원들(adult commissioners)과 협력하여 ① 절차와 과정의 개발, ② 시 전역의 프로그램의 평가와 참여, ③ 입법이나 행정조치를 통한 동등한 권리와 기회의 보장, 그리고 ④ 목표와 실행계획의 수립 등과 관련하여 권고(recommendations)하는 역할을 한다(Kingston et al., 2007).

2) MY Denver Card의 주요 혜택

마이 덴버 카드는 덴버 학교구(Denver Public School Districts)와 덴버에 주민등록된 모든 청소년은 신청할 수 있으며, 덴버 공원 · 레크리에이션부(Denver Parks & Recreation)

에서 업무를 맡아 한다. 단, 5세-7세 사이의 청소년은 12세 이상의 동행자와 함께 신청할 수 있다. 카드는 인근 Denver Recreation Center나 마이 덴버 카드 온라인 센터에서 직접 신청하여 발급받는다. 다만 카드 수령은 직접 레크리에이션 센터를 찾아가서 받아야 하는데, 덴버 주민증명이나 학교등록증명을 필요로 한다.

마이덴버카드는 덴버의 모든 레크리에이션 센터(28개소), 야외 수영장(outdoor pools, 29개소), 덴버 공공도서관을 무료 이용할 수 있게 한다. 이 카드는 또한, 덴버 지역의 유명한 문화시설(cultural facilities) 대부분을 무료 이용(free visit)할 수 있다. 2019년도 카드 소지자들이 이용할 수 있는 혜택은 ① 활동, 이벤트 및 과제와 연구지원을 위한 도서관이용, ② 예술, 교육, 스포츠 및 수영을 위한 레크레이션 센터 활동, 그리고 ③ 박물관, 전시회, 영화관 및 아트예술을 위한 문화시설 이용 등으로 나타나고 있다. 덴버 아동사무소(Office of children's Affairs)에 의하면, 마이덴버카드를 발급받으면 덴버 공공도서관에서 발급한다른 카드들은 불필요하게 된다. 이 카드 하나만으로 덴버지역에 있는 모든 도서관을 자유롭게 이용할 수 있는 것이다.

한편, 마이 덴버카드의 혜택 정도가 어떠한 지는 덴버시 레크레이션 센터와 피트니스 클래스의 이용료 내역을 통해 알 수 있다. 덴버 지역의 여가활동시설은 해당 시설이 입지한 지역을 기준으로 지방(regional), 지역(local) 및 근린(neighborhood)으로 이용권(Pass)을 구분하고 있는데, 이용기간과 이용자의 연령에 따라 요금체계가 다르다. 회원권 종류도 연간이용권(annual), 월간이용권(Month-to-month), 15회 이용권(visit pass), 30회 이용권 등으로 다양하게 구분하고 있으며, 이용자도 일반인과 장애인을 구분하고, 일반인은 다시 연령에 따라 2세-18세 이하 청소년(youth), 19세 이상 24세 이하 성인청소년 또는 청년(young adults), 25세-64세 성인(adults), 및 65세 이상 노인(seniors)과 19세 이상 장애주민(disability)으로 구분하여 각기 다른 이용료를 받고 있다. 예를 들면, 지역(local)권의 경우, 청소년(youth)은 42달러, 청년(young adults)은 180달러, 성인(adults)은 249달러이며, 노인(seniors)과 장애주민(disability)는 99달러로 되어 있는

데, 5세-18세까지의 마이 덴버 카드(My Denver Card) 소지자는'무료'로 되어 있다(김경준 외, 2018).

5. 청소년·청년을 위한 정책적 함의

본 챕터는 그동안 지속되어 온 우리나라 청소년우대제도에 대한 발전노력을 바탕으로 미국의 교통수단, 문화활동시설과 여가시설 등과 관련한 청소년 우대제도의 내용을 고찰하고 지방자치단체인 콜로라도주 덴버(Denver)시의 사례를 알아봄으로써 청소년 우대와 관련한 정책·제도적 함의를 알아보는 것이다. 청소년에 대한 우대 또는 할인 여부와 그 정도는 크게 공공 분야와 민간 시장분야(market segment)로 구분하는데, 공공분야로 볼 수 있는 운송수단과 문화시설과 공간, 여가 및 레크레이션 분야 등은 청소년을 위한 무료 이용과 할인 서비스를 제공하고 있는 사례가 많이 있다. 그러나, 민간 시장분야는 프로그램의 목적과 장소, 캠프활동이나 여행의 편의수단과 시설활용 등과 관련한 상업적 특성과 민간기관의 성격 등에 따라 제한적인 할인이 이루어지고 있다. 이는 미국의 자본주의 경제체제의 특성상 개인의 경제적 능력에 따라 이루어지는 활동은 사적영역으로 보는 전통이 있기 때문이다(조혜영·윤철경, 2004). 실제로 많은 극장, 놀이 공원, 여행지 및 관광 장소들은 각기 다른 입장료 체제를 갖고 있다.

또한, 지방자치단체 사례로서 콜로라도(Colorado) 주의 덴버(Denver)시는 마이 덴버 카드(MY Denver Card)제도를 통해 도서관, 박물관, 문화활동시설 등 대부분의 지역 내의 자원들을 무료 또는 할인을 통해 활용할 수 있게 하고 있다. 2011년 12세 소녀의 제안으로 이듬해 입법화함으로써 제도화된 것으로 덴버 학교구에 등록된 모든 청소년에게 발급된다. 덴버시의 여가활동시설은 이용자의 연령과 이용기간 등에 따라 이용권(Pass)를 구분하는 다양한 유료요금체계를 가지고 있지만, 5-18세의 덴버카드를 소지한 청소년의 경우는 무료로 이용하는 혜택을 주고 있다. 청소년과 관련한 예산 확보와 중요한 서비스는"법안 2A"에 의해 지원받고 있음을 알 수 있다.

미국은 다양성에 기초를 둔 사회로 지역에 따라 각기 다르거나 유사한 문화적 배경과 경제적 조건, 교육적 특색 등을 가지고 있으며, 청소년에 대한 미국의 국가적 관심은 다양성의 인정 속에 개인의 바람직한 성장과 미국 사회의 공동목표 추구로 나타난다. 이제 이상에서 고찰한 내용을 바탕으로 우리나라의 정책개발을 위한 함의를 다음과 같은 몇가지로 제시하기로 한다.

첫째, 청소년우대와 관련한 각종 제도를 연령별로 접근하고 19세-24세까지 확대하여 일원화할 필요가 있다. 우리나라에서도 이미 9세 이상 18세 이하에 대한 청소년증 발급과 13-24세 및 대학생에 대한 문화패스제도를 확대하고 있다(김경준 · 최인재, 2009). 미국의 경우, 2세 또는 5세미만(child), 18세 이하 청소년(youth), 그리고 19세 이상 24세(young adult)로 구분하는 할인기준을 적용하는 경우가 많이 있다. 일반적으로는 5세-18세까지를 주대상으로 하지만, 문화나 여가활동 기관 · 시설의 경우 19세 이상 24세의 연령별 또는 대학생 신분별로 구분하여 일정한 할인율을 제공하고 있는 것이다. 우리나라의 경우 대학생을 구분하는 곳도 있지만, 연령별로 24세까지 명시적으로 우대하는 것은 찾기가 쉽지 않다. 청소년복지지원법의 경우는 9세 이상 18세 이하의 청소년에 대한 청소년증 발급을 규정하고 있으며, 문화패스제도에 따라 박물관 · 미술관 · 공연장별로 다양하게 운영하고 있는 할인 연령을 13세-24세까지의 청소년과 대학생으로 확대하여 일원화하고 있음을 알 수 있다.

둘째, 청소년 우대는 국가지원을 받거나 공공기금의 지원을 받는 관련 기관과 프로그램에 우선 적용할 필요가 있다. 우대나 할인은 공공부문을 우선적으로 하고 민간부문으로 점차 확산되는 방향으로 하되, 민간부분의 경우에도 정부의 재정지원을 받는 운송, 문화시설, 여가시설 등에 대해서는 관련 입법을 통해 명문화할 필요가 있다. 미국의 경우에도 스쿨버스와 대도시 지하철은 물론, 도서관과 박물관 등 문화예술기관, 그리고 국공립공원과 레크레이션 센터 등과 같은 공공서비스 분야는 국가책무로 보는 전통과 입법을 통한 지원제도가 확립되어 있다. 실제로 우리나라의 경우에도 이미 청소년증의 경우, 대학수학능력시험 등과 금융기관에서 신분증으로 사용되고 수송시설, 문화시설, 여가시설에서 우대요금을 적용받을 수 있으며, 최근에는 선불형 교통카드 기능을 할 수 있도록 지원하고 있는 등으로 점차 정부의 재정지원을 통해 간접적이지만, 민간부문으로 확대하고 있는 경향을 보이고 있는 상황이다(김경준 외, 2018).

셋째, 청소년의 우대제도가 확장된다면, "올인원(All in One)"의 통합적 특성을 갖는 운영시스템의 도입이 필요하다. 우리나라는 청소년증을 비롯하여 스쿨카드, 전자학생증, 학생증카드, 청소년교통카드 등이 다양하게 존재하고 있으나 청소년이 이용하는 각종 운송, 문화, 여가활동 시설과 관련하여 한 개의 카드 또는 증서로 모두 다 이용할 수 있는 운영체계는 부족하다. 청소년증의 경우에도 위에서 언급한 바와 같이 신분증의 기능 외에 선불교통카드로서의 결제 · 충전 및 우대시설에서 이용료 할인 또는 면제를 위한 증표로 활용할 수 있는 것이지만, 그 자체로 교통비 면제, 입장료 면제. 이용료 할인 등의 용도로 통합적으로 적용하지는 못하고 있다. 또한 현행의 청소년 할인제도가 학업을 위한 통학수단으로 대중교통을 할인해 주고 있지만, 대학을 다니는 경우에는 할인에서 제외되는 문제점이 있다. 이런 점에서 대상 연령과 우대 내용의 통합화에 따른 기술적 방안을 마련할 필요가 있다.

넷째, 장애청소년이나 저소득 청소년 그리고 청년에 대한 교통우대나 주거복지지원 등을 위한 특별한 관심이 필요하다. 미국의 경우에는 일반적인 청소년연령이나 학생신분에 따른 우대와 할인이 제공되고 있지만, 지역사회별로 전통이나 문화, 시행주체들의 성격이나 청소년 이용정도가 각기 다르기 때문에 장애청소년과 저소득 청소년에 대해서는 연방정부 차원의 입법을 통해 일률적으로 할인과 우대 정도를 규정하고 있다. 이는 오늘날 우리나라 청년들이 처한 사회적 · 경제적 · 정서적 상황을 볼 때 주거복지지원 사업 등은 우리나라에도 더욱 구체적으로 적용할 필요가 있을 것이다. 현재는 문화여가시설과 관련 활동에서의 할인과 직업체험 및 취업을 위한 수당 지급 등이 "청소년복지지원법(이용료 면제 혹은 할인)", "아동복지법(이용료 감면)", "문화예술진흥법(기회제공 및 활동장려)" 등의 관련법과 제도가 시행되고 있는 상황이며 서울특별시, 광주광역시, 수원시 등 일부 자치단체에서 청년층을 포함하는 연령범주를 규정하고 있는 실정이다(김경준 외, 2018).

다섯째, 청소년우대 제도는 청소년참여를 통한 청소년 포용적 접근을 통해 확장할 필요가 있다. 현재와 같은 '위에서 아래로(top-down)'의 법제도적 접근도 필요하지만, 보다 공고하고 장기적인 제도의 정착을 위해서는 청소년 자신들의 창안, 의사표출 등을 통한 청소년참여(inclusive youth participation)를 이론적 토대와 실천적 기반이 되도록 할 필요가 있다. 청소년과 관련한 주요한 의사결정과 정책제도화는 청소년 자신들의 주체적 참여는 물론 가정과 학부모, 청소년기관, 학교, 행정기관, 기업과 시민단체 등이 협력관계를 형성하고 연계하는 노력을 통해 접근해야 할 것이다. 우리나라의 경우 2000년대 이후 청소년의 정책 참여 기회의 확대, 청소년의 시민권 신장 등을 주요 청소년 정책의 목표로 제시하고 있으며, 청소년참여위원회 등 제도적 차원의 청소년정책 참여활동이 청소년기본법과 청소년활동진흥법에 의해 법제화되어 있다. 이런 점에서 청소년이 자신의 삶과 관련한 정책결정과정에 참여할 수 있도록 하는 기회를 더욱 다양화하고 실질화하는 노력이 요망된다.

여섯째, 지방자치단체별로 독자적이며 특화된 청소년우대제도를 촉진할 필요가 있다. 미국의 경우, 연방정부보다는 주정부와 지방 정부를 중심으로 하는 지방자치제의 역사와 전통에 따라 지역별로 다양한 우대정책이 시행되고 있다. 특히 대중교통의 수송분담율의 정도와 문화여가시설의 특징 등은 각 지역실정에 맞는 우대할인제도를 만들어내고 있다. 문화적 다양성을 인정하는 교육방법의 특징은 물론, 장애인과 저소득 청소년 등의 소외계층을 포용하려 애쓰면서도 그들을 하나의 국가로서 미국의 청소년이 되도록 하는 시민적 정체성(civic identity)를 찾는 노력을 지속하고 있다. 이런 점에서 우리나라에서도 중앙정부는 물론, 자치단체별로 조례 제정 노력을 더욱 강화할 필요가 있다. 특히 지방자치단체의 경우의 경우"서울특별시 청년기본조례,""세종특별자치시 청소년문화카드 지원조례,""부산광역시 문화소외계층 청소년 문화예술 활동지원조례" 등과 같이 청소년우대정책 관련 제도들이 조례를 근거로 시행되고 있다. 대상연령은 서울특별시의 경우 "19-29세 청년,"세종특별시는 "중학교 1학년 학생, 만 13세 학교 밖 청소년"으로 각기 다르게 규정하고 있으며, 우대의 내용도 청년수당지급(서울시), 청소년문화카드 지원(세종시), 문화예술활동 참여지원(부산시) 등으로 다양하게 나타나고 있다(김경준 외, 2018). 자치단체별 여건과 상황을 고려하여 다양한 내용을 가질 수 있지만, 시 · 도 단위는 물론 시 · 군 · 구단위까지 청소년우대를 위한 조례들이 확대될 필요가 있는 것이다.

끝으로, 청소년우대의 대상과 혜택범위의 확대에 대한 이론적 토대와 국민적 공감대를 확산하기 위한 바탕이론을 연구할 필요가 있다. 청소년우대제도는 국가별로 다양한 목적을 가지고 시행되고 있음을 알 수 있지만, 미국은 자국의 실정에 맞는 청소년 업무분야(youth work)의 철학이 지속적으로 발전해 왔으며, 청소년참여(youth participation)에 대한 강조와 함께 긍정 청소년발달(positive youth development: PYD)과 지역사회 청소년개발(community youth development: CYD)을 강조하는 접근이 대부분의 청소년 활동과 제도, 프로그램의 바탕이 되고 있다. 이러한 바탕 철학이 있는 경우, 청소년을 위한 다양한 우대와 할인의 필요성을 확산하고 정착하도록 기여하는 이론적 틀이 마련될 것이다. 특히, 우리나라의 경우 청소년복지지원법에 청소년우대의 근거 조항을 갖고 있지만, 교통 · 문화 · 여가 시설에서의 청소년 이용료 할인이나 면제 등과 관련한 구체적인 내용은 포함하고 있지 않다. 청소년우대의 가치나 철학의 정립과 함께 미국에서와 같은 전반적 청소년업무와 관련한 이론적 체계를 확립하고 그에 따른 실제적 방안들을 일관성있게 마련할 필요가 있을 것이다.

다양하면서 넓은 미국 전체를 통한 청소년의 생활과 활동 전반에 관련된 각종 우대·할인제도와 정책지원의 내용을 종합적으로 파악하는 것은 쉬운 일이 아니다. 그러기 위해서는 미국 사회의 역사적 형성과정에 대한 이해, 아동과 청소년에 대한 관심과 국가 정책적 접근의 내용, 그리고 청소년의 삶과 생활의 구체적 현장인 지역사회의 각기 다른 환경과 상황적 특성 등에 대한 종합적 이해가 필요할 것이다. 그럼에도 불구하고 본 연구에서 제시된 미국의 사례는 우리나라 우대제도의 발전을 위해 내용과 방법 및 수단 등의 여러 측면에서 시사점을 제공하고 있으며, 특히, 덴버(Denver)시의 MY Denver Card는 우리나라 자치단체의 청소년우대 의지와 정책개발을 위해 유용하게 활용될 것으로 기대된다.

08

CHAPTER

시민청소년운동의 동향과 유형: 청소년주도성과 행동주의 관점

CHAPTER 08

시민청소년운동의 동향과 유형: 청소년주도성과 행동주의 관점

1. 시민청소년운동의 성격

청소년운동(youth movement)의 개념에 관한 기본 입장은 "청소년의 사회개조운동"으로 보거나 "개량적 집단행동"을 중심으로 보는 두가지로 크게 구분된다. 전자의 견해는 인식론적 정통(orthodox)개념에 편향한 진보적인 입장이며 후자는 인식론적으로 실제 개념론에 편향한 보수적인 견해로 이해한다(김상형, 1983; 정혜원, 2006). 그러나 두 가지 개념에 공통적인 것은 청소년이 주체가 되어 사회변화(개조 또는 개선)에 행동적으로 참여한다는 점이다. 이런 점에서 오늘날의 청소년운동을 시민적 성격을 가지는 것으로 보고"시민청소년으로서의 주체성을 가지고 사회변화를 위해 행동하는 청소년 참여운동"으로 정의하는 접근은 의미있는 일이다(천정웅, 2018).

시민청소년운동(civic youth movement)은 청소년주도적 성격은 물론, 운동의 주제,

개입방법, 조직유형과 행동전략 등에 따라 여러 가지로 그 성격과 내용을 이해할 수 있다. 관점에 따라서는 세대간의 갈등과 대립을 기준으로 보거나 지역적 특수성을 기준으로 유형을 구분할 수도 있다(고영복, 1993; 진덕규, 1985). 시민청소년운동은 또한 청소년의 주도성의 정도에 따라 청소년들의 자발적 참여운동 뿐만아니라 성인들의 필요에 따라 주도하는 운동에 동원되는 형태, 성인과 청소년이 함께 하는 참여운동 등을 생각할 수 있고, 주제영역과 성격별로는 학생운동, 노동운동, 인권운동, 민족운동, 정치운동, 경제운동 동으로 볼 수도 있으며, 조직이나 주관 단체별로는 청소년단체 주도, 시민단체주도, 청소년단체와 시민단체의 복합형으로 구분할 수 있으며, 운동의 방법과 전략 면에서도 오프라인에서의 조직적 청소년운동과 온라인, SNS에서의 청소년운동 등으로도 이해할 수 있을 것이다(고영복, 1993; 김종길, 2003; 천정웅, 2018).

이 글은 시민청소년운동의 다양한 내용을 종합적으로 이해해야 할 필요성이 있다고 보아 전체적으로 조망할 수 있는 분석틀과 방법은 어떠한지에 대한 관심에서 시도하였다. 시민청소년운동으로 볼 수 있는 주요한 진전상황(developments)을 마주하면서 청소년분야가 준비해야할 것을 찾아보고 그 정책적 · 실천적 내용을 만들어 가는 것은 청소년을 연구하는 지식공동체(epistemic community)의 당면과제로 볼 수 있다. 이를 위해 미국과 캐나다 등 북미지역과 유럽을 중심으로 하는 서구선진국가(western advanced countries)의 사회변화를 위한 청소년주도 사회운동의 동향과 사회정의를 위한 행동주의 청소년운동의 동향과 유형적 특성에 대해 개관하기로 한다. 이는 시민청소년운동의 핵심적 성격을 청소년주도성과 청소년행동주의로 보는 관점에서 접근하는 것이다.

청소년운동에 관한 연구에 대한 관심이 증대와 함께, 최근 Ho, Clarker, Dougherty (2015) 등은 청소년주도 사회변화 운동의 주제, 조직유형과 관여유형, 그리고 전략과 영향에 관한 분석틀을 제시한 바 있으며, Conner와 Rosen(2016) 등은 청소년 행동주의에 관한 역사적 배경과 현대적 특성들을 포괄하는 연구성과를 제시하고 있는 점에 특히 주목할 필요가 있다. 이들의 주요 연구결과를 소개하고 관련 문헌을 고찰함으로써 우리나라 시민청소년운동에 관한 보다 진전된 연구를 촉진하는데 기여할 것으로 기대한다.

2. 청소년주도성과 청소년행동주의

시민청소년운동 성격을 규정하는 것은 시민사회의 사회적 생활영역 전반에 관련하며, 비판적 시민의식의 성숙 역사와도 연결하고 청소년의 사회변화발전의 잠재요인으로서의 미래지향성에 주목하는 것이 중요한 의미를 갖는다(천정웅, 2018). 이런 점에서 시민청소년운동은 청소년의 시민성을 전제한 사회운동으로서의 특성과 밀접한 관련이 있으며, 그 핵심적 성격은 청소년 스스로가 운동의 주체가 된다는 점과 직·간접적 참여를 통한 사회적 행동(social action)을 통해 나타난다는 점을 이래할 필요가 있다. 사회운동은 일반적으로 '집합행동을 통해 사회를 변화시키려는 제도화되어 있지 않은 노력'으로 정의한다. 사회운동의 일반적 성격은 또한 ① 사회적으로 원치 않는 조건들을 집합적으로 변화시키려는 시도 ② 변화의 필요성에 대한 확신은 공유된 정체감(sense of shared indentity)에 의해 발생하는 점. 그리고 ③ 사회조직의 요소를 갖는다는 점 등으로 논의된다(Popenoe, 1977).

사회운동에 대한 이러한 이해는 그 유형을 몇가지로 구분할 수 있게 하는데, 대표적으로 Turner(1957)는 ① 권력지향적 사회운동, ② 가치지향적, 사회운동, ③ 개인적 표출적 사회운동, 그리고 ④ 저항적 사회운동으로 분류하였으며, Popenoe(11977)는 ① 개혁운동, ② 혁명운동, ③ 저항운동, ④ 표출적운동의 네가지로 유형을 구분하였다. 시민청소년운동의 개념은 Turner의 분류 중 가치지향적 및 개인적 표출적 운동이 관련되며, Popenoe의 분류로는 개혁운동과 표출운동에 가까운 성격을 갖는 것으로 볼 수 있다. 여기서 가치지향적 운동의 기본 가정은 사회적 제 가치를 변화시킴으로써 사회적 제조건(특히 사회구조 또는 사회제도)을 변화시킬 수 있다는 관념론에 입각해 있으며, 개혁운동은 사회구조의 어떤 측면을 수정함으로써 사회를 전체적으로 개선하기 위한 사회운동으로서 비교적 민주주의적이고 개방적인 특성을 갖는 것으로 볼 수 있다는 점에서 Tunner가 말하는 가치지향적 운동과 Popenoe의 개혁운동은 상호유사한 성격을 갖는 것으로 이해할 수 있다. 그리고 개인적 표출적 사회운동과 표출운동의 경우에도 주로 운동참여자의 정서적 만족, 정체감의 정립 그리고 참여자의 생활유형의 형성과 같은 물질적이 아닌 정서적 측면에 초점을 두며, 사회구조의 변화보다는 개별적으로 개개인의 의식이나 조건을 변화시키는데 초점을 두는 비정치적 사회운동이라는 점에서 그 성격은 유사한 것으로 볼 수 있다.

사회운동이론가인 Whittier(2002)는 사회운동을 이해하는 이론적 접근으로 다음과 같은 4가지를 제시하였다. 즉, 사회운동을 이해하는 데에는 우선, 의미(meaning)와 구조(structure)가 중요하며 둘째, 의미와 구조는 둘은 상호적으로 구성된다(mutually constituted). 셋째, 내적 역동성(internal dynamics)은 끊임없이 사회운동의 모습을 형성하는 동시에 외적 정치적 맥락(external political context)에 의해서 그 모습이 형성된다. 넷째, 사회운동이 직면하는 운동성(movement)과 제도(institution)는 구조적 불평등성(structural inequality)에 의해 구체화된다. 그리고 이러한 4가지 요소들은 유동적이면서 상호작용하는 특성을 갖는다. Daniel과 Valladares(2016)는 Whittier의 이러한 네 가지 요소를 활용하여 미국 마이애미에서의 청소년조직화의 몇가지 사례를 제시하면서 이들 사회운동단체의 구조(structure)의 경우는 청소년들이 생활하고 있는 물리적 지역사회와 청소년들이 이끌어가거나 참여하고 있는 기관, 주, 지역 그리고 연방정부의 정책과 정치현상 등을 포함하는 것으로 본다.

시민청소년운동의 사회운동적 성격은 또한 청소년운동의 주체, 방법, 대상, 내용 등에 따라서 다르게 규정할 수 있다는 점이다. 특히 주체와 방법은 더욱 중요한 의미를 갖는데, 시민청소년에서는 시민청소년이 주체이며, 시민운동은 방법의 측면과 관련되는 것으로 볼 수 있다. 이는 우선'청소년'은 발달적 측면에서의 청소년기로 이해하기보다는 취업과 결혼 등의 사회적인 역할의 측면에서 규정하고 다음으로'운동'은 ① 자주적, 자발적, 자치적인 의미로 이해하거나 ② 정치적, 사회적, 종교적인 것을 의미하면서 ③ 개혁이나 혁명이란 개념을 내포한다고 보는 의미로 사용하는 것에서 볼 수 있다(남세진, 1990). 이런 점에서는 시민청소년운동은 다양한 청소년을 주체로 하여 시대적, 공간적 상황에서의 뜻과 목적을 지향하면서 이상을 실현하기 위해서 연대적으로 이루어가는 과정으로 보는 것과 연결된다. 연대성의 의미는 시민운동의 방법과도 관련되는데, 지속가능한 운동의 확장은 여러 사람들이 함께할 때 가능하기 때문이다(정건희, 2016). 시민청소년운동의 사회운동적 성격은 또한 그 성격적 특성에서 청소년들의 권리와 해방과 행복을 위한 운동이거나, 청소년에 대한 억압, 차별, 배제, 무권리의 문제에 맞서 사회를 더 자유롭고 평등하게 변화시키는 운동으로 보는 것도 맥락을 같이하는 것이다(공현 · 둠코, 2016). 여기서 운동의 의미는 당사자의 어떤 뜻과 이상이 존재하고 이를 이루기 위한 움직임과 함께 사람들의 연대와 조직이 맞물려 확장될 때 사회적 변화는 이루어진다는 점에서 이해할 수 있다.

시민청소년운동은 청소년들의 적극적 연대와 참여행동을 통해 사회적 통합을 위한 방안의 모색하는 하나의 방법으로 볼 수 있다. 청소년운동은 사회 속에 긴장이나 불안이 있는 것과 관련되는데, 사회적 긴장이 조성하는 사회적 요구에 대응하는 새로운 해결의 방안을 제시하기 위해서는 시민운동적 성격의 사회운동이 요청되기 때문이다. 이런 점에서 Torrow(1998)는 사회운동은 "공통의 목적을 가진 사람들에 의한 [엘리트, 당국, 집단이나 문화적 코드]에 대한 집합적 도전이며 엘리트, 상대방과 당국과 지속적으로 상호작용하는 연대성"으로 정의한다(p. 4). Warren과 Kupscznk(2016)은 이러한 정의를 활용하여 사회운동은 억압받는 사람이나 소외된 사람 편에서 공유된 정체성에 기반하여 정부정책과 사회정의의 명분을 진전시키는 공적 태도의 변화를 달성하려는 힘을 구축하기 위해 하는 집단적 행동을 의미한다고 본다. 사회운동은 소외된 집단에 맞서는 판에 박힌 것에 도전함으로써 문화적 태도나 대중적 담론의 변화를 만들어낸다. 성공적인 사회운동은 동맹을 찾으며, 변화를 위한 보다 큰 사회적 합의를 구축하기 위해 진행되며, 이렇게 함으로써 권력을 구축할 뿐만아니라 사람들에게 호소하고 궁극적으로는 다수의 사람들의 마음을 바꾸는데 기여하는 것이다.

3. 청소년주도 사회변화운동의 주요동향과 유형

시민사회의 구성원으로서 청소년은 다양한 사회변화를 촉진하는 일에 책임을 가질 필요가 있다. 여기에는 전국적 중요성을 갖는 사회적 이슈들에 영향을 끼치거나, 학교교육과 관련한 문제에 당사자로서의 의견을 개진하거나 청소년과 관련한 주요한 의사결정에 참여하는 등의 일들이 포함될 수 있을 것이다. 현실적으로 그러한 노력은 사회적 현상으로 나타나고 있으며, 부분적으로 제도화를 통해 진전되는 성과도 있다. 그러나, 청소년들은 여전히 자신들과 관련한 의사결정과정에의 참여가 박탈당하고 있다고 보는 일들이 지속적으로 나타나고 있으며, 이를 극복하기 위한 직간접적인 청소년참여활동과 사회운동적 노력은 지속되고 있는 실정이다. 청소년들의 참여가 촉진되고 임파워먼트와 발전을 위한 기회가 제공되면 사회전반에도 다양한 이점이 있다는 주장은 다양한 연구로 나타나고 있다(Powers & Tiffany, 2006). 이런 점에서 최근 Ho, Clarker, Dougherty(2015)는 청소년주도의 사회변화운동에 사회에 주는 영향을 논의하고 그 의미를 평가하면서 15-24세 청소년들이 주도한 사회운동을 분석하는 몇가지 틀을 제시하고 있어 주목된다. 여기서는 이들이 제시한 내용 중에서 주제, 조직유형, 관여유형과 주요 전략 등을 중심으로 소개함으로써 청소년주도 사회변화운동의 동향과 유형에 대해 이해하기로 한다.

1) 청소년주도 사회변화운동의 대상과 내용으로서의 주제

청소년들이 주도한 사회변화운동의 주제를 구체적으로 논의한 연구는 없지만, 최근 Ho, Clarker, Dougherty (2015) 등은 다양한 주제에서 청소년이 주도한 사회변화운동의 사례를 포함하여 주요 용례를 다음과 같은 7개로 범주화하여 제시한 바 있다. 환경, 건강과 안전, 인권과 민주주의, 공평, 임파워먼트 및 사회정의, 교육, 과학, 비즈니스, 기술 및 발전, 그리고 문화와 종교 등을 포함한다.

① 환경은 건강, 웰빙 또는 생체적 고결성, 자연환경 등과 관련되는 주제이다. 자연경관, 서식지(habitats), 자연적 지역을 포함한다. 인간을 제외하고 야생 또는 집에서 기르는 동물을 포함한다.

② 건강과 안전은 인간의 정신적 신체적 건강(wellness)으로 자연그대로의 건강상태를 포함한다.

③ 인권과 민주주의는 사회정의 범주에 관한 유사한 이슈에 초점을 두지만, 정치영역이나 체계 영역의 범위내의 것을 말한다. 입법을 위한 제안이나 투쟁을 예로 들 수 있으며, 선거에 관한 주제나 정부주체에 관한 제반 관심들을 포함한다.

④ 공평, 임파워먼트 및 사회정의로서 세대간 공평성, 경제적 불균형(특히, 빈곤), 서비스에 대한 접근가능성과 접근 등에 관한 이슈 등을 포함한다. 이 주제에는 그러나 입법 분쟁, 선거 또는 기타 민주주의 주제에 속하는 다른 항목 등을 포함한다. 그러나 일부 경우에는 중복적이 될 수 있다.

⑤ 교육은 워크숍, 수업, 비공식교육 등과 같은 교육을 제공하는 것에 초점을 둔 관여 또는 교육 자체에 초점을 두는 것으로 확장하거나 개혁하거나, 그 실행상의 단점에 대해 제시하는 개입들에 초점을 둔다.

⑥ 과학, 비즈니스, 기술 및 발전은 에너지와 인프라(학교, 급수, 냉난방, 도로, 철도 기다 발전의 제측면 등을 포함하는 필수 서비스에 관한 모든 인프라), 과학(연구와 혁신에 관련한 보건학을 포함), 다른 범주에 속하지 않는 건축환경에 관련되는 여타 개념들에 관련한 주제들을 포함한다.

⑦ 문화와 종교는 문화, 신념 및 종교의 조합과 관련되는 주제를 말한다.

2) 청소년운동의 유형으로서의 조직과 관여(engagement)

(1) 조직 유형

청소년들이 사회변화이니시어티브에 참여하는데 사용하는 조직의 유형은 광범위하다. 청소년들은 비공식 집단을 만들고, 비영리 단체, 영리단체, 그리고 사회적 기업 등을 만들고, 정당이나 청소년위원회의 청소년 그룹과 같은 자문기구와 관련되는 일을 한다. 다른 경우에는 집단을 만들거나 가입하지 않고 하나의 개인으로 일하는 청소년도 있다. Ho, Clarker, Dougherty (2015) 등은 몇가지 맥락과 연구분야에서 이용가능한 다양한 문헌 정보들을 종합하여 청소년운동의 조직유형을 ① 개인 ② (비공식) 집단 ③ 영리 회사 ④ 사회적 기업 ⑤ 비영리 단체 ⑥ 자문기구 등의 6개로 구분하여 제시하였다.

(2) 관여 유형

사회변화를 이끌어내는 청소년 주도적 관여는 여러 가지 방법으로 이루어지고 있다. 주제가 같더라도 관여의 유형은 2개 이상이 될 수도 있다. 청소년운동의 형태로 나타나는 관여의 유형에 대해서 하나로 정리된 합의는 없지만, 다음과 같은 8가지 범주가 있음을 알 수 있다: 즉, ① 자선, ② 자원봉사주의, ③ 정치적 관여, ④ 공공정책, ⑤ 경제 활동, ⑥ 예술, ⑦ 연구와 혁신, 그리고 ⑧ 기타 유형 등의 그것이다. 다음의 〈표 1〉은 Ho, Clarker, Dougherty (2015) 등이 제시한 8가지의 청소년주도 관여 유형을 제시한 것이다.

〈표 8-1〉 청소년운동의 관여 유형

범주	개념 정의
자선	생애기간 중이나 사후에, 기금을 포함하여 금전적 기부를 하는 것을 말한다. 청소년 자신이 자선가가 될 수 없으며, 가능한 공동협력(partnership) 기회가 많이 있다
자원봉사주의	자원봉사란"다른 사람을 도우는 계획된 형태이다. 조직적 환경에서 상당한 기간 동안 발생하고 자원봉사자는 직접적인 보상을 기대하지 않아야 한다.
정치적 관여	지역사회 중심이나 정치적인 것으로 이해될 수 있다. 사회적 행동주의라고 볼 수 있다. 이러한 관여는 다양한 정치적 행동이나 무행동(inactions)의 특징을 갖는다.
공공 정책	국가정부와 세계은행 같은 개발은행을 포함한다. 청ㅅ호년들이 파트너로 접근하거나 청소년이 변화를 수행하는 목표가 되거나 스스로 직접적 권력을 갖는다.
경제 활동	사회적 임무륾 가진 조직이며 이를 통해 재정을 확보하고 경제적/상업적 및 사회적 동기 사이에 균형을 맞춘다.
예술	예술적 표현을 통해 관여한다. 시각예술, 음악, 댄스를 포함한다.
연구와 혁신	현존 문제에 대한 혁신적 해법을 실행하여 변화를 창출한다. 사회의 지식이나 특정 주제에 대한 이해를 향상시키기 위해 새로운 연구나 기존 연구를 사용하는 것을 포함한다.
기타	그 밖의 다른 유형의 관여를 말한다

출처: Ho, Clarker, Dougherty(2015). p. 55에서 재구성

3) 청소년운동의 전략(strategies)과 영향규모(impacts)

청소년운동은 다양한 형태가 있을 뿐만 아니라, 어느 정도로, 어떤 방법으로, 청소년들이 운동에 참여할 수 있으며, 또 어떤 조건하에서 청소년운동이 활성화될 수 있는가를 고려할 필요가 있다. 청소년운동의 목적과 방법과 관련하여 운동의 전략과 그 영향의 정도 및 운동의 전략과 영향과의 관계에 대해 생각할 수 있다.

(1) 청소년운동의 전략(strategies)

Gauthier(2003)은 청소년의 개입의 정도에 관해 사회화에서부터 동반자관계를 통한 권력에 영향을 끼치는 범주까지를 포함하는 유형화를 제시한 바 있다. Helferty와 Clarke(2009)는 학생들이 주도하는 사회변화 전술의 유형을 고려하는 수단으로 청소년운동의 전략을 유형화하여 제시한 바 있다. Ho, Clarker, Dougherty (2015) 등은 사회변화를 위한 청소년주도운동의 전략을 사회화, 영향, 권력, 그리고 파트너십의 4가지로 전략을 구분하였다.

① 사회화(socialization)범주는 분류목적상, 자각을 높이는 것(awareness-raising)과 동의어로 보며, 예술적 표현과 여타의 그러한 활동을 포함하는 다양한 수단을 통하여 이슈에 대한 인식을 촉진하면서, 교육 캠패인 같은 활동을 하는 것을 말한다.

② 영향을 준다(influence)는 것은 청소년들이 사회변화에 영향을 간접적으로 끼치는 활동을 말하며,

③ 권력(power)은 청소년들이 사회변화 자체에 직접 영향을 끼치는 활동으로 분류한다. 그리고

④ 파트너십(partnership)은 개인, 선거구민, 조직, 지역사회, 의사결정가, 광의의 인구집단이나 부분 등과 같이 상호 유익한 협력을 통하여 사회문제에 직접적인 영향을 주는 것을 말한다.

(2) 운동의 영향규모

청소년운동에 의한 영향의 정도라는 측면에서 보면, 청소년관여의 동기에 대한 연구가 수행되어 왔음을 알 수 있으나 사회에 대한 청소년주도의 이니시어티브의 영향과 효과에 대한 연구는 거의 없다. Clarker와 Dougherty(2010)는 영향의 규모에 대해 ① 사람이나 조직에 영향을 끼치는 것과 같은 개인에 대한 영향, ② 지역사회/지방 또는 부문의 규모에 영향을 끼치는 지역사회나 조직 간의 영향, 그리고 ③ 전국 또는 국제적 영향(거시적 규모의 변화를 제도화하는) 등의 세가를 제시하였다.

〈표 8-2〉 청소년운동의 영향규모

범주	개념 정의
개인	한사람 또는 그 이상의 사람들 스스로에게 영향을 끼치는 것으로 단일-개체의 변화를 도모함
지역사회 또는 조직간	현지화된 지역사회 또는 조직적 규모에 영향을 끼치는 것으로 그러한 변화가 이들 집단내에서는 공통적이며 수용되는 상황인 경우
국내 또는 국제	사회변화가 제도화됨; 거시적 규모이며, 체계적 영향(systemic impact)으로도 알려짐

출처: Ho, Clarker, Dougherty(2015). p. 55에서 재구성

(3) 운동전략과 영향 간의 관계

Clarke와 Dougherty(2010)은 청소년운동의 영향을 전략과의 관계라는 측면에서 고려하는데, 이를 도표로 제시한 바 있는데, 그 표에서는, 청소년운동의 영향과 전략이 계선적 과정이 아니며, 단순한 하나의 성과로만 보일 수 있는 것이 아님을 알 수 있다. Gauthier(2003)은 동반자관계가 권력에 연결되는 것으로 본다. Clarke와 Dougherty(2010)은 권력을 직접적으로 변화를 만드는 것으로 본다(예를 들면, 학교를 짓거나 태양판을 설치하는 것과 같이). 동반자관계를 상정하는 것은 청소년들이 사용하는 하나의 전략

이며, 권력이나 영향에 따라 각기 다르게 된다. Ho, Clarker, Dougherty (2015) 등은 이러한 연구결과를 바탕으로 다음과 같은 표로 제시하였는데, 청소년들이 사용하는 전략으로 파트너십을 추가하고, 영향 척도에서 기존의 "체계적"이라는 부분을 지리적인 것을 사용하는 것이 측정하기가 쉽기 때문에"전국 또는 국제"로 변경하였다.

〈표 8-3〉 **전략과 영향간의 관계**

전략/ 영향	영향 규모		
사회변화 전략	개인	지역사회 또는 조직간	전국 또는 국제
사회화	개인이 사회문제를 알고 해결하려고 함	조직이나 현지공동체가 사회문제를 알고 해결하도록 함	넓은 부분이나 사람 또는 국내/국제 공동체 또는 의사결정자들이 사회문제를 알고 해결하도록 함
영향	사람들이 자기 삶과 관련한 사회문제에 대해 조치를 취함	지역사회/종교기관/조직 또는 의사결정가들이 영향을 끼치게 하여 사회문제에 조치를 취하게 함	넓은 부분이나 사람 또는 국내/국제 공동체 또는 의사결정자들이 그 규모로 영향을 끼쳐 사회문제에서 조치를 취하게 함
동반자 관계	행동하는 다른 개인과 상호 호혜적 협력을 통해 사회문제에 직접 영향을 끼침	조직이나 현지 공동체 규모로 상호 호혜적 협력을 통해 사회문제에 직접 영향을 끼침	국내 또는 국제적 규모로 상호 호혜적 협력을 통해 사회문제에 직접 영향을 끼침
권력	개인적 행동을 통해 사회문제에 직접 영향을 끼침	조직이나 현지 공동체의 조치를 통해 사회문제에 직접 영향을 끼침	국내 또는 국제적 규모의 조치를 통 하여 사회문제에 직접 영향을 끼침

출처: Clarker & Dougherty(2010)에서 재구성

4. 청소년행동주의 동향과 유형화

1) 유럽의 청소년운동과 행동주의 동향

청소년이 주체가 되어 사회변화를 위해 참여하는 사회운동의 또 다른 동향은 청소년행동주의(youth activism)로 특징화하여 볼 수 있다. 행동주의는 사회변화를 위한 행동을 의미하며, 청소년행동주의는 청소년들이 사회변화를 위해 행동이 필요하다고 생각할 때 행동을 취하는 경향을 의미하는 것과 관련된다. 행동주의는 일반적으로 명분을 증진하는 행동으로 이해하지만 저항 행동, 명분을 위한 옹호, 의식고양을 위한 정보보급 등이 포함되고 편지를 쓰는 일도 행동주의의 일부로 볼 수 있다.

사실, 행동주의는 주류 언론과 학술문헌에서 자주 나타나는 용어이지만 개념규정은 거의 이루어지지 않고 있다. Sherrod(2006)는 행동주의를 광의적으로 "사회변화를 위한 행동"으로 정의한다(p. 2). 행동주의는 기존의 사회제도에 도전하고 변화시키려고 하는 넓은 범주의 실천례를 포함하는 것으로 본다. 다른 경우는 "사회정의를 위한 투쟁"(Taft, 2011, p. 3)을 말하는 것으로 정의하고 시민사회의 전환(Kirshner, 2015)이라는 정의를 사용한다. Conner와 Rosen(2016)은 행동주의는 현상유지(status quo)에 도전하고 비대칭적 권력관계를 재구성하려 추구하는 행동으로 이해한다. 행동주의는 특정한 사회적 행위자를 특권화하고 다른 사람들을 한계화하는 구조를 약화시키고 목소리가 대칭적으로 전달되지 않는 사람들이 의사결정 구조와 과정에 포함되도록 추구하는 것을 포함한다. 행동주의는 포용(inclusion), 접근(access), 형평(equity) 등을 위한 통로(pathways)를 마련한다는 것이다.

청소년들의 행동주의적 관심을 끈 주제의 예로는 아동 노동, 환경보호, 동물보호권 등을 들 수 있을 것이다. 물론 역사적으로는 1940년대 나찌 저항운동, 1960년대의 미국을 중심으로 한 민권운동, 1970년대의 베트남 전쟁과 관련된 반전평화운동, 1980년대의 유럽의 청소년평화운동, 2000년대의 사회정의운동 등 다양한 모습으로 나타났다.

이 가운데에서도 청소년이 주도한 사회운동의 대표적인 것은 1980년대 유럽을 중심으로 나타난 청소년평화운동에서 찾아볼 수 있는데, 영국, 서독, 이태리, 네덜란드에서는 수십만의 청소년들이 유럽 내 미군사시설과 레이건과 부시의 유럽방문, 북대서양조약기구를 반대하는 저항운동과 시위를 주도하였다. 서유럽 청소년운동의 주요 이슈는 또한 대학개혁과 청소년문화로도 확산되었는데 이는 역사적으로 끊임없이 대두되는 학생운동의 주제가 되었다. 프랑스, 이태리, 스페인의 학생들은 정부와 학교의 교육정책과 그 관행에 맞서 시위하였으며 독일, 덴마크, 스위스에서는 무산입주자(Squatters)의 권리와 독립된 청소년센터를 요구하는 시위가 있었으며, 약물남용, 알코올 및 성문제(sexual abuse)와 함께 주요한 청소년 사회문제로 받아들이게 만들었다. 영국에서는 스킨 해드(skinhead)가 등장하였고, 폭력질주폭동이 이주청소년, 노동계급청소년과 경찰 간의 공방을 불러일으키면서 소외, 냉소주의, 증오심이 팽배하게 되었다.

동유럽에서의 청소년운동은 특히 폭넓은 국민정서(sentiments)를 반영하였으며 때로 기성세대의 후원을 받기도 하였지만 그들은 결국 스스로를 사회개혁의 주체이며 변화를 가져오는 촉매로 보았던 것으로 평가된다. 동유럽은 자유, 민주주의, 인권 및 민족자결(self-determination)을 이슈로 하는 청소년운동이 전개되며 청소년평화시위가 곳곳에서 일어나게 된다. 폴란드 청소년들은 1980년 민주주의 벽운동(Democracy Wall movement)으로 민주주의와 자치정부수립을 위해 저항운동을 조직화하고 학생 스트라이크와 시위를 주도하면서 소련군대의 철수를 요구하였다. 폴란드 청소년의 이러한 노력은 1989년 민주정부수립에 크게 기여했다고 평가된다. 체코의 청소년들은 정부지원에 의지했던 평화와 권리운동(Peace and Light Rally)을 분열시키면서 '우리는 자유를 원한다', '군대는 물러가라'고 외쳤다. 1989년에는 소련침공에 맞서 저항하다 1968년 '프라하의 봄(Prague Spring)'에 분신했던 크라흐(Jan Palach)학생의 죽음에 대한 기념식을 가졌다. 헝가리 청소년들은 대학의 개혁, 민주주의 인권을 위해 저항하면서 "자유와 평화운동"을 조직하였다. 1989년 한 동유럽 국가에서의 그들의 저항은 "우리가 아니면 누가"(Who, if not us?), "지금이 아니면 언제"(When, if not now?)라는 구호 속에서 전개되었다.

2) 미국의 청소년행동주의와 청소년조직화의 동향

한편, 청소년주도적 사회변화 운동의 또 다른 동향은 미국의 경우를 고찰한 Braxton (2016)이 제시한 청소년행동가 지형 요약(youth activist landscape summary)을 통해서 이해할 수 있다. 그는 우선, 청소년조직화(youth organizing)라는 용어에 주목하면서 청소년조직화를 위해 노력하는 청소년조직가들을 행동가(activist)로 지칭하고 청소년행동주의의 관점에서 실천사례를 유형화하여 제시하고 있다.

미국의 경우, 비록 행동주의가 넓은 범주의 행위를 포함하고 있지만, 지난 10여년간은 "청소년조직화(youth organizing)"라는 용어가 형식적으로 제도화되는 경향이 있었으며 그에 따라 이 용어가 지난 수세대에 걸쳐 지속가능하였던 특정한 형태의 청소년행동주의를 말하는 것으로 사용되어 왔다. 청소년조직화의 노력은 청소년을 의미있는 사회변화를 위해 동원하고, 동시에 청소년들의 욕구를 지지하고 청소년들의 지도적 역량을 개발하기 위해 지속되었다. 청소년조직가들은 청소년들의 지속적 사회적 관여를 촉진하고 자발적이기 보다는 1990년도 후반 씨에틀(Seattle)과 퀘백시(Quebec City) 또는 2014년의 "점령하라 운동(Occupy movement)"에서 반세계화 행동주의자들의 다양한 저항을 통해 나타났던 니트접근법(knit approach)에 대한 인프라(infrastructure)를 중요시하고 세대간 지지(intergenerational support)를 제공하는 형태의 행동주의를 선호한다.

미국의 청소년행동주의의 역사는 19세기까지 거슬러 올라간다. 당시 대학과 고등학교 학생회가 일반화되면서, 청소년들은 노동자 조직화와 노예제도 폐지를 위한 운동, 여성참정권을 위한 운동 등에서 중요한 역할을 했다. 1900년대 초기, 아동기는 생애단계에서 성인의 지도감독을 필요로 하는 구별되는 생애 단계로 간주되기 시작했다(Kwon, 2013). 이 시기 보이 스카우트와 Campfire Girls같은 새로운 청소년단체가 나타났으며, Junior Citizens같은 단체는 청소년을 모의 정부활동에 참가하도록 하고 때로는 실제 현실정치에도 참가하도록 하는 활동을 하였다. 그러나, 이 시기에는 아동 노동스트라이크, 임대 스크라이크 등을 포함한 자율적인 청소년행동주의의 사례도 있었지만, 많은 경우 성인들의 지도감독 하에 나타난 특징을 갖는다.

Light(2015)는 1950년대를 “성인들에 맞서서 저항하는 동료 지향적 청소년문화”(p. 26)로 특징화하였다. 많은 새로운 청소년단체들이 이 기간에 생겨났다. 전국 학생연맹(The National Student League)은 스트라이크를 지지하고 전쟁에 반대하였다. 미국 청소년 의회(The American Youth Congress)는 미국 청소년권리선언을 발표하고 청소년 프로그램을 지지하기 위해 미국청소년법(The American Youth Act)을 통과시켰다. 1960년대의 역동적인 사회운동들은 주로 청소년들에 의해 주도되었다. 시민권운동, 여성운동과 동성애자인권운동 등은 모두 청소년들이 지도자 역할을 했다. 이러한 청소년들의 행동주의는 결국 투표연령을 21세에서 18세로 하향하도록 하였다.

1990년대에는 하나의 새로운 청소년조직화 집단이 전국적으로 나타나기 시작했다. 이러한 집단들은 종종 반청소년정책에 맞서 활동하였다. 1980년대와 1990년대의 미국내 보수주의자들의 반격으로 많은 유색청소년들이 희생하는 사회적 이슈들이 많았다. 유색 청소년인구가 급격히 증대함에 따라 많은 백인 미국인들이 위협을 느꼈다고 본다(Males, 1999). Hosang(2003)에 따르면, 통금법과 반갱 전담부서를 두는 곳들이 미국 전역으로 확산되었다. 1994년의 Clinton 형사법의 도입으로 더 많은 소년들이 성인으로서 재판받게 되었으며, 41개 주가 이러한 정책기조의 주의 자체 버전을 만들었다.

젊은 여성의 낙태를 제한하는 부모동의법이 확산되었다. 청소년조직화 집단은 이러한 반 청소년정책의 흐름에 직접 대항하기 위해 구성되기 시작했던 것이다. 이들 단체의 입장은 과거 세대의 청소년 행동주의자와는 달리 청소년에 대한 구체적인 공격에 맞서서 청소년 주도적으로 청소년을 중심구성원으로 하여 조직화했다는 점에서 달랐다.

이러한 투쟁으로부터, 새로운 단체와 청소년업무의 새로운 파라다임이 탄생하였다. Listen, Inc.(2003)에 따르면, "청소년조직화 분야는 세가지 중요한 요소로부터 탄생한 것이다: 전통적 조직화 모델의 유산, 특히 Saul Alinsky가 말한 1960년대와 1970년대의 진보적 사회운동; 그리고 긍정적 청소년개발 등이 그것이다." (p. 4). 사실, ① Saul Alinsky는 종종 그가 1950년대에 시카고에서 개발하였던 조직화 모델에 입각한 지역사회 조직화의 창시자로 간주된다. Alinsky의 지역사회조직화 전통으로부터, 이러한 새로운 청소년조직화 집단은 회원을 어떻게 구성하고, 이슈를 찾아내고, 힘을 분석하고, 권력을 가진 자에 대한 압력을 점차 확대하는 것 등을 배웠다. 그러나 ② Alinsky의 조직화 전통은 실용주의적 정치에 초점을 두었으며, 이념적 정치적 분석이나 인종, 계급, 및 성에 중요한 초점을 두는 것과는 거리가 있었다. 그러므로 이러한 새로운 조직화 집단은 1960년대와 1970년대의 민권운동, 흑인과 아시아인 지위운동(Black and Brown Power), 맥시코계 미국인(Chicano), 여성주의자, 동성애자 인권운동 등을 포함한 사회운동으로부터 상당부분 영감을 받게 되었다. 이들 운동에서 그들은 인종, 계급, 성별에 대한 비판적 분석을 가지고 이끌어나가는 것을 배웠다. 그리고 ③ 1980년대 청소년업무 종사자들은 청소년들을 해결되어야 하는 문제로 보고 그들의 행위를 병리화하는 결핍모델에서 운영되어 온 전통적 청소년프로그램에 대해 비판하는 관점을 갖기 시작하였다. 그 결과 청소년들이 자신의 기술과 역량을 개발하도록 도우는 기회를 제공하는 데에 초점을 두는 긍정적 청소년개발(positive youth development)의 이론과 관점이 탄생하였다. 청소년조직가 들은 이러한 원칙에서 많은 것을 자신들의 업무에 통합하였고 더 나아가 청소년들이 기술과 자산을 가지고 있을 뿐만 아니라, 이러한 자산을 자신의 지역사회에 있는 불공정 inequity과 관련한 이슈에 대한 대응 논리와 명문, 그리고 힘을 구축하기 위해 사용할 수 있다는 점을 인식하였다.

3) 청소년행동주의 지형의 변화 유형

미국의 FCYO(Funders' Collaborative on Youth Organizing)는 재정지원자와 청소년 조직가들을 함께 청소년조직화 집단을 위한 자원을 증대하고 국내 청소년조직화 분야를 강화하도록 하는 단체이다. 이 단체는 구체적인 조직적 형태를 서술하는데 "청소년조직화" 라는 용어를 전형적으로 사용한다. 주로 13-18세의 유색청소년과 일하면서 지역 정책 캠페인을 조직화하고 정치교육을 수행하는 지역내 비영리단체를 말하는 것으로 사용하는 것이다. 사실 미국내에서 이러한 형태의 청소년조직화 단체들은 1990년대와 2000년대에 크게 성장하였다. 그러나 지난 수년 동안 청소년과 관련하여 발생했던 사회적 정의를 위한 사회운동 중 일부는 청소년조직화분야의 전형적 경계 밖에서 나타났다고 본다(Braxton, 2016).

Braxton(2016)은 또한, 이러한 일은 결국 청소년 행동주의의 지형의 급격한 변화를 초래하게 되었다고 보고 다음과 같은 두가지 요인을 지적하고 있다. 첫째, 정치적 조건 요인을 들 수 있다. 1990년대의 청소년조직화 집단은 유색청소년에 대한 특별한 공격에 대응하였다. 이러한 맥락은 노동조합, 공립학교, 선거권 뿐만아니라 이민에 대한 비판의 증가 등에 대해 대응한 것을 포함한다. 둘째, 기술발전으로 인한 인화점(flashpoint) 확산요인이다 새로운 기술의 발전으로 어떤 상황에서 촉발된 사건들(flashpoint)이 사회운동으로 급격히 확산하게 되는 일이 더욱 쉽게되고 또 많아졌다는 점이다. 경찰에 의해 비무장한 흑인이 죽는 것은 불행하지만 새로운 현상은 아니다. 그러나, 이에 대한 흑인청소년의 반응과 그들이 이를 연결하고 소통하고 조직화하는 데 소셜미디어를 사용하는 방법은 30여년 이상 "흑인의 삶도 소중하다는 운동(Movement for Black Lives)"이 강력한 사회운동이 되도록 하는데 기여했던 것이다.

한편, FCYO에서는 최근 현상태에서 청소년행동주의의 주요한 형태에 대해 분석하여 다음과 같이 6개의 유형을 제시하였다. 이러한 유형은 현재 미국의 청소년행동주의의 지형을 요약하는 의미를 갖는다. 우선, 13-18세를 중심 연령으로 하는 학교, 소년사법제도, 위탁보호 분야와 17-25세를 주요 참가자로 한 대학과 고용기관의 두 가지로 구분하고, 다음과 같은 6개의 범주 중 ①과 ②는 전자에 속하고 ③부터 ⑥까지는 후자에 속하는 것으로 하여 각 범주별 사례들을 제시하고 있다. 여기에서는 6개의 범주를 소개하는 것으로 미국 청소년행동주의 지형의 변화유형을 이해하기로 한다.

① 첫째는 청소년시민관여와 지도력(youth civic engagement and leadership)이다. 이 범주의 집단은 학교에서의 시민교육, 봉사학습, 중고학생들과의 참여행동연구에 참여한다.

② 둘째 범주는 중고등학교 청소년조직화(middle and high school age youth organizing)이다. 주로 13-18세의 저소득 청소년과 유색청소년을 중심으로 구조기반 조직화 모델을 활용하며 대부분 소규모 지역사회 풀뿌리 단체들이다.

③ 셋째 범주는 청년사회정의 조직화(young adult social justice organizing)이다. 이들 집단은 주로 17-25세 또는 30세까지의 연령인 청소년들을 조직화하며 주로 유색청소년들을 대상으로 소셜 미디어를 활용하고, 온라인과 오프라인 조직화를 병행한다.

④ 넷째 범주는 캠퍼스 기반 조직화(Campus-based organizing)이다. 이 범주의 집단은 주로 대학 캠퍼스에서 대학생을 조직화한다. 주로 대학 접근성과 구매력(affordability) 학생 재정문제 등과 같은 학생이슈와 관련한다.

⑤ 다섯째는 시민관여와 옹호/정책(civic engagement and advocacy/policy)이다. 이 범주에는 기반 구축이나 심오한 리더십 개발을 하기보다는 청소년들이 유권자에

개입하고 이슈를 옹호하는 일에 관여하는 것이 많다.

⑥ 여섯째 범주는 청소년실천가조직화(youth worker organizing)이다. 패스트 푸드, 소매업, 및 레스토랑 종사자를 조직화하는 일이 증대하고 있는데 많은 경우 청소년 종사자들에 집중한다.

〈표 8-4〉 미국 청소년행동주의 지형의 변화유형

	청소년기(13–18) 학교, 소년사법제도, 위탁		청년기(17–25) 대학, 고용자			
	중고 연령 청소년 조직화	청소년 시민관여와 지도력	청년 사회정의조직화	캠퍼스 기반 조직화	시민관여와 옹호/정책	청년 노동자 조직화
모델의 공통적 특징	저소득 청소년, 유색청소년 촛점	교내 시민교육	17–25세 또는 18–30세 집중	대학 캠퍼스에 기반	청년 기반	패스트푸드, 식당, 소매업자 조직화
	13–18세 촛점	봉사 학습	계기 기반 조직화	주로 학생이슈 조직화	집중적 투표관여	노동자 노조 주도 또는 파트너십
	구조 기반 조직화 모델	참여행동연구	소셜미디어 집중활용		정책 옹호	
	소규모 지역 뿔뿌리 단체		온–오프 통합		진보적 정치분석	
	청년 종사자의 지지자, 동맹, 멘토역할		상호교차성 분석			
	대중/정치 교육과 지도력 개발		급진 정치분석			
	청소년개발 지지 통합		캠퍼스–지역사회 혼합기반			
			분산 지도력			

출처: Conner & Rosen(2016). pp. 32-33에서 재구성

5. 청소년 · 청년을 위한 정책적 시사점

이 글은 시민청소년운동을 종합적으로 이해하고 전체적으로 볼 수 있는 분석방법을 찾기 위해 시도된 것이다. 우선 시민청소년운동의 개념을 시민청소년으로서의 주체성을 가지고 사회변화를 위해 행동하는 참여운동으로 보고 그 핵심적 성격을 청소년주도성과 청소년행동주의로 규정하고 그러한 관점에서 북미와 유럽의 서구선진국가에서의 경험을 통해 청소년주도 사회변화운동의 동향과 유형을 알아보고 청소년행동주의의 동향과 유형화에 대해 알아보는 것을 주요 내용으로 하였다. 연구방법은 문헌연구를 중심으로 하면서 서구의 경험을 연구한 다양한 문헌을 활용했다. 이 과정에서 특히 캐나다를 중심으로 미디어 내용분석(media content review)을 활용한 Ho, Clarker, Dougherty(2015)와 현대 청소년행동주의를 종합 고찰한 Conner & Roser(2016)의 연구성과들을 소개하면서 관련내용을 확장하여 분석하였다.

청소년주도 사회변화운동의 주요 동향 분석의 주제, 조직, 관여방법, 전략 등이 갖는 의미는 Ho, Clarker, Dougherty (2015)의 연구결과를 통해 확인할 수 있는데, 각각의 기준에 따른 서구에서의 발생정도를 빈도를 중심으로 제시하고 있어 전체적 동향에 대해 시사하는 바가 있다.

첫째, 주제의 측면에서는 ① 환경은 8.0%, ② 건강과 안전은 13.2%, ③ 인권과 민주주의는 20.6%, ④ 공평, 임파워먼트 및 사회정의와 관련한 주제는 31.0%, ⑤ 교육은 10.8%, ⑥ 과학, 비즈니스, 기술 및 인프라는 9.8%, 그리고 ⑦ 문화와 종교관련 주제는 6.7%로 나타났다.

둘째, 조직유형의 측면에서는 ① 개인 28.4%, ② (비공식) 집단 23.3%, ③ 영리 회사 5.4%, ④ 사회적 기업 0.1%, ⑤ 비영리 단체 23.3%, 그리고 ⑥ 자문기구는 18.7%로 나타났다.

셋째, 관여 유형의 측면에서는 ① 자선 3.7%, ② 자원봉사주의 14.5%, ③ 정치적 관여 41.6%, ④ 공공정책 2.7%, ⑤ 경제 활동 9.1%, ⑥ 예술 5.1%, ⑦ 연구와 혁신 7.8%, 그리고 ⑧ 기타 유형은 15.6%로 집계되었다.

넷째, 전략적 측면에서는 ① 사회화(socialization) 범주는 17.8%, ② 영향(influence) 범주 51.4%, ③ 권력(power) 범주에서는 24.3%로 나타났으며, ④ 파트너십(partnership) 범주에서는 6.6%를 보였다.

다섯째, 영향규모 면에서는 ① 개인에 대한 영향 11.3%, ② 지역사회나 조직 간의 영향 43.6%, 그리고 ③ 전국 또는 국제적 영향은 45.1%로 나타났다. 이러한 결과는 미디아 내용고찰(media content review)을 통해 수집된 데이터를 분석한 결과를 바탕으로 제시한 것이지만, 서구에서의 사회변화를 위한 청소년주도 운동의 특징을 알 수 있다.

한편, 유럽과 미국을 중심으로 고찰한 청소년행동주의 동향과 유형화에 대한 내용분석을 통해서 청소년행동주의는 19세기에도 나타나고 있으며, 1940년대 나찌 저항운동, 1960년대 민권운동, 1980년대 평화운동, 2000년대의 사회정의운동으로 이어지면서 지속적으로 전개되고 있음을 알아보았다. 특히, 미국에서의 청소년행동주의는 청소년조직화라는 용어로 제도화되어 있으며, Conner & Roser(2016)는 청소년 조직화 집단 간에 많은 차이점이 있지만, 적어도 다음과 같은 4가지 공통적 특징이 있음을 지적하고 있어 주목할 필요가 있다.

① 대부분은 정의된 후원자로부터 회원을 충원하고, 관심사를 찾아내고, 정책 변화에 초점을 맞춘 캠페인을 조직화하는 데에 입각한 지역사회 조직화 접근법을 사용한다. ② 대부분은 집중적인 정치교육을 통합하여, 청소년들이 지역사회 내의 이슈를 인종, 계급, 성별 억압에 관한 이슈로 넓히도록 연결하도록 도운다. ③ 거의 모든 청소년 조직화 집단은 청소년들이 대중 연설, 협상 및 언론을 대하는 것과 같은 확실한 지도력 기술을 개발하도록 지원하는 공식적인 지도력 개발프로그램을 가지고 있다. ④ 많은

청소년조직화 집단은 공식적이든 비공식적이던, 구성원들에게 학문적, 사회적, 정서적 지원을 제공한다.

또한 이러한 청소년 조직화의 특징에 대한 이해를 바탕으로 청소년행동주의 지형의 변화유형은 ① 청소년시민관여와 지도력 ② 중고등학교 청소년조직화 ③ 청년사회정의 조직화 ④ 캠퍼스 기반 조직화 ⑤ 시민관여와 옹호/정책 그리고, ⑥ 청소년지도자 조직화 등의 6가지로 구분하였다.

최근 우리나라에서도 청소년운동에 대한 사회적 관심제고와 함께 청소년의 역동성과 역량을 시민사회운동이란 관점에서 조망하는 지적 노력이 다양하게 나타나고 있다. 사회적 이슈로서 청소년선거권 연령이 재논의되고, 인권논의가 배가되고 성불평등 이슈가 확산되면서 청소년의 정치경제적 참여활동에 대한 관심이 오프라인과 온라인을 구분하지않고 전개되고 있다. 학술적 관심은 또한 시민청소년운동에 대한 이론적 접근, 청소년선거참여, 청소년지원조례, 청소년정책참여모델 등에 대한 실천적 노력 등 또 다른 차원으로 심화되고 있다. 서구 선진국의 청소년 사회변화운동과 청소년행동주의에서 볼 수 있는 역사와 유형에 대한 분석은 이러한 지적 노력의 과정에서 우리나라의 시민청소년운동을 확인하고 분석하는 접근법과 유형화를 탐색하는 후속연구를 요청하고 있다. 청소년을 연구하는 지식공동체가 해야할 일의 하나는 청소년들의 변화와 발전의 모습을 시대에 맞게 새로운 관점으로 보는 시도를 지속적으로 하면서 준비된 사회를 만드는 데 기여하는 것으로 볼 수 있다. 이 글도 시민청소년운동에 대한 하나의 분석틀과 종합적 관점을 제공함으로써 우리 사회를 보다 청소년에 맞도록 변화시키는 일에 기여할 것을 기대한다.

09
CHAPTER

청소년정치참여 실태와 지원체제

CHAPTER

09

청소년정치참여 실태와 지원체제

1. 청소년 정치참여의 개념

정치참여는 투표를 통해 선거에 참여하거나 정당활동 또는 선출직으로 의회나 행정부의 공적 정책결정과정에 참여하는 것과 같은 정치과정에서의 전반적 활동을 의미하는 것으로 볼 수 있다(Saud, Ida & Mashud, 2020). 그러나 이는 제도적 절차와 관련한 개념이며, 보다 넓게는 자치활동과 시민교육, 지역사회참여활동, 그리고 정치지도자들에게 청원하기 위해 서명을 받는 일 등의 이른바 직접적인 정치행동까지를 포함하면서 시민참여(civic participation)와 정치적 행동주의(political activism)로까지 이어진다. 청소년행동주의는 선거에서의 투표참가에서 부터, 시민교육 참가, 토론클럽활동, 정당을

이 챕터는 2021년도 한국청소년정책연구원의 연구과제인 '청소년 정치참여 실태와 활성화방안 연구'의 일부로 수행된 연구결과를 수정 · 보완한 것임.

위해 일하는 것, 정치적 서명운동에 이르는 많은 내용을 의미하는 것으로 이해되기 때문이다(Akiva & Carey, Cross, Delale-O'Connor & Brown, 2017).

민주주의 선진국으로 다양한 인종과 민족으로 어우러진 미국은 연방정부와 지방정부 등으로 구성되는 복합적인 정책환경 속에서 역동적인 시민참여의 역사를 가지고 있다는 점에서 미국에서의 청소년 정치참여의 실태를 종합적으로 파악하는 일은 쉬운 일이 아니다. 그러나, 미국에서의 청소년 정치참여는 민주적 과정에서 중요한 역할을 해 왔으며 사회변화를 위한 지속적인 촉진요인으로 작용하였을 뿐만 아니라, 청소년과 청년의 선거참여와 정치적 행동주의 등은 주요한 주제로 지속적으로 탐구되고 있다(Weiss, 2020). 특히 미국은 선거권 연령을 21세에서 18세로 낮아진 1971년 이후 청소년들의 정치참여가 본격화되었으며, 대통령선거와 중간선거 등에서의 투표율과 결과 분석 등을 통해 정치참여에 대한 다양한 논의가 이루어지고 있다(Isaac, 1992; Kitchel, 2015).

여기에서는 주로 최근의 연구결과를 활용하여 미국 청소년들의 선거참여를 비롯한 정치과정참여의 실태와 변화추이 및 시민성 함양을 위한 참여적 프로그램과 청소년위원회의 참여활동을 알아보고 비제도적 참여로서의 청소년들의 정치행동과 관련한 사례들을 소개하기로 한다. 나아가 청소년정치참여 활성화를 위한 법제도적 지원체제와 관련 논의를 통해 미국 청소년정치참여의 특징을 요약하면서 우리나라에 주는 시사점을 고찰한다. 미국의 정치체제와 사회적 시스템과 문화가 우리나라와 다른 점이 많지만, 변화하는 청소년세대의 특성을 고려한 정책적 전환을 모색하는데 도움이 되는 함의를 찾기를 기대한다.

2. 창소년 정치참여 실태와 변화추이

1) 청소년 선거참여와 투표율 추이

청소년의 정치참여에 대한 미국 사회의 관심과 지지는 양면적인 입장이다. 우선, 청소년에 대한 표현의 자유와 정당한 법적 절차에 대한 권리 등이 점진적으로 확장되어 왔으며, 1971년 이후 연방 수정헌법을 통해 18세 청소년에게 연방과 주 선거에서의 투표권이 허용되었다. 이에 따라 대부분의 주에서 18세를 성인연령으로 규정하고 있는데 학교에서는 여전히 필요한 경우 학생들의 가방, 개인 사물함(locker) 및 지갑 등을 열어보는 규제가 있다(천정웅 · 이민희 · 박선영 · 황성하, 2013).

청소년의 선거권 연령과 관련한 논란도 지속되고 있다. 전국청소년인권연맹(National Youth Rights Association)을 비롯하여 청소년 옹호론자들은 선거연령을 만16세 또는 그 이하로 낮추자는 요구를 꾸준히 하고 있다. 청소년의 투표 연령을 낮추는 것에 대해서는 고등학생을 중심으로 지지가 나타나고 있지만, 실제 선거에서의 청소년들의 투표참여는 오히려 점차 낮아지는 경향을 알 수 있다.

미국의 투표율을 보면, 지난 40여년 동안 전체연령대에서 투표참여가 감소되어 왔으며, 청소년의 투표율이 경우도 선거에 따라 다소 증감이 있지만, 전체적으로 감소추세에 있음을 알 수 있다. 예를 들면, 2000년도 대통령선거에서는 18세에서 24세 연령집단에서의 투표율은 42%였는데, 이는 1972년의 투표율이 55%였으며 1992년에는 50%로 나타난 것에 비하면 감소한 것이다. 다른 한편, 25세 이상의 투표율은 2000년에는 66%, 1972년에는 68%, 그리고 1992년에는 70%를 기록하였다(CIRCLE, 2005). 이에 따라 Putnam(2002)은 청소년의 투표참가자 수가 상대적으로 적게 나타난 이러한 결과는 사회자본의 감소는 물론, 궁극적으로는 미국 민주주의를 약화시키게 될 것이라고 지적한 바 있다.

의회선거에서의 청소년투표율도 점차 감소추세를 보여준다. 예를 들면, 1972년도에는 24%였으며 1998년도에는 18%로 나타났다. 이러한 상황은 각 정당들의 노력으로 2002년도 의회선거에서는 다소 올라가기는 했지만, 청소년들의 투표참가율은 대체로 이 정도의 수준에서 유지될 것으로 보는 것이 일반적 전망이다(CIRCLE, 2005). 실제로 2008년도의 대통령선거에서의 청소년 투표율은 감소추세가 지속되는지 반등하는지에 대한 기대를 갖게 했으나, 그 결과는 감소된 것으로 나타났다. 2016년 대통령 선거에서는 18-29세 연령층은 50%에 못미치는 투표율을 나타냈으며 이는 미국민 전체 투표률과 비교하면 15% 정도의 차이로 낮은 것이다.

이와 같이 대통령선거과 의회선거에서의 투표율을 보면, 미국 청소년들의 투표율이 성인들보다 분명히 낮게 나타나지만, 이러한 현상은 미국만의 상황은 아니라는 점에 주목할 필요가 있다. 세계 주요 24개 국가들의 투표율을 비교한 연구결과에 의하면, 전체 투표률이 청소년투표율을 앞서는 것은 모든 국가에서 공통적으로 나타났다. 이들

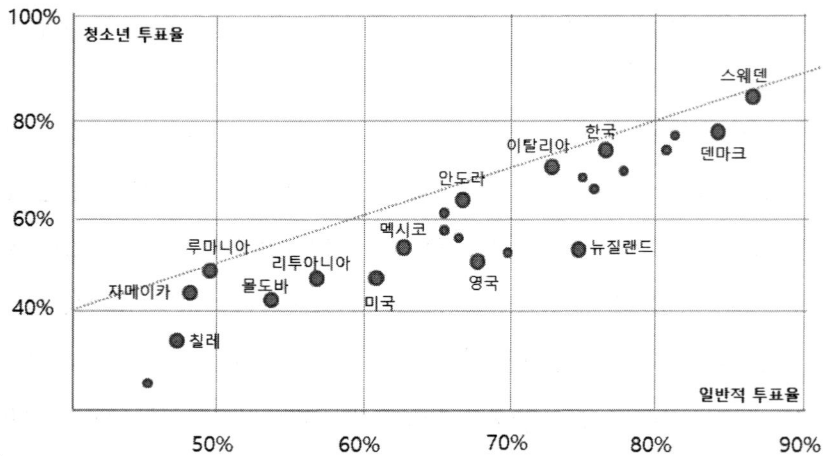

[그림 9-1] 세계 주요 국가의 청소년 투표율(18세-29세)

출처: https:// www.nytimes.com/2020/10/08/upshot/youth-voting-2020-election.html에서 2021년 7월 10일 인출

24개 국가는 다른 국가들에 비해서 상대적으로 부유하고 민주주의적이며 문맹률이 낮은 나라들로 전체적으로 미국과 비슷한 추세를 보이고 있는 상황이다.

2) 청소년 투표율에 대한 논의들

그러면 청소년의 투표률이 성인들 보다 낮은 이유는 무엇인가? 미국의 경우 100여년 전에 이미 미국의 투표률이 낮은 집단들 가운데 청소년, 소수인종, 교육수준이 낮은 계층, 빈곤층 등이 속하는 것으로 분석된 바 있는데, 오늘날에도 같은 결과를 보여주고 있다. 청소년 투표율이 낮은 원인에 대해 다양한 분석이 있지만 대체로 다음과 같은 세가지 측면에서 논의한다.

첫째, 습관형성(habit formation)의 측면이다. 투표는 시간이 지남에 따라 형성되는 하나의 습관인데, 청소년들의 경우 이러한 것을 형성할 기회가 보다 적고 이러한 습관이 재강화된다는 것이다. 시간이 지남에 따라 사람들은 습관적 비투표자에서 습관적 투표자로 된다는 것이다(Allen & Light, 2015).

둘째, 기회비용(opportunity cost)의 측면이다. 계속되는 선거를 통해 자주 투표를 하게되는 것 보다는 첫 투표나 두번째 투표 경험이 더 어려울 수 있기 때문이다. 우선, 청소년들에게는 직접적인 기회비용이 있다. 일반적인 성인들의 경우보다 청소년은 고용여건상 탄력적인 시간활용이 어렵고 투표하는데 필요한 재정적 어려움도 있으며, 지역사회 내의 유대감이 깊지 않은 일시적 거주 상황에 있을 가능성도 있다. 다음으로 투표 과정을 학습하는 간접적 기회비용도 있는데, 투표 장소를 확인하거나, 후보에 대해 알아보는 것 등이 포함된다. 중요한 사실은 미국의 경우, 이러한 어려움 가운데 몇 가지는 역사적으로 의도된 것이라는 점이다. 노예제도와 인종주의와 관련이 있으며 투표를 더욱 어렵게 하는 "투표자 ID법"과 같은 정책도 있어서, 청소년을 포함하여 투표율이 낮은 집단들에게는 상대적으로 불균형적인 영향을 끼치게 된다고 본다(McConville, Stokes, & Gray, 2018).

셋째는 대안적 참여(alternative participation)의 측면이다. 청소년 두표율은 다른 형태의 정치적 행동에 참여하는 것과 관련이 있다. 일반적으로 낮은 투표율은 대중저항(mass protests), 점령운동(occupy movements), 및 새로운 정치참여 플랫폼으로써의 소셜 미디어의 사용증가 등과 같은 형태의 시민 행동주의(civic activism)가 상대적으로 많아지고 있다. 이러한 추세는 특히 청소년들 간에 더욱 상관성이 높게 나타나는데, 독일, 프랑스, 영국의 경우에서도 성인들과 비교할 때 청소년들은 청원용 서명운동(sign petition)에 더 많이 참여하고 시위(demonstration)에는 두배 이상 참여하는 것을 알 수 있다(Akiva 외, 2017),

이러한 분석결과를 보면 청소년의 투표율이 낮은 이유를 정치나 선거에 대한 관심이 부족하기 때문인 것은 아님을 알 수 있다. Holbein과 Hillygus(2020)는 최근의 책, “Making Young Voters”에서 이를 확인해주고 있다. 미국에서 청소년들이 선거에 관심을 갖는 정도는 76%로 나타나고 대통령이 누군인가에 대한 중요성에 74%가 동의하고 있으며, 공적문제에 관심을 갖고 있다는 응답 비율도 85% 정도로 나타나고 있다. 투표 의사는 83%가 있다고 답변하여 가장 높은 응답을 보인 것이다. 미국의 청소년들의 투표율이 낮다고 보기 전에 성인들의 경우를 볼 필요가 있는데, 성인 푸표율이 높은 국가에서는 청소년의 투표율도 높게 나타나고 있기 때문이다. 흥미롭게도 이러한 격차는 전체 투표율이 높아지면 크게 줄어든다. 달리 말하면, 청소년의 투표율이 높으면 높을수록 청소년투표율은 전체 투표율에 근접하게 된다.

청소년의 정치참여와 관련하여 주목할 점은 각급 학교에서 모의투표를 실시하는 경우가 있다는 것이다. 대통령선거 기간 동안 초 · 중 · 고등학교에서 대통령 후보에 대한 의견을 정책분석과 토론을 거치거나 모의 투표를 통해 표현하는 것이다(Larsen, Levinsen & Kjaer, 2016). 모의 투표는 투표권이 없는 청소년을 대상으로 실시하는 일종의 청소년참여 프로그램이다. 따라서 모의투표이지만, 청소년들은 실제 선거에서 후보가 제시하는 공약과 정당의 정책노선을 바탕으로 투표하도록 하기 때문에 그 효과는 크다(김종갑, 2020; McDevit & Kiousis, 2006). 모의투표는 온라인 투표(online voting)로 이루어지며 투표결과도 실제 선거의 공식 결과와 함께 공표한다. 1988년부터 2018년 중반까지 실시된 키즈보팅(Kids Voting)에 참여한 청소년의 수는 백만명에 달한다.

실제로 한 통계자료는 특정 정당을 지지하고 있는 만18-19세 유권자가 80% 이상인 것으로 보고한 바 있는데, 이는 실제 투표율은 청소년이 성인 연령층 보다 상대적으로 낮지만 정치적 견해와 성향을 갖고 있는 청소년들이 많이 있다는 것을 말해 준다. 학생을 대상으로 한 모의투표가 투표참여를 유인하는 효과를 가져다 준다고 보는데, 이는 모의투표를 통해 학교에서 가정으로 토론이 이행되는 과정을 통해 부모의 정치적 관심을 확대하게 되는 이른바 분수효과(trickle-up effect)가 나타난다는 것이다 (Linimon & Joslyn, 2002). 따라서 모의투표는 선거연령 하향조정의 의미와 취지를 살리는 방법이기도 한다. 18세 유권자들이 자신들에게 부여된 선거권을 올바르게 행사할 수 있도록 함으로써 민주시민으로서의 가치관 정립과 정치참여의식을 높이는 하나의 정치교육 방안이기도 한 것이다(김종갑, 2020).

3) 2020년 선거참여와 2021년 하바드 청소년여론조사

미국 청소년의 선거참여와 관련하여 최근 2020년 미국 대통령선거는 이전과는 다른 높은 투표율을 기록하면서 앞으로 Z세대의 투표의 힘(voting power)에 대한 관심이 필요하다는 점을 알려 주고 있다. 2020년 대통령선거에서의 청소년투표율은 2016년 때 보다 훨씬 높게 나타났는데, 당시 '에디슨연구소(Edison Research)'에서는 출구조사 결과를 중심으로 선거권을 가진 18-29세 청소년의 투표율은 52-55%가 되는 것으로 분석하였다. 2016년도 대통령선거에서의 출구조사 결과는 42-44%였다. 2020년 선거의 실제 결과는 미국인 중 약 159.8백만명이 투표한 것으로 나타났으며, 이 가운데 바이던(Biden) 대통령은 78백만표를 득표하여 트럼프 대통령 보다 약 5.5백만 표가 많은 것으로 집계되었다. 특히, 현재 8세부터 23세 사이의 연령으로 볼 수 있는 Z세대는 전체 투표율과 바이던 대통령의 득표율 등의 두가지 기록에 중요한 역할을 한 것으로 평가된다. 청소년 투표자의 약 65%는 바이던 대통령에게 투표한 것으로 예상하는데, 이는 다른 연령집단들 보다 약 11%가 높은 것이다. 그리고 조지아나 펜실바니아와 같은 주에서는 청소년 투표자가 바이던 대통령의 당선에 핵심적인 역할을 한 것으로 본다.

이와 관련하여 지난 2021년 4월에 발표한 하바드 대학교 케네디 스쿨 정치학연구소에서 실시한 하바드 청소년여론조사 41판 (Harvard Youth Poll, 41st Edition)의 결과는 지금의 미국 청소년들의 투표 추이에 대해 가장 핵심적인 내용들을 밝혀주고 있어 주목할 필요가 있다. 18세-29세의 미국 전체 청소년을 대상으로 실시한 표본조사의 결과는 특히 유색청소년들 가운데 미국에 대한 희망적 기대가 상당히 높아지고 있음을 보여주었다. 10년 전보다 더 많은 비율의 청소년들이 정치참여적이며 특히 현재의 바이던 대톨령(President Biden)이 하고 있는 일에 대한 높은 지지와 진보적 정책에 대한 호의성 및 미국인들에 대한 높은 믿음(faith)을 보여주었다.

하버드 청소년여론조사는 2021년 3월 9일부터 22일까지 전국 청소년 2513명을 대상으로 바이던 행정부(Biden Administration) 취입 첫 100일에 대한 의견과, 미국 공화당, 정신건강 및 소셜 미디어의 영향 등에 대한 견해를 조사하였다. 밀레니얼 세대와 Z세대가 가장 큰 투표군이 됨에 따라 이들의 가치와 참여는 미래에 대한 희망을 보여주고 이들이 관심을 갖는 미국의 당면 현안들에 대한 긴급성을 알려 주고 있다. 하버드 청소년여론조사의 주요 결과 중 청소년 정치참여와 관련한 내용은 다음과 같이 요약할 수 있다.

첫째, 미국 청소년들은 10년 전보다 더 정치참여적이며 진보적 정치가치에 대해서도

2016년 조사 때보다 더 높은 응답을 나타냈다. 10여년 전 당시 버락 오바마(Barack Obama) 당선 후 1년 정도 되었을 때 조사한 결과를 보면 약 24%가 정치적으로 적극적이라고 응답했는데, 지금 그 비율이 36%로 높게 나타난 것이다. 동일연령집단(cohort) 중에서는 흑인 청소년들이 41%로 가장 높게 나타났다. 건강보험문제, 기후문제, 이민문제, 빈곤문제, 소수자우대정책(affirmative action) 등과 같은 이슈들에 대해 현 정부의 개입노력을 보다 우호적으로 보고 있는 것을 알 수 있다.

둘째, 바이던 대통령에 대한 호의성이 2020년 봄보다 더 높게 나타났다. 18세-29세까지의 청소년 중 약 59%가 바이던 대통령의 직무수행에 대해 대체로 호의적으로 본다. 코로나바이러스의 대응에 대해서는 약 65%가 동의하고 인종관련문제에 대해서는 약 57%가 동의하였다. 이러한 전반적인 호의적 평가에 대한 추세는 특히 흑인 청소년들은 77%, 히스패닉계는 70%로 높게 나타났고, 응답자 중 대학생의 경우는 61% 였으며 대학졸업자들은 67%로 높게 나타났다. 여성은 61%로 남성의 57% 보다 다소 높게 직무수행에 대한 만족도가 높게 나타났다.

3. 청소년 정치참여 사례 및 참여프로그램

1) 청소년 시민성 함양과 믹바 챌린지(Mikva Challenge) 사례

(1) 청소년시민성 함양 프로그램

미국은 시민단체들이 중심이 되어 각각의 연령층에 맞는 다양한 정치교육 프로그램을 제공하고 있다(이정진, 2021). 특히, 청소년의 시민성 함양을 위한 제도적 노력은 시민교육(civic education)의 형태로 나타나고 있는데, 주로 학교에서의 사회과 교과(social studies)와 역사과목 및 학교 밖에서의 사회단체 중심의 자율적 프로그램을 통해 실시된다. 학교에서의 교육은 초등학교에서는 미국의 역사와 정치에 대한 이해를 통한 애국심과 일체감 향상을 목표로 하지만, 중 · 고등학교로 가면서 정치구조와 참여, 인권, 관용 등의 시민적 지식과 태도를 강조하는 것으로 나아간다. 사회단체에서는 학교와 연계하면서 부모와 지역사회와 관련한 자료와 정보제공을 통해 시민적 역량 강화를 위한 다양한 노력을 전개하고 있다.

미국의 시민성 함양 프로그램으로는 '정의를 위한 베이사이드 학생들'(Bayside Students For Justice)와 '아이인게이지 여름 시민회의(iEngage summer civics institute)'와 믹바 챌린지(Mikva Challlenge)의 '유세연단(Soupbox)' 프로젝트 등은 긍정적 성과를 나타낸 대표적인 것으로 볼 수 있다(Andolina & Conklin, 2019). 첫째, '정의를 위한 베이사이드 학생들'은 서부 해안도시의 종합고등학교에서 일단의 교사들이 중심이 되어 개발한 다학교 프로그램(multi-school program) 중의 하나이다. 참가 청소년의 40% 정도가 공공주택에 거주하고 있으며 인종, 언어, 사회경제적 지위 등에서 다양한 배경을 가졌으며, 지역사회에서의 부정의와 어려움을 겪는 원인을 찾아보는 실천적 활동을 통해 지역사회 활동가(community activists)가 되도록 하는 것을 목적으로 하였다. 이들은 사회문제의 배후에서 작용하는 권력관계를 규명하고 기존의 규범들에 도전하는 거시적인 사회적 활동을 실행한다.

둘째, '아이인게이지 여름 시민회의(iEngage summer civics institute)'는 베일러 대학교(Baylor University)에서 초등학교 5학년부터 중학교 3학년 재학중인 학생들을 대상으로 실시하는 5일간의 여름캠프 프로그램으로 학생들이 이웃, 학교 지역사회를 위해 뭔가 의미있는 일을 하도록 기획한다. 참가자들은 지역의 시민 지도자들과의 상호작용과 봉사학습(service-learning) 등을 통해 지도력을 함양한다. 베일러로스쿨(Baylor Law School)에서 입법 절차를 배우고, 지방판사가 담당하는 모의재판에 참가하고 타지역과 다른 주의 공공기관을 방문하고 지역사회의 현장적인 이슈들에 대해 연구하고 '아이시민성 게임(iCivic games)'을 하거나 봉사학습에 참여한다. 참가자들은 캠프기간 동안 옹호 프로젝트를 만들고 연구하고 논의한 이슈에 대한 지역사회 웹사이트를 제작한다.

세째, '유세연단(Soupbox)' 프로젝트는 시카고를 중심으로 활동하는 믹바 챌린지(Mikva Challlenge) 기관에서 주관하는 청소년들이 지역사회와 관련한 사회문제를 주제로 연설하는 유세 콘테스트이다(Andolina, & Conklin, ,2021). 이를 통해 교실, 학교 및 지역사회에 지속적인 변화를 촉진하는 영향을 끼치는 강력한 힘을 갖는다. 이 프로젝트의 구체적인 활동에는 ① 학생, 학교, 공동체 등에 영향을 끼치는 주요 쟁점들에 관한 견해에 대한 공개적 연설, ② 학교와 지역사회의 개혁적 변화의 지지 ③ 사회적 · 가족적 배경이 다른 청소년들과의 협력, ④ 이슈에 관한 연구, 그리고 ⑤ 학교와 지역사회의 변화를 위한 실천 계획의 개발 등이 포함된다(윤종희, 2016).

(2) 믹바 챌린지(Mikva Challenge) 사례

믹바 챌린지(Mikva Challenge)는 시민성 함양을 위한 패러다임의 근본적인 변혁을 주장하면서 애브너 믹바(Abner Mikva)와 조이 믹바(Zoe Mikva)가 공동으로 만든 것이다. 민주주의 제도에 대한 열정과 생활과의 연계를 위해서는 시민교과를 통해서만 아니라 직접적 정치 활동에 대한 실천적 경험이 중요하다고 보았다(윤종희, 2016). 믹바 챌린지는 1997년에 처음 시작하였으며, 2021년 8월 현재까지 약 250000명 이상의 학생들이 참여했다. 미국 전역 22개 도시와 카운티 지역에서 운영되고 있다. 전문연수를 받은 교사들은 957명이며 교사들 중의 97%는 빅바 챌린지 과정을 통해 학생들의 시민성 지식이 향상되었다고 보고한다.

믹바 챌린지는 청소년을 지적이고, 능력을 갖춘 능동적 시민이자 지역사회의 지도자로 육성하는 것을 목적으로 하며. '선거 참여', '정책 형성', '지역사회 문제 해결' 등과 관련한 주요 영역에서의 활동을 통해 청소년들이 시민적 지식, 리더십 기술을 배우고, 직접적인 정치참여와 지역사회 당면 문제에 대한 직접적 접근을 통해 태도변화를 도모하고자 한다(윤종희, 2016). 주요 프로그램으로는 위에서 언급한 '유세연단 프로젝트(Soapbox Project)외에도 실천적 시민 학습(Action Civic Classrooms), 선거와 선거운동 경험(Election & Campaign Experiences), 및 청소년주도옹호활동(Youth-led Advocacy) 등이 있다.

첫째, 실천적 시민학습(Action Civic Classrooms)은 교육자와 청소년지도자들이 청소년들의 목소리를 개발하고 행동에 대해 알도록 구성된 실천적 시민학습 과정에 관한 포트폴리오를 제공한다. 다양한 상황과 학생들의 욕구에 최적화되도록 각 단원을 적절히 적용할 수 있도록 준비되어 있다(Yaldas, 2015). 실천적 시민학습은 존 듀이(J. Dewey)와 제인 애덤스(J. Addams)가 제시한 프로젝트 기반의 민주적 학습 철학에 토대를 둔 교육 모델로 최선의 청소년교육은 진정한 민주적 활동에 참여하는 기회를 갖는 것으로 본다. 여기에는 직접적인 선거운동 참여에서 부터 특정한 정책 · 가치 · 행동노선의 공개적 지지까지 포함되고 공적 토론에서 새로운 시민 미디어룰 창설하는 것과 같은 다양한 참여 기회 제공을 위한 활동들이 이루어진다(윤종희, 2016).

둘째, 선거와 선거운동 경험(Election & Campaign Experiences)은 학생이 선거운동과 후보 및 선출직 정치인과 상호작용을 통하여 청소년들이 선거에 대해 알고 참여하도록 권한부여(empower)한다. 프로그램에 참여하는 학생들은 유권자들의 투표자 등록을 지원하고 자원봉사를 통해 정치인의 선거활동을 도우는 것 뿐만아니라 공정선거감시활동에도 참여한다. 이를 통해 선거와 관련한 지식과 실무적 절차를 배우며, 정치적 쟁점을 토론한다. 또한, SNS 등을 활용하여 자신의 정치적 견해를 표명하며 커뮤니케이션 기술을 함양하게 되며 스스로 선택한 정당과 후보자를 만나서 당면 이슈에 대해 의견을 듣는 기회도 갖게 된다(윤종희, 2016). 믹바 챌린지는 또한 시카고의 선거관리위원회와 공정선거를 위한 감시프로그램을 운영하여 선거때마다 투표과정을 배우고 선거관리자로서 봉사한다.

세째, 청소년주도 옹호활동(Youth-led Advocacy)은 청소년들이 공공 정책을 결정하는 도시의 지도자와 학교지도자들을 직접 만나는 기회를 갖는다. 여기에는 시 전역의 청소년위원회 학생의견위원회 및 멘토링 프로그램 등에 참여할 기회들이 포함된다. 이러한 활동을 통해 청소년들은 공공 정책이 어떻게 형성되고 집행 및 평가되는 지를 직접 알 수 있는 경험을 하고 시장과 교육감, 경찰국장 및 시의원 등 지역사회의 행정 책임자들이 청소년과 관련한 각종 정책결정을 도우는 역할을 하게 된다. 청소년의 신체적, 정신적 건강 증진, 취약계층 학생의 교통문제, 학교내외의 폭력과 방과 후 학습 관련 문제 등 청소년에게 직접적인 영향을 끼치는 이슈들이 관련된다(Brady, Chaskin, & McGregor, 2020).

2) 청소년위원회 참여활동 사례와 프로그램

청소년위원회는 여러 가지 유형이 있는데, 여기에서는 청소년이 자신들에게 영향을 끼치는 정치사회적 이슈나 공공정책에 대해 시 정부(city government) 에 의견을 제시하거나 자문 및 권고(recommendation)를 하는 자문형 청소년위원회(youth council)와 청소년과 관련한 공공정책의 형성, 집행, 평가 등의 전반적인 과정에 핵심적 행위자의 역할을 하는 정부제도적 청소년위원단(youth commission)의 두가지 형태를 알아보기로 한다.

(1) 자문형 청소년위원회 참여 사례

자문형 청소년위원회 사례는 앞에서 살펴 본 믹바 챌린지(Mikva Challenge)에서 활동한 청소년들이 참여하고 있는 시카고의 "시전역 청소년자문위원회(Citywide Youth

Councils: CYC)"를 들 수 있다. 이들은 시 정부의 공공정책의 형성, 실행 및 평가과정에서 이슈 중심의 청소년위원회를 만들어서 청소년참여를 강화한다. 위원회는 시카고 청소년들이 자신들에게 중요한 영향을 끼치는 핵심적인 정책결정에 참여할 수 있도록 하는 구조로 작용한다. 중3학년부터 고3학년까지 시키고의 모든 학생들이 참여할 수 있다(Andolina & Conklin, 2021). 2021년 8월 현재, ① 청소년건강위원회, ② 시카고학생자문위원회, ③ 시카고주거국청소년위원회, ④ 소년사법위원회, ⑤ 청소년안전자문위원회 등 5개가 활동하고 있다(Mikva Challenge & A Better Chicago, 2021).

청소년건강위원회(Teen Health Council: THC)는 다양한 고등학교 청소년그룹으로 시카고 시 보건국(Chicago Department of Public Health)과 시카고 공립학교 학생건강복리국(Chicago Public Schools Office of Student Health and Wellness)과 협력하면서 시카고 청소년의 신체적 · 정신적 · 성적 건강을 개선하기 위해 일한다. 청소년건강위원회(THC)는 또한 또래들에게 정신적 · 신체적 복리에 관련한 스트레스와 트라우마의 영향에 관하여 배우고 알려주기 위해 루리 아동병원(Lurie Children's Hospital)과 함께 일한다. 청소년건강위원회가 설치된 배경은 2010년까지 거슬러 올라가는데, 당시 이 위원회에 참여했던 청소년들이 소속 학교에서 청소년건강팀을 구성하여 학교의 보건문제를 파악하고 그 해결방안을 제시한 적이 있는데, 이후 시 전역의 청소년 건강증진활동을 하는 것으로 발전하게 된다. 시 전역에 약 60여개 팀들이 건강활동 프로젝트를 시행하고, 청소년건강회의(Youth Health Summit)를 매년 개최하는 등의 활동을 하였으며 소속 학교에서 건강증진 활동가로 활동한다. 최근 청소년건강위원회는 시 보건위원회와 공동으로 반(反)비만 캠페인을 시작했으며, 성건강(sexual health) 증진을 위한 교육정책(2013년)과 콘돔사용 캠페인(Chicagoans Wear Condoms)을 전개했다. 2021년 8월 현재 22명의 위원이 참여하고 있다(Mikva Challenge & A Better Chicago, 2021).

시카고 공립학교(Chicago Public School: CPS) 학생자문위원회(Student Advisory Council: SAC)는 시카고 공립교육감(Chief Executive Officer of Chicago)에게 학교관련

정책과 쟁점에 대해 청소년들의 관점에서 자문을 제공하는 것을 목적으로 한다. 이들은 공립학교 지도자들과 공동으로 학교와 지역사회의 폭력, 대학입시와 취업 준비, 학교 자원 활용 등에 대해 연구하고, 실천계획을 수립한다. 시카고학생자문위원회는 교과과정, 기술, 교육자원, 학생-교사 책임성 등과 관련한 공립학교의 발전을 위해 권고 15항을 제시한 바 있으며, 학내 사이버불링(cyber-bullying) 이슈에 관한 동영상을 만들고 그와 관련한 교육과정을 개발했다. 2021년 8월 현재 22명의 위원이 활동 중이다.

시카고 주거국 청소년위원회(Chicago Housing Authority Youth Council: CHA). 시카고 시 주거국의 책임자에 대한 청소년자문기구로서의 역할을 한다. 시카고 주거국 관할 주거시설 거주자들의 삶을 개선시키는 정책과 실천에 관하여 권고한다(Mikva Challenge & A Better Chicago, 2021). 2021년 8월 현재 16명의 위원이 있으며, 이들은 2020년 여름에 초청 인사들과 함께 약 6주간의 협의과정을 통해 많은 제안을 하였다. 첫 주는 서로를 소개하는 시간을 갖고 권고(recommendation)하는 이슈에 대하여 필요한 데이터 찾고 연구에 착수하였다. 'CHA 청소년이 말하다!(CHA Youth Speak!)'와 '전문성 개발(professional development)'에 관한 두가지 제안을 하였다. 대표적으로 'CHA 청소년이 말하다!'라는 권고는 다음과 같은 5가지 단계를 거쳐 실행되었다, 1단계는 CHA 청소년기획팀과의 공동협력을 통해 13세-24세 연령을 목표로 하는 자원들을 찾아 알리는, 뉴스레터를 만들기 시작했다. 2단계는 각 섹션별 사례를 모으고, 3단계는 청소년의 이야기를 뉴스레터에 게재하였으며, 4단계는 시카고 주거국과 관련한 다양한 서비스 기관들을 연결하도록 하는 CHA 공동협력을 하였으며, 5단계는 보다 많은 청소년들을 대상으로 하는 소셜미디어 캠페인을 전개하였다.

소년사법위원회(Juvenile Justice Council: JJC)는 쿡 카운티 이사회(Cook County Board) 의장과 사법자문위원회(Justice Advisory Council)와 파트너십의 관계에서 청소년과 사법시스템과 관련한 정책과 프로그램에 대해 다양한 청소년 관점을 제공하는데 기여하고 있다. 쿡 카운티 청소년들의 구금율과 상습범행율을 줄이는데 강조를 둔다

((Mikva Challenge & A Better Chicago, 2021).

2021년 8월 현재 26명의 위원이 있다. 2020년 여름의 경우, COVID-19 팬데믹(pandemic)이 모든 것을 변하게 하였는데, 소년사법체계에서 지속되어 온 주요한 불균형문제들이 눈에 드러나게 되었다. 그 중에서도 청소년들에게 더욱 힘든 역경을 가져다주는 소년사법제도에서의 이슈 영역들을 찾아내고 청소년 범법자들의 상습적 범죄를 막고 팬데믹으로 악화될 수 있는 기술적 불균형과 청소년들이 다시 지역사회로 복귀하는데 따른 장벽들을 줄이는 것에 관하여 제시되었던 카운티에서의 해묵은 약속들에 대해 4가지를 권고하였다. 여기에는 지역사회복귀에 따른 장벽에 대한 복귀 로드맵(roademap to reentry)과 교육에의 접근(access to education), 사후 돌봄(aftercare)와 석방후 서비스(post release service)로서 온라인 가상 가석방 서비스(virtual probation service)와 트라우마 스크리닝(trauma screening) 등이 포함된다.

청소년안전자문위원회(Youth Safety Advisory Council: YSAC)는 시카고 경찰국(Chicago Police Department: CPD)과 파트너십으로 모든 경찰 구역에서 진정한 청소년의 목소리를 통합하면서 경찰과 시카고 청소년의 긍정적 상호작용을 증가하기 위해 일하며 2021년 8월 현재 21명의 위원이 참여하고 있다. 2020년 여름에는 시카고의 지도자들과 시카고 경찰국 운영을 맡는 관계자들을 만났으며 두가지 권고를 제시하였다. 첫째 권고는 지역사회 치안전략으로 뉴욕시 경찰국의 사례를 따라 시카고 경찰국에서도 청소년지역사회센터를 만드는 것이다. 이것은 필요로 하는 모든 청소년에게 안전한 공간을 제공하고 특히 폭력 피해자나 이민자, 흑인, 원주민, 유색인종, LGBTQ+ 동성애자 등을 위한 청소년프로그램, 정신건강과 교육자원 및 지역사회중심의 행사 등을 제공할 수 있다. 두 번째 권고는 학교치안을 담당하는 자원관(School Resource Officer: SRO)들에 대한 의무와 지역중심의 지속적이며 청소년 통합적인 연수과정을 제공할 것을 요청하였다((Mikva Challenge & A Better Chicago, 2021).

(2) 정부제도형 청소년위원단 참여 사례

정부제도형 청소년위원단의 사례로는 햄프톤 청소년위원단과 샌프란시스코 청소년위원단의 사례를 알아볼 필요가 있다. 먼저, 버지니아(Virginia) 주 햄프톤(Hampton) 시 청소년위원단(youth commission)은 시 정부가 청소년의 시민적 관여(civic engagement)를 증진하는 역할을 한 경우로써, 특히 청소년위원단 뿐만 아니라 청소년 임파워먼트를 시 기관과 비영리 단체의 문화가 되도록 했다는 점에서 대표적인 정부제도형 청소년위원단 사례로 알려져 있다(Carlson, 2006). 햄프톤(Hampton) 시의 시민적 관여 시스템은 상보적이고 서비스와 리더십 개발을 위한 구조화된 통로를 제공하는 몇가지 제도적 요소를 가지고 있는데, 단순하고 일회적인 것(서비스 날, 하천 청소 등)에서 부터 보다 복잡하고 지속적인 청소년에 의해 주도되는 청소년위원단(youth commission)와 청소년기획가(youth planner) 등과 같은 시스템을 갖고 있으며, 각급 학교의 교장 자문위원회와 시 교육위원회 등에도 청소년대표를 포함하도록 하는 방법으로 청소년의 실질적인 참여를 제도화하고 있다(Sirianni & Schor, 2010).

햄프톤(Hampton) 시는 버지니아 주의 해안에 있는 인구 15만 여명의 도시로 주민의 반은 백인이고 반은 흑인이며 적절한 경제기반을 가지고 소득 격차가 거의 없는 중소도시이다. 비당파적 의회와 매니저(manager) 형태의 정부를 가지고 있으며 시 의회 구성원 가운데 가장 많은 표를 받는 사람이 시장이 된다(Hampton Coalition for Youth, 1993). 1990년대 이전까지는 풀뿌리 지역사회나 청소년조직화의 전통이 거의 없었다. 그러나 1980년대 중반에 경제개발과 재정수지의 악화를 경험하면서, 당시 시장인 제임스 이슨(James Eason)과 시의회에서 임명된 행정관인 봅 오닐(Bob O'Neill)은 지역정부를 재창조하는 일련의 이니시어티브에 뜻을 같이 하고 관료주의적 계층제를 줄이고 공동협력적 근린계획을 통하여 권력을 시민들에게 확장하였다.

중요한 점은 공동협력 계획과정에서 제도화된 청소년위원단(youth commission)을 만들게 된 계기인데, 당시 '올터너티브즈(Alternatives)'라는 단체가 청소년들의 관점을 수렴하기 위해 20명의 청소년들을 모집하였는데, 이들은 지도자들에게 자신들이 문제가 있고 고쳐야(fix)할 필요가 있는 존재로 보는 것을 원하지 않는다고 말하면서 의미있는 일에 도전하고 지역사회에 기여할 진정한 기회를 원한다는 뜻을 밝혔다. 이에 따라 '올터너티브즈(Alternatives)'는 청소년리더십 개발에 초점을 두는 청소년중심의 단체로 재창조하게 되는데, 이를 위해 당시 "긍정적 청소년발달(PYD)"과 "지역사회 청소년개발(CYD)"을 강조하기 시작한 전국적 청소년개발 네트워크의 도움을 받게 되면서 전국적으로 중요한 기관으로 발전하게 되는 계기를 갖게 된다(Hughes & Curnan, 2000).

이러한 흐름이 지속되면서, 마침내 1992년 여름 이틀 간의 합숙모임을 통해, 청소년 임파워먼트에 입각한 합의된 비전(vision)을 만들게 되면서 시 정부에 "청소년들이 지역사회의 삶에 관련되도록 하는 기회를 주는 종합 시스템"을 마련할 것을 요청하였다. 또한 시 정부는 '햄프톤청소년연합(Hampton Coalition for Youth)'을 시 정부의 하나의 부서가 되도록 하고 동시에 공공기관, 비영리 단체, 기업과 기관들과 광범위한 네트워크를 가질 수 있도록 하였다. 그 후 몇 년 뒤에 청소년위원단이 만들어지면서 햄프톤(Hampton) 시는 시민적 관여 시스템의 토대를 마련하는 결정적 시기를 맞게 되었다(Hampton Coalition for Youth, 1993). 오늘날, 헴프톤(Hampton) 청소년위원단은 청소년에 영향을 주는 것으로 볼 수 있는 정책 이슈에 관해 일할 것을 선택하는 상당한 도덕적 권위를 가지고 있다(천정웅, 2020).

다음으로, 캘리포니아(California) 주 샌프란시스코(SanFrancisco) 시 청소년위원단(youth commission)의 경우도 햄프톤(Hampton) 시와 유사하지만 또 다른 특성을 가진 정부제도형 청소년위원단의 사례로 알려져 있다. 무엇보다 샌프란시스코는 강한 진보적 정치문화를 가지고 있으며 광범위한 지역사회, 인종 및 저항과 직접적 행동을 선호하는 청소년 조직화 집단으로 당파적 기반에서 조직화된 강한 시장 위원회 시스템을 가지고 있다. 샌프란시스코 시 청소년위원단의 배경은 1975년에 창립한 '콜먼 옹호(Coleman Advocate)'라는 청소년복지기관인데, 소년사법시스템과 위탁가정시스템과 관련한 이슈에 대응하기 위해 설립되었으며 아동운동과 청소년운동을 이끌어가는 최전선에 있는 단체로 볼 수 있다. 무엇보다도 청소년위원단을 시 헌장(city charter)에 명시하도록 하는 운동을 전개하였는데, 시 정부내 감독기구가 이를 거절하자, 선거캠페인을 통해 압력을 행사함으로써 결국 승인하도록 만들었다. 이런 점에서 청소년위원단은 "불뿌리 투쟁"의 결과였으며, 아래에서 위로 가는 사회운동이었던 것이다. 당시의 선출직 지도자들은 적극적이기 보다는 반응하지 않을 수 없어 응한 것으로 평가한다. 청소년에 대한 강한 옹호와 선거 캠페인에 기원을 두었기 때문에, 샌프란시스코 청소년위원단은 "청소년인권"과 "청소년운동" 프레임(frame)을 채택하였다는 것이다. 이에 따라 청소년에게 영향을 주는 모든 법안은 반드시 위원회의 검토를 받아야 하며 지역사회 중심 서비스와 같은 서비스 유형의 질적 수준에 영향을 줄 수 있는 각 부서의 예산은 그 우선 순위를 검토하고 필요하면 정책 변화를 제안할 수 있는 권한을 갖는다(Sirianni & Schor, 2010).

샌프란시스코 청소년위원단은 12세-23세의 17명의 청소년으로 구성되어 있다. 햄프톤(Hampton) 시 보다 수는 적지만 인구 구성을 고려하고 현지 대학의 청소년을 포함하여 구성할 수 있다. 위원들은 응모과정을 통해 충원되고 선정되는데, 이 과정에서 성인 직원이 주요한 역할을 한다. 충원 통로는 다양한데, 햄프톤(Hampton) 시에서와 같이, 직원들이 지도역량이 있다고 증명된 사람을 찾거나, 웹사이트를 통한 이력서와 인터뷰 등을 통해 추천이 이루어지지만 마지막 승인은 수퍼바이저와 시장이 하게 된다. 슈퍼바이저는 11명이며 각자 한 명의 청소년 위원들을 선정한다. 시장은 위원 1명을 선정하는 것 외에 위원단의 다양성을 고려하여 추가로 5명을 선발한다. 위원들은 여름에 2일 반 동안의 훈련을 통해 샌프란시스코 시 정부 내에서의 위원단의 역할에 대한 기초학습과 팀 빌딩(team building)과 옹호기술을 배운다. 또한 주기적으로 대중연설, 입법, 예산 및 관련 기술 등에 대한 소규모 연수가 있다. 위원단에는 3명의 성인직원이 있으며 청소년 임파워먼트에 상당한 관심을 가지고 숙련되어 있다.

햄프톤(Hampton) 청소년위원단(youth commission)과 비교할 때 상대적으로 직원 수는 적지만, 샌프란시스코 청소년위원단은 여러 가지 일에서 적극적이다. 입법과 예산의 검토, 조언과 옹호활동, 대중 포럼의 소집 및 청소년 주도 프로젝트에 대한 재정지원과 함께 주기적으로 시 전역의 "청소년투표" 기회가 있을 때에는 청소년들의 견해를 제시하기 위해 참여하도록 하면서 특히 시 선거가 있기 전에 등록하도록 도운다. 청소년위원단의 기본 임무는 시 헌장에 명시되어 있으며, 정보를 수집하고, 관심과 욕구를 찾고, 계획을 수립하고 제안하며, 모든 제안된 입법과 예산 가운데 청소년에 영향을 끼치는 것에 대해서 검토하고 커멘트한다(Sirianni & Schor, 2010). 회계연도가 임박한 상황에서는 청소년 프로그램에 대해 제안된 예산을 삭감하고 다른 부서, 소방서나 경찰서에서의 효율적 운영을 통해 예산을 남기도록 하는 대안을 제시한 바도 있다.

3) 정치참여로서의 청소년 행동주의

청소년의 정치참여방식은 제도적이거나 비제도적인 두 가지 측면으로 구분할 수 있다. 제도적인 측면에서는 공식선거에 참여하는 것이 중심이 되지만, 비제도적으로는 다양한 정치행동과 관련한 행동주의적 활동들이 주로 논의된다(천정웅, 2018). 미국에서의 청소년행동주의의 예는 기후위기, 동물권 이슈, 페미니즘, 청소년인권 등 다양한 의제에서 찾아 볼 수 있다. 최근에 청소년들은 특히 SNS를 비롯한 소셜 미디어와 함께 성장하면서 세계와 정치인들에게 디지털 공간 속에서 다양한 메시지를 확장하고 있다(Conner & Rosen, 2016). 신문이나 전화와 같은 이전의 방법과는 달리 간단한 클릭만으로도 대중적 지지를 바로 결집하는 것이 특징이다. 리더십이 중앙집권적이지 않더라도 누구든지 참여적 활동가가 될 수 있게 해주는 것이다. 최근의 대표적인 사례로 2013년 결성되어 활동하고 있는 "흑인의 삶도 소중하다(Black Lives Matter, BLM)"는 운동에 청소년들이 함께 참여함으로써 2015년 봄에 전국적 행진운동과 평화적 저항운동 및 시위가 확산된 것을 들 수 있다(장세룡, 2016).

특히, 2018년 2월 14일 미국 플로리다의 더글러스 고등학교에서 있었던 총기참사로 17명이 사망하게 되면서 당시에 생존한 학생들을 중심으로 총기규제를 호소하는 전국적인 집회가 "우리 생명을 위한 행진(March for Our Lives)"으로 조직되었다. 이는 SNS 등을 통해 총기규제를 요구하는 항의운동으로 전국적으로 전개되었고 같은 해 5월 18일 텍사스의 한 고교에서 또 다른 총기참사로 10명이 사망하게 되면서 미국 학생들 사이에서 더욱 확산되고 있다. 이들은 #NeverAgain이라는 해시태그로 총기 개혁을 목표로 하는 청소년행동으로 나아가고 있다. 2018년 3월 24일 워싱턴 디시(Washington D.C.)에서 있었던 집회에 주최측 추산 약 80만 명이 참석하게 되면서 역사상 가장 큰 일일 시위로 기록되었다.

2020년에는 미국 대통령선거와 관련하여 청소년주도의 많은 정치사회적 행동들이 나타났는데, 그 중에서도 피어리어드(Period), 유나이티드 위 드림(United We Dream), 팀 이너프(Team ENOUGH), 라콴 맥도날드를 위한 정의(Justice for Laquan McDonald), 그리고 미래연합(Future Coalition) 등의 사례가 주목받고 있다. 청소년들이 어떻게 자신의 문제를 공론화하고 정치적 영향력을 갖추어 가고 있는지를 알 수 있으며, 여러 가지 방법으로 청소년 정치행동의 성공 요인들이 분석되고 있다.

피어리어드(Period)는 누구나 깨끗하고 안전한 생리에 접근할 수 있도록 하는 "월경운동(Menstrual Movement)"을 장려한다. 해시태그와 소셜 미디어를 활용한 행동전략이 돋보인다. 유나이티드 위 드림(United We Dream)은 이민자 신분에 상관없이 모든 이민자의 영구적 보호를 지원한다. 스토리텔링을 통해 공감대를 형성하는 전략을 활용하는 것을 발전 요인으로 보고 있다. 팀 이너프(Team ENOUGH)는 자살, 가정폭력,

소외된 지역사회, 총기난사 등 총기폭력과 관련된 여러 분야의 이슈와 관련한 청소년 주도 행동이다. 아이디어를 소셜 미디어를 통해 함께 공유하고 총기 폭력은 물론, 기후 변화 문제와 같은 특정 이슈를 넘어 소통하고 교류하는 것이 전략적으로 성공적인 것으로 본다.

또한, 라콴 맥도날드를 위한 정의(Justice for Laquan McDonald)는 라콴 맥도날드(Laquan McDonald)라는 17세 흑인이 시카고 경찰의 총격으로 사망한 이후, 경찰의 책무성, 형사사법개혁, 대마초 합법화 등을 주장하고 있다. 현실 정치 개입을 위한 계획의 구체성이 좋은 평가를 받고 있다. 미래 연합(Future Coalition)은 기후위기, 총기규제, 문화교류, 성평등 등을 위해 활동하는 50여개의 여러 청소년 정치참여 단체를 아우르면서 청소년 조직가들이 서로 힘을 합치기로 결심하여 만든 전국 네트워크 조직이다. 미래연합은 '미래를 위한 금요일(Fridays for Future)'을 중심으로 한 기후활동가 그레타 툰베리(Greta Thunberg)의 활동에서 비롯된 학생 시위를 배경으로 결성되었다. 미래연합은 2020년에 가능한 많은 청소년들이 투표 등록을 하고, 선거에 참여하도록 한 것을 성공적으로 보고 있다.

4. 정치참여 활성화를 위한 법 · 제도적 지원체계

1) 청소년 시민성 함양과 시민교육 법제의 강화

정치참여활성화를 위한 지원방안으로 청소년의 시민성 함양을 위한 제도가 강화되고 있는 점을 들 수 있다. 미국의 모든 학생들은 시민성 함양을 위한 교과과정상의 과목을 수강해야 하며, 19개 주에서는 '미국시민권 시험(U.S. citizenship exam)' 통과가 고교졸업에 전제되어 있다. 그러나 많은 경우, 시민성 함양에 관한 관심이나 시간 비중이 점차 줄어들고 있으며, 학습과정이 이론에 치우치고 지역사회 봉사활동, 모의 법정 등과 같은 실천 행위로 연결되지 못하는 비판을 받고 있으며 이러한 상황이 투표권 행사 등 학생들이 시민으로서의 책임을 행사할 준비를 소홀하게 한다고 본다.

이에 따라, 최근 인디애나(Indiana) 주와 캔자스(Kansas) 주 등에서 시민성 함양을 위한 교육제도를 강화하는 입법들이 이루어지고 있다. 먼저, 인디애나 주에서는 중학교 시민교육을 의무화하였다. 이에 따라 주(州) 내 모든 중학생은 6~8학년 동안 반드시 시민교육을 한 학기 동안 이수해야 하도록 규정하고 주 전역의 모든 공 · 사립학교가 2023-24학년도에 6학년이 되는 학생부터 이수하도록 하였다. 이는 또한 2022년 7월 1일까지 주 교육부에서는 시민교육을 위한 표준 교육과정을 개발해야 하며 시민교육위원회(Civic Education Commission)를 구성하여 중학교 시민교육을 감독하도록 명시하고 있다.

또한, 캔자스 주에서는 고교 졸업 시 시민교과 시험 통과를 의무화하였다. 캔자스 주 교육위원회(Kansas State Board of Education)는 법안이 헌법을 침해한다는 보아 졸업요건 설정에 반대하였으나, 주 하원의 찬반 투표와 최종 투표를 거쳐 상원으로 이송되었다. 법안에 따르면 고등학교 졸업예정자는 '미국시민권시험'을 반드시 통과해야 하며 시험 문항은 전체 128개 문항 가운데 60개 문항으로 구성한다고 규정한다. 또한 합격 점수를 구체적으로 정하지 않고 응시 회수를 여러 차례 가능하도록 하고, 합격요건을 교사가 자체적으로 설정할 수 있도록 하였다. 지지하는 측에서는 책임 있는 시민이 되기 위한 기초 지식 습득에 이 시험이 기여할 것으로 보고 있으며, 반대하는 측에서는 학생들이 이미 받고 있는 역사 수업으로 시민교육이 이루어지고 있다고 주장한다.

2) 참여 확산을 위한 공공네트워크 구축

청소년의 정치참여 활성화를 위한 다양한 논의와 법안 제출 등이 이루어지고 있으며, 그 성과들도 나타나고 있다. 여기에서 특별히 주목할 점은 앞에서 살펴 본 자문형 청소년위원회(youth council) 참여활동이 다양한 청소년단체와 센터, 기관 등으로 확대되고 있으며, 시 정부 차원의 청소년위원단(youth commission)이 확산되면서 자치단체별 조례 제정과 전국적인 네트워크를 통해 더욱 공고해 지고 있는 것이다. 특히, 청소년위원단 운영의 강화 움직임은 크게 두가지 흐름을 확인할 수 있는데, 하나는 미국의 자치단체의 중심적인 역할을 하는 각 도시들의 네트워크인 전국도시연맹(National League of Cities: NLC)을 통한 것이고, 다른 하나는 앞에서 고찰한 햄프톤(Hampton) 시 사례에서 보는 바와 같은 청소년참여 옹호자와 그 단체들을 중심으로 전국적인 청소년참여 촉진에 적극적인 움직임들이 지속되고 있는 점이다(Sirianni & Schor, 2009).

첫째, 전국도시연맹(National League of Cities: NLC)은 1924년 미국도시연합(American Municipal Association)으로 설립되었으며, 워싱턴 디시(Washington DC)에서 도시(cities)와 타운(towns)를 위한 옹호활동을 하면서 다양한 연수, 교육 및 최상의 실천도구(toolkit)를 회원 도시들에게 제공하고 있다. 그 중에는 규모가 각기 다른 1600여개 도시가 있으며 약 18,000개의 지역사회를 대표하는 주 자치도시 연맹(state municipal leagues)에 가입되어 있다. 이러한 NLC가 지역도시의 혁신과 청소년 임파워먼트 및 시민 참여를 강조하는 전국적 흐름에 따라 각 지역의 선출직 대표들이 청소년(15세-18세)을 ‘도시회의(Congress of Cities)’ 연차대회를 비롯한 전국 컨퍼런스에 초대하도록 하였으며 그 결과 참석한 5,000여명의 시 대표들 가운데 청소년이 수백명 이상 포함되었다. 2000년 이후 NLC는 청소년 · 교육 · 가족연구소(Institute for Youth, Education, and Families: IYEF)를 설치하고 청소년참여와 청소년개발에 초점을 두게 되었으며, 연구소에 참여한 그룹들은 여러가지 위원회 유형의 참여 모델들 중에서도 청소년위원단

(commission)과 청소년위원회(council)를 촉진하는데 적극적이었다.

둘째, 햄프톤(Hampton) 시의 혁신가들은 청소년의 정치참여 역량 함양을 위한 학습과 확산의 또 다른 중요한 네트워크를 제공한다. '햄프톤청소년연합(Hampton Coalition for Youth)'과 '올터너티브즈(Alternatives)' 등의 일부 파트너 기관들은 특히 전국적 일을 중요시하였다. 이들은 우선, 햄프톤 청소년위원단 모델을 전국도시연맹(NLC), YMCA, 및 서치연구소(Search Institute) 등의 여러 청소년기관들이 후원하는 전국적 회의와 연수워크숍에서 발표하였다(Sirianni & Schor, 2009). 이들은 특히 청소년개발향상활동과정(Advancing Youth Development curriculum)의 청소년참여 구성요소를 개발한 베스트 이니시어티브(BEST Initiative)의 핵심 파트너들이다. 여기에는 기초 과정 모듈과 다양한 청소년지도자들의 슈퍼바이저와 연수 촉진가들을 위한 도구(toolkit)들이 포함되어 있다. 베스트 이니시어티브(BEST Initiative)는 교육개발아카데미(Academy for Educational Development: AED)의 전국 지역청소년업무연수원(National Training Institute for Community Youth Work: NTI)에서 맡아하고 있으며 전국 BEST 네트워크 프로젝트(National BEST Network)에 참여하는 18개의 시 및 지역 연수 파트너들을 가지고 있다. 약 10000명의 청소년지도자들과 슈퍼바이저들이 1996년 이후 베스트 이니시어티브(BEST Initiative)에 의해 실시된 연수를 받았다.

햄프톤(Hampton) 혁신가들은 햄프톤에서 성공적으로 운영한 성과를 경험한 청소년지도자들을 자문팀에 포함하였으며, 이들을 중심으로 청소년위원단, 문화 변화 전략, 및 청소년 기획가 등에 관심을 갖는 도시와 카운티들에 대해 집중적인 자문을 제공하였다. 특히, 구체적인 경우에 사용하도록 만든 다양한 연수 자료집과 햄프톤 시의 청소년위원단 운영 매뉴얼은 이 분야에서는 최고로 알려져 있다. 햄프톤에서만 배포되는 것이 아니라, 청소년개발과 청소년 시민참여 분야에서의 많은 자원들과 관련한 가이드 자료들에도 수록되어 있으며, 전국적으로 배포되고 있다(Sirianni & Schor, 2009).

3) 청소년 투표율 제고와 투표권 보호 제도

미국에서의 청소년투표율 제고 방안과 관련하여 전문가들의 입장은 대체로 다음과 같은 단기, 중기, 장기적 방법들을 제시하고 있다. 첫째, 단기적으로는 청소년들이 선거인단에 등록하고 투표를 하는 데 필요한 구체적인 정보를 제공하는 것이 필요하다. 등록방법과 등록기일, 투표용지는 어떻게 작용하는지, 무엇이 있으며 어떻게 작성하는지 그리고 투표장소는 어디이며 장소에 도착해서는 무엇을 해야하는 지 등에 대해 단계적으로 배우도록 함으로써 첫 유권자(first-time voter)가 되도록 하는 동원화 노력(mobiliaztion efforts)을 권고한다. 일반적으로 투표에 대한 자각을 증대시키려는 저명인사들을 활용하는 노력은 신선한 측면은 있지만, 그 효과는 크지 않는 것으로 나타난다.

둘째 중기적으로는 선거인 등록에 대한 시스템 장벽을 줄이는 일이 중요하다. 청소년 투표율과 전체 투표율 간의 관련성이 높다는 점에서 보면 전체 투표율 증가를 목적으로 하는 조치들은 청소년 투표율 향상에도 효과가 있음을 알 수 있다. 그만큼 더 청소년 참가율을 국민 전체 참가율에 가깝게 되도록 할 수 있다는 것이다(Galston, 2004). 실제로 미국 선거에서 투표율은 선거인 등록과정이 보다 쉬운 주에서 더 높게 나타난다. 예를 들면, 선거일 임박해서까지 등록을 할 수 있게 한다거나, 등록 사무소를 저녁 때와 주말에도 열고 부재자 투표(absentee registration)를 허용하는 것 등이다. 16세나 17세에 사전 등록을 하도록 허용하면 18세 생일날에 자동적으로 등록하도록 해줌으로써 등록율과 투표율을 2.1% 이상 높였다는 연구결과도 있다. 또한, 당일 등록제는 전체 연령집단은 물론 특히 청소년들의 투표율을 높일 수 있다고 보며 다소 복잡한 방법이지만 자동 투표 등록제를 활용할 수도 있다. 선거연령에 달하면 시민 누구나 별도 절차 없이 투표자 명부에 등재되는 것이다.

셋째, 장기적 방안은 시민성 함양을 위한 교육이나 시민참여활동을 강화하는 것이다. 청소년들에게 물어보면, 투표를 하지 않는 첫째 이유가 투표용지가 어떻게 되어 있는지 당황스럽고, 투표하려고 해도 어디로 가서 하는 지를 모르기 때문이라고 답한다(Miller, Sharmako, Brown, & Svetaz, 2021). 이러한 준비결여에 대한 하나의 방법은 실제적인 시민성 함양 교육 특히 투표방법에 대해 가르치는 것이다. 이는 투표가 정상적(normal)이고 가치롭다(worthwhile)는 것에 대해 일찍부터 이해하고 청소년의 선거참여를 방해하는 단기적 장애를 극복하도록 하는 동기를 부여한다. 학생들에게 투표시연을 본 후에 실제 투표를 하게 하면 투표율이 5.7% 증가했다는 연구결과도 있다.

미국의 민주당은 최근 청소년선거권과 관련하여 청소년 유권자의 투표권 보호 법안을 발의하였다. 이는 특정 유권자들의 투표를 방해하거나 투표열의를 꺾음으로써 투표결과에 영향을 주고자 하는 이른바 유권자억압전술(voter suppression tactics)의 투명성을 강화하고자 한 것이다. 민주당 의원들에 따르면 기존 선거법이 18세 청소년에게 투표권을 부여한 '미국 수정헌법 제26조'를 위반하는 내용을 포함하고 있다고 본다. 현재 청소년들은 매우 엄격한 유권자 등록 조건을 적용받고 있으며, 투표장소에서 일부 대학은 제외되어 학생참여가 어려운 등의 여러 가지 장벽이 있다는 것이다. 이는 청소년의 선거참여권이 제대로 보장받지 못하고 있다는 의미를 갖는다. 따라서, 법안발의에 참여한 의원과 후원자들은 선거에서의 해당 법안이 연령차별을 줄이는데 기여하므로 정부는 다음 세대의 민주주의 참여를 위해 이를 격려해야 한다고 강조한다.

4) 인터넷 활용 e-전략과 온라인 앱을 통한 청소년행동주의

오늘의 청소년은 TV에 의존하기 보다는 점차 대안 매체를 통해 정치적 정보를 이용하는 경향이 높아지고 있다는 점에 유의할 필요가 있다. 특히, 인터넷의 빠른 속도, 저렴한 비용, 접근 용이성 및 상호작용성 등의 여러 가지 특성으로 인해 인터넷이 청소년의 시민 참여, 정치 토론 및 정치적 활동을 장려하는 중요한 매체로 부각되고 있다 (Banaji & Buckingham, 2013). 미국 아메리칸 대학교 '미디어와 사회적영향 센터(Center for Media & Social Impact)'에서 실시한 온라인 시민에 대한 내용분석결과를 보면 인터넷이 '청소년 시민 문화'의 길을 열어 놓은 것을 알 수 있다. 이는 젊은 세대들의 정치 참여와 시민참여의 방식을 바꿀 잠재력이 있다는 기대를 갖게 한다. 현재 온라인에는 투표, 자원봉사 및 정치 참여로부터 대안 저널리즘에 이르기 까지 'e-시민'들을 중심으로 하는 웹사이트가 너무도 많으며, 그 대부분이 청소년 스스로 제작 · 운용하고 있다.

이에 따라 청소년과 청년에게 선거정보를 전달하기 위한 다양한 e-전략이 전개되고 있다. 최근의 예로는 이슈에 대한 정보제공을 통해 유권자들이 각 후보들이 유권자들에게 부응하고 있는지를 점수화하고 등급을 정하는 후보선택 사이트를 들 수 있다. 또한, 특정 온라인 전략의 경우 다른 것 보다 사이버 시민 참여를 장려하는데 효율성이 더 높게 나타나고 있다. 청소년들은 직접 찾아보거나 이메일을 확인할 것인지 등을 선택하는 방식의 선택(opt-in) 서비스를 제공하는 사이트에 보다 긍정적으로 반응하는 편이다. 방문자들이 질문을 할 수 있는 채팅 룸이 가장 인기가 있으며, 청소년세대의 이슈를 알려 주는 이메일, 후보가 운영하는 웹로그, 그리고 지역 캠페인 등이 인기가 있다.

청소년의 정치참여 활성화를 위해 청소년들이 주도하는 정치적 행동주의가 다양하게 전개되고 있는데, 그 중에서 "턴아웃, 젊은 활동가들의 앱(Turnout, the Young Activist's App) 개발 사례"는 온라인을 통한 행동주의로 볼 수 있다. 이는 미국 메사추세츠 주 케임브리지 출신의 제프 샤피로(Zev Shapiro)라는 고등학생을 중심으로 청소년행동주의와 투표 참여율향상을 위해 만든 앱으로 설립되었다. 샤피로는 이 앱은 청소년조직화를 위해 개발된 것이며 자전거를 타거나 달리기 하는 사람들의 경로 공유와 건강을 주제로 소통하는 앱인 스트라바(Strava)라는 앱과는 다르다고 말한다. 그는 "이

앱은 친구들이 무엇을 하는지 볼 수 있는 홈 액티비티 피드, 이벤트, 투표하려고 등록한 사람들이 얻을 수 있는 자원 등을 갖추고 있고, 사람들이 무엇을 하고 있는지에 따라 영향력 점수를 부여한다"고 말한다.

실제로 이 앱은 2018년 플로리다 파크랜드 총기사건 이후 이루어졌던 '우리의 생명을 위한 행진' 등의 다양한 규모의 집회와 시위에 참여를 원하지만, 그 방법을 모르는 청소년이 많다는 점을 알고, 이러한 청소년들의 행동주의가 지속될 수 있도록 조직화하는 온라인 공간이 필요하다고 생각한 것이 계기가 되었다. 샤피로는 주위를 둘러보았으나 그러한 기능을 하는 플랫폼이 따로 없다는 것을 알고 직접 턴아웃 앱을 만들기 시작했다고 한다. 이들의 앱이 널이 확산된 것은 다양한 세대와 경험을 아우르는 협업을 통해 팀으로 일하였기 때문으로 본다.

5) 청소년 선거 연령 하향을 위한 캠페인 전개

청소년의 선거권을 16세로 하고자 하는 운동이 지속적으로 전개되고 있다. 예를 들면, VOTE16USA라는 단체에서는 다음과 같은 5가지를 주창하면서 16세로까지 선거권을 주도록 하는 캠페인을 확산하고 있다. ① 투표를 습관화해야 하며, ② 16세와 17세는 투표할 준비가 되어 있으며, ③ 16세와 17세도 몫을 가지고 있으며 ④ 선출직 지도자들은 동등한 구성원으로 인정해야 한다는 점, 그리고 ⑤ 16세로 낮추는 것이 시민교육을 강화하는 것이라는 점 등을 강조한다.

선거권 연령을 16-17세로 낮추는 시도는 국제적으로도 독일, 오스트리아, 에스토니아, 스코틀랜드, 에쿠아도르, 아르헨티나 등 적어도 16개 국가에서 이미 적용하고 있으며, 노르웨이는 2011년부터 21개 도시에서의 지방선거에서 적용하고 있다. 스코틀랜드는 2015년에 모든 선거에서 16세의 투표를 인정했다. 미국의 경우 메릴랜드(Maryland)

주 타코마 파크(Takoma Park) 시를 비롯하여 하이에트빌(Hyattsville), 그린벨트(Greenbelt) 시 및 리버데일(Riverdale) 시 등 네 개 도시에서 적용하고 있으며, 매사추세츠(Massachusetts) 주를 비롯한 캘리포니아(California), 버몬트(Vermont), 워싱턴 디시(Washington, DC.) 오레곤(Oregon) 등의 주에서 캠페인을 전개 중이며 법안 마련을 위한 노력들이 진행 중이다. 2019년에 실시한 16세로 선거권을 하향하는 것에 대한 여론조사결과를 보면 약 17%가 찬성하는 것으로 나타났는데, 옹호론자들은 1971년에 21세에서 18세로 하향할 때에도 지금과 유사하게 여론은 17%만 찬성하였던 것으로 나타났다고 강조한다. 자치단체와는 달리 연방정부 차원의 선거연령 조정을 위해서는 또 한번의 헌법 수정이 필요한 상황이며, 각 주별로도 각기 관련 규정이 다르고 지방정부선거에서의 연령하향을 적용하기 위해서도 주에 따라서는 주 헌법에서 금지하고 있거나, 법 개정이 필요한 상황이 많으며, 현행의 주법으로도 지방정부에서의 선거권 하향이 가능한 주는 7개로 나타나고 있다.

〈표 9-1〉 주(state)별 지방선거 연령 하향의 법적 실행가능성

구분	내용	
가능한 주	• 캘리포니아, 콜로라도, 매릴랜드, 뉴 저지, 뉴 멕시코, 오클라호마, 와싱턴 디시.	7개
법령 불분명한 주	• 아칸소, 하와이, 아이다호, 미주리, 네바다, 오하이오, 사우스 다코다, 유타, 위스콘신	9개
법 개정 필요한 주	• 아라스카, 코네티컷, 델라웨어, 플로리다, 조지아, 일리노이, 인디애나, 아이오아, 캔자스, 켄터키, 루이지애나, 메인, 매사추세츠, 미시간, 미네소타, 미씨씨피, 몬타나, 네브라스카, 뉴 햄프셔, 뉴욕, 노스 캐롤라이나, 노스 다코다, 오레곤, 펜실배니아, 로드 아일랜드, 테네시, 버몬트, 와싱턴, 와이오밍.	29개
주 헌법상 하향금지	• 알라비마, 애리조나, 사우스 캐롤라이나, 텍사스, 버지니아, 웨스트 버지니아.	6개

출처: https://vote16usa.org/wp-content/uploads/2020/05/white-paper-5.14.20.. 2021년 7월 15일 검색

5. 청소년 정치참여의 특징과 시사점

미국은 청소년 정치참여의 오랜 역사를 가지고 있고, 이는 중요한 사회 변화를 초래하는데 기여하였다. 정치참여의 여려가지 형태 중에서도 투표는 청소년들이 목소리를 낼 수 있는 중요한 방법이고, 정치참여의 힘을 알 수 있다는 점에서 그 실태와 변화추이 및 최근의 여론조사의 결과를 알아본 것은 의미가 있을 것이다. 또한, 미국의 청소년 정치참여의 내용은 다양한 시민성 함양 프로그램과 정치적 행동주의의 사례를 통해서도 알 수 있으며, 청소년 정치참여 활성화를 위한 각 주별 시민교육 강화와 지방정부와 협의기구들의 네트워크 구축을 통한 참여확산 노력 등을 확인할 수 있다. 청소년 투표율 향상을 위한 단기 중기, 장기적인 방안들에 대해 고찰하고 민주당 등 정치권에서의 입법 노력과 청소년 주도의 행동주의 사례에 대해서도 알아 보았다. 이제 이러한 논의를 바탕으로 미국 청소년 정치참여의 특징을 다음과 같이 몇가지로 정리하면서 그에 따른 시사점을 찾아보기로 한다.

첫째, 청소년 투표권은 1971년 연방 수정헌법에 의해 18세로 되었으며, 그 이후 각종 선거에서 등락을 반복하고 있으나 전체적으로는 감소추세를 보이고 있으며 대통령선거와 의회선거 등의 시기와 종류에 따라 차이가 있고, 전체 투표율 보다는 항상 낮게 나타나고 있다. 다만, 최근 2020년 대통령 선거에서 청소년 투표율은 향상된 것으로 나타나 주목되고 있다. 미국 청소년의 투표율이 낮은 것은 유권자 등록제도와 ID카드에 따른 문제, 청소년의 생활과 고용상황에 따른 여러 여건 등이 전반적으로 관련되고 있으며, 2021년 4월의 하바드 청소년여론조사 결과를 보면, 10년 전보다 더욱 정치참여적이고 진보적인 정치가치가 높아진 것으로 나타났다. 우리나라와는 정치제도와 사회시스템, 문화적 상황 등에서 다른 점이 많은 미국에서의 결과이지만, 최근 선거권 연령이 18세로 된 이후의 한국 청소년의 정치참여 결과와 유사한 점과 차이점에 대한 고찰은 중요한 함의를 갖게 될 것이다.

이런 점에서 청소년의 정치의식과 태도 및 정치참여와 관련한 다양한 상황에 대한 인식과 제도적 개선사항의 필요성 등을 알아보는 청소년여론조사(youth poll)를 주기적으로 실시하는 방법을 고려할 필요가 있다. 2021년 3월에 41번째 조사를 실시한 하바드 청소년여론조사는 미국 청소년의 정치참여에 대한 의식과 정당에 대한 의견 등을 지속적으로 알아보고 있다는 점에서 유용성을 인정받고 있다. 기존의 청소년 대상의 유사한 실태조사와는 차별화되면서 청소년 정치참여를 중심으로 하는 권위있는 여론조사로 개발하고 발전시키는 방안을 마련하는 것이다.

둘째, 청소년시민성 함양을 위한 다각적인 노력이 학교와 학교 밖의 청소년단체와 사회교육 및 시민단체 등을 중심으로 실시되고 있다. 특히 학교에서의 시민교육 뿐만 아니라 믹바 챌린지(Mikva Challenge)와 같은 프로그램은 청소년의 선거참여와 정책형성 및 공동체적 사회문제 해결을 위한 적극적인 노력을 실천적 체험활동을 통해 전개하고 있다. 유세연단(Soapbox) 프로젝트와 선거운동 경험 활동은 우리나라에서도 청소년 정치참여와 관련한 정책개발을 위해 활용할 필요가 있다. 청소년들이 자신의 삶에 영향을 끼치는 쟁점들에 대한 견해를 공개적으로 연설을 통해 밝히고, 상호협력을 통해 연구하며 실천하는 새로운 참여제도로 만들어 볼 수 있을 것이다. 청소년 창안제나 현재 운영 중인 정책제안대회 등과 다른 형태와 내용으로 새롭게 정책사업화하는 것이다. 필요하면 이러한 활동을 종합적으로 운영하는 청소년중심의 공간을 만들어가는 것도 고려할 필요가 있다.

셋째, 청소년위원회 활동과 관련하여 자문형과 정부제도형의 경우를 알아보았는데, 우리나라의 청소년참여위원회나 청소년운영위원회와 유사하지만 크게 다른 점을 확인하였다. 자문형 청소년위원회의 사례에서 볼 수 있듯이 청소년단체나 시민교육기관에서 활동한 청소년들이 자발적으로 구성원이 되어 자치단체 정부의 공공정책이나 이슈와 관련한 권고안을 제시하거나 특히 그 명칭에서 보는 바와 같이 건강문제, 주거문제,

안전문제 등 청소년과 관련한 현안별로 별개의 위원회로 운영하는 것은 독특한 접근으로 볼 수 있다. 더욱이 햄프톤(Hampton)이나 샌프란시스코(SanFrancisco)에서 볼 수 있는 정부제도형 청소년위원단의 경우에는 정부와의 공동협력은 물론, 자치정부의 하나의 부서로서 기능하는 권한과 실행력을 가지고 있음을 알 수 있다. 우리나라의 경우 청소년참여위원회가 있지만, 당초의 입법 취지와는 다르게 자치단체 정부기관에서 직접 운영하지 않고 청소년기관에서 위탁하는 형태로 변질되어 그 본래의 취지가 훼손되고 있는 경향을 나타내고 있다는 점에서 이에 대한 새로운 검토와 입법적 보완이 요청된다.

넷째, 청소년의 정치참여와 관련한 행동주의와 디지털 환경을 고려할 때 Z세대에서 알파세대로 나아가고 있는 청소년세대에 대한 전환적 접근이 필요하다. 미국의 청소년 행동주의는 기후위기와 인권문제는 물론, 안전한 생리의 접근, 총기난사, 이민자 보호, 자살과 가정폭력, 경찰폭력에 따른 사법개혁, 성평등 등 다양한 이슈와 관련하여 조직화된 모습으로 나타나고 있다. '흑인의 삶도 중요하다(Black Lives Matter)'와 '우리 생명을 위한 행진(March for Our Lives)' 등과 같은 전국적 행진운동과 저항운동이 확산되면서 청소년조직화 운동이 나타나고 있으며, 대중매체를 넘어 인터넷과 소셜 미디어를 활용하는 전략이 당연시되고 있다. '턴아웃, 젊은 활동가의 앱(Turnout, the Young Activists App)에서와 같은 청소년투표율 향상과 집회와 시위의 참여방법을 공유하는 앱의 제작을 통해 청소년행동주의는 새로운 모습으로 확산되고 있다. 이와 유사한 정치사회적 경험을 우리나라에서도 찾아 볼 수 있다는 점에서 보면, 시대적 상황이 주는 환경변화에 주목하면서 청소년의 역할과 역량, 특히 투표의 힘(voting power)을 인정할 필요가 있을 것이다. 건강한 민주주의적 삶에서 중요한 것은 그에 필요한 시민역량을 함양하고 시민적 관여를 통해서 이루려는 접근일 것이다. 청소년업무 전반의 혁신이 긴요한 국가·사회적 과제가 되어야 할 당위는 이미 충분하다.

다섯째, 미국에서 볼 수 있는 청소년의 정치참여를 활성화하기 위한 다양한 입법과 참여의 학습과 확산을 위한 공공 네트워크 구축 노력에 대한 함의를 생각할 필요가 있다. 미국의 인디애나 주와 캔사스 주에서 제시된 시민성 함양을 위한 시민교육 강화 법안들은 물론, 미국 민주당에서 제안한 청소년 투표권 보호를 위한 법안 등은 청소년 정치참여의 중요성을 인정하고 책임있는 시민이 되는데 필요한 정책적 노력을 강조하고 청소년의 선거권을 제대로 보장되도록 하는 의미를 갖는다. 또한, 미국의 자치 도시를 중심으로 구성된 전국도시연맹(National League of Cities)은 청소년위원회 제도의 실질적인 확산을 위해 노력하며, 청소년을 공공정책과 행정의 주체로 인정하고 있다. 또한, 햄프톤(Hampton)을 중심으로 한 청소년개혁가와 전문가들은 햄프톤에서의 청소년위원단과 정부행정문화의 변화 및 청소년기획가 등의 성공사례를 전국적으로 널리 알리고 각급 지도자들을 위한 연수과정을 개발하고 자문하였다. 우리나라의 경우에도 청소년 정치참여 활성화를 위한 입법화 노력과 제도적 보완을 지속하는 것은 물론, 청소년을 정책의 동반자로 제대로 인정하고 참여의 공고화를 위한 연대적 네트워크 구축과 성공적인 참여 성과를 발굴하고 확산하는 정책적 방안을 마련할 필요가 있을 것이다.

끝으로 미국의 청소년 정치참여의 사례 분석을 통해 18세 선거권 이후의 청소년에 대한 인식전환은 불가피하다는 점을 확인할 수 있다. 청소년업무에서도 청소년을 객체화하여 서비스를 제공하는 기존의 접근을 전환하여 청소년발달과 리더십을 전제하여 시민적 관여와 청소년조직화 및 정치참여를 포함하는 방향으로 나아가야 할 것이다. 청소년업무와 관련한 정책적 접근과 내용, 제도화 등의 전반에서 청소년참여적 맥락과 연계하면서 성과로 이어지게 할 필요가 있을 것이다.

이런 점에서 보면, 미국의 청소년정치 참여 사례가 우리나라에 주는 시사점은 ① 그동안의 실태조사와는 다른 청소년정치참여를 중심으로 하는 여론조사의 주기적 실시 ② 유세연단프로젝트와 같은 체험활동을 새로운 참여제도화하고 청소년중심의 학교 밖 운영 공간의 확보 ③ 청소년자문위원회의 다양화와 청소년참여위원회의 자치단체 직접운영을 위한 입법적 보완 ④ 청소년행동주의와 디지털세대로서의 청소년의 역할과 투표의 힘(voting power)을 인정하는 청소년업무 전반의 혁신, 그리고 ⑤ 참여의 공고화를 위한 연대적 네트워크 구축과 성공적 참여 성과 발굴과 확산을 위한 정책적 방안 도출 등으로 요약할 수 있을 것이다.

CHAPTER 10

청소년 빅데이터의 체계와 활용사례

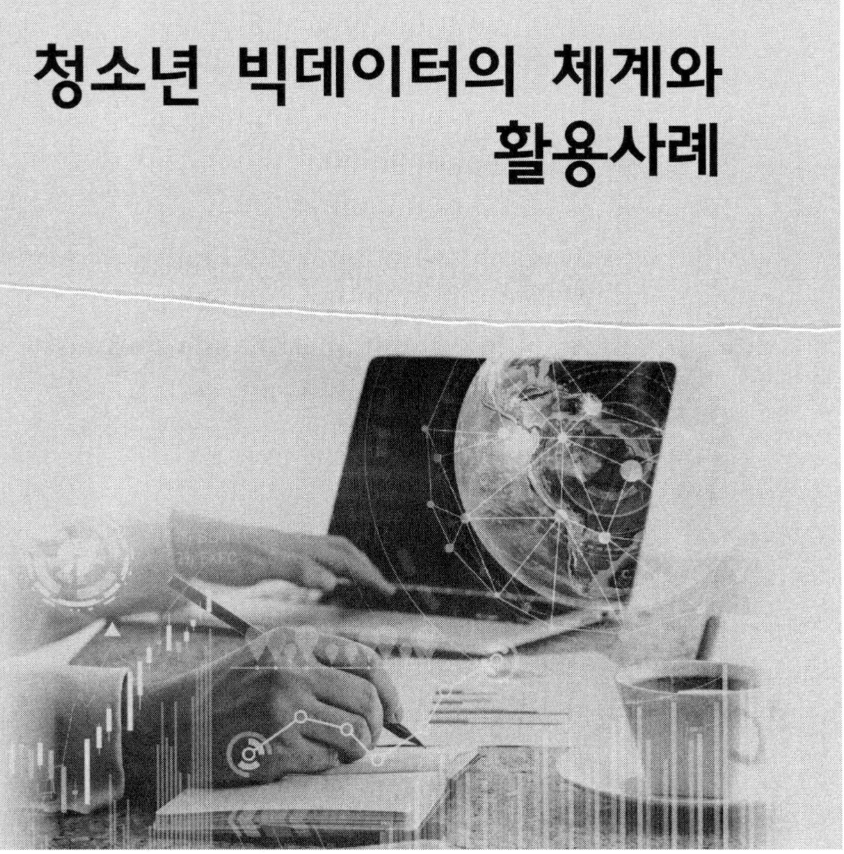

CHAPTER 10

청소년 빅데이터의 체계와 활용사례

1. 빅데이터 정책과 청소년분야

최근 모바일 환경의 발전은 사람에 의한 데이터와 기계가 생산하는 데이터의 증가와 함께 정보통신분야의 대용량 데이터처리 자원의 축적을 초래함으로써 빅데이터는 전 세계적 주목을 받고 있다. 이미 세계의 주요 국가들은 빅데이터의 무한한 잠재성을 놓고 치열한 기술 경쟁을 하고 있으며, 미국은 빅데이터 분석 기술 분야의 선두 국가로 다른 나라의 벤치마킹 대상이 되고 있다(배지영, 조미숙, 2016; 윤창근, 2012; 한국데이터산업진흥원, 2019).

미국은 2017년 월드와이드웹(World Wide Web, WWW)재단에서 발표한 제4차 '오픈 데이터 글로벌 보고서(ODB Global Report Fourth Edition)'에 나타난 국가별 지표

이 장은 2020년도 한국청소년정책연구원의 연구과제인 '청소년 빅데이터 체계 구축 및 활용 방안 연구'의 일부로 수행된 연구결과를 기관의 승인을 받아 글로벌청소년학연구(제11권 제2호)에 수록한 것을 수정 · 보완한 것임.

(Barometer) 순위에서는, 전체 114개국 중 4위인 것으로 나타난 바 있으며, 2018년 정보화수준 IMD(Institute for Management Development) 국가경쟁력 지수에서 전년도 대비 3단계를 상승하여 1위를 기록하였으며, WEF(World Economic Forum)의 세계경쟁력 지수에서도 전년 대비 1계단 상승하여 1위를 기록하였다. 2018년도 기준으로 보면 전세계 1위의 정보화 수준을 갖고 있음을 알 수 있다(한국정보화진흥원, 2018). 이미 미국은 뉴욕(IBM Cloud), 캘리포니아(Google Cloud), 시애틀(Microsoft Azure) 등을 중심으로 전세계의 대표적 빅데이터 분석 플랫폼은 물론, Amazon, Starbucks, Netflix 등 빅데이터를 사용하고 있는 수많은 글로벌 기업들을 가지고 있다.

미국 연방정부는 빅데이터 활용에 관해서 범정부적 차원의 거버넌스 체제를 구축하고 있다. 사상 최초로 정부의 데이터 정책을 총괄하는 최고 데이터과학자 (Chief Data Scientist, CDS)직위를 설치하고 백악관 과학기술정책실(Office of Science and Technology Policy: OSTP)을 중심으로 "연방 빅데이터 R&D 전략계획(The Federal BIG DATA Research and Development Strategic Plan)"을 수립하였으며, 2002년부터 연방 정부 차원의 부처와 기관들이 협력하는 IT분야의 R&D 프로그램인 NITRO(Federal Networking and Information Technology Research and Development)를 통해 기술분야의 대규모 네트워크, 고성능 컴퓨팅 시스템, 소프트웨어, 정보관리 등의 연구개발은 물론, 신기술의 사회, 경제, 노동 등에 미치는 영향에 관한 분석 등에 관한 다양한 연구를 진행하고 있다.

전체적으로 다원적 정책수립과 연구개발체제 속에서 학술단체, 싱크탱크, 업계, 비영리단체, 노동조합 등의 다양한 참여자들이 커뮤니티를 형성하여 정책에 영향을 미치고 있다(황수정, 2019). 빅데이터와 관련한 최근 정책은 오바마 행정부의 오픈데이터 정책을 유지하고 있는 것으로 볼 수 있으며, 2019년은 인공지능과 고성능 컴퓨팅 투자를 우선순위로 제시하여 빅데이터 분야의 투자가 증가되었으며, 2020년에는 인공지능을 단독분야로 추가하여 정부 지원을 더욱 강화함으로써 데이터 관련 산업과 업무는 더욱 확장될 것으로 전망된다(한국데이터산업진흥원, 2019; Whitehouse, 2020).

청소년 관련 빅데이터 체계는 미국 빅데이터 정책의 우선순위로 나타나고 있지는 않지만, 국가전략계획과 관련하여 관심을 갖고 있음을 알 수 있는데, Data.gov 서비스를 통해 공공데이터를 공유하면서 청소년관련 각종 통계와 정보자료를 가진 다양하고 방대한 데이터셋(datasets)을 제공하고 있다. 미국에서 빅데이터는 아동과 청소년분야(the child and youth field)에서 하고 있는 일에 크나큰 전망(great promise)을 제공하는 하나의 새롭고 흥미로운 프론티어(a new and exciting frontier)가 되고 있음을 알 수 있다.

2. 미국의 빅데이터 체계 현황

1) 미국 빅데이터 추진전략

미국은 2012년 3월, 백악관의 대통령 과학기술정책국(OSTP)을 중심으로 다양한 부처가 협력하여 빅데이터 핵심 기술 개발 및 사회 각 영역에의 활용, 빅데이터 전문인력 양성 등을 주요 목적으로 하는 '빅 데이터 R&D 이니시어티브(Big Data R&D Initiative)"를 발표하였다. 그 후 2016년에는 "연방 빅데이터 R&D 전략 계획"을 NITRO를 통해 발표하여 빅데이터 방법론, 데이터 신뢰성 확보 등을 위한 R&D 전략을 제시하였다(김수연 외, 2018). "빅 데이터 R&D 전략 계획"은 7개의 R&D 전략과 18개의 세부 과제를 담고 있는데, 미국 정부의 빅데이터 R&D 방향과 새로운 빅데이터의 기능, 이를 위해 요구되는 제반사항의 구체적 전략을 포함한다. 빅데이터 인프라 강화와 데이터 산업활성화 기반 확보, 빅데이터 인력 확충과 협력 생태계 구축, 및 정부와 민간의 공동협력

강화를 강조하고 있다(김수연 외, 2018; 한국정보화진흥원, 2018).

청소년과 관련하여 '빅 데이터 R&D 전략계획'에서 명시적으로 확인할 수 내용은 빅데이터 분야의 지속적인 성장에 따른 교육훈련 프로그램 커리큘럼 개발과 교육자원의 배분 및 데이터를 읽고, 해석하고, 의사소통할 수 있는 능력과 새로운 지식을 만들 수 있는 능력을 갖춘 시민을 기르는 것으로 요약할 수 있다. 실제로 공익 관점을 강조한 빅데이터 커리큘럼은 여성을 포함한 소수집단의 참여를 촉진하였으며, 과학 · 기술 · 공학 · 수학(STEM) 분야의 생산성 증대에 기여하며,교과서, 온라인 교육가정, 실습과정, 시민과학 프로젝트 등과 같은 데이터 과학 교육 자원에 대한 접근을 제공하는 것이 필요하다고 본다.(정보통신기술진흥센터, 2016)

한편, 미국은 오픈 데이터 정책의 추진과 함께 부처와 기관의 데이터를 공유 · 관리하는 정책을 통해 적절히 분류되고 컴퓨터로 해독할 수 있는 메타데이터(metadata) 온톨로지(ontology)를 포함하여 데이터셋(datasets)의 발전을 위해 노력하면서 응용 시스템 분야, 데이터 형식, 데이터 과학 시나리오와 관련하여 데이터들을 잘 설명하고 처리과정도 알기 쉽게 제시하는 사례 개발 연구를 강화하고 있다(정보통신기술진흥센터, 2016). 최근에는 사이버 보안 강화를 정책의 최우선 과제 중 하나로 제시하고 각 부처의 관련 예산액을 확대함으로써 데이터 관리 · 분석 · 보안 관련 시장이 함께 커질 것으로 전망하고 있다.

특히, 트럼프 행정부는 2019년 2월 12일 AI에 대한 국가 역량을 높이기 위하여 연방정부 차원에서는 최초로 '미국 AI 이니시어티브(American AI Initiative)'를 추진하면서 AI 분야에서 미국의 리더십을 유지하겠다는 목적을 밝혔다. 이 전략계획에는 연구개발 투자, 인프라개방, 거버넌스 표준화, 전문인력 양성, 국제협력 등의 5대 전략을 제시하고 있는데, 인프라 개방과 관련한 배경 설명에서 데이터와 컴퓨팅 자원을 학계는 물론 산업계의 AI 연구 개발자에게 적극적으로 개방하고 지원한다는 내용을 포함하고 있다(한국정보화진흥원, 2019).

2) 청소년 빅데이터 체계

(1) 공공데이터 포털의 아동 · 청소년정보

① Data.gov 공공데이터 서비스 포털

미국은 오바마 행정부의 임기가 시작된 2009년부터 'Data.gov' 서비스로 대표되는 공공 데이터 정책을 적극적으로 추진해 왔다. 미국 정부는 데이터 활용을 위한 소프트웨어 애플리케이션을 함께 제공하고 있는데, 이를 통해 많은 사람들이 쉽게 데이터를 활용할 수 있도록 함으로써 부가가치 창출에 기여할 수 있는 환경을 구축한 것으로 본다(Connelly, Playford, Gayle, & Dibben, 2016; 한국데이터산업진흥원, 2019). 미국의 Data.gov는 공개데이터의 홈(the home of the U.S. Government's open data)으로 불리고 있으며. 2020년 8월 현재 22만 4653개 이상의 데이터셋(datasets)을 확인할 수 있다.

공공데이터 data.gov의 주요 주제(topic) 분야는 농업(agriculture), 기후(climate), 생태시스템 (ecosystems), 에너지(energy), 지방정부(local government), 해상 (maritime), 대양(ocean), 노령자 건강(old adults health) 등으로 제시되고 있다. 데이터의 양과 주제들은 각종 데이터셋(dataset)이 추가됨에 따라 주기적으로 변경되고 있으며, 각 주제별로 하위 메뉴는 각기 다르게 제시되고 있다. 예를 들면, 기후 분야는 몇 개의 하위주제가 하위메뉴로 나타나고 있지만, 지방정부에 관한 분야는 주별, 카운티별, 도시별 데이터를 제공하는 구조의 메뉴를 갖고 있다. 해상 분야의 메뉴에는 해상운송에 관한 내용을 포함하고 있으며, 대양 분야의 하위메뉴에는 주로 미국 National Ocean Council이 제공하는 데이터셋을 중심으로 대양과 연안(coasts) 및 미국 오대호(Great Lakes)에 관한 정보를 제공하고 있다.

〈표 10-1〉 미국 Data.gov의 Youth Program 검색에 따른 Datasets 종류(2020년 8월)

기관	데이터 내용	종류
Department of the Interior	• 벤톤호수 국립야생동물피난처(Benton Lake National Wildlife Refuge) : 1996년도 연간보고서. • 나머지 83개도 위와 유사한 내용으로 다른 연도의 연차보고서	84
City of New York	• 학교밖 청소년을 위한 DYCD OSY (Out-of-School Youth) ―뉴욕시의 Out-of-School Youth programs을 제공하는 기관별, 장소별 시설 현황 • 가정폭력 이니시어티브, 지표, 및 요인들에 관한 보고서 ―지역의 2019년 법38호(Local Law 38 of 2019)에 의해 필수적으로 요구되는 ENDGBV프로그램의 활동과 이니시어티브들에 관한 정보 • 시설데이터베이스 ― 시계획 시설의 데이터베이스(FacDB)로서 35,000개 이상의 공사립 시설과 프로그램 장소에 관한 정보를 집약함	3
State of New York	• 가출 및 홈리스 청소년 프로그램 (Runaway And Homeless Youth Programs) ― 가출 및 홈리스 청소년을 위한 프로그램을 운영할 수 있는 승인받은 기관에 관한 정보 제공.	1
State of Maryland	• DLLR 성적향상기록 Performance Improvement Measures ― GED와 NEPD이수증 수여현황 - 참가일 현재 학교에 등록한 청소년 프로그램 참가자 비율 정보.	1
City of Bloomington	• 청소년프로그램 ― 연가 참가자 현황	1

출처: https://catalog.data.gov/에서 2021년 8월 25일 인출. 발췌 번역

2020년 8월 아동 청소년과 관련한 data.gov의 정보들을 알아 보기 위해 전체 데이터셋을 대상으로 주제어 검색을 실시하였다. 우선 'child'를 검색어로 했을때는 629개가 검색되었으며, youth라는 검색어를 통해서는 389개의 datasets이 검색되었다. 또한 "youth data"로는 389개의 데이터셋이 검색되었고, "youth policy"로는 21개가 제공되고 있었다. "young people"를 검색어로 하였을 때는 12개가 "youth service"로는 6개, 그리고 "youth program"으로는 90개가 검색되었다. 이는 데이터명 또는 데이터를 설명하는 주제어에 해당 검색어를 포함하고 있는 것이 모두 검색된 것으로 볼 수 있다. 그러나

각 주별, 도시별로 각기 다른 이름의 데이터 셋 들이 나타나고 있으며, 연방정부 차원의 전체 내용을 포괄하는 데이터를 찾기는 쉽지 않다.

이 가운데 "청소년프로그램(youth program)"으로 검색된 데이터셋들을 보면, 조직유형(organizational types)는 연방정부 (Federal Government) (84개 데이터셋) 시정부 (City Government) (4개) 주 정부는 State Government (2개) 로 제시되고 있다. 기관별로는 연방정부의 내무부(Department of Interior)가 가장 많은 (84개), 뉴욕시 City of New York (3개), 뉴욕주 State of New York (1개), 메릴랜드 주, State of Maryland (1개) 및 블루밍턴시 City of Bloomington (1개) 등으로 나타나고 있다. 검색된 데이터들을 기관별로 내용을 보면, 내무부의 경우는 주로 산림감시와 관련한 연차보고서류가 많으며, 뉴욕주, 등은 가출 및 홈리스 청소년프로그램 자료가 제공되고 있다. 제공된 데이터셋의 포맷 형태를 보면, PDF (84개) CSV (6개) JSON (5개) XML (3개) RDF (3개) 등으로 나타나고 있다.

최근 2019년도에 Data.gov는 데이터셋의 양적 증가를 크게 보이고 있으며, 2019년 10주년을 맞이하면서 프로그램에 주요한 변화가 있었다. 이는 2019년 1월 14일에 통과된 "OPEN 정부데이타법(OPEN Government Data Act)"과 관련된다. 이 법은 연방기관들이 반드시 관련 정보를 표준화된 기계판독 데이터 포맷(machine-readable data formats)을 사용하여 메타데이터(metadata)를 Data.gov 목록에 포함하는 것을 포함하여 온라인에 공개적으로 공표하도록 규정하고 있다. Data.gov는 새로운 법을 실행하게 됨으로써 더 많은 연방 기관들이 datasets을 포함하게 된 것이다.

② Healthdata.gov 공공데이터 서비스 포털

미국의 공공데이터와 관련하여 보건분야의 데이터는 별도의 '보건관련 공공데이터 제공 사이트'(healthdata.gov)에서 서비스 하고 있다. 전체적으로 2020년 8월 현재 4531 이상의 데이터셋을 제공하고 있는데, 주제(topics) 및 데이터 셋은 각기 주(states) 1847

개, 건강(health) 214개, 지역사회(community) 57개, 질적 수준(quality) 41개, 병원(hospital) 38개, 메디케어(medicare) 27개, 전국(national) 23개, 그리고 입원환자(inpatient) 11개 등으로 제시되어 있다. 2014년도에 실시된 선행연구에는 '어린이 건강(child health)'으로 27개 DB가 서비스를 제공하고 있는 것으로 제시된 바 있는데(송태민, 진달래,박대순, 박현애, 안지영, 김정선, 2014), 2020년 8월 현재로는 각 주제별 메뉴에는 데이터 셋과 데이터제공자(developer)들에 관한 내용들이 있지만, 하위 메뉴로 아동과 청소년과 관련한 용어를 직접 사용하고 있는 것을 찾을 수 없다.

이에 따라 보다 구체적으로 아동 청소년과 관련된 데이터 현황을 파악하기 위해 주제어를 활용하여 검색하였는데, 2020년 8월 기준으로, 우선, 2014년도 자료와 관련하여 child health로 검색한 결과 164개가 제시되었다. 그리고 child를 검색어로 했을 때는 172개의 Dataset이 검색되었으며, children으로는 224개가 나타났고, youth로는 94개가 결과물을 확인할 수 있었다. child와 youth를 동시에 검색했을 때는 7개가 검색되었다. 또한 child data로는 1개, youth data로는 7개, young people은 3개, youth service로는 개, youth policy로는 검색된 것이 없었으며, youth program으로는 1개가 검색되었다.

이 중에서 94개의 데이터셋이 있는 것으로 나타난 youth로 검색한 결과를 보면, 주제는 건강(health, 17개), 주(state, 17개), 커뮤니티(community, 3개), 전국(national, 2개) 등으로 나타났으며, 각 주제별 연관검색어(Tags)로 제시된 것은 모두 52개 였다. 데이터 자료의 포맷은 html(41개), csv(33개) 등 모두 15개 형태로 제공되고 있었다. 자료 제공기관(publisher)들은 약물남용 및 정신건강서비스국이 53개로 가장 많았으며, 질병통제 및 예방센터가 22개로 그 다음으로 많은 것으로 나타났으며, 시카고시, 매릴랜드주, 뉴욕주, 및 오클라호마주 등은 각기 1개씩이 탑재되어 있었다.

(2) 청소년중심 공공데이터

① Childstats.gov의 "미국의 아동: 전국 웰빙핵심지표" 데이터

아동과 가족 통계에 관한 연방 기관간 포럼 통계(the Federal Interagency Forum on Child and Family Statistics)라는 기구를 통해 1994년 이후 현재까지 제공되고 있는 아동에 초점을 둔 공공데이터로 "미국의 아동(America's Children): 전국 웰빙핵심지표(Key National Indicators of Well-being)"가 있다(Federal Interagency Forum on Child and Family Statistics, 2019). 이 데이터는 연차 보고서의 형태로도 제시되지만, 검색을 통해서도 해당 내용을 확인할 수 있다. 2020년 8월 현재, 2019년도 내용을 알 수 있는데 주제영역은 크게 7가지로 가족과 사회환경(family and social environment), 경제상황(economic circumstances), 보건의료(health care), 물리적 환경과 안전(physical environment and safety), 행동문제(behavior), 교육(education), 및 건강(health) 등이며, 총 41개의 지표가 있다. 해당 지표별로 관련 정부기관에서 제공하는 가장 최근의 통계로 볼 수 있다.

② Youth.gov의 청소년 데이터

청소년을 중심으로 하는 정부기관의 데이터로 Youth.gov가 서비스되고 있다. youth.gov는 효과적인 청소년프로그램을 만들고, 유지하고 강화하도록 도와주는 미국 정부의 공식홈페이지이다. 청소년통계, 재정지원 정보, 지역사회 자산을 평가하는 도구(tools)를 제공하고 지역과 연방의 자원을 찾을 수 있는 지도를 만들 수 있게해 주고(generate), 증거기반 청소년프로그램을 검색하고 최근의 청소년관련 소식(news)를 지속적으로 업데이트해준다. 이 데이터베이스에는 백악관을 비롯하여, 국무부, 보건인간서비스부, 교육부 등을 포함하여 33개 연방부서와 134개 공공기관이 참여하고 있다 이 데이터에서는 총 29개의 주제를 확인할 수 있으며, 청소년건강, 방과후 프로그램,

불링예방, 시민적 관여, 취업, 홈리스 및 가출, 소년사법, 멘토링, 긍정적 청소년개발, 자살예방, 폭력예방 등을 포함하고 있다.

③ Stopbullying.gov의 청소년 데이터

정부차원의 공식적인 아동청소년과 관련한 대규모의 데이터들은 이밖에도 특정 주제나 분야별로 다양하게 제공되고 있다(de Angelis & Perasso, 2020). 연방정부에서는 youth.gov와 별개로 집단따돌림 이슈와 관련하여 stopbullying.gov를 운영하고 있으며, 각종 따돌림예방 연수교육, 주별 법령과 정책의 소개, 아동과 청소년 및 학부모들이 따돌림 문제에서 벗어나도록 도우는 정보 제공 등을 위해 노력하고 있다. 주로 교육부와 보건 및 인간서비스부가 공동으로 따돌림 주제에 관한 정책,연구, 소통을 조정하는 일을 하고 있으며, 불링예방상설위원회 연방파트너(Federal Partners in Bullying Prevention Steering Committee)라는 기관간 협력체제를 통해 긴밀히 협력하고 있다. 여기에는 농업부, 국방부, 내무부, 법무부, 연방무역위원회(FTC) 및 백악관 아시아계 미국인과 태평양주민 이니시어티브도 같이 참여하고 있다.

(3) 민간부문의 아동 · 청소년 데이터포털

① Child Trend Data Bank

Child Trend Data Bank는 아동복지와 가족복지 및 관련 지표들을 제공하는 온라인리소스(online resource)이다. DataBank에는 거의 100개에 가까운 인구기반통계자료(population-based measures)을 포함하고 있으며, 건강(health), 안전(safety), 아동 돌봄과 교육(child care and education), 및 긍정적 및 부정적 웰빙과 관련된 행동문제(behaviors) 등의 영역을 중심으로 관련 정보를 제공하고 있다.

2020년 8월 현재 Child Trend Data Bank에서 제공하고 있는 지표의 주제들에는 아동복지(Child Welfare), 코로나 19(Covid-19), 아동(Early Childhood), ECDC, 교육(education),

가족과 양육(families and parenting), 건강(health), 히스패닉(Hispanic institute), 소년사법(Juvenile Justice), 빈곤과불평등(Poverty and Inequality), 인종형평성(Race Equity), 사회적 정서적 발달(Social and Emotional Development), 10대 임신과 보건(Teen Pregnancy and Reproductive Health), 트라우마(Trauma), 청소년개발(Youth Develoment) 등 15개로 나타나고 있다.

또한, 알파벳 순서로 제시되어 있는 지표의 주제들에는 집단따돌림(bullying)문제, 청소년 투표율 등 총 66개가 제공되고 있다. 다만, 이러한 66개 지표들이 15개 주제별로 각기 다르게 구분되어 사용하고 있지는 않으며, 15개 영역별로 검색하면 관련 지표들이 중복적으로 나타나고 있다. 따라서 전체적으로 15개 주제 영역에 66개 지표체계가 활용되고 있는 것으로 볼 수 있다. Child Trends DataBank는 지속적으로 업데이터하고 있으며, 접근이 용이하고 다양한 포맷의 자료를 제공하고 있다. 복수의 관련 지표들과 관련된 대주제(broader topics)들을 중심으로 소개하는 CrossCurrents라는 데이터 브리프 시리즈(Data Brief Series)를 발간한다.

② KIDS COUNT

KIDS COUNT 데이터는 미국의 50개 각 주별 아동의 웰빙 수준을 평가하며, 주제별, 세부지표별로 각 주별 순위를 제공하고 있는 것이 특징이다. 주로 정책가, 연구자, 및 옹호자들이 보다 강화된 아동, 가족 및 지역사회의 미래를 위해 지속적으로 활용하고 있다. 주제는 인구 구성적 특성(Demographics), 경제적 웰빙(economic well-being), 교육(education), 가족과 지역사회(family & Community), 건강(health), 및 안전과 위험행동(safety & Risky behaviors) 등 6개 영역으로 구분하고 있다.

〈표 10-2〉 미국 2020년 KIDS COUNT에 나타난 미국아동청소년 추세(2020년 8월)

구분	29개 주제영역	인구	비율 (2020)	비율 (2018)	비고
경제적 웰빙	빈곤아동(Children in Poverty)	12,998,000	22%	18%	악화
	부모의 불안전 고용(Children whose parents lack secure employment)	19,579,000	33%	27%	향상
	고주거 비용 가계 생활 아동(Children living in households with a high housing cost burden)	22,566,000	41%	31%	향상
	미재학 미고용 10대(Teens not in school and not working)	1,186,000	9.0%	7.0%	향상
교육	미재학 3-4세 아동 Young children(Ages 3 and 4) Not in School	4,215,000	52%	52%	동일
	글읽기 어려운 4학년 아동(Fourth-graders not proficient in reading)	N.A.	68%	66%	향상
	수학이 떨어지는 중2학년 (Eight-graders not proficient in Math)	N.A.	67%	67%	동일
	제때에 졸업못하는 고등학생(High school students not graduating on time)	N.A.	21%	15%	향상
건강	체중미달 영아(Low birth-weight babies)	313,752	8.1%	8.3%	악화
	건강보험 없는 아동 (children without health insurance)	4,055,000	8.0%	5.0%	향상
	10만명당 아동청소년사망율 (child and teen deaths per 100,000)	19,660	26%	25%	향상
	과제충 또는 비만 10-17세 아동청소년 (Children and teens(ages 10 to 17) who are overweight or obese)	N.A.	31%	31%	동일
가족과 지역 사회	한부모 가족 아동 (Children in single-parent families)	23,98,000	34%	35%	악화
	가장이 고졸 이하인 가족 아동 (Children in families where the household head lacks a high school diploma)	9,205.,000	15%	13%	향상

구분	29개 주제영역	인구	비율 (2020)	비율 (2018)	비고
	최빈곤 지역 거주 아동 (Childen living in high-poverty areas)	7,717,000	13%	10%	향상
	1000명단 10대 출산율 (Teen Births per per 1,000)	179,871	34%	17%	향상

출처: https://datacenter.kidscount.org에서 2020년 8월 20일 인출
주: N.A.는 자료 없음

이 가운데, 경제적 웰빙, 교육, 건강, 가족 및 지역사회는 각기 4개씩의 하위지표를 갖고 있으며, 전국적 지역적 추세를 알 수 있다. 인구구성의 특성으로는 인종 및 민족(race and ethnicity), 연령(age), 가족출신(family nativity)로 구분하여 제시하고 있으며, 연령집단은 0 to 4, 5 to 11, 12 to 14, 15 to 17의 4개로 구분하고 전체(Total less than 18)를 제공한다. 〈표 2〉는 2020년의 KIDS COUNT에 나타난 주제별 전국적 추세를 제시한 것이다.

3. 청소년 빅데이터 정책 사례

1) 개인정보 보호 등 빅데이터관련 법령 · 제도

미국 연방정부는 빅 데이터 활용에 관해 행정명령 형태의 가이드라인으로 범 정부적 전략을 수립하고 이를 부처별로 재설계하여 추진하는 법령체계로 운영되고 있다. 이런 의미에서 대표적 근거 제도로는 2012년에 발표된 "빅데이터 연구개발 이니시어티브

(Big Data Research and Development Initiative)"와 2016년 후속 세부전략으로 제시된 빅데이터 7대 R&D 전략과 18개 세부과제를 둘 수 있다(한국정보화진흥원, 2018). 또한, 정부 재정데이터의 투명성 제고를 위해 "데이터법 (Data Act of 2014: Digital Accountability and Transparency Act of 2014)"을 시행하였으며, 2018년 6월 국립과학재단에서 국가 데이터 저장 네트워크(Data Storage Network) 구축방안과 관련 법 제정으로 데이터 개방 활성화를 위한 제도적 기술적 토대를 마련하였고, 2019년에는 "오픈 정부데이터법(OPEN Government Data Act)"을 제정하였다.

그러나, 미국은 빅데이터의 기술과 활용에 따른 문제점에 대해서도 관심을 갖게 되는데, 정부가 국민의 다양한 개인 정보를 수집하고 분석하는 일에 대해 개인정보 침해와 부작용에 대한 우려의 목소리가 나오기 시작했기 때문이다(안형준, 2016). 특히, 데이터 프라이버시에 대한 보호를 요구하는 사회적 관심이 높아짐에 따라 대통령 과학기술자문위원회(PCAST)에서는 빅데이터 기술 발전에 따른 기회와 혁신을 장려하는 동시에 프라이버시 보호 방안들을 제안하였다. 그 내용은 온라인 상의 자료 수집 제한권을 보장하는 '소비자 프라이버시 권리장정(consumer privacy bill of rights)'에 대한 개선안과 프라이버시 보호의 대상이 미국 밖의 전 세계에서도 적용되어야 한다는 선언 등을 포함하는 것이다(박준석, 2019; Whitehouse,2016).

미국은 개별 법률에서 개인 정보의 보호와 활용을 규정하고 있는데, 전체적으로 보면, 자료 보안과 프라이버시 보호를 강화하면서 기존 행정자료의 활용이 가능한 기술개발에 관심을 갖고 있는 것으로 볼 수 있다(한국정보화진흥원, 2018). 개인정보의 보호와 아동 · 청소년과 관련한 데이터 활용에 대한 내용을 담고 있는 주요 법령들은 다음과 같다.

(1) OPEN 정부 데이터법(OPEN Government Data Act)

미국은 "OPEN 정부데이터법(OPEN Government Data Act)"을 통해 공공데이터 개방을 위한 정책결정에 일반인의 참여를 보장하고 공공기관들의 개인정보 보호 계획서 제출과 지침 마련을 의무화하였으며 2019년 1월 14일 "2017년 증거기반 정책결정 구축에 관한 법률(Foundations for Evidence Based Policymaking Act of 2017)"의 한 부분으로 포함되어 입법되었다. 이 법은 데이터 개방(open)에 관한 내용을 포함하고 있으나 여기에서의 OPEN은 "개방적, 공공적, 전자적, 및 필요한(Open, Public, Electronic, and Necessary)"의 의미를 가진 어휘의 머리글을 딴 것이라는 점에서 "OPEN 정부데이터법"으로 이해할 수 있을 것이다. 이 법은 개별 주나 지방자치단체의 공공데이터 개방 관련 법률, 조례, 지침, 행정명령, 정책 등에 상당한 영향을 미치고 있는데, 실제로 미국의 공공데이터인 data.gov는 이 법에 따라 하나의 정책이 아니라 입법사항이 되었다. 모든 연방기관들은 data.gov 카탈로그에 포함된 메타데이터(metadata)와 함께 해당 부서의 정보를 표준화된 "기계 판독이 가능한 데이터 포맷(standardized machine-readable data formats)"으로 반드시 온라인에 개방하도록 되었기 때문이다.

이 법의 용어정의를 보면, 메타데이터(metadata)는 "데이터에 관한 구조적 혹은 기술적 정보로 콘텐츠, 형식, 출처, 권리, 정확성, 빈도, 주기성, 입상도(granularity), 게시자 혹은 책임자, 연락처 정보, 수집방법 및 기타 기술적 내용을 포함한다"고 규정하고 있으며, "기계 판독이 가능한 데이터 포맷"은 "해당 데이터에 대해 사용되는 경우 그 본래의 의미(semantic meaning)가 손실되지 않고 인간의 개입없이 컴퓨터가 쉽게 처리할 수 있는 형태의 데이터를 의미하는" 것으로 정의하고 있다.

(2) 공공부문의 개인정보 보호관련 입법

미국은 개인정보를 법률상 보호하고 있지만, 공공부문과 민간부문을 포괄하는 종합적인 법률은 없으며, 금융, 교육 등 각 영역별 및 주별로 개별적으로 입법하고 있다. 우선, 공공부문에서 연방정부기관이 보유하고 있는 개인정보에 관한 보호 법규들이 있다. 대표적인 것으로는 "정보공개법(Freedom of Information Act, 1966)"과 "프라이버시법(Federal Privacy Act of 1974)"를 들 수 있다.

1966년의 정보공개법은 정부 공공문서에 기록된 정보들을 공개하도록 강제하면서 프라이버시의 보호를 위한 면제조항을 포함하고 있으며, 1974년의 프라이버시법은 일반 국민이 자신들의 기록에 무슨 정보가 포함되며, 어떻게 사용되는지를 알 수 있어야 하고 일정 목적으로 수집된 정보의 다른 용도로의 사용을 금지하는 규정을 담고 있다. 특히 이 법은 전세계적으로 연방정부의 개인정보 처리 행위를 규율하는 첫 번째 국가적 입법으로 본다. 공공부문의 개인정보는 또한, 그 뒤에 제정된 "컴퓨터보안법(Computer Security Act, 1987)"과 "컴퓨터정보 결합 및 프라이버시보호법(Computer Matching and Privacy Protection Act, 1988)" 등에 의해서도 보호받고 있다.

(3) 민간부문에 관한 개인정보 보호관련 입법

민간부문과 관련하여서는 금융, 정보통신 등 각 분야에서 필요할 때 제정된 개별별들이 있다. 대표적으로는 경제 전 분야에서 소비자 보호 및 경쟁촉진을 위한 독립적 법 집행기관으로 설치되어 있는 "연방거래위원회(FTC: Federal Trade Commision)"와 관련한 입법과 규제 사례들이 있다. 이 기관은 준 사법적독립규제위원회로서 행정절차를 통한 시정명령을 직접 내린다. FTC는 특정 사건으로 다수의 소비자가 피해를 입은 경우, 직접 법원에 집단소송을 제기하여 소비자 피해를 보전해 준다. 아동 · 청소년과 관련이 있는 FTC와 관련한 주요 법령으로는 "가족 교육법 및 프라이버시법(Family Education Rights and Privacy Act, 1974)", "아동 온라인 프라이버시 보호법(COPPA: Child Online Privacy Protection Act, 1998)" 등이 있다.

FTC는 학생 개인 정보보호와 관련하여 미국 연방정부의 교육부와 공동으로 워크숍(Student Privacy and Ed Tech)을 개최하고, COPPA 규칙이 학교 환경에 어떻게 적용되고 "가족 교육권 및 프라이버시법(Family Education Rights and Privacy Act, FERPA)"과 어떻게 교차하는가에 대한 문제를 검토하였다(한국인터넷진흥원, 2018). COPPA 규칙에는 13세 이하 아동의 개인정보를 웹 사이트 등에서 수집할 때의 부모 동의에 대한 규정을 포함하고 있다.

(4) 건강보험 정보 활용 및 책임성에 관한 법률(HIPPA)

미국은 1966년 보건의료체계의 효율성을 높이고자 의료관련 행정 및 금융 자료의 전자교환을 표준화하는 법률인 "건강보험 정보 활용 및 책임성에 관한 법률(HIPAA: Health Insurance Portability and Accountability Act, 1996)"을 제정하였다. 개인이 건강관리에 관한 권리를 가지고 있음을 규정하여 개인 의료 정보를 엄격하게 보호하면서도 동시에 이름, 주소, 전화번호 등 18가지의 개인식별자가 제거된 데이터는 자유롭게 이용할 수 있도록 하는 내용을 담고 있다(한국정보화진흥원, 2018).

HIPAA는 총 5편으로 되어 있고, 제2편 F부 행정의 간소화(Title II. Substitute F - Administration Simplification)에서 개인의료정보의 보호에 관한 법률 제정의 주요 내용을 규정하고 있다. HIPAA의 개인건강정보보호와 관련한 규칙을 "프라이버시 규칙(Privacy Rule)"이라고 하고 적용대상자는 건강보험자(Health Plans), 의료공급자(의료기관, 의료 또는 건강서비스 공급자 및 건강서비스의 공급, 금액청구, 수납 등의 업무를 하는 개인 또는 단체) 및 건강정보를 관리, 처리하는 기관인 의료정보교환소(Health Care Clearinghouse) 등으로 규정하고 있다. HIPAA의 "프라이버시 규칙"은 규제대상 또는 업무제휴자들이 보유하거나 교환하는 "개인을 식별할 수 있는 건강정보 즉, 보호건강정보(Protected Health Information: PHI)를 보호한다. 건강정보에는 환자의 이름,

주소, 생년월일, 사회보장번호 등과 함께, 개인의 과거, 현재, 미래의 신체적, 정신적 건강상태, 개인이 제공받은 진료기록, 및 의료서비스 이용에 따라 지급한 금액 등을 포함한다.

(5) 가족 교육권 및 프라이버시법(FERPA)

연방법인 "가족 교육권 및 프라이버시법(Family Educational Rights and Privacy Act)"은 학생들의 개인 식별 정보 (PII)와 학생 기록부 상에 기재된 학생과 직접 관련된 모든 정보를 보호한다. FERPA는 미국 교육부의 재정 지원을 받는 모든 학교에 적용되며, 아동의 교육 기록물에 대해 특정한 권리를 부여한다. 이 권리는 학생이 18세가 되거나 고등학교 이상의 학교를 다니게 되면 학생에게 이관된다. 학교, 교육구 및 주 교육부(DOE: Department of Education)은 학생 정보를 문서 형식과 전자 형식으로 보관하는데, 이러한 기록물들에는 연락처 정보, 등록 양식, 성적표, 각종 증명서, 징계 알림장 등이 포함되어 있을 수 있다. 학생의 "개인 식별 정보(PII)"는 그 학생과 관련된 모든 정보를 포함하며, 학부모, 보호자 및 자격있는 학생 (18 세 이상)은 다음과 같은 권리행사가 가능하다.

첫째, 검사하고자 하는 기록(들)을 담당하는 학교장에게 서면 요구를 통해 교육 기록을 검사 및 검토할 수 있으며 시정할 필요가 있을 때는 기록의 변경을 요청할 수 있다. 둘째, 학교가 학생의 교육기록 정보를 공개하기 전 서면 동의서를 제공할 수 있다, 셋째, 학교의 규정 위반이 의심될 경우 주 교육부(DOE)와 미국 교육부를 고소할 수 있다. 그러나, 학교 관계자들은 합당한 교육적 이해관계를 가지거나 자신의 직업적인 책임을 수행해야 하는 경우 동의없이도 기록에 접근할 수도 있으며 교습 및 학습 개선을 위한 데이터 분석, 학생, 교사, 학교 및 프로그램 결과의 평가, 및 해당 기록의 정확성의 확인 등과 같은 경우가 해당된다.

2) 담당부처 및 민간기관

(1) 빅데이터 고위운영그룹과 주요 연방기관

빅데이터 관련 정책은 연방정부의 부처와 기관이 "빅데이터 고위 운영그룹(Big Data Senior Steering Group)"과 함께 프로젝트를 진행하면서 지속적으로 확대하고 있다. "빅데이터 고위 운영그룹"은 빅데이터 연구개발 조정 등과 관련한 추진기구의 성격으로 NITRD 즉, 연방 정보기술 연구개발 네트워킹(Federal Networking and IT R&D) 프로그램의 일환으로 구성한 것이다. 빅데이터 활용효과가 높은 의료, 교육 등의 분야와 관련 있는 소관 연방부처와 기관 등이 공동으로 프로젝트에 참여하고 있으며, 국립보건원(NIH), 국립과학재단(NSF), 국방부(DoD), 국방부 산하 방위고등연구계획국(DARPA), 에너지부(DoE), 미국지질조사원(USGS), 미국항공우주국(NASA), 미국해양대기관리처(NOAA)등을 포함한다(이상엽, 2015). 이 가운데, 국립과학재단(NSF)의 경우에는 인공지능 관련 기초연구지원을 하고, 교통부에서 자율 및 무인시스템 추가개발을 지원하며, 국방부는 빅데이터 기반 AI 알고리즘 개발(warfighting system)을 하고 있다(김수연 외, 2018; 한국전략문제연구소, 2013).

(2) 지역혁신을 위한 4대 빅데이터 허브 기관

미국의 빅데이터 추진체계와 관련하여 주목할 점의 다른 하나는 데이터 과학 분야의 발전을 도모하기 위해 미국 전역에 4곳의 빅데이터 지역혁신 허브(National Network of Big Data Regional Innovation Hubs: BD Hubs)를 설립하였다는 것이다. 미국 국가과학재단(NSF)은 2015년 11월 이후 이러한 허브구축을 통해 산업, 아카데미아, 및 정부의 솔루션 관계 이해 관계자들을 연결하고 소집 및 조정하는 역할을 수행한다. 즉, 미국 전역에 존재하는 방대한 양의 데이터를 효과적으로 수집, 관리, 분석하고, 관련 전문기관의 협력을 통해 다양한 국가적,지역적 문제를 해결하고 있다.

남부(South Hub), 북동부(Northeast Hub), 중서부(Midwest Hub) 및 서부(West Hub) 등으로 구분되어 있으며, 주요 대학과 민간재단, 기업 등 250여개 이상의 기관과 단체들이 참여한다. 남부의 경우는 제조업과 헬스 케어(health care)를 중심으로 하며, 북동부는 에너지, 기후변화 및 교육관련 데이터 과학(data science)등을 중점 분야로 하고 있다. 또한, 중서부는 농업과 식품 및 스마트 시티(smart city)와 관련한 지역 허브가 되고 있으며, 서부는 맞춤형 의료기술과 관련한 데이터 수집의 중심 허브가 되고 있다. 이와 같이 각 허브는 담당하는 지역뿐만 아니라 중점을 두고 있는 연구분야도 각기 상이함을 알 수 있는데, 북동부 허브의 경우 교육관련 데이터 과학를 주요 임무로 포함하고 있다는 점에서 아동 · 청소년 관련 역할을 갖고 있다고 볼 수 있을 것이다(이상엽, 2015).

북동부 허브(Northeast Big Data Innovation Hub)의 임무는 산업, 아카데미아, 비영리기관 및 정부 간의 파트너십을 구축 · 강화하는 것이다. 사회적 도전과 과학적 도전에 대해 대응하고, 경제발전을 촉진하며, 전국 빅데이터 생태계의 혁신을 가속하는 것이다(nebigdatahub.org). 특히, 청소년과 관련한 주요 활동의 하나는 북동부 학생데이터단(the Northeast Student Data Corps: NSDC)을 만든 것이다. NSDC는 북동부 허브의 공동체 개발 이니시어티브이며, 데이터 과학의 기초를 미국의 북동부 전지역 학생들에게 배워주는 역할을 한다. NSDC 커뮤니티는 교육적 접근과 자료들을 가능하도록 하는 아카데미아, 산업 및 비영리 단체의 지도자들을 포함하며 지원커뮤니티를 구성한 학생들이 2년제와 4년제 대학과 소수민족 교육기관의 학생들에게 온라인으로 데이터 과학을 함께 배우면서 가르치는 일을 한다.

(3) 연방 행정관리예산국

빅데이터와 관련한 미국 연방정부의 대표적인 부서로는 연방 행정관리예산국(OMS:

Office of Management and Budget)을 들 수 있는데, 미국내 빅데이터 프로젝트를 관리하는 역할을 맡아하면서 공공데이터인 data.gov를 운영하고 있다. 미국의 대표적인 빅데이터 관련 업무를 하는 행정기관으로 UN의 빅데이터 목록(Big Data Inventory)에도 등재되어 있으며, 2020년 8월 현재 UN의 목록 상에는 약 20여개의 빅데이터 프로젝트를 관리하고 있는 것으로 나타나고 있다. 빅데이터 소스들 뿐만아니라 빅데이터 기술과 관련된 것이나, 공식 통계 또는 지속가능개발 지표(SDG)와 관련된 것을 중심으로 제시되어 있으나, 아동 · 청소년에 관한 명시적 내용을 포함하고 있는 프로젝트는 나타나고 있지 않다.

미국 연방행정관리예산국(OMS)에서 관리하는 공공데이터 플랫폼인 data.gov는 2019년 5월에 10주년을 맞이하고 2020년 5월 이후 11년째 운영하고 있는데, 2009년 5월에 US General Service Administration(GSA)가 47개의 데이터셋으로 출발하였으며, 2020년 8월 현재는 연방 기관, 주, 카운티 및 시를 포함하는 23만 이상의 데이터 셋으로 성장하였다. Data.gov는 전세계의 다른 국가와 도시 및 여타의 개방 정부 데이터 카탈로그들이 2009년 이후 자체적인 개방 정부 데이터 사이트를 운영하게하는 대표적인 사례가 되었다. Data.gov는 데이터 셋의 접근성을 높이기 위해 노력하고 있으며, 주요 사용자들은 일반 대중, 학생,연구자, 언론인 및 기업인들이며, 해를 거듭할수록 그 활용도가 증대하고 있다. 연간 약 2천만 페이지 뷰(page view)에 이르는 것으로 알려진다.

(4) 아동과 가족 통계에 관한 연방 기관간 포럼

아동과 가족 통계에 관한 연방 기관간 포럼(the Federal Interagency Forum on Child and Family Statistics(the Forum)은 행정명령(Executive Order) No. 13045에 의해 1997년 4월에 아동과 가족에 관한 연방 데이터를 수집하고 보고하는데 조정과 공동협력을

강화하기 위하여 설립되었다. 2019년 현재 소비자생산안전위원회(Consumer Product Safety Commission), 농업부(Department of Agriculture), 경제연구서비스부(Economic Research Service), 상무부(Department of Commerce)미국센서스국(U.S. Census Bureau), 국방부(Department of Defense), 교육부 등 21부처가 참여하고 있다.

이 포럼에 참여한 연방기관의 실무연구진에서 미국의 아동과 가족 웰빙과 관련된 상황(conditions)과 경향(trends)에 관한 데이터를 수집하고 분석, 제공하는 연방정부의 노력을 조정, 공동협력 및 통합하는 것을 지원하고 있으며 데이터 플랫폼으로 Childstats.gov를 운영하고 있다. 또한, 이 포럼에서는 미국의 아동(America's Children): 전국 웰빙 핵심지표(Key National Indicators of Well-being)를 운영하고 있다. 이는 1994년 처음 시작되었으며, 2019년 기준으로 7개 영역 총 41개 지표를 업데이트하였다. 포럼에 참여하고 있는 기관들이 제공하는 데이터들은 미국 지역사회 서베이(American Community Survey), 시민권 데이터 통계(Civil Rights Data Collection), 인구서베이(Current Population Survey) 등의 전국적 서베이결과와 "공기의 질(Air Quality System)", "안전식수정보시스템(Safe Drinking Water Information System)", "청소년위험행동감시시스템(Youth Risk Behavior Surveillance System)" 등과 같은 시스템을 포함하여 20개 데이터들을 활용하여 제공하고 있다.

(5) 민간기관 KIDS COUNT 데이터 센터(Data Center)

KIDS COUNT 데이터 센터(data center)는 애니 케시 재단(Annie E. Casey Foundation)에서 운영하는 하나의 프로젝트로 시작된 것이며, 현재는 이를 통해 KIDS COUNT라는 아동과 가족에 관한 가장 중요한(a premier) 데이터 소스(source of data)를 제공하고 있다. 재단의 기능 중 하나는 매년 KIDS COUNT Data Book이라는 종합 리포트를 발간하여 미국 아동의 웰빙을 평가하는 것이다. Data book에 제시된 지표들은 Data Center

에서 개발하였다. 주목할 것은 데이터들을 미국의 각 주별, 주제별, 특징별로 검색할 수 있다는 점이다. 1993년부터 매년 데이터를 생산하여 왔으며, 아동의 웰빙수준에 관한 최근 데이터를 제공하며 각 주별로 순위를 매기고 2010년부터의 다년간 추세를 비교하는 통계데이터 찾을 수 있도록 운영하고 있다. 주로 정책가, 연구자, 및 옹호자들이 보다 강화된 아동, 가족 및 지역사회의 미래를 위해 지속적으로 활용하고 있다.

3) 청소년 빅데이터의 활용

빅 데이터 활용 영역은 무궁무진하다. 특히, 소셜 빅데이터와 같은 비정형데이트는 정부의 정책과 새로운 기술에 대한 미래신호를 사전에 예측하여 대비할 수 있으며, 조사를 통한 기존 정보수집체계의 한계를 보완할 수 있는 새로운 자료 수집 방법으로도 활용할 수 있다(송태민, 이기호, 진달래, 천미경, 서동철, 박현애, 2016). 미국의 경우 각 연방정부기관들의 빅데이터 활용 프로젝트와 협업적 프로그램에 대한 지속적 지원이 이루어지고 있으며, 공공과 민간부문의 정형 · 비정형 빅데이터를 활용하는 다양한 사례를 찾아볼 수 있다. 특히, 교육빅데이터 활용과 빅데이터 연구를 통한 학습참여 증진과 취약청소년 지원과 관련한 사례 및 PSYCKES를 통한 청소년자살예방 대응체제 구축과 관련한 사례는 주목할 필요가 있다.

(1) 청소년학업과 관련한 교육빅데이터 활용

아동 · 청소년과 관련한 미국의 빅데이터 정책사례의 가장 대표적인 것은 교육빅데이터(educational big data)에서 찾을 수 있다. 교육빅데이터는 교육과 관련한 대규모 자료를 의미하며 활용가치는 주로 ① 교육정책 및 교육과정에 대한 의사결정의 기준

(국가와 지역), ② 학교 교사 수준에서는 학력 미달 학생 지도 및 교수 내용과 방법 개선의 준거(학교와 교사), ③ 개별화 학습 및 자기 진단의 준거(학생과 학부모) 등으로 활용될 수 있다고 본다(이은경, 박도영, 최인봉, 2014).

실제로 학습을 원활하게 지원하고, 교수자를 지원하는 기반기술로서 빅데이터의 활용 노력들이 학습지원이라는 큰 틀에서 지속되고 있다(권영옥, 2014). 미국에서는 2012년 2월 이후 미국 전역에 모든 교과서를 각종 PC 등의 디지털 기기에서 이용할 수 있는 디지털 교과서로 교체한 바 있으며, 2017년 9월 트럼프 행정부에서도 대통령지침을 통해 교육부에 초 · 중 · 고 학습의 컴퓨터교육을 강화하도록 지시하여, 디지털 교과서, 무료 전자 교과서, 무료 온라인 강좌 등을 확산하고 멀티미디어 자료를 활용한 교육 컨텐트 이용을 강화하고 있다(한국정보화진흥원, 2018).

교육빅데이터는 특히 대학교육을 통해 그 활용이 증대하고 있는데, 학업성적관리, 소셜네트워크 데이터의 교유적 활용, 및 모바일 또는 정보통신 기술을 활용한 새로운 형태의 수업방법 등과 관련하여 빅데이터가 활용되고 있는 사례를 다양하게 찾아볼 수 있다. 데이터 마이닝 기법을 이용한 맞춤형 교육서비스의 제공 사례는 물론, 소셜 네트워크 서비스의 데이터를 활용하여, 개인 성향에 맞는 적절한 과외활동(extracurricular activities)과 커뮤니티를 추천하는 등으로 학업 이외의 학교생활에 활용하고 있는 것이다(이은경 외. 2014; Harari, Muller, Aung, & Rentfrow, 2017).

(2) 빅데이터 활용 연구를 통한 학습참여 증진과 취약청소년 지원

빅데이터는 학생들의 학습참여에 영향을 주는 중요한 역할을 하고 있는 사례를 제시하는 연구들이 있다(Watson & Christensen, 2017). 빅데이터를 통해 교사 중심의 일방적인 수업이 아닌 학생들의 능동적인 행동적(behavioral), 정서적(emotional), 인지적(cognitive) 진정한 참여를 촉진할 수 있다고 본다(Harris, 2008; 임희준,2020 재인용).

빅데이터는 또한, 학교내 취약 청소년(vulnerable youth)과 학교밖 청소년을 위해서도 활용되고 있다. 학교행정가들에게 가용한 정보는 전통적으로 행동문제 기록이나 학업성취와 같은 변수에 한정되어왔지만, 빅데이터의 정보들은 취약 청소년들이 직면하는 따돌림(bullying)문제와 학교안전 문제에 관한 것으로 확대하고 있다(Giusine, Fraboni, de Angelis, & Pietrantoni, 2019). 빅데이터의 수집과 분석에 관한 기회가 발전함에 따라 이전에는 활용할 수 없었거나 접근이 어려웠던 정보를 분석함으로써 새로운 통찰력을 가질 기회를 갖는 것이다.

또한, 인구조사 결과 분석을 활용하여 Child Trends Data Bank 등이 제시한 데이터를 통해 관련 정책을 수립하거나, 학교밖 청소년에 대한 보다 체계적이고 실증적인 분석을 하는 데에도 빅데이터는 의미를 갖는다고 본다(백혜정, 송미경, 신정민, 2015). 빅데이터 연구로 청소년 우울증과 관련한 임상실무지침을 개발하고, Medicine, Cochrane, PsychoInfo 등과 같은 데이터 베이스를 통해 청소년우울증에 대한 총체적인 임상지식을 집약하여 기분장애(mood disorder) 온톨로지를 개발한 사례가 있다(정혜실, 2016). 빅데이터를 활용한 연구 정보들은 내면적 문제와 안전문제에 취약한 학생들을 포함하여 보다 안전한 환경을 만들려고 노력하는 일에 기여할 수 있는 다양한 이점들을 제공함으로써 아동 · 청소년의 성공, 건강, 행복을 위해 긍정적으로 활용되고 있다(Guntuku, Yaden, Kern, Ungar, & Eichstaedt, 2017).

(3) 청소년위험과 범죄예측을 통한 대응체제 구축 사례

청소년 건강정보와 소셜 데이터 등을 활용한 빅 데이터 분석을 통해 청소년들의 위험징후 패턴을 도출하고 실시간 대응하는 것이 가능하며 빅 데이터를 기반으로 청소년 자살예방대응체계를 구축한 사례를 볼 수 있다. 대표적으로 미국 뉴욕주 정신보건국은 자살통계 및 데이터에 근거하여 자살예방 활동을 하기 위해 “정신보건서비스 및 임상

지식 향상시스템(PSYCKES: Psychiatric Services and Clinical Knowledge Enhancement System)"을 활용하고 있다.

PSYCKES는 메디케이드(Medicaid) 정보를 활용한 웹 기반 데이터베이스로서 정신건강 또는 약물 남용 서비스를 이용한 의료보험 사용자와 정신과 처방 이력을 가진 8백만명 이상의 개인 의료정보를 축적하고 있으며, 정보 접근권한이 있는 사용자가 5년간의 기록을 확인할 수 있는 실시간 통합 의료기록 허브로 활용되고 있다. PSYCKES에서 검색할 수 있는 개인의료정보는 연방정부의 개인건강정보보호법(HIPAA)에 따라 철저히 보호받지만 개인의 자살 시도, 자살 사고, 자해 · 음독에 관한 정보 및 자살 선별도구와 안전계획 수립 유무 등을 확인할 수 있으며 현재 뉴욕주 임상 현장에서 내담자의 자살 예방에 매우 중요하고 실질적인 도구로 활용되고 있다(손해인, 2019).

빅데이터는 또한 청소년비행 등의 범죄예측 시스템에도 활용되고 있다. 미국의 범죄예방시스템은 프레드폴(PredPol), IBM 통계분석 범죄예측예방시스템(IBM SPSS Crime Prediction and Prevention), 헌치랩(HunchLab) 등 여러 가지가 있지만, 그 중에서 특히, PredPol과 Hunch Lab은 청소년범죄예방과 관련한 빅데이터 활용 사례로 제시될 수 있다. 특히, 시카고 7구역에서 활용한 Hunch Lab의 사례는 아동 청소년만을 대상으로 한 것은 아니지만, 청소년을 포함하여 지역사회 범죄율을 낮추는데 빅데이터가 기여한 것으로 평가된다(Bachner, 2013).

실제로 PredPol은 미국의 로스 엔젤레스, 애틀랜타, 산타크루즈 등 여러도시에서 적용하고 있는데, 이들 지역의 범죄 예방률이 기존 대비 15-20% 정도 향상된 것으로 나타났다(Thompson, 2011). 또한, HunchLab은 지역 내 사업장 위치, 날씨 정보, 경제 정보 등의 다양한 요인을 분석하고 범죄를 예측하는 시스템으로 필요시에는 지역 내에 설치된 총격음 감지 시스템도 동원하며, 마약 거래와 갱단 구성원 등과 관련한 데이터들을 활용할 수 있다. 이를 분석해 범죄 발생 우려가 높은 곳에는 적절히 순찰차를 배치해 범죄 발생률을 줄인 것이다. HunchLab은 St. Louis County, 아리조나 주 Peoria, 네브라

스카 주, Lincoln, 델라웨어 주 New Castle County 등에서 사용중이며, 필라델피아, 샌프란시스코, 덴버, 워싱턴 등의 대도시 일부에도 비슷한 시스템을 도입해 운영 중이다(Leiter, 2013).

4. 우리나라의 정책개발을 위한 시사점

다양성에 기초를 둔 미국사회의 특징은 청소년에 대한 미국의 국가적 관심에서도 다양성의 인정하는 가운데 개인적 성장과 미국사회의 공동목표 추구를 추구하는 것으로 나타난다. 아동·청소년관련 데이터를 취합하는 일에서도 미국은 국가전략의 큰 틀에서 자율적이고 다양한 형태를 보이고 있다(서정아·성윤숙 외, 2020). Data.gov로 대표되는 공공서비스를 제공하고 있는 오픈데이터(open data) 정책을 실시하고 있으며, childstats.gov, youth.gov 및 Child Trends와 KIDS COUNT 등의 다양한 빅데이터를 가지고 있다. 이제 지금까지 논의한 내용을 바탕으로 우리나라의 정책개발을 위한 시사점을 다음과 같이 몇가지로 구분하여 제시하기로 한다.

첫째, 데이터 생산(production)과 관련하여 양질의 데이터를 체계적으로 구축할 수 있는 제도 마련과 함께 지속적인 자료축적이 가능하도록 하는 법적 장치를 확보할 필요가 있다. 빅데이터의 성공적 활용을 위해서는 수준높은 다양한 데이터를 축적하는 것이 중요하며, 각종 관련 기관별, 분야별, 영역별로 각기 다른 항목, 형태, 및 구조로 형성되는 자료들을 보다 실제적이고 유용한 데이터가 되도록 해야 한다. 자료를 구축함에 있어서 주제별, 내용별로 체계적인 지표를 통해 일관성있게 지속적으로 생산하기 위해서는 청소년기본법 등의 관련법을 통해 구체적인 내용을 명시할 필요가 있다. 실제로 우리나라의 경우, 청소년시설의 운영에서 빅데이터를 구축하고 활용할 필요성이 제기되고, 청소년단체와 시설에서는 프로그램에 참여한 청소년들과 수요자들에 대한 요구와 반응을 데이터베이스화할 것도 강조되고 있다(이경상,이창호,김민, 2019). 그러나 현실적으로 청소년시설과 단체 수준에서 관련 프로그램과 참여자 등에 관한 정보를 자료화하기는 쉽지 않으며, 이를 위한 기반 프로그램을 만들어 제공하거나 제공자료의 항목, 내용, 형태와 구조 등에 대한 공통적 체계성을 찾거나 데이터 제출을 의무화하는 규정은 없는 실정이다.

미국의 경우, 공공부문의 각종 데이터들이 다양한 주제와 형태로 생산되고 있으며 데이터 공개를 의무화하는 법안이 마련됨으로써, 민간부분의 경우에도 여러 가지 형태로 일관적인 항목과 수집방법을 통해 지속적으로 생산되고 있음을 알 수 있다. 이는 2009년 5월 출범했던 Data.gov의 경우 최초 47개의 데이터베이스로 출발했지만, 11년이 지난 2020년 8월에는 230,000개가 넘은 데이터셋을 구축한 것으로도 알 수 있으며 이러한 발전에는 “OPEN 정부데이터법(OPEN Government Data Act)”이 크게 기여하였다고 본다. 아동 · 청소년건강관련 공공데이터로 볼 수 있는 healthdata.gov에서 취합되고 있는 데이터셋의 경우에도 약물남용(substance abuse)과 우울(depression) 등 50여 개의 연관주제어를 활용하여 데이터를 검색할 수 있으며, 데이터 포맷도 html, pdf 등 14개 이상의 형태로 제공되고 있음을 알 수 있다. 공공과 민간부문 모두 데이터의 성격은 매우 구체적이고 실제적인 내용을 담고 있는 상황이다. 이런 점에서 우리나라의 경우, 기존의 각종 현황자료나 기초자료 및 연구자료 들이 보다 구체적인 내용을 담고 지속적으로 확보될 수 있도록 형태와 항목 등의 기준을 마련하여 체계적 생산을 담보할 수 있는 제도화가 요망된다.

둘째, 데이터의 제공(provision)과 관련하여 생산된 데이터를 종합적으로 관리하고 개방적으로 활용할 수 있는 데이터 플랫폼 구축과 효율적 관리 · 운영 체제를 마련할 필요가 있다. 미국 연방정부는 data.gov 또는 healthdata.gov라는 포털 플랫폼을 구축하고 공공데이터를 제공하면서 정보의 접근성과 활용도를 촉진하기 위하여 많은 노력을 기울이고 있다. 이는 정부 주도의 빅데이터 기반 공공정책을 추진하는 것과 함께, 각종 빅데이터 장비와 소프트웨어들이 주로 미국을 중심으로 각종 기관과 기업 등을 통해 개발 · 제공되고 있는 것과도 관련된다(이지혜, 제미경, 조명지, 손현석, 2014).

우리나라에도 공공데이터는 data.go.kr 포털을 운영하고 있으나, 2020년 8월 현재 이곳의 아동 · 청소년 데이터는 각종 실태연구나 일반현황 관련 자료들을 중심으로 제공되고 있으며, 청소년백서에서 제시되고 있는 내용을 넘어서는 보다 실제적 · 구체적 자료들은 찾아보기는 쉽지 않다. 연구자료와 민간기관에서의 자료가 체계적이며 효율적으로 관리되고 있는 경우도 많지 않으며, 관련 데이터를 활용하고자 할 경우에도 접근이 제한되고 승인을 받는 등의 절차적 과정이 선행되기도 한다. 이런 점에서 미국의 "OPEN 정부데이터법"에서 제시하고 있는 "개방적(open), 공공적(public), 전자적(electronic), 필요한(necessary)" 의미를 구현할 수 있는 데이터 제공을 위한 청소년관련 정보를 집대성하는 종합 공공데이터 포털을 개발하는 등의 정책개발이 있어야 할 것이다.

셋째, 데이터의 생산과 제공에 관한 이슈 다음으로는 데이터 활용도 제고(promotion)를 위한 연계 · 공유적 연동 시스템을 구축하는 일이 요망된다. 우리나라에서는 현재 각종 청소년관련 기관을 중심으로 "공공데이터의 제공 및 이용 활성화에 관한 법률"에 따라 데이터 공개와 활용을 위한 노력을 기울이고 있으나각 기관별로 개별 · 분산적이며 기관간 상호 연계적 운영은 결여하고 있다. 대표적인 기관으로 한국청소년정책연구원의 경우에는 패널조사 데이터를 비롯하여 횡단연구 자료를 공개하고 청소년통계아카이브센터를 구축하고 있으며, 한국청소년단체협의회, 청소년활동진흥원, 한국청소년상담복지개발원 등의 경우에도 청소년단체/시설 DB, 빅데이터센터, 빅데이터분석 등의 이름으로 관련 자료들을 제공하고 있음을 확인할 수 있다. 그러나, 이들 기관의 데이터 생산과 제공의 경우도 미국의 사례에서 보는 것과 같은 하나의 기관간 협력체제(예: the Forum)가 주관하거나 또는 데이터 온톨로지나 합의된 지표체계에 따라 지속적으로 공포하는 시스템(예: youth.gov: Child Trend; KIDS COUNT)에 따라 수행되고 있는 것은 찾아보기 어렵다.

더욱이 아동 · 청소년과 관련한 보건 · 의료 분야 등의 데이터의 접근이나 정보공유를 위한 노력은 여전히 제한적이다. 이러한 데이터는 개인정보가 중요하고 정보 활용에 한계가 있지만, 그에 필요한 제도적 장치를 마련하고 관련 데이터를 공유할 수 있는 방안을 찾아보는 노력이 있어야 할 것이다. 특히 강조할 점은 미국의 경우에서 볼 수 있는 청소년문제 위험예측 대응체제 구축과 관련한 시스템 공유 등과 같은 사례를 우리의 경우는 찾아보기 어렵다는 것이다. 미국의 PSYCKES의 경우, 그것이 빅데이터로서 갖는 의미는 메디케이드 보험청구 시스템을 비롯하여 개인 의료정보를 검색할 수 있는 다양한 전산망과 연동하면서 자살시도자 및 자살사고자를 관리할 수 있다는 점이다. 우리나라의 경우도 개인정보보호법에 의해 정보공유의 어려움은 있지만, 현행의 정신건강사례관리 시스템과 국민건강보험공단 등의 정보망과 국가응급의료전산망 등이 정보를 공유할 수 있는 연동시스템을 갖출 수 있다면, 자살시도자 및 자살 사고자를 파악하고 예방관리할 수 있는 방법을 찾을 수 있을 것으로 본다(손해인, 2018).

미국의 범죄 예방 시스템 활용사례와 같은 것은 우리나라에서도 유사하게 활용하고 있지만, 이러한 시스템들을 청소년문제나 비행위험 예측을 위해 활용할 수 있도록 함으로써 그 기능과 효용성을 개선할 필요가 있다. 데이터 활용도 촉진을 위한 공유시스템 구축은 정부기관 뿐만 아니라, 학교, 아동 · 청소년단체와 시설 및 연구개발기관 등의 각종 성과물들을 체계적으로 관리하고 그 활용도를 높일 수 있게함으로써 관련 연구를 촉진하는데 기여할 것이다. 이런 점에서 향후, ① 우선 기관별로 분산적으로 제공하고 있는 자료들을 하나의 플랫폼을 통해 종합제공하여 필요로 하는 경우 누구나 하나의 포털에서 보다 쉽게 접근하고 유용하게 활용할 수 있는 공유시스템을 마련하고 ② 미국에서와 같은 주요 기관간 협력체제(the Forum)를 구축하여 공신력있는 시스템

운영 방안을 마련한 후 ③ 점차 청소년 빅데이터 전담기관을 설립하는 등의 단계적이며 실질적인 방법의 정책적 접근이 있어야 할 것이다.

넷째, 빅데이터 활용을 높이기 위한 노력은 그에 따른 개인정보의 보호(protection)와 관련한 법적 장치를 마련하는 일과 불가분의 관계가 있다. 특히, 빅데이터 중에서도 가장 많은 부분을 차지하는 비정형 데이터의 경우 스마트폰이나 소셜 미디어를 기반으로 한 다양한 개인 정보를 포함하고 있다는 점에서 해당 정보의 수집과 활용에 앞서 관련 정보의 제공과 관련한 권한과 책임의 문제, 정보유출과 보안의 문제 등에 대한 법·제도적 보호장치가 선행될 필요가 있다. 실제로 빅데이터 기술이 발전함에 따라 청소년문제의 예방, 발견 및 개입을 위한 기회가 더욱 증대되고 있지만, 그와 동시에 프라이버시와 관련한 함의들이 무시할 수 없는 중요한 이슈로 대두되고 있다.

따라서 빅데이터 전략을 실행할 때는 시민적 자유(civil liberties)를 위반할 잠재성이 따르는 것이 가장 큰 관심사가 되고 있다는 점에 유의할 필요가 있다. 이는 특히 미국의 경우 등록되지 않은 이민자나 동성애자 등과 같은 취약한 구성원에 속하는 청소년들에게는 더욱 중요한 문제가 되고 있다. 예를 들면, 사회적 정서적 스트레스요인을 가진 취약 청소년들은 학교 당국이 자신들을 빅데이터를 통해 모니터링하고 있다는 것을 알게 되면 학교를 떠나게되는 것도 나타나고 있다(Watson & Christensen, 2017). 이에 따라, 개인정보보호와 관련하여 미국 연방정부 교육부는 디지털 시대 학생들의 프라이버시(사생활보호)를 보호하기 위한 필수요건(requiremen)과 최상의 실천(best practices) 기준을 마련하였다. 학생들에게 투명하게 공개하고(transparent), 부모 동의가 적절하다는 점을 고려하고, 학생정보를 보호하기 위해 제정된 FERPA 같은 법에 대한 자각을 유지하는 노력을 하고 있다. 그러나, 이러한 노력에도 불구하고 여전히 상당한 혼란들이 남아 있으며, 새로운 학생 사생활 보호법이 필요하다고 주장하고 있는 실정이다.

다섯째, 데이터의 생산·제공·활용 및 개인정보 보호 등에 대한 이해 증진을 물론,

빅데이터와 관련한 우리나라의 국가미래전략을 고려한 청소년분야의 준비(preparation)가 필요하다. 국내에서도 빅데이터 기술 인력을 양성하기 위한 각종 교육 인프라와 실습 기회 등을 다양하게 제공하고 있지만, 청소년관련 기관 종사자와 청소년단체 · 시설의 청소년지도자 등에 대한 데이터 생산 · 가공 · 제공 · 활용 및 정보보호 등과 관련한 역량함양을 위한 교육기회는 매우 부족한 현실이다.

미국의 경우, 정부주도의 추진전략으로 마련된 "빅데이터 R&D 전략계획"에서 빅데이터 인력을 7대 전략 중 하나로 제시하고 있으며, 4대 빅데이터 지역혁신 허브 중에서 북동부 허브를 중심으로 교육관련 데이터사이언스를 구축하고 있으며, 북동부 학생데이터단(Student Data Corps)를 만들어 전 지역 학생들에게 배워주고 있다. 우리나라에서도 다양한 형태로 유사한 교육이 대학 등에서 실시되고 있으나, 아동 · 청소년과 관련한 분야에서 이러한 프로그램이 제공되고 있는 것을 찾기는 쉽지 않다. 따라서, 청소년지도자 연수과정을 통해 빅데이터에 대해 공부하고, 청소년단체와 청소년시설 등의 종사자를 대상으로 하는 직무교육과 보수교육 등을 통해서 데이터 생산 · 제공 · 활용 및 정보보호의 중요성에 대한 지식과 구체적인 실무역량을 함양하고 전문직 윤리에 대한 인식을 강화하는 방안을 강구할 필요가 있다.

미국국토안보부에서 조사한 2019년부터 2022년까지의 분석결과를 보면, 빅 데이터 시장은 매년 17.5%씩 성장하며 국가안보와 공공 안전을 위해 가장 많이 사용될 것으로 전망하고 있으며, 빅데이터를 가장 많이 사용할 것으로 예상되는 상위 국가 중에 미국은 1위, 한국은 11위로 제시되고 있다(USA Homeland Security, 2018; 한국정보화진흥원, 2019, 재인용). 청소년과 관련한 데이터는 4차 산업혁명을 바라보는 현 상황에 비추어 정형 데이터 뿐만 아니라, 일상에서 만들어지는 비정형 데이터까지 포함할 때 그 중요성은 다시 말할 필요가 없을 것이다. 이를 위해 우리나라 아동 · 청소년 데이터의 생산(production)과 제공(provision), 활용도 제고(promotion), 정보보호(protection) 및 그에 따른 아동 · 청소년분야의 준비(preparation)는 시급하면서도 중차대한 국가발전의제(agenda)로 논의되어야 할 것이다.

특히 빅데이터 분야는 미국을 비롯한 선진국들을 중심으로 아직은 초기 단계에서 서로 경쟁하고 있는 상황으로 볼 수 있다는 점에서 빅데이터 활용과 관련한 이슈와 기술개발의 문제는 우리나라의 대표적인 국가적 과제이며, 이 분야에 대한 R&D 투자는 매우 긴요한 과업이 되고 있다. 청소년 분야는 국가발전의 주요한 인력자원과 관련한 정책 영역이라는 점에서 향후 이와 관련한 빅데이터 체계에 대한 연구와 정책개발 및 보다 적극적인 활용 방안을 마련하는 일은 그에 따른 개인정보보호에 대한 관련 정책검토와 함께 더욱 다양하게 수행되기를 기대한다.

11

CHAPTER

뉴노멀(New Normal) 시대의 정책동향과 과제

CHAPTER 11

뉴노멀(New Normal) 시대의 정책동향과 과제

1. 뉴노멀(New Normal) 시대

미국의 대부분의 청소년은 건강하고 안전하게 성장한다. 학령기 청소년의 대부분이 부모와 함께 살고 학교를 다니며 상급학교 진학이나 직업훈련을 준비하며 궁극적으로는 자기성취(self sufficiency)를 달성한다. 또한 많은 청소년들은 성인기로의 전환기에 가족의 지원을 받는다. 이 시기동안 청소년들은 학교를 다니고 자립생활을 하거나 가족과 함께 거주하는 순환과정을 경험한다. 2019년부터 수행된 연구를 보면, 미국의 18-22세 청소년의 60%는 부모로부터 재정적 지원을 받는데, 청구서에 대한 지불에 60% 정도가 지원을 받고 교육비 부담에는 40%, 그리고 집세나 집담보대출을 위해서는

이 장은 2021년도 한국청소년정책연구원의 연구과제인 '포스트 코로나 시대의 청소년정책 대응 방안 연구'의 일부로 수행된 연구결과를 수정 보완한 것임.

약 40%가 부모의 지원에 의존하는 것으로 나타났다. 전체적으로 청소년기에서 성인기로 이동하는 기간은 더 길어지게되고, 점차 이전세대보다 복잡해지고 있다(Fernandes-Alcantara, 2020).

미국의 청소년들의 상황은 현재 진행되고 있는 사회적 · 경제적 변화와 밀접한 관련을 갖는다. 경제와 사회분야의 상승과 하락 등 중요한 변화를 겪고 있는 시대적 변화 속에서 청소년들은 수혜와 손해 두 부분 모두에서 민감한 상황에 처하게 된다. 사회적 · 경제적 전망의 변화는 십대의 청소년과 청년들에게 새로운 기회가 되기도 하지만 동시에 새로운 장애물도 제시하기 때문이다. 주요 사회제도는 갑작스럽게 생겨나기도 하고 또 사라지게도 되는데 이렇게 제도가 생기고 사라지는 것은 청소년들로 하여금 사회에서 할 수 있고 할 수 없는 일을 규정하게 되는 것이다.

특히, 코로나 19(COVID-19, 코로나 바이러스 감염증)로 인한 전세계적인 팬데믹(pandemic) 현상이 도래하고 사람간 접촉을 최소화하는 사회적 거리두기가 새로운 일상(new normal)으로 자리 잡게 되면서 우리의 생활의 전 영역에 걸쳐 전대미문의 크나큰 변화를 맞이하고 있다(이혜정 · 민윤 · 박진아, 2020). 미국의 청소년들이 경험한 사회적 · 경제적 변화 중에서도 오늘날의 코로나19가 초래한 크나큰 영향은 특히 청소년과 청년을 포함한 젊은 세대에게는 더욱 큰 부정적인 영향을 미치는 것으로 볼 수 있다. 이는 청소년을 주대상으로 하는 공교육분야는 물론, 청소년과 관련한 다양한 업무 전반에 여러 가지 심각한 문제들을 야기하고 있다. 우리나라는 물론 미국을 포함한 서구선진국들은 제각기 온라인 비대면 교육으로 전환하여 교육공백을 최소화하고, 전통적인 대면중심의 교육방식을 온라인 비대면을 통한 새로운 방식의 콘텐츠와 교육방법을 적용하고 있다(UN, 2020).

코로나19의 장기화는 교육분야는 물론 청소년분야에 대해서도 직 · 간접적 영향을 끼치고 있는데, 청소년단체와 시설 등을 포함한 청소년분야와 관련한 다양한 실천현장의 활동을 심각하게 위축시키면서 비대면을 중심으로 하는 최소한의 프로그램운영으로 명맥만 유지하고 있는 실정을 보이고 있으며, 이러한 상황은 결국 민간부분을 비롯한 청소년기관의 운영에 필요한 재정적 어려움을 심화시키면서 종사자들의 비자발적 퇴직 등 고용과 관련한 어려움으로 나타나고 있다. 이러한 상황은 미국을 비롯한 선진국의 경우에서도 유사하지만, 그 구체적 양상은 다른 것을 알 수 있다.

이런 점에서 본 챕터는 코로나19가 초래한 엄중한 현실적 상황 속에서 미국의 경험과 대응 노력을 고찰하고, 포스트 코로나 시대, 뉴노멀의 시대 속에서 향후 미래사회에 대해 어떠한 예측과 대응을 하고 있는 지를 파악한 후 그러한 미래 전망에서 이루어지고 있는 청소년정책의 내용과 서비스의 방향에 대해 개관함으로써, 우리나라 청소년정책에 시사하는 함의가 무엇인지에 대해 알아보기로 한다.

2. COVID-19의 경험과 대응

1) 국가적 대응의 개요

코로나 19에 대한 미국의 국가적 대응은 2020년 1월 29일 보건후생부 장관을 비롯하여 12개 기관 책임자들을 포함하는 '백악관코로나바이러스 TF(White House Coronavirus Task Force)' 구성으로부터 본격적으로 전개되었다. 1월 31일 트럼프 행정부는 공중보건 비상사태(Public Health Emergency)를 선포하고, 중국, 이란, 유럽지역, 영국과 아일랜드 그리고 한국을 여행경보 3단계(여행재고) 지역으로 지정하여 주요국에 대한 여행 및 입국제한 조치를 취하였으며, 3월 13일에는 스태포드 법(Robert T. Stafford Disaster Relief and Emergency Assistance Act, 42, U.S.C. 5121-5207, Stafford Act)에 근거하여 국가비상사태(National Emergency)를 선언하였다. 이어 3월 16일 트럼프 대통령은 신종 코로나바이러스 대응 가이드라인(15 Days to Slow the Spread) 발표를 통해 사회적 거리두기를 강조하였는데, 사태가 심각해짐에 따라 이를 연장한 바 있다. 거의 대부분의 주에서 비상사태가 선포되고, 학교와 공공장소 등이 폐쇄되었으며, 10명 이상의 모임금지와 자택대피령을 발령하였다(국회 입법조사처, 2020).

또한, 미 의회는 코로나 19 대응을 위해 86개 법안 및 결의안을 제출하였고, 그 중에 코로나 19 대응을 위한 백신 연구개발 치료 및 진단 등에 필요한 재정지원(Coronavirus Preparedness and Response Supplemental Appropriations Act, 2020), 무료 바이러스 검사를 위한 자금 지원과 자가격리 노동자에 대한 유급휴가 지원(Families First Coronavirus Act), 그리고 경기침체에 대응하기 위해 기업, 개인, 가족에 대한 현금지원 등을 포함하는 경기부양책을 주요내용을 하는 입법(Coronavirous Aid, Relief, and Economic Security Act, CARES Act) 등 3건의 입법을 완료하였다(국회 입법조사처, 2020).

청소년분야와 관련하여 가장 두드러진 대응은 대표적인 정부기관의 청소년정보포탈(portal)인 유스닷거브(youth.gov)에서 코로나19 관련 내용을 초기화면의 대부분을 차지하도록 추가하면서 청소년과 가족을 위한 코로나정보(resources to support youth and families during the coronavirus COVID-19 outbreak) 자료를 제공하는 것으로 나타난다. 그 내용은 주제별(topics) 및 유관기관별로 관련 정보를 제공하는 것인데, 먼저 주제별 내용으로는 ① 백신(vaccine), ② 아동돌봄(child care), ③ 교육(education), ④ 고용실업보험(employment, unemployment insurance), ⑤ 재정 · 경제적 영향에 따른 지급, 세재지원, 학생대출(finances, economic impact payments, taxes, student loans), ⑥ 식품과 영양(food and nutrition), ⑦ 건강, 정신건강, 스트레스와 대처(health, mental health, stress and coping), ⑧ 대인 서비스, 지역중심단체 지원(human services, community - based organizations), 그리고 ⑨ 안전과 가정폭력(safety and domestic violence) 등의 아홉 가지로 구분되어 있다.

코로나19와 관련한 직접적인 대응은 아니지만, 최근 바이든 대통령이 학교내 청소년 총기사고 방지를 위해 필요한 예방조치를 지시하고 이를 위한 연방 보조금을 우선적으로 지원하겠다는 발표를 한 것은 코로나19에도 불구하고 지속적인 청소년업무를 강조한 것으로 볼 수 있다. 특히 바이든 대통령은 미국 연방 교육부에 '21세기 학습지원센터'와 '커뮤니티 스쿨'에 대한 보조금 정책을 우선 추진하는 지시를 한 점을 주목할 필요가 있다. 우선, '21세기 학습지원 센터(21st Century Learning Centers)'를 통해 정신적 외상(trauma)을 겪는 아동 지원을 지속하고 학생지원 및 학업강화(Student Support and Academic Enrichment) 기금과 보조금 사용에 따른 지침을 마련할 것과 지역사회 내에서 폭력 예방을 위해 포괄적 복지 서비스를 제공하는 '커뮤니티 스쿨(Community Schools)'과 '희망 이웃(Promise Neighborhoods)' 보조금 정책을 연방 교육부에서 우선 추진할 것 등을 지시하였다.

2) 학교와 가족 차원의 대응

코로나 19 감염과 관련한 상황은 사회적 위치와 여건에 따라 다르고 불평등한 현실을 초래하는데, 기존의 취약한 집단들에게는 구조적 불평등을 더욱 심화시킨다. 특히 학교는 방역과 학습 및 돌봄의 역할 수행을 위해 가장 대표적인 대응전략이 필요한 현장이 되면서, 청소년을 위한 학교의 역할이 이러한 방역, 학습, 돌봄의 세 가지로 충분하며 또 과연 충실히 수행될 수 있는가에 대한 의문이 지속적으로 제기되고 있다(이혜정 · 민윤 · 박진아, 2020).

미국의 경우, COVID-19에 대한 초기 대응은 2020년 3월 15일에 휴교하게 되면서 각 주별로 원격교육을 제공하기 시작하였으며, 학년이 종료되는 6월 말까지 휴교가 계속되고 여름학기에 이르러 출석 정상화 정책이 시행되었다. 초기 대응은 원격교육이 학교교육을 대체한 것으로 볼 수 있다(경기연구원, 2019; 오재호, 2020). COVID-19 대응 온라인 원격수업의 실태를 분석한 연구결과에 따르면, 대부분의 학생들이 가정에서 시간을 보내게 되면서 시간관리 능력과 효과적인 학습 참여 등에 대한 요구가 높아지고 있는 것으로 나타나고 있다(권점례 외, 2020). 학교는 주로 온라인 자료 개발과 보급을 위해 시간과 노력을 들이고 있으며, 학생들의 생활 관리에 대해서는 소홀히 하고 있다는 것이다. 연방정부 교육부에서 학교교육과정 운영 계획 대비 COVID-19에 따른 수업결손을 246개 교육구청을 대상으로 확인한 결과를 보면 평균 8일로 나타났으며, 11일에서 30일까지의 수업결손을 경험한 학교는 29%였으며, 수업결손이 없었던 학교는 약 15%정도로 나타났다.

미국기업연구소(American Enterprise Institute, 2020)에서는 원격수업을 엄격한 수준(rigorous), 중간 수준(moderate) 그리고 최소 수준(perfunctory)로 구분하여 학교별 운영 실태를 조사하였는데, 미국 전체 표준 집단으로 선정된 학교 중에서 약 20%는 엄격한 수준, 중간 수준은 약 50%이며, 나머지는 최소 수준의 원격 수업을 실시하고 있는 것으로 나타났다. 여기서 엄격한 수준은 온라인 플랫폼을 주로 사용하고, 실시간 온라인 수업과 모든 학생들의 출석과 참여를 요구하는 형태이다. 수업 참여 결과 및 학업성취에 따른 교사의 평가가 요구되고 교사와 학생들 간의 일대일 지도를 기본으로 운영하는 학교를 말한다.

COVID-19 팬데믹(세계적 대유행)은 청소년을 포함하여 전 세계 사람들의 삶에 크나큰 혼란(disruption, 파괴, 분열)을 초래하였다. 자신이나 가족에 의해 직접 감염되었던지 아니면 바이러스의 확산을 늦추기 위한 많은 정책과 규제를 통해 간접적으로 감염되었던지 간에. 팬데믹은 청소년에게도 즉각적이고 장기적인 영향을 끼친 것이 분명하다. 많은 청소년은 비대면으로 학교를 다니고 있으며 신체적 정신적 불안(산만, 정신이 흩어짐 distractions) 속에서 학교-집 환경을 항해하고 있다(Ettekal & Agans, 2020).

코로나로 인해 청소년들이 받게 되는 영향은 다른 계층과 연령에서 보다 더욱 심각한 것으로 논의되고 있다. 학교교육의 공백은 물론이고 그동안 청소년들이 경험하고 있었던 학교밖에서의 다양한 활동과 프로그램 등의 기회 감소와 참여의 축소는 결국 청소년에게 그러한 경험이 주는 긍정적 기여를 약화시킨다. 청소년에게 신체적으로나 정서적인 건강의 문제를 초래할 것이고 학교 중퇴율이 높아지며 취약계층 청소년의 경우 더 많은 학대와 범죄의 위험에 노출될 수 있는 확률을 높이는 것으로 우려하고 있다(박선영, 2020; Cohen & Bosk, 2020).

특히, 청소년의 생태체계에 관한 것을 생각하면, 팬데믹은 보다 악화된 복잡한 상황을 초래하게 된다. 예를 들면, 부모가 병원에서 일하는 청소년은 부모가 청소 일을 하거나 의사이거나 상관없이 스트레스를 경험하며, 부유한 가족은 유료 서비스와 같은 집 밖의 자원들에 접근할 수 있으며, 만약 부모가 모두 재택근무를 한다면, 가정 내의 자원들로 대체할 수 있을 것이다. 그러나, 일하는 부모들은 주간보호기관과 학교가 폐쇄됨에 따라 아동을 돌볼 곳을 찾는 것이 어려워지고 그에 따라 업무를 지속하는 것이 어려울 수 있으며, 일하지 않는 부모는 팬데믹 시기에 실업율이 높아짐에 따라 실직하는 등의 상황으로 재정적 어려움을 경험하게 된다. 팬데믹에 의해 가족이 경험하는 어려움은 여러 가지로 나타나고 있는 것이 현실이다(Ettekal & Agans, 2020).

3. 청소년분야의 역설적 접근

COVID-19 팬데믹(세계적 대유행)이 초래한 크나큰 상황변화 속에서 미국의 청소년분야는 다양한 대응노력을 하고 있다. 특히, 주목할 점의 하나는 팬데믹 상황을 청소년에 대한 하나의 역설적 기회로 보는 접근이 이루어지고 있는 점이다. 팬데믹에 따른 제약은 청소년에게 전보다 더 많은 자유시간을 주고 있으며, 청소년분야의 필요성은 더욱 크다고 보고 중요한 것은 어떠한 방법으로 대응할 것인가라는 점인데, 이와 관련한 몇가지 사례를 확인할 수 있다(Ettekal & Agans, 2020).

1) 청소년과의 관계성 강화 노력

청소년기관과 단체들은 COVID-19의 어려운 상황 속에서도 성인지도자를 중심으로 하는 청소년과의 관계성 강화를 놓쳐서는 안되는 중요한 것으로 보고 다양한 대응노력을 기울였다. 즉, 팬데믹은 사회적 거리두기가 실행되는 동안에도 성인-청소년 관계성을 유지하는 일에 탄력적(flexible)이고 적극적(proactive)인 대응을 필요로 한다고 본다. 팬데믹 상황에서도 성인지도자들이 청소년들과 적극적으로 연결된 채로 있게 하는 것이 청소년과 프로그램의 미래를 위해서 중요하다는 것이다. 실제로 청소년분야에서 멘토, 코치, 리이더 등과 같은 성인 지도자들의 중요성은 서치 연구소의 발달 자산 모델과 같은 청소년개발을 지향하는 여러가지 이론을 통해 지속적으로 강조되고 있으며 실천현장의 프로그램을 통해서도 부모 외의 청소년을 돌보는(비부모) 성인들과 지속적이며 일관성(consistency)있는 관계의 중요성이 강조되고 있다(Grossman & Rhodes, 2002).

예를 들면, 청소년들이 COVID-19상황에 따른 여러 가지 제약과 준수 지침을 잘 이해할 수 있도록 하고, 비대면 학습환경의 어려움을 이겨낼 수 있도록 하고, 팬데믹에 의해 초래된 스트래스를 견딜 수 있도록 도우는 것이다. 그러나 청소년들은 비대면 공간에서 정서적으로 연결되어 있다고 느끼는데 어려움을 가질 수 있으며 개인적으로 어려운 주제를 논의하기에는 정신적이거나 신체적으로 재한된 공간을 가질 수 있다. 게다가 비대면 공간에서 개인적 전자 의사소통을 모니터하는 것과 같은 청소년의 안전을 보장하는 것은 부모와 돌봄업무에 종사하는 사람들에게는 스트레스를 주는 일이 될 수 있다. 일부 청소년은 그러므로 팬데믹 시기에 교사와 방과후 프로그램 지도자들과 리이더와의 접촉을 방해받고 기술이나 인터넷 자원에의 접근 결여 등과 같은 관계성 유지의 많은 어려움을 경험한다. 이런 점에서 청소년들은 성인과의 관계성을 찾아내고 유지하는 데 적극적일 필요가 있으며 성인들은 청소년과의 연결을 유지하고 그들의 욕구를 이해하는 것을 우선순위로 삼아야 할 것이다.

비대면 모임은 팬데믹의 "빵과 버터"이지만, 일부 청소년은 비대면 모임을 싫어하고 대중적 플랫폼에 익숙하지 않을 수 있다. 반면에 비대면 공간을 선호하고 성인들보다 더 익숙한 청소년들도 있을 수 있다. 그럼에도 불구하고, 우리는 기술을 사용하고 처리하는 능력을 과소평가하거나 과대평가하거나 그 어느 것도 아닌 것에 대해 주의해야 한다. 예를 들면 비대면 모임은 의미있는 소속감, 대화의 깊이, 집에서의 생활을 공유하는 것과 같은 혜택을 제공할 수 있는 것이다. 많은 지도자들은 비대면으로 프로그램을 유지하고 어떻게 앞으로 나아갈 것인가를 선택하는 것이 청소년-성인-관계성을 유지하는 것에 중요한 일이 될 수 있을 것으로 본다. 단지, 각자가 스스로 경쟁하도록 하는 청소년활동 보다는 동시적인 실시간 모임을 통해 청소년들이 지도자나 또래들과 사회적 연결을 유지하는 것이다. 많은 현장실천가들은 이미 줌(Zoom)에서 무료 상호작용 실시간 연수 웨비나를 개설하는 것과 같은 비대면 모임 플랫폼을 사용하고 최대화하는 것을 배우기 위해 전문성 개발에 많은 시간을 보냈다. 예를 들면, 애스펜 연구소(Aspen Institute)의 전국 사회정서학습개발 위원회(National Commission on Social, Emotional, and Academic Development)는 다양한 온라인 자원을 제공한다. 그 핵심은 의미있는 관계성과 그를 위해 필요한 역량을 개발하고 유지하는 것에 초점을 둔다.

비대면 모임은 보다 혁신적인 방법으로 사용될 수 있다. 예를 들면, 놀이 프로젝트(Project Play)에는 평행 놀이(parallel play)라는 프로그램이 있는데, 이는 빵을 굽거나 예술 작품을 만드는 것과 같이 청소년과 성인들이 유사한 활동을 각기 다른 장소에서 함께 하는 것이다. 또한, 일부는 사회적 거리두기에서도 만나는 창의적 방법을 찾아내기도 한다. 에를 들면, 우리나라에서도 소개된 바와 같이 사우스 다코다(South Dakota) 주의 한 교사는 인터넷에서 큰 관심을 받게 되었는데, 학생의 집에 가서 현관 문앞에서 유리 문을 사이에 두고 수학을 가르치는 모습을 보여준 것이다(Lee, 2020).

2) 청소년 기술함양 활동의 지속

COVID-19 팬데믹(pandemic) 상황에서도 청소년의 여러 가지 기술 함양 활동을 지속하고 있다. 청소년분야는 청소년의 강점을 개발하는 기술 함양 활동을 프로그램을 통해 제공하는데, 이는 청소년활동 중에는 청소년들의 구체적인 생활기술을 개발하는 것을 목적으로 하는 것도 있기 때문이다. 여기에는 인지적 기술, 행동적 기술 및 사회적 관계 기술의 범주가 포함되는데, 팬데믹 시기에도 청소년지도자들은 청소년과 가족들이 함께 하는 활동을 새롭게 개발하고 이에 적응하도록 노력하고 있는 것이다. 팬데믹 기간에도 활동의 결과에만 초점을 두는 것 보다는 오히려 활동 자체를 경험하는데 초점을 두는 것과 같이 청소년들을 의미있게 관여하게 하는 기술 함양 활동을 찾는 것에 관심을 갖는다. 이러한 활동은 비록 관여의 형태가 다를 수 있으며 청소년들이 새로운 활동에 참여하도록 고무될 수 있지만, 일반적인 청소년 프로그램에서 볼 수 있는 것과 동일하게 될 수 있다.

사실, 프로그램 활동을 온라인으로 적응시키는 것은 많은 도전과제가 있다. 우선, 스포츠와 같은 활동들은 비대면 모임으로 적응하기 쉽지 않다. 많은 청소년들은 이러한 유형의 활동에 참여하기에는 자료, 공간, 또는 집에서의 장비들이 부족하다. 또한 기술함양 활동은 학습을 도우기 위해 직접 현장에서 함께하는 성인들의 지원이나 발판적 전략(스캐폴딩, scaffolding) 즉, 학습자에게 지식습득 과정을 도와주기 위해 사용하는 지원방법이나 학습촉진 전략)을 필요로 한다. 도와줄 성인들이 없거나 부모들이 실업이나 재정적 어려움 등에 따른 스트래스가 심한 상태에 있는 경우는 기술 함양 기회를 찾는 것에 어려움을 갖게 된다. 부모가 도움이 된다고 하더라도 이를 위해서는 부모가 학교과목을 새로 배우던가 해야 하는 학습커브(a learning curve)가 있을 수 있다(Edwardson, 2020). 따라서 청소년이나 가족이 팬데믹 시기에 무엇을 필요로 하는 지를 결정하는 것이 필요하다. 청소년과 가족의 욕구를 기술함양 활동을 통해 대응하는 하나의 방법은 청소년을 욕구기반 평가(needs-based assessment)와 같은 연구와 평가에 관여시키는 것이다. 이는 프로그램에 참여하고 있는 청소년의 욕구를 결정하는데에 유용하며 온라인으로 할 수도 있고 팬데믹에도 최소의 자원으로 프로그램을 실행할 수 있게 해준다. (Hones & Perkins,2003).

팬데믹은 또한 일부 청소년들에게는 새로운 관심을 찾고 새로운 기술을 개발하도록 하는 기회를 제기할 수 있다(Ettekal & Agans, 2020). 가족들이 집에 함께 있게 됨에 따라 이전에는 하지 않았던 가족활동을 위한 기회를 찾을 수 있다. 요리는 많은 집에 있는 성인들에게는 인기있는 소일거리(pastime)이다. 청소년에게 요리나 다른 관련 생활기술을 가르칠 수 있는 기회를 갖게 되는 것이다. 사례 중에는 팬데믹으로 문을 닫을 상황에 있는 제과점에서 가족들이 함께 저녁을 준비할 수 있도록 하는 집에서 만드는 피자 키트(at-home pizza making kits)를 팔기 시작한 것이 있다(Barnett, 2020). 또한, 게임도 기술 함양 활동이 될 수 있고 혼자 또는 함께 할 수 있다. 보드 게임(board game)이나 카드 게임 또는 팀기반 게임을 통해 협력성을 배우거나 청소년들이 전략적 사고, 대인간 기술 및 사회정서적 역량을 함양하도록 도울 수 있다. 많은 작가들이나 예술가들이 실시간으로 자신들의 작품을 공유하고 청소년을 위한 활동을 하는 것도 많이 있다. 이는 청소년들이 복잡한 스토리라인을 따라서 배우거나 예술에 관한 학습을 통해 기술을 함양하도록 도움을 받는 것이다.

3) 청소년 리더십 개발의 기회활용

COVID-19 팬데믹(pandemic) 상황은 청소년의 리더십 개발과 관련한 방과후 활동을 강조하게 한다. 방과후 청소년 프로그램은 청소년에게 가치로운 가족, 학교, 지역사회 활동에서의 리더십 기회를 제공하는 목적을 갖는다. 리더십 활동의 핵심은 청소년에게 직접적으로 관련되며 청소년의 삶에 중요한 의미를 갖게 된다는 점이다. 팬데믹으로 인해 많은 청소년들이 중요한 작업을 중단하게 되는데, 이 기회를 통해 팬데믹에 의해 영향을 받은 가족과 지역사회를 지원하도록 하는 것과 같은 종전의 리더십과 함께 팬데믹에 따른 새로운 리더십을 함양하는 기회를 가질 수도 있다. 문제는 기존의 리더십 이니시어티브를 유지하거나 팬데믹에 따른 구체적인 이니시어티브로 전환하는 결정과 그 방법에 대한 것이다.

예를 들면, 위스콘신 주, 데인 카운티(Dane County)의 보이즈 앤 걸즈 클럽(Boys & Girls Club)에서는 지역 청소년을 위해 10만 달러 이상을 모금하는 연례 샴록셔플(Shamrok Shuffle)이라는 모금행사를 개최해 오던 것을 팬데믹으로 인해 취소하게 되었다. 하지만 이 클럽에 참여하는 청소년들은 팬데믹이 끝날 때까지를 기다리는 것이 아니라 그동안의 모금 전략을 다시 생각하고 온라인 기부 플랫폼을 만들었다(Waldon, 2020). 또한, 청소년들은 그들의 초점을 새로운 리더십 이니시어티브로 전환하였다. 예를 들면, 팬데믹 시기에 청소년들은 욕구기반사정을 계획하고 실행하는 것을 배울 수 있었고 청소년주도참여행동연구 (youth-led participatory action research(YPAR, Ozer, 2016)을 활용하여 보다 의미있는 리더십 접근을 할 수 있었다. YPAR은 청소년과 지역사회의 욕구에 대응하는데 사용되며 전문성과 힘을 청소년과 성인이 공유하는 것으로 다시 재정의하는 사회정의 원칙(social justice principles)에 기반을 두고 있다. 기존의 프로그램에서 리더십 이니시어티브를 지속할 수 없게 된 청소년들이 YPAR과 같은 새로운 이니시어티브로 초점을 전환함으로써 캘리포니아 버클리대학교(Berkeley

University of California)의 YPAR 허브(Hub)와 같은 다양한 온라인 자원들을 통해 평가될 수 있다.

이외에도 청소년들은 자신의 이니시어티브를 시작하거나 지역 또는 글로벌 이니시어티브에 기여할 수 있다. 예를 들면, 매릴랜드(Maryland)주에 있는 10대 두 명은 지역사회 내 어르신들에게 음식을 배달하는 이니시어티브를 조직하고 주도하여 CNN의 관심을 받았다(Dawson, 2020). 청소년들은 기부를 요청하거나, 배달을 조직화하거나, 도움이 필요한 사람들을 찾고, 'GoFundMe'와 같은 가상 플렛폼을 통해 모금을 하는 것과 같은 방법으로 지역이나 글로벌 이니시어티브에 참여하게 될 수 있다.

다음 표는 COVID-19 팬데믹(pandemic) 상황에서 나타난 청소년분야의 현장대응 사례를 제시한 것이다. 청소년과 가족이 성인-청소년 관계성을 유지하고 기회를 만들어 내는 사례, 기술함양 활동에 참여하게 하는 사례 그리고, 기존 리더십을 지속하거나 새로운 리더십을 개발하여 활용한 사례들이 포함되어 있다.

〈표 11-1〉 펜데믹 시대 청소년분야에서의 주요대응 사례

	주요 기관	주요 내용	출처
성인-청소년 관계성	Aspen Institute의 Project Play	부모와 코치들에게 아이들이 활동을 유지하고 신체적 팀활동에 참여하도록 하는 아이디어 제공 (예를 들면, 팀이 스포츠 영화를 보고 비대면으로 배운점에 대해 함께 논의함)	https://www.aspenprojectplay.org/coronavirus-and-youth-sports/
	Seven Tepees Youth Program (San Francisco)	자원이 부족한 청소년들을 위한 일을 하는 단체. 직원들이 청소년과 가족에게 전화하거나 문자를 보내어 소셜 미디어를 통해 연결을 유지하도록 함.	https://www.seventepees.org
	Collaborative for Academic, Social, and Emotional Learning(CASEL)	부모와 교사들에게 청소년을 지원하고 관계성을 강화할 수 있도록 하는데 도움이 되는 자원들을 제공함	https://cael.org/covid-resources

	주요 기관	주요 내용	출처
기술함양	4-H	"집에서 4H(4-H at Home)"프로그램을 통해 4-H 프로그램에 참가하고 있는 청소년들이 사회적 거리두기에서도 학습과 새로운 기술 습득노력을 지속할 수 있도록 도움	https://4-h.org/about/4-h-at-home
	Living Classrooms (Baltimore)	가족들이 STEAM 활동함(box)을 음식 배분 장소에서 찾아가게하고 비대면 음악수업을 제공하는 등 청소년의 다양한 활동 참여제공	https://livingclassroom.org/important-safety-updates
	Public Broadcasting Services(PBS)	청소년과 가족들에게 교육적 게임과 기술함양활동 제공	https://www.pbs.org/about/blogs/news
리더십개발	Wilder Foundation (Minnesota)	프로그램을 온라인으로 옮겨서 청소년들이 서비스 프로젝트들을 지속적으로 실행할 수 있도록 함	https://www.wilder.org/articles/
	Colorado Crisis Services	청소년 리이더들이 펜데믹 시기 정신건강에 대한 자각심을 높이는 캠페인을 개발하여 실시함	https://kdvr.com/news/teens-working-on
	YouthLead	세계 도처의 청소년 리이더들으 노력을 강조하고 청소년들이 COVID-19에 대응하는 입장을 갖도록 임파워(empower)함	https://youthlead.org/innovations/

출처: Ettekal & Agans(2020), pp. 8-9.

4. 뉴노멀 시대의 미래사회 예측과 대응과제

1) 미래사회에 대한 논의와 예측

미래 모습에 대해 정확히 예측하는 것은 청소년정책의 실현가능성을 높이기 위해서 중요한 일이다(서정아 · 성윤숙 외, 2021). 지난 2000년에는 새로운 천년을 바라보면서 많은 전문가들은 지난 100년 동안에 일어난 변화는 그 양과 질에 있어 인류가 지구 위해 생명을 영위하게 된 때로부터 일어난 변화의 총량보다 더 급진적이고 크다고 하였다. 그런데 그 후 20여년이 지난 지금 우리는 과거 100년간에 일어났던 변화보다 더 급격하고 대폭적인 생활양식의 변혁과 사고방식의 근본적인 개혁을 마주하고 있는 것이다.

미래사회 변화 트렌드를 과학기술과 관련하여 분석한 우리나라의 보고서에 따르면, 크게 ① 첨단기술에 기반한 경제사회의 획기적 변화, ② 인류사회 및 우리나라의 난제 지속, ③ 삶의 질, 환경 등 사회적 가치와 관련된 국민의식 변화 등의 세 가지로 제시하는 데, 이 모든 것이 청소년들의 삶에 직 · 간접적으로 관련되고 있지만, 특히 "인공지능, 빅데이터 등 미래사회를 변화시킬 기술들이 사회에 널리 확산되면서 혁신적인 변화 유발"이라는 내용을 첫 번째와 관련하여 가정 먼저 제시하고 있는 점에 주목할 필요가 있을 것이다. 코로나 이후(Post-Corona)의 시대 또는 뉴노멀(New Normal)의 시대로 불리는 삶의 모습은 이러한 미래전망을 더욱 앞당기고 있기 때문이다(과학기술정보통신부, 2018).

특히, 4차 산업혁명의 지능 정보기술에 의해 변화할 사회의 형태와 관련하여 청소년들에게 의미 있는 논의들이 있어 왔다. 향후의 직업구조들에 지능정보기술들이 미칠 영향과 노동과정에 미치는 영향 등에 대한 논의들을 포함하여, 4차산업혁명이란 용어는 자본과 기업, 기업과 기업, 기업과 노동, 개인과 개인 등의 사회적 관계에 본격적으로 도입되어 인간의 사회적, 개인적 삶의 양태에 변화를 가져오거나 가져올 것으로 예상되는 현상과 관련하여 다양한 연구가 수행되고 있다(김한준, 2017). 청소년들의 현재 혹은 미래의 미시적, 거시적 사회관계에 지능정보기술들이 가져올 변화의 가능성은 충분하다. 개인과 개인사이의 관계에 도입되어 직업구조 및 노동과정 이외에도 청소년들의 일상적 사회관계에 변화를 가져올 수도 있고, 국가와 시민사회와의 관계에 도입되어 청소년들의 사회참여에 변화를 가져올 수도 있을 것이다. 이러한 지능정보기술에 의한 사회변화가 청소년을 위한 일들에 어떤 의미를 가질 것인가와 관련한 다양한 논의들이 그래서 더욱 중요한 의미를 갖는다(이경상 · 이창호 · 김민, 2018; Korze

& Korze, 2020).

최근 미국의 Pew Research Center에서 발간한 코로나 19 팬데믹 이후의 미래사회를 전망한 보고서에 의하면, 미국 전역의 915명의 기술혁신가, 개발자, 기업인 및 정책 지도자, 연구가와 사회운동가들은 앞으로의 중요한 변화로 다음과 같은 세가지를 공통적으로 지적하고 있다: ① 경제적 불평등의 악화(worsen economic inequality) ② 대형 기술기업의 권력 확대(enhance the power of big technology firms) ③ 거짓 정보의 확산 배가 (multiply the spread of misinformation). 이들은 동시에 팬데믹에 의해 새롭게 나타나는 희망적 상황도 예측하고 있는데, 여기에는 ① 인종적 정의와 사회적 형평을 목표로 하는 새로운 개혁의 시작(inaugurate new reforms aimed at racial justice and social equity) ② 많은 가족과 노동자를 위한 삶의 질의 확대(enhance the quality of life for many families and workers) ③ 기술적 상승의 창출(produce technology enhancements) 등의 세 가지가 포함된다(Anderson, Rainie, & Vogels, 2021).

이러한 6가지 테마는 이들 전문가들에게 COVID-19에 의해서 2020년에 진행되고 있는(set in motion) 변화들이 무엇이며, 2025년 경의 새로운 일상 즉, '뉴 노멀(new normal)'은 어떤 모습일 것인지에 대해 질문한 내용에 대한 답변에서 나타난 것이다. 응답자의 47%는 2025년이 되면 대부분의 사람들이 대유행 즉, 팬데믹(pandemic) 이전보다 생활이 '대체로 악화(mostly worse)'될 것으로 응답했으며, 약 39%는 '대체로 향상(mostly better)'된다고 보았다. 또 다른 14%의 응답자들은 팬데믹이 없었다면 있었을 삶의 모습과 그리 다르지 않을 것으로 대답하였다. 팬데믹이 어떤 변화를 가져다 줄 것이라고 응답한 86% 중에는 디지털 생활의 진화는 긍정적이고 부정적인 두가지 측면에서 지속될 것으로 예상하였다. 이러한 전문가들의 견해는 일반인들의 태도와도 흥미롭게 연결되고 있다. 2020년 8월에 실시한 Pew Research의 설문조사 결과는 미국 성인의 51%는 팬데믹이 종식된 뒤에도 자신들의 삶이 변화되어 있을 것으로 응답하였다(Anderson, Rainie, & Vogels, 2021).

2) 미래사회에 대한 청소년분야의 대응과제

미래사회의 모습과 4차 산업혁명과 관련한 미국의 대응도 여러 가지로 나타나고 있는데 그 중에서도 교육분야는 가장 대표적인 대응노력이 나타나고 있으며, 청소년분야에서도 프로그램의 방향과 내용의 전환이 이루어지고 있다. 4차 혁명의 시대에는 인공지능, 로봇, 생명과학과 정보통신 등의 분야가 새롭게 융합되고 하나로 연결되는 특징이 나타나고 일자리는 물론 사회구조와 생활방식의 혁명적 변화가 예측된다. 이런 점에서 그에 따른 새로운 인력이 필요한 것은 다시 말할 필요가 없을 것이다. 교육 트랜드의 빠른 변화는 컴퓨팅적 사고를 길러주는 것으로 나아가고 있으며, 청소년 대상의 로보틱스, 인공지능, 뇌과학, 자동주행 자동차, 모바일 컴퓨팅, 가상 현실, 메타 데이터, 프로그래밍 등 테크놀로지 교육이 강화되고 있다. 청소년 방과후(after-school) 프로그램이나 사설 교육기관을 통해서도 코딩(coding)교육과 앱개발 등에 대한 관심이 일반화 되고 있다.

미국은 이미 4차 산업혁명 시대에 대비하는 과학적 개념과 창의적 사고를 바탕으로 한 체험 교육을 지향하는 STEM(Science 과학, Technology 기술, Engineering 공학, Mathemathics 수학) 수업을 교과과정에 포함하고 있다. 이러한 공교육에서의 변화노력이 미래 기술의 속도를 따라가는 것은 한계가 있지만, STEM을 통해 기존과 다른 통합적 학습 환경과 과학적 사고 및 방법을 일상생활에 적용하는 것에 초점을 두는 노력을 하고 있는 것을 알 수 있다.

세계경제포럼(The World Economic Forum)은 4차 산업혁명시대의 필수 요소를 다음과 같이 열가지로 제안하고 있는데, 여기에는 복잡한 문제 해결(Complex Problem Solving), 비판적 사고(Critical Thinking), 창의력(Creativity), 인력 관리(People Management), 타인과의 협력(Coordinating with Others), 정서 지능(Emotional Intelligence), 판단과 의사결정(Judgement and Decision Making), 서비스 지향(Service Orientation), 협상 능력

(Negotiation), 그리고 인지적 유연성(Cognitive Flexibility) 등이 포함된다.

미국의 유명 대학과 세계적 선도 기업들은 이미 이러한 조건을 충족하는 인재를 찾고 있지만, 미국의 공교육체제나 학교환경, 그리고 진로교육의 내용이 얼마나 이에 잘 맞추고 있는 지는 또 다른 과제인 것이다. 그러나 분명한 것은 미래사회를 위한 준비가 청소년들에게 요구되고 있으며, 청소년분야도 이러한 4차 산업혁명시대에 맞춘 혁신적 변화 노력이 필요하다는 것이다. 이와 관련하여 2021년 3월 9일부터 22일까지 18세-29세 전국 청소년 2513명을 대상으로 실시하여 2021년 4월에 발표한 하바드 청소년 여론조사 41판 (Harvard Youth Poll, 41st Edition)의 결과는 지금의 미국 청소년들의 현 바이던 행정부와 미래사회전망, 그리고 소셜 미디어의 영향 등에 대한 생각을 밝히고 있어서 미래사회에 대한 대응방향을 제시해 준다는 점에서 주목할 필요가 있다.

밀레니얼 세대와 Z세대가 가장 큰 투표군이 됨에 따라 이들의 가치와 참여는 미래에 대한 희망을 보여주고 이들이 관심을 갖는 미국이 당면한 현안들에 대한 긴급성을 알려주고 있다. 결과에 대한 전문가들의 평가는 오늘의 미국청소년들은 보다 희망적이고 정치적으로 적극적이며 미국인에 대한 보다 큰 신념을 갖고 있다는 것으로 요약된다.

우선, 하버드 청소년여론조사는 미국에 대한 희망이 높고 미국인에 대한 청소년의 믿음도 높음을 보여준다. 2017년 가을의 조사에서는 미국 청소년의 31%가 미국의 미래에 대해 희망적이라고 답했으며 67%는 비관적으로 보았다. 약 4년 뒤인 이번 조사에서는 56%가 희망을 갖고 있었다. 백인 청소년들의 희망정도는 11%가 높아졌으며(35%에서 46%) 유색 청소년의 태도변화는 놀라운 수준이다. 2017년에는 흑인 중 18%였던 것이 72%가 희망적인 것으로 나타났다(+54%). 히스패닉 청소년은 2017년에는 29%였던 것이 이번 조사에서는 69%로 높게 나타났다. 특히, 미국 청소년의 약 40%는 바이던 행정부 이후 자신들의 삶이 더 나아질 것으로 기대한다. 이는 트럼프(Trump) 대통령에 대한 것 보다 약 2:1의 격차를 나타내는 것이다. 바이던(Biden) 행정부에 대한 기대는 40%가 더 나아질 것으로 응답했으며, 나빠질 것으로 답한 것은 19%로 나타났다. 25%

는 별로 차이가 없을 것으로 응답하였다.

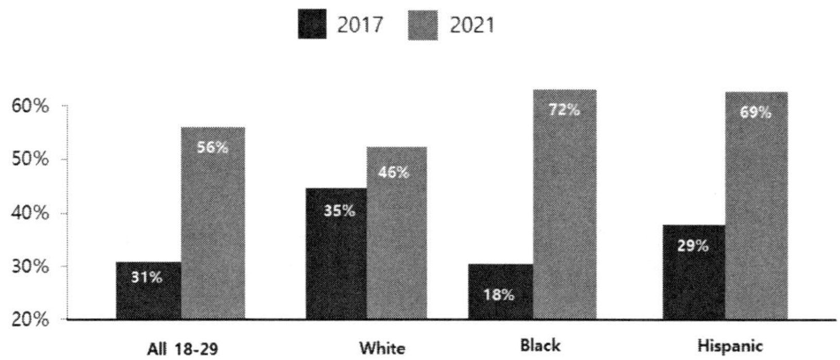

[그림 11-1] 미국의 미래를 희망적으로 생각한다는 응답비율

출처: https://iop.harvard.edu/youth-poll/spring-2021-harvard-youth-poll에서 2021년 7월 12일 인출

미래사회에 대한 대응 방안을 마련하는 것과 관련하여 2020년 하버드청소년여론조사는 또한, 미국청소년의 4분의 3 이상은 페이스북(Facebook)이나 트위터(Twitter) 같은 소셜 미디어가 옳은 일을 하고 있다는 신뢰가 거의 없는 것으로 나타났다는 점에서 주목된다. 청소년의 과반수 이상이 미국 정부가 빅테크(big tech)를 더 많이 규제해야 한다고 응답하였다. 특히 페이스북(Facebook)은 16개 중에서 가장 신뢰할 수 없는 것으로 응답하였다. 39%의 청소년들이 페이스북을 신뢰한 적이 없다고 했으며, 유사하게 38%는 월 스트리트(Wall Street)도 신뢰한 적이 없으며, 35%는 트위터(Twitter), 32%는 일반 미디어를 신뢰하지 않는다고 하였다. 약 4분의 1은 아마존(Amazon)을 믿지 않는다고 응답하였다. 35%의 청소년들은 소셜 미디어는 정신건강과 미국 민주주의 두가지 모두에 부정적인 영향을 끼친다고 보고 4분 1에 못미치는 비율은 긍정적인 영향을 끼치는 것으로 보았다. 청소년 가운데 약 5분의 3(58%)은 정치지도자들은 소셜 미디어에 대해 일반 시민들보다 더욱 엄격한 기준을 가져야 한다고 응답하였다.

5. 청소년 · 청년의 미래비전을 위한 함의

미국은 4차 산업혁명을 위한 준비에서 세계적으로 가장 앞서는 국가가 되는 전략을 갖고 있으며, 코로나 19로 인한 방역과 백신 등 대응조치에서도 가장 선제적인 모습을 보이고 있다. 이제 이러한 논의를 바탕으로 미국 사례의 주요 내용을 요약하면서 우리나라 유스(Youth) 즉, 청소년 · 청년의 미래비전(future vision)을 위한 함의를 다음과 같이 제시하기로 한다.

첫째, COVID-19 경험과 그에 따른 대응에서 가장 두드러진 점은 청소년을 중심에 두는 청소년제일(youth-first)의 접근과 팬데믹 상황에서 오히려 새로운 플렛폼을 만들어 역설적 기회로 활용하는 것이다. 정부의 청소년포털인 유스닷거브(youth.gov)를 비롯한 각급 학교와 청소년기관 · 단체 등의 모든 웹페이지에서 코로나와 관련한 정보를 초기화면의 가장 중요한 내용으로 게시하고 있으며, 각급 학교는 원격교육 제공과 출석 정상화 정책의 시행에 따라 시간관리 능력과 효과적인 학습참여 및 수업결손 방지를 위한 노력을 지속하고 있다. 특히, 청소년은 팬데믹으로 인해 가장 심각한 영향을 받는 집단으로 논의되고 있으며, 팬데믹 이전 보다 가정에서 시간을 주로 보내면서 자유시간을 많이 갖게 된다는 점에서 청소년 업무의 중요성이 강조되면서 다양한 대응 사례가 나타나고 있다.

비대면 모임을 활용한 기존 프로그램과 활동의 지속으로 멘토나 성인지도자 및 또래들과의 사회적 연결을 유지하고 있으며, 활동의 결과보다는 활동 자체를 경험하는 기술함양활동을 강화하고 새로운 기술을 개발하는 기회로 활용하고 있다. 특히 방과후 활동과 관련한 리더십 개발을 위해 기존과 다른 새로운 전략이나 플랫폼을 만드는 사례를 확인할 수 있다. 우리나라의 경우에도 학교교육은 물론, 청소년업무와 관련하여 학생과 청소년을 중심에 두는 많은 노력들이 있어 왔다. 그러나, COVID-19 팬데믹과 관련한 청소년에 특화된 정보 제공은 물론, 비대면 상황에서도 청소년프로그램과 활동의 지속하기 위해 기존과 다른 새로운 플렛폼을 만드는 적극적 대응은 부족한 실정이다.

둘째, 청소년업무의 초점을 청소년을 중심에 두도록 하고 청소년의 긍정성과 혁신성에 대한 신뢰를 바탕으로 정책내용과 실천과정에서 명목주의나 연령주의에서 벗어나 실질적으로 청소년의 다양한 목소리가 주도하는 접근(youth-led approach)이 필요하다. 미국의 경우 청소년업무의 정체성을 공고히하는 일은 중요한 과제로 되고 있는데, 이는 우리나라의 경우와 유사하거나 다른 차이점이다. 그러나, 우리나라의 경우, 청소년업무가 인위적으로 제도화되고 청소년지도자를 양성하는 교육과정이 마련된 지 30여년이 지났지만, 여전히 청소년지도자의 사회적 존재성은 미약하다. 또한, 지난 1998년 이후 청소년의 의견을 정책에 반영한다는 것을 국가중장기계획의 핵심적 내용으로 해 왔지만, 청소년참여위원회의 경우는 자치단체의 정책기구라기 보다는 청소년기관에서 위탁운영하는 하나의 프로그램으로 활용되고 있는 추세를 보이고 있다. 미국의 경우 청소년이 자치단체의 장으로 활동하고 있는 것은 물론, 정책의 직접적인 의사결정을 하는 청소년위원회 운영이 더욱 확대되고 제도적으로 공고화하고 있는 점은 우리에게 시사하는 바가 큰 것이다.

우리가 청소년과 관련하여 미래사회를 예측하고 필요한 대안을 모색하는 궁극적 목표는 청소년의 삶을 행복하게 하기 위한 것이어야 한다. 포스트 코로나를 준비하며 바꿔야 할 것이 있고, 바꾸지 말아야 할 것이 있다. 과학 기술 발달과 코로나 19 감염병이 미래전망을 부정적으로 하던 긍정적으로 하던 청소년업무의 본질적 가치는 지켜져야 할 것이다. 오늘날 우리가 직면한 코로나 19 상황은 4차산업혁명과 관련한 지능정보기술들이 청소년은 물론 우리들의 삶의 모습에 긍정적인 것과 동시에 부정적인 측면도 공존할 것임을 말해주고 있다. 이는 청소년업무의 필요성과 목표, 주요 내용에 대해 보다 근본적인 검토와 진지한 접근이 필요한 이유가 된다.

포스트 코로나 시대, 뉴 노멀의 시대를 생각할 때, 미국의 경험과 정책적 동향이 우리나라의 청소년정책의 개발을 위해 유용한 시사점을 제시할 것으로 기대한다. 특히, 청소년제일(youth-first)과 새로운 플렛폼(platform)을 통한 역설적 기회 활용, 그리고 청소년의 혁신성에 대한 신뢰를 바탕으로 한 실질적 청소년주도(youth-led)의 접근은 미국의 사례가 주는 대표적 함의로 볼 수 있을 것이다.

참고문헌

강경균, 성윤숙, 김승보, 장현진(2019). 청소년기관의 진로체험 지원체제 구축방안 연구(연구보고 19-R04). 세종: 한국청소년정책연구원.

강대근(1980). 미국의 청소년정책과 청소년참여. 청소년활동연구 1. 유네스코 청년원.

강영배(2013). 청소년진로교육 및 상담론. 경기: 양서원.

강창현, 문순영, 김기창(2012).『바우처 제도의 현황과 효과성 분석』서울: 국회예산정책처.

고영복(1993). "사회변동과 청소년운동" 한국사회의 구조와 의식. 서울: 사회문화연구소출판부.

공현, 둠코(2016). 인물로 만나는 청소년운동사. 서울: 교육공동체벗.

과학기술정보통신부(2018). 제4차 과학기술기본계획(2018-2022): 2040년을 향한 국가과학기술 혁신과 도전. 세종: 과학기술정보통신부.

국회입법조사처(2020). 코로나19(COVID-19) 대응 종합보고서. 서울: 국회입법조사처.

권영옥, 빅데이터를 활용한 맞춤형 교육서비스 활성화 방안 연구. 지능정보연구, 19, 2, 87-100.

권이종, 조영승, 이철위, 이민희, 안승렬, 이경희. 2001.『서울시 청소년문화카드 제도 도입을 위한 연구』서울: 서울특별시 · 한국청소년학회.

권점례, 김명화, 이상하, 유금복, 최정숙, 강현숙, 신승기(2020). COVID-19 대응 온라인 개학에 따른 초 · 중 · 고등학교 원격수업 실태 및 개선방향 탐색. 충북: 한국교육과정평가원.

길임주(2009). 청소년활동과 지역사회 네트워크 사례에 대한 한미실태분석. 미래청소년학회지, 6(4), 65-80.

김경준, 강경균(2021). 미래지향적 청소년시설 및 공간 혁신방안 연구. 세종: 한국청소년정책연구원.

김경준, 모상현, 송태진(2018).『청소년우대정책 현황 및 해외사례 분석 연구』세종: 한국청소년정책연구원.

김경준, 모상현, 최윤호, 김정화(2013).『청소년희망카드(가칭) 도입방안 연구』서울: 여성가족부.

김경준, 최인재(2009). "청소년우대제도 및 청소년증에 대한 실태분석에 관한 연구."『미래청소년학회지』6(2), 1-23.

김경준, 최인재, 설인자, 원구환(2007). 『청소년 우대제도의 국제적 동향과 발전방안』 서울: 한국청소년정책연구원.

김기헌, 유홍준, 오병돈(2014). 진로체험의 효과: 진로성숙도와 학업성취도. 직업교육연구, 33(3), 19-36.

김도영, 이혜경, 노자은(2019). 『청소년복지론』 서울: 학지사.

김상형(1983). "청소년과 사회정책: 한국 민간 청소년운동의 실태." 현대사회와 청소년. 서울: 아산사회복지사업재단.

김성복(2008). 미국의 대학교육: 과거와 현재 1636-2008. 미국의 교육제도와 한국적 수용. 2008년 서울대학교 미국학연구소 학술대회 자료집.

김세광(2014). "스마트 시대의 청소년 시민역량 함양 프로그램 개발" 『학교사회복지』 29: 699-717.

김수연, 이수진, 이나라, 김진주, 김민아, 김지윤, 양윤나, 이자람, 한은지, 김우찬, 허아람, 한승희, 안소영, 이도형(2018). 혁신성장동력분야 주요 경쟁국 정책 모니터링 및 심층분석. 한국과학기술기획평가원.

김승보, 주휘정, 김영식(2016). 자유학기제 연계 진로체험활동 연구(기본연구 2016-32). 세종: 한국직업능력개발원.

김영지, 방은영, 박정선(2006). 지역사회 중심의 청소년문제 행동대책 연구. 서울: 한국청소년개발원.

김윤나(2018). "한국형 청소년 정책참여모델에 관한 현장의 목소리들" 『학교사회복지』 44: 269-299.

김은석(2012). 직업체험 시설을 활용한 청소년진로탐색 프로그램 개발 연구보고서. 한국고용정보원.

김재온(2006). 미국의 가족 및 가족 내 사회화 과정 연구. 서울: 한국청소년정책연구원.

김정률(2010). 청소년성장환경개선을 위한 지역사회 네트워크 구축 참여연구. 명지대학교 대학원 박사학위논문.

김정주, 천정웅, 김영지, 임지연(1998). 지역청소년센터 운영모델 연구: 지역사회 청소년육성 거점으로서의 청소년센터 운영방안. 서울: 한국청소년개발원.

김정주, 최창욱, 성기(2004). 청소년육성 기능강화 및 행정채계 발전방안. 서울: 문화관광부.

김종갑(2020). 미국과 독일의 청소년모의투표제도와 시사점. 이슈와 논점, 1765호. 국회입법조사처.

김종길(2003). '안티사이트'의 사회운동적 성격 및 새로운 저항 잠재력의 탐색. 한국사회학.

37(6). 145-175.

김진호(2006). Positive Youth Development의 의미와 정책적 시사점. 미래청소년학회지, 3(2), 71-88.

김진호(2007). positive youth development의 의미와 정책적 시사점. 천정웅 · 이용교 편, 적극적 관점의 청소년개발, 서울: 인간과 복지.

김진호, 권일남, 이광호, 최창욱(2009). 청소년활동론. 한국방송통신대학교출판부.

김태균(2019). 청소년의 학교생활적응이 진로정체감에 미치는 영향 : 체험활동 만족도의 조절효과 검증. 미래청소년학회지, 16(4), 47-63.

김태형(2020). 청소년의 관계적 특성과 청소년활동 참여가 주관적 안녕감에 미치는 영향: 자아탄력성의 매개효과를 중심으로. 청소년문화포럼, (62), 81-119.

김한준(2017). 4차 산업혁명이 직업세계에 미치는 영향. 2017년 한국청소년정책연구원 현안대응 세미나: 제4차 산업혁명과 미래의 청소년정책 자료집.

김현철, 백혜정, 이지연(2017). 아시아 청소년 진로체험활동 국제비교연구 II. 세종: 한국청소년정책연구원.

김형태(2013). "고등학교 청소년의 심리사회적 특성과 학교적응 요인: 미국 유학생과의 비교를 중심으로"『학교사회복지』26: 269-296.

김희대(2014). 미국 중등학교의 진로교육과 지역사회 연계 진로체험 활용사례(현안보고 CP 2014-07-2). 서울: 한국교육개발원.

노병일(2015).『학교사회복지론』서울: 창지사.

류성렬(2011). 역량의 개념정립과 역량개발로서의 청소년활동. 미래청소년학회지 춘계학술대회 자료집.

맹영임, 김민, 임경희, 정미나(2005).『청소년문화예술활동 활성화 방안 연구』서울: 한국청소년개발원.

모상현, 최용환(2021). 청소년 정치참여 실태와 활성화방안 연구. 세종: 한국청소년정책연구원.

문화체육관광부(2014).『2013 여가백서』서울: 문화체육관광부.

박선영(2020). 포스트 코로나 19 시대 청소년활동과 청소년정책의 과제. 한국청소년활동연구. 6(4), 173-194.

박선영(2019). 영국의 청소년 우대제도와 브랙시트(Brexit).『청소년문화포럼』58: 195-201.

박소현, 이보아, 심보선, 박미현, 이희철(2010).『국립박물관 · 미술관 무료관람정책 개선방안 연구』 서울: 한국문화관광연구원.

박온자(2005). “공공도서관의 청소년서비스에 관한 연구: 미국 공공도서관을 중심으로.” 『한국문헌정보학회지』 39(2), 5-33.

박준석(2019). 빅 데이터 등 새로운 데이터에 대한 지적재산권법 차원의 보호가능성. 산업재산권, 58, 77-129.

박창남(2014). “학교 밖 청소년의 자립을 위한 미국의 사회적 기업 Youth Build USA의 성공요인 연구.” 『청소년학연구』 21(8), 513-546.

배지영, 조미숙(2016). 소셜빅데이터 분석을 위한 식품안전 온톨로지 구축. Journal of Health Informatics and Statistics. 278-289.

백혜정, 송미경, 신정민(2015). 『학교 밖 청소년 지원정책 체계화 방안 연구』 서울: 한국 청소년정책연구원.

서미, 정익중, 이태영, 김지혜(2017). 『후기청소년 지원방안 연구: 심리 · 정서적 지원 중심』 부산: 한국청소년상담복지개발원.

서정아, 성윤숙 외(2021). 포스트 코로나 시대의 청소년정책 대응 방안 연구. 세종: 한국청소년정책연구원.

서정아, 성윤숙 외(2020). 청소년 빅데이터 체계 구축 및 활용 방안 연구. 세종: 한국청소년정책연구원.

설양환, 임병로(2001). “박물관의 현장 견학 프로그램: 미국 어린이 박물관 사례를 중심으로.” 『교육학연구』 39(4), 231-254.

손해인(2019). 자살예방의 도구로 활용되는 뉴욕주 빅데이터 – PSYCKES. 국제사회보장리뷰, 10 가을호. 114-126.

송재호(2007). 『저소득층 여가활성화 방안 연구』 서울: 문화관광부.

송태민, 이기호, 진달래, 천미경, 서동철, 박현애(2016). 2016년 소셜 빅데이터 기반 보건복지 이슈 동향 분석. 세종: 한국보건사회연구원.

송태민, 진달래, 박대순, 박현애, 안지영, 김정선(2014). 보건복지 빅데이터 효율적 관리방안 연구. 세종: 한국보건사회연구원.

신선미(2007). 『청소년우대제도 국내 · 외 사례 워크숍 자료집』 서울: 한국청소년정책연구원.

안형준(2016), 미국 알고리듬 안에 내재된 사회적 차별: 빅데이터에 대한 미국 정부의 우려. 과학기술정책, 26(5), 4-7.

여성가족부(2020). 2019 청소년백서. 서울: 여성가족부.

오재호(2020). 코로나 19가 앞당긴 미래, 교육하는 시대에서 학습하는 시대로. 이슈 & 진단. 2020. 6월. (pp. 1-25). 경기: 경기연구원.

오창현(2017). "미국의 사회통합 방식 변화와 공공박물관의 역할 변화: 스미소니언 박물관과 민속축제를 중심으로."『지방사와 지방문화』 20(2), 133-160.

오해섭(2008). 지역사회 중심 청소년활동의 중요성과 청소년역량강화 방안. 농촌지도와 개발, 15(3), 417-432.

오해섭, 이민희, 김영호(2007). 뉴거버넌스를 통한 청소년행정체계 운영모형 정립, 서울: 한국청소년정책연구원.

우해봉 외(2021). 인구변동과 지속가능한 발전: 저출산의 경제 · 사회 · 문화 · 정치적 맥락에 관한 종합적 이해와 개혁과제. 총괄보고서. 세종: 경제 · 인문사회연구회.

원구환(2006). "청소년증 발급 및 할인정책 사례."『한국정책학회보』 15(1), 251-289.

윤종희(2016). 개인과 사회의 공진화를 위한 실천적 시민교육. 공동체와 민주주의 발전을 위한 시민교육: 시민교육의 원칙과 현재적 과제(59-83). 서울: 한국민주주의연구소.

윤창근(2012). 미국: IBM 왓슨 (Watson)을 통해 살펴 본 인공지능 기술과 빅데이터의 접목과 활용가능성. Local Information Magzine. 2012, May+June. 74. 68-73.

윤철경(2011). 청소년 국제교류정책 현황 분석 및 발전방안 연구. 서울: 한국청소년정책연구원

윤형한, 김승보, 정지은(2018). 지방자치단체의 진로교육 참여 현황과 활성화 과제(기본연구 2018-11). 세종: 한국직업능력개발원.

이경상, 이창호, 김민(2019). 지능정보사회에서의 청소년활동정책 개선방안: 프로그램, 설비 · 시설, 지도자를 중심으로. 정보화정책, 26, 4, 62-84.

이경상, 이창호, 김민(2018). 제4차 산업혁명시대 대비 청소년활동정책 전략연구. 세종: 한국청소년정책연구원.

이규환(1990). 선진국의 교육제도. 배영사.

이상봉(2015). 위기청소년 대상 훈련활성화를 위한 국내외 운영사례 조사연구. 한국산업인력공단.

이상엽(2015). 미국 NSF, 미국 전역에 대한 빅데이터 허브 구축계획발표. 과학기술정책, 25(11), 4-5.

이영숙 외(1993). 외국의 청소년복지 정책 연구 -미국과 일본을 중심으로-. 한국청소년개발원.

이영진(2010). "청소년 관광행동에 대한 매개효과 분석: 관광촉진요인을 중심으로."『청소년학연

구』 17(4), 283-308.

이용재(2011). "공공도서관 어린이 서비스 마케팅 전략: 미국 공공도서관의 '가족장소도서관'을 중심으로." 『한국도서관정보학회지』 42(1), 417-440.

이윤구(1990). 미국연방정부의 청소년정책. 외국 청소년정책에 관한 연구. 한국청소년연구원.

이윤주, 오해섭, 강지원, 백승주, 성지은, 탁현우(2018). 지역사회 협력망 운영을 통한 청소년 성장지원 모델 개발 연구. 경제인문사회연구회 협동연구총서 18-35-01. 세종: 경제인문사회연구회.

이은경, 박도영, 최인봉(2014). 교육 빅데이터 관련 연구동향. 한국컴퓨터정보학회 하계학술대회 논문집, 22, 2, 175-176.

이응택, 오승근(2020). 청소년기 체험활동과 학교적응의 관계에서 공동체의식과 자아탄력성의 매개효과. 한국청소년연구, 31(1), 289-315.

이재완(2007). 지역복지네트워크의 의미와 실천사례 연구: 천안시의 "복지세상을 열어가는 시민모임" 활동을 중심으로. 한국사회복지행정학, 9(1), 29-52.

이정진(2021), 청년 정치참여 현황과 개선과제, 이슈와 논점, 1803호, 1-4

이지연(2014). 기업참여형 진로탐색 지원 활동 활성화 방안 모색. 3차 긴로교육국제포럼. 한국직업능력개발원.

이지혜, 제미경, 조명지, 손현석(2014). 보건의료분야의 빅대이터 활용동향. 한국통신학회지(정보와통신), 12, 63-75.

이태수, 정익중, 김신열, 박경수, 이호균, 이경림, 박주현(2008). 아동 청소년복지 네트워크의 이론과 실제. 서울: 학지사.

이혜연(2005). 특별지원청소년을 위한 멘토링 프로그램 운영지침서 개발연구. 서울: 한국청소년정책연구원

이혜정, 민윤, 박진아(2020). 코로나19와 교육: 학습복지의 재개념화. 경기: 경기도교육연구원.

이황원(2018). "미국 홈리스(Homeless) 청소년 교육지원 정책의 특징 및 시사점." 『한국 정책연구』 18(1), 103-123.

임덕영, 이경애, 진미윤, 이의중(2017). 『청년 주거 문제와 정책방안 연구』 대전: 한국 토지주택공사.

임지연, 김한별, 한도희(2016). 지역사회 청소년 체험활동의 자유학기제 연계 운영방안 연구. 한국청소년정책연구원 연구보고서, 1-230. 한국청소년정책연구원.

임희준(2020). 키워드 네트워크 분석을 통해 살펴본 초등학생이 인식하는 과학 학습 참여의 의미, 초등과학교육, 39(2), 255-267

장세룡(2016). 도시공간점거와 직접행동 민주주의: 2011년 9월 뉴욕 월 가 "점령하라" 운동에 관한 성찰. 역사와 경계, 99. 251-296.

장수한(2010). 『학교와 청소년문화복지론』 경기: 공동체.

전재일, 이성희, 이성국, 이경은, 박영준, 남영옥, 이선자(2016). 『학교사회복지론』 경기: 양성원.

정건희(2016). 청소년참여를 중심으로 한 지역운동. 청소년현장, 이시대의 방향과 관점: 다시, 청소년운동으로. 학술포럼 자료집. 77-95.

정광호(2010). 미국 교육바우처의 효과분석: 무작위실험 사례를 중심으로. 『행정논총』 48(2), 25-45.

정보통신기술진흥센터(2016). 미국의 빅데이터 R&D 전략계획. 해외ICT R&D 정책동향. 2016-12호. 1-35. 서울: 정보통신기술진흥센터.

정세호, 장용우, 김영수, 이재욱, 이명신(1994). 발로 쓴 세계 청소년들의 생활과 미래: 우리에게 출입금지란 없어요. 서울: 실록출판사.

정연순(2012). 지역사회 자원을 활용한 청소년 진로직업체험활동 국내외 사례. 창의적 체험활동 지역사회 연계모형 개발 연구 II. 콜로키움 자료집. 한국청소년정책연구원.

정윤경(2011). 직업체험 중심 진로교육 지원체제 연구. 한국직업능력개발원.

정혜실(2016). 청소년우울 관련 소셜데이터 수집과 분석을위한 온톨로지 개발 및 평가, 서울대학교 대학원 간호학과 석사학위 논문.

정혜원(2006). 청소년 사회참여의 과정과 형식에 관한 일연구: 맥아담의 '인지적 해방과 운동문화'를 중심으로. 청소년학연구. 13(5-1). 155-186.

조금주(2009). 서울시 중 · 고등학생들의 교육문화소비 생활실태 및 학생카드 유용성 연구. 『청소년학연구』 16(5), 143-166.

조아미(2001). 주요 외국의 청소년정책 동향연구 Ⅱ: 미국 · 일본 · 중국 · 홍콩의 청소년정책. 서울: 한국청소년정책연구원

조아미(2006). "청소년 우대정책과 청소년증 활용방안: 청소년복지지원법과 청소년인권" 『한국청소년복지학회 2006년도 추계학술대회 자료집』 29-51.

조흥식(1993). 미국의 청소년 복지정책. 외국의 청소년복지 정책 연구 -미국과 일본을 중심으로-. 한국청소년개발원.

진덕규(1985). 지역단위 청소년운동의 모델개발에 관한 연구: 정치사회학적 인식, 서울: 한국청소년연구소

진미석, 손유미, 주용국, 노일경(2006). 2020 미래사회와 청소년 연구 I (직업진로분야): 직업진로환경의 변화와 청소년진로개발지원 정책. 서울: 국가청소년위원회.

천정웅(2021). 청소년복지론: 발전적 관점. 경기: 양서원.

천정웅(2010). 청소년발전(youth development)관점에서 본 시민적 관여(civic engagement)의 이론적 기초: 개념, 구성요소, 요인, 가치, 이점들. 시민청소년학연구, 1(1), 49-63.

천정웅(2013). 지역사회 청소년 네트워크와 외국의 실천경험 연구. 청소년시설환경, 11(4), 145-156.

천정웅(2018). 시민청소년운동의 특성과 청소년업무에의 함의: 이론적 접근. 청소년운동과 청소년전문지도자, 2018 학연 춘계학술대회 및 비전원탁회의 자료집(1-16). 시민청소년학회 · 글로벌청소년학회.

천정웅(2009). 적극적 관점의 청소년활동: 역량개발의 이론, 정책, 실천. 청소년행동연구, 14, 31-49.

천정웅(2012). 청소년의 시민적 관여에 관한 연구와 이론: 생애과정이론, 긍정적 청소년개발, 시민관여 특유의 이론들. 시민청소년학연구 제3권 제1호.

천정웅(2013). 아동 · 청소년 시민역량 지원을 위한 제도강화. 아동 · 청소년 민주시민역량 함양을 위한 지원체계 구축 방안 세미나 자료 (2013년 6월 1일).

천정웅(2013). 청소년참여론: 「P이론」의 청소년학. 양서원.

천정웅(2018). 서구 시민청소년운동의 동향과 유형: 청소년주도성과 행동주의 관점, 글로벌청소년학회, 8(2), 7-29.

천정웅(2020). 미국 지역사회청소년개발(CYD)의 이론적 기조와 실천사례 연구, 청소년시설환경, 18(3), 11-20.

천정웅, 김민, 김진호, 박선영(2010). 차세대 청소년학총론. 양서원.

천정웅, 오해섭, 김정주, 김민(2015). 청소년활동론. 양서원

천정웅, 이용교, 김혜원(2009). 청소년발달 역량개발 청소년복지. 교육과학사.

천정웅(2019). "미국의 지역사회청소년개발(CYD)의 기조 및 실천사례 고찰" 『제17회 청소년정책 포럼: 지자체 청소년정책 추진기반 강화방안 자료집』 58-73.

천정웅, 이민희, 박선영, 황성하(2013). 글로벌 청소년정책론. 경기: 양서원.

체육청소년부 청소년정책조정실 편(1992). 미국의 청소년제도 부록.

체육청소년부 청소년정책조정실 편(1992). 미국의 청소년제도.

체육청소년부(1998). 청소년정책에 관한 연구. 체육청소년부.

한국데이터산업진흥원(2019). 2019 데이터산업 백서.

한국전략문제연구소(2013). 국방분야 빅데이터 활용방안.

한국정보화진흥원(2012). 소셜분석으로 살펴본 청소년자살예방정책의 시사점.

한국정보화진흥원(2018). 2018 국가정보화백서.

한국정보화진흥원(2019). 2019 국가정보화백서.

한국지역사회교육중앙협의회 역(1992). W.프레드 토튼 & 프랑크 J. 맨리 공저, 미국지역사회학교: 개념, 기능 및 조직. 교육과학사.

한국청소년활동진흥원(2018). 청소년활동을 통해 키울 수 있는 핵심역량은?. 보도자료 2018. 12. 28.

한상근(2014). 통합 진로체험 정보시스템 구축의 과제와 전망에 대한 토론. 한국직업능력개발원.

한양대학교 관광연구소(2006).『청소년관광활성화 추진전략』서울: 한국관광공사.

한인영, 홍순혜, 김혜란(2009).『학교와 사회복지실천』경기: 나남.

함병수, 신선미(1997).『청소년카드제도를 위한 기초조사: 우리나라 청소년의 소비생활실태와 청소년카드사례를 중심으로』서울: 한국청소년개발원.

황수정(2019). 미중일의 과학기술정책 및 연구개발 동향 비교, 한국연구재단 R & D BRIEF, 2019-37호(2019.08.26.).

ACRN (2019). *Work experience options for high school students.* Alexandria, VA: America's Career Resource Network Association.

Akiva, T., Carey, R. L., Cross, A. B., & Delale-O'Connor, L. & Brown, M. R. (2017). Reasons youth engage in activism programs: Social justice or sanctuary? Journal of Applied Developmental Psychology, 53, 20-30.

Allen, D. & Light, J. S. (2015). From voice to influence: Understanding citizenship in a digital age. Chicago, IL: the University of Chicago Press.

American Camping Association, Staandards for Day and Resicent Camps: the Accreditation Programs of the American Camping Association,(Martinsville, 1990).

Anderson, J., Rainie, L. & Vogels, E. A. (2021). Experts Say the 'New Norma' in 2025 will be more tech-driven, with more big challenges. Pew Research Center.

Andolina, M. W.& Conklin, H. G. (2019). Fostering democratic and social-emotional learning in actin civics programming: Factors that shape students's learning from Project Soapbox. American Educational Research Journal, 20(10), 1-37.

Andolina, M. W.& Conklin, H. G. (2021). Cultivating empathic listening in democratic education. Theory & Research in Social Education, Published online: 17 Mar, 1-28.

Apollo, M. (2014). "Dual pricing-Two points of view (citizen and non-citizen) case of entrance fees in tourist facilities in Nepal." *Procedia-Social and Behavioral Sciences* 120: 414-422.

Arnold, M. E. (2020). America's moment: Investing in positive youth development to transform youth and society. Journal of Youth Development, 15(5), pp. 16-36.

Arnold, M. E. (2020). America's moment: Investing in positive youth development to transform youth and society. Journal of Youth Development, 15(5), pp. 16-36.

Ashcraft, R. F. (2017). Positive youth development in diverse and global contexts. *Journal of Youth Development. 12*(3). 63-66.

Ashcraft, R.F. (2003). Collaborations and coalitions for positive youth development. In D. Wertlieb, F. Jacobs, & R.M. Lerner (Eds.), *Promoting positive youth and family development: Community systems, citizenship, and civil society.* Volume 3 of *Handbook of applied developmental science: Promotiong positive child, adolescent, and family development through research, policies, and programs,* (pp.27-51). Thousand Oaks, CA: Sage Publications.

Astroth, K. A., Brown, D., Poore, J. & Timm, D. (2002). Avenues to adulthood or avenues to civic anemia? In CYD Anthology 2002. (12-18). Sudbury, MA: The Institute for Just communities.

Bachner, J. (2013). Predictive policing: Preventing crime with data and analytics. Washington, D.C. IBM Center for the Business of Government.

Bailey, T.R., Hughes, K. L., & Moore, T. D. (2004). *Working knowledge: Work-based learning and education reform.* NY: Routledge Falmer.

Banaji, S., & Buckingham, D. (2013). The civic web: Young people, the internet and civic participation. Cambridge, MA: The MIT Press.

Barbosa, M., Gannett, E. S., Goldman, J., Wechsler, S., & Noam, G. G. (2004). Achieve Boston: A citywide innovation in professional development. New Directions for Youth Development, 104, 39-50.

Barton, W. H., Watkins, M., & Jarvoura, R. (1997). Youths and communities: Toward comprehensive strategies for youth development. Social Work, 42, 5, 483-493.

Bautista, E. E. (2018). *Transforming youth organizing: A decolonizing social movement framework*. Dissertation, Loyola Marymount University School of Education

Bazemore, G. & Terry, W. (1997). Developing delinquent youths: A reintegrative model for rehabilitation and a new role for the juvenile justice system. Child Welfare, 76(5), 665-716.

Benard, B. (2004). Resiliency: What we have learned. San Francisco, CA: West Ed.

Benson (1997).

Benson, P. & Saito, R. (2000). The scientific foundation of youth development. In N. Jaffe and J. Marquis (Eds.). Youth development: Issues, challenges and directions. Philadelphia, PA: Public/ Private Ventures.

Benson, P. L. & Pittman, K. J. (2001). Trends in youth development: Visions, realities and challenges. Boston: Kluwer Academic Publishers.

Benson, P. L. (1997). All kids are our kids: What communities must do raise caring and responsible children and adolescents. San Francisco, CA: Jossey-Bass.

Benson, P. L. (2003). Developmental assets and asset-building communities: Conceptual and empirical foundatins. In R.M. Lerner & P.L. Benson (Eds.), *Developmental assets and asset building communities: Implications for research, policy, and practice* (pp. 19-43). Norwell, MA: Kluwer Academic Publishers.

Benson, P. L. Scales, P. C., & Syvertsen, A. K. (2011). The contribution of the developmental assets framework to positive youth development theory and practice. In R. M. Lerner, J. V. Lerner, & J. B. Benson (Eds.). Positive youth development. Advances in child development and behavior(Vol. 41, pp.195-228). Elsevier.

Benson, P. L. Scales, P. C., & Syvertsen, A. K. (2011). The contribution of the developmental assets framework to positive youth development theory and practice. In R. M. Lerner, J. V. Lerner, & J. B. Benson (Eds.). Positive youth development. Advances in child development and behavior(Vol. 41, pp.195-228). Elsevier.

Benson, P.L. (2003). Developmental assets and asset-building communities: Conceptual and empirical foundatins. In R.M. Lerner & P.L. Benson (Eds.), *Developmental assets and asset building communities: Implications for research, policy, and practice* (pp. 19-43). Norwell, MA: Kluwer Academic Publishers.

Bergstom, A., Clark, R., Hogue, T., Iyechad, T., Millwe, J., Mullen, S., Perkins, D., Rowe, E., Russell, J., Simon-Brown, V., Slinski, M., Snider, B., & Thurston,F. (1995). *Collaboration framework - addressing community capacity.* Washington, DC: National Network for Collaboration.

Blakeslee, J., & Walker, J. S. (2018). *Asessing the meaningful inclusion of youth yoice in policy and practice: State of the Science.* Portland, OR: Research and Training Center for Pathways to Positive Futures, Portland State University.

Blaxton, E. (2016). Youth leaderhip for social justice: Past and present In J. Conner & S. M. Rosen (Eds.) Contemporary Youth Activism: Advancing social justice in the United States (pp. 25-38). Santa Barbara, CA: Praeger.

Bodily, S., & Beckett, M. K. (2005). Making out of school time matter: Evidence for an action agenda. Santa Monica, CA: RAND.

Booth, A., & Crouter, A. C. (2001). *Does it take a village?: Community effects on children, adolescents, and families.* Mahwah, New Jersey: Lawrence Erlbaum Associates.

Borden, L. M., Ballard, J., Michi-Petzing, L., Conn, M., Mull, C. D., & Wilkens, M. (2020). Foundations for the future: Building an integrated, cohesive field of youth development. Journal of Youth Development. 15(1), 266-286.

Boy's Clubs of America (1975). Alternatives to Delinquency: 36 Tested Youth Development Programs. Boy's Clubs of America.

Brady, B., Chaskin, R. J. & McGregor, C. (2020). Promoting civic and political engagement among marginalized urban youth in three cities: Strategies and challenges. Children and Youth Services Review, 116, 1-11.

Brolin, D. E. (1995). *Career education: A functional life skills approach.* Jew Jercy, NJ: Prentice-Hall, Inc.

Cahill (2016). Making work based learning work. Jobs for the future.

Camino, L. & Zeldin, S. (2000). Making the transition to community youth development: Emerging roles and competencies for youth-serving organizations and youth workers. *CYD Journal. 1*(1). 70-78.

Carlson, C. (2006). The Hampton experience as a new model for youth civic engagement. Journal of Community Practice, 14(1/2), 89-106.

Center for Information and Research on Civic Learning and Engagement (CIRCLE) (2005). Census data shows youth voter turnout surged. Maryland: CIRCLE.

Children's Defense Fund (1992). Child Poverty Up Nationally and in 33 States. Washington D.C.: Author.

Clarke, A. & Dougherty, I. (2010). Youth-led social entrepreneurship: Enabling social change. International Review of Entrepreneurship, 8(2), 1-23.

Cohen, S. I. S., & Bosk, E. A. (2020). Vulnerable youth and the COVID-19 Pandemic. Pediatrics, 13(6). pp. 1-7.

Connell, J. & Kubisch, A. (2001). Community approaches to improving outcomes for urban children, youth, and families: Current trends and future directions. In A. Booth & A.C. Crouter (Eds.) *Does it take a village? Community effects on children, adolescents, and families,* (pp.177-201). Mahwah, NJ: Lawrence Erlbaum Associates, Publishers.

Connell, J., Kubisch, A., Schorr, L., & Weiss, C. (1995). *New approaches to evaluating community initiatives.* Washington, DC: The Aspen Institute.

Connelly, R., Playford, C. J.m Gayle, V., & Dibben, C. (2016). The role of administrative data in the big data revolution in social science research. Social Science Research, 59, 1-12.

Conner, J. & Rosen, S. M. (Eds.) (2016). Contemporary Youth Activism: Advancing social justice in the United States. Santa Barbara, CA: Praeger.

Coope, T. (2018). Defining youth work: Exploring the boundaries, continuity and diversity of youth work practice. SAGE Handbook of Youth Work Practice, 3-17. London: Sage.

De Angelis, J. & Perasso, G. (2020). Cyberbyllying detection through machine learning: Can technology help to prevent internet bullying? International Journal of Management and Humanities. 4(11), 57-66.

Delgado, M. (2002). New frontiers for youth development in the twenty-first century: Revitalizing and broadening youth development. New York, NY: Columbia University Press.

Delgado, M. (2015). *Community practice and urban youth: Social justice service learning and civic engagement.* New York, NY: Routledge.

Delgado, M., & Staples, L. (2008). *Youth-led community organizing: Theory and action.* Oxford: Oxford Univesity Press.

Design Guide: Dependent Youth Activity Centers. DG 1110-3-138. https://ufgscriteria.tpub.com/UFC4-740-13AN/UFC4-740-13AN0002.htm에서 10월 5일 인출

Dunne, A., Ulicna, D., Murphy, I., & Golubeva, M. (2014). Working with young people: The value of youth work in the European Union. Brussels: European Commission.

Durkheim, E. (1964). The Division of Labor In Society. Translated by George Simpson. New York: The Free Press.

Eccles, J., & Gootman, J. (2002). *Community programs to promote youth development.* Washington, DC: National Academy Press.

Elder, G. H. (2018). Children of the Great Depression: Social change in life experience (25th anniversary ed.). Routledge.

Erickson, J. B. (1989). Directory of American Youth Organizations.

Ettekal, A. V., Agans, J. P. (2020). Positive youth development through leisure: Confronting the COVID-19 pandemic. Journal of Youth Development, 15(2), 1-20.

Executive Order 13123: Greening the Government Through Efficient Energy Management. Federal Energy Management Program.(1999년 6월 3일 서명). National Archives Federal Register. https://www.archives.gov/federal-register/executive-orders/ 1999.html#13123 에서 9월 25일 인출

Federal Interagency Forum on Child and Family Statistics (2019). America's Children: Key National Indicators of Well-Being, Washington, DC: U.S. Government Printing Office.

Fernandes-Alcantara, A. L. (2018). *Vulnerable youth: Background and policies.* Washington, DC: Congressional Research Service.

Fisher, D. R. (2012). Youth political participation: Bridging activism and electoral politics. Annual Review of Sociology, 38, 119-137.

France, A. & Crow, L. (2001). *CTC - the story so far: An interim evaluation of communities that care.* York: Joseph Rowntree Foundation.

Fuqua, J. (2016). *The policy and practice of positive youth development: A study of Queens, New York.* Dissertation, University of Delaware, Urban Affair and Public Policy.

Fusco, D. (2012). Advancing youth work: Current trends, critical questions. New York: Routledge.

Galston, W. (2004). Civic education and political participation. PS: Political Science and Politics. April. 263-266.

Gauthier, M. (2003). The inadequacy of concepts: The rise of youth interest in civic participation in Quebec. Journal of Youth Studies, 6(3), 265-276.

Giusine, D, Fraboni, F., De Angelis, M., & Pietrantoni, L. (2019). Commentary: Princiles, approaches and challenges of applying big data in safety psychology research. Frontiers in Psychology, 10, 1-3.

Glenda Riddick-Norton (1992). Social Service Resource Directory 1991-1992.

Gordon, H. R. D. (2014). *The history of growth of career and technical education in America.* Long Grove, IL: Waveland Press.

Gray, L., & Lewis, L. (2018). Career and technical education programs in public school districts: 2016–17: First Look (NCES 2018-028). U.S. Department of Education. Washington, DC: National Center for Education Statistics.

Greenhaus, J. H., & Callanan, G. A. (2006). *Encyclopedia of Career Development.* Thousand Oaks: SAGE Publications.

Grossman, J. B., & Rhodes, J. E. (2002). The test of time: Predictors and effects of duration in youth mentoring relationships. American Journal of Community Psychology, 30(2), 199–219.

Guntuku, S.C., Yaden, D., Kern, M.L., Ungar, L.H., & Eichstaedt, J.C.(2017). Detecting depression and mental illness on social media: An integrative review. Current Opinion in Behavioral Sciences, 18, 43-49.

Hampton Coalition for Youth (1993). *2 commit 2 the future/ 4 youth: Proposed plan of action.* Hampton, VA: Hampton Coalition for Youth.

Harari, G. M, Muller, S. R., Aung, M. S, & Rentfrow, P. J. (2017). Smartphone sensing methods for studying behavior in everyday life. Current Opinion in Behavioral Sciences, 18, 83-90.

Hardcastle, D. A. & Power, P. R. (2004). Community practice: .Theories and skills for social workers. Oxford University Press.

Hawkins, J. D. (1999). Preventing crime and violence through communities that care. *European Journal on Criminal Policy and Research, 7,* 443-458.

Ho, E., Clarke, A., & Dougherty, I. (2015). Youth-led social change: Topics, engagement types, organizational types, strategies, and impacts. Futures. 67. 52-62.

Holbein, J. B. & Hillygus, D. S. (2020). Making young voters: Converting civic attitudes into civic action. New York, NY: Cambridge University Press.

Hosang, D. (2003). Youth and community organizing today. Occasional Papers Serices on Youth Organizing, 2. New York: Funders Collaborative on Youth Organizing.

Hughes, D. M., & Curnan, S. P. (2000). Community youth development: A framework for action. *CYD Journal. 1*(1). 7-13.

Isaac, K. (1992). Civics for democracy: A journey for teachers and students. Washington, D.C.: Essential Information. 조희연 역, 우리는 참여와 행동을 통해 민주주의로 간다: 교사 · 학생 · 시민을 위한 사회참여 길라잡이. 서울: 아르케.

IWGYP: Interagency Working Group on Youth Programs (2016). Pathways for youth: Strategies plan for federal collaboration. IWGYP.

Jarvis, S. V., Shear, L., & Hughes, D. M. (1997). Community youth development: Learing the new story. Child Welfare, 56, 5, 719-741.

Jesser, D.L. & Vanier, B. (1974). *Models, elements and characteristics of career education.* Washington, D.C.: Council of Chief State School Officers,

Johnson, Bassin & Show (1996). Reconnecting youth &community: A youth development approach, CYF.

Jones, S. M., & Doolittle, E. J., (2017). Social and emotional learning: Introducing the issue. The Future of Children, 27(1), 3-11.

King, P. E., Schultz, W., Muller, R. A., Dowling, E. M., Osborn, O., Dickerson, E., et al. (2005). Positive youth development: Is there a nomological network of concepts user in the adolescent development literature?, Applied developmental Science, 9, 216-228.

Kingston, B., Wridt, P., Chawla, L., van Vliet, W., & Brink, L. (2007). *Creating child-friendly cities: The case of Denver. Municipal Engineer.* CO: Denver. University of Colorado.

Kirshner, B. (2015). Youth activism in an era of eudcational inequality. New York: NYU Press.

Kitchel, N. (2015). Why they voted: Youth political participation in the 21s century. UC Berleley The Charles H. Percy Undergraduate Grant for Public Affairs Research Papers.

Korean Youth & Community Center (1993). Korean Youth & Community Center Annual Report. Los Angeles: Korean Youth & Community Center.

Korze, D.& Korze, A. V. (2020). Young people and digital technologies. International Journal of Youth Economy. 4(1). pp. 1-11.

Kubisch, A.C. (2005). Comprehensive community building initiatives - ten years later: What we have learned about the principles guiding the work. *New Directions for Youth Development. 106.* 17-26.

Kwon, S. A. (2013). Uncivil youth: Race, activism, and affirmative governmentality. Durham, NC: Duke University Press.

Larsen, E.G., Levinsen, K., & Kjaer, U. (2016). Democracy for the youth? The impact of mock elections on voting age attitudes. Journal of Elections Public Opinion and Parties. 26(4), 435-451.

Larson, R. W. (2000). Toward a psychology of positive youth development. American Psychologist, 55(1), 170-183.

Larson, R. W., Eccles, J., & Gootman, J. A. (2004). Features of positive developmental settings. Prevention Researcher, 11(2), 8-13.

Leffert, N., Benson, P. L., & Scales, P. C. (1998). Developmental asset; Measurement prediction of risk behaviour among adolescents, Applied Development Science 2,

209-230.

Leiter, M. (2013). Crime modeling and mapping using geospatial technologies. Heidelberg: Springer.

Leman, P. J., Smith, E. P., Petersen, A. C. & SRCE. Ethic-racial issues and international committee (2017). Introduction to the special section of Child Development on positive youth development in diverse and global contexts. Chid Development, 88(4), 1039-1-44.

Lerner, J. V., Phelps, E., Forman, Y. E., & Bowers, E. P. (2009). Positive youth development. In R. Lerner & L. Steinberg (Eds.). Handbook of adolescent psychology (pp. 1-15). New York, NY: Wiley.

Lerner, R. M. (2017). Commentary: Studying and testing the positive youth development model: A tale of two approaches. *Child Development, 88*(4), 1183-1185.

Lerner, R. M., Lerner, J. V., Almerigi, J. B., Theokas, C., Phelps, E., Naudeau, S., et al. (2005). Positive youth development, participatiion in community youth development programs, and community contributions of fifth-grade adolescents; Findings from the first wave of the 4-H study of Positive Youth Development. Journal of Early Adolescence, 25, 17-71.

Light, J. S. (2015). Putting our conversation in context: Youth, old media, and political participation. 1800-1971. In D. Allen & J.S. Light (Eds.) From voice to influence: Understanding citizenship in a digital age (pp. 19-33). Chicago: University of Chicago Press.

Light, P. (2006). Reshaping social entrepreneurship. Stanford Social Innovation Review, 45-51.

Light, P. C. (1998). *Sustaining innovation: Creating nonprofit and government organizations that innovate naturally.* San Francisco, CA: Jossey-Bass.

Listen, Inc. (2000). An emerging model for working with youth. Occasional paper series on youth organizing, No. 1. Washington, D.C.: Funders Collaborative on Youth Organizing.

Listen, Inc. (2003). An emerging model for working with youth. Occasional Papers Series on Youth Organizing, I. New York: Funders Collaborative on Youth Organizing.

Los Angeles (1994). State of the County Report, Los Angeles: United Way of Greater Los Angeles.

Mahoney, J. L., Vandell, D. L., Simpkins, S., & Zarrett, N. (2009). Adolescent out-of-school activities. In R. M. Lerner and L. Steinberg (Eds.), Handbook of Adolescent Psychology: Vol. 2: Contextual Influences on Adolescent Development (3rd ed.) (pp. 228-269). John Wiley & Sons.

Males, M. (1999). Framing youth: 10 myths about the next generation. Montroe, ME: Common Courage Press.

Mattessich, P. W., Murray-Close, M., & Monsey, B. R. (2001). Collaboration: What makes it work. (2nd ed.). St. Paul, MN: Amherst H. Wilder Foundation.

Mcclelland, D. C. (1973). Testing for competence rather than for intelligence. American Psychologist, 28(1), 1-14.

McConville, K. S., Stokes, L., & Gray, M. (2018). Accumulating evidence of the impact of Voter ID Laws: Student engagement in the political process.

McDevit, M., & Kiousis, S. (2006). Experments in political socialization: Kids Voting USA as a model for civic education reform. CIRCLE working paper 49.

McFarland, J. W. (1954). What about life adjustment education? *The High School Journal, 37(8)*, 243-250.

McKoy, D., Buss, S., & Stewart, J. (2014). Blueprins for hope: Engaging children as critical actors in urban place making. Early Childhood Matters, 123(November), 27-30.

McKoy, D., Stewart, J., & Buss, S. (2015). Engaging students in transforming their built environment via Y-PLAN: Lessons from Richmod, California. *Children, Youth and Environment, 25*(2). 229-244.

Menenhall, A. N. & Carney, M. M. (Eds.) (2020). *Rooted in Strengths: Celebrating the strengths perspective in social work.* Lawrence, KS: The University of Kansas Libraries.

Mikva Challenge & A Better Chicago (2021). 2020 SOCY: State of Chicago Youth. Chicago, IL: Mikva Challenge.

Miller, K. K., Shramko, M., Brown, C., & Svetaz, M. V. (2021). The election is over, now what?: Youth civic engagement as a path to critical consciousness Journal of Adolescent Health, 68, 233-235.

N.Y.C Interagency Coordination Council On Youth (1994). Annual Report 1993-1994, New

York.

Neill, J. T. (1999). The melting pot of outdoor education effects: Testing the flavors of program type, duration and participant age, Perth, Western Australia.

Noam, G. G., & Tillinger, J. R. (2004). After school as intermediary space: Theory and typology of partnerships. In G. G. Noam(Ed.) New directions for youth development, 101, CA: Jossey-Bass.

NYC DYCD (New York City Department of Youth and Community Development) (2013): *2002-2013: A DYCD retrospective on quality, equity and accountability.* New York, NY: Department of Youth and Community Development.

Otto, J. (1995). Community collaboration. New York, NY: Columbia Business School.

Parenti, M. (1993). Scouts N the Hood: A Compass for Inner-City Boyz. Pllicy Review 64, 62~66.

Parton, B. (2017). *Youth apprenticeship in America today: Connecting high school students to apprenticeship.* New America.

Perkins, D. F. (2009). Community youth development. In J. Wood & J. Hine (Eds.) Working with young people (104-113). Thousand Oaks, CA: Sage Publication.

Perkins, D. F., & Borden, L. M. (2006). Key elements of community youth development programs. In A. Villarruel(Ed.). Community youth development. Sage publications. London, 328-337.

Perkins, D. F., Border, L. M., & Villarruel, F. A. (2001). Community youth development: A partnership for action. *The School Community Journal, 11*(2), 39-56.

Pink, M. P. (2015). *Teen services 101: A practical guide for busy library staff.* Chicago, IL: American Library Association.

Pittman, K. (1991). *Promoting youth development: Strengthening the role of youth serving and community organizations.* Washington DC: Academy for Educational Development.

Pittman, K. (2017). Positive youth development as a strategy for addressing readiness and equity: A commentary. *Child Development, 88*(4), 1172-1174.

Pittman, K. J. (1991). Promoting youth development: Strengthening the role of youth serving and community organizations. Washington D.C : Academy for Educational

Development.

Pittman, K. J., Irby, M., Tolman, J., Yohalem, N., & Feber, T. (2003). Preventing problems, promoting development, encouraging engagement; Competing priorities or inseparable goals?, Based upon Pittman, K., Irby, M. (1996), Preventing problems or promoting development?. Washington. D.C.; The Forum for Youth Investment, Impact Strategies.

Pittman, K., & Irby, M. (1996). Preventing problems or promoting development: Competing priorities or inseparable goals?. Takoma Park. MD: International Youth Foundation.

Powers, J. & Tiffany, J. (2006). Engaging youth in participatory research and evaluation. Journal of Public Health Management and Practice, 12(Suppl. 6), 579-587.

Pozzoboni, K. M., & Kirshner, B. (Eds.) (2016). The changing landscape of youth work: Theory and practice for an evolving field. Charlotte, NC: Information Age.

Putnam, R. D. (2002). Democracies in flux: the evolution of social capital in contemporary society. New York, NY: Oxford University Press.

Raelin, J.A. (1997). A model of work-based learning. *Organization Science, 8(6)*, 563-578.

Rosen, S. M. (2016). Identity performance and collectivist leadership in the Philadelphia Student Union. International Journal of Leadership in Education: Theory and Practice, 19(2), 224-240.

Roth, J. (2000). What we know and what we need to know about youth development programs. Paper presenter at the biannual meeting of the socity for research on adolescence, Chicago, IL

Roth, J., & Brooks-Gunn, J. (2000). What do adolescents need for healthy development? Implications for youth policy. Social Policy Report, 14(1), 3-19.

Saud, M., Ida, R., & Mashud, M. (2020). Democratic practices and youth in political participation: A doctoral study. International Journal of Adolescence and Youth.25(1), 800-808.

Shek, D. T. L., Leung, J. T. Y., & Merrick, J. (2017). Paradigm shift in youth development: Development of "soft skills" in adolescents. International Journal on Disability and Human Development. 16(4), 337-338.

Sherrod, L. R. (2006). Youth activism and civic engagement. In L.R. Sherrod, C.A. Flanagan,

R. Kassimir, & A. K.Syvertsen (Eds.) Youth activism: An international encyclopedia (Vol. 1, pp. 2-10). Westport, CT: Greenwood Press.

Sherrod, L., & Youniss, J. (2002). Dimensions of citizenship and opportunities for youth development: The what, why, when, and who of citizenship development. Applied Developmental Science, 6(4), 264-272.

Shogan, D. (2002). "Characterizing constraints of leisure: A Foucaultian analysis of leisure constraint." *Leisure Studies* 21(1): 27-38.

Sirianni, C., & Schor, D. M. (2009). City government as enabler of youth civic engagement: Policy designs and implications. In J. Youniss & P. Levine (Eds.,), Engaging young people in civic life (pp. 121-163). Nashville, TA: Vanderbilt Univerity Press.

Sirianni, C., & Schor, D. M. (2010). City government as enabler of youth civic engagement: Policy designs and implications. In L. R. Sherrod, J. Torney-Purta, & Flanagan (Eds.,), Handbook of research on civic engagement in youth. (pp. 121-163). Hoboken, NJ: John Wiley & Sons.

Snell, A., Voss, J., & Kline, J. (2017). *Attitude towards Apprencticeship Programs.* New America & Lake Research Partners.

Spencer, L. & Spencer, S. (1993). Competence at Work: A Model for Superior Performance. New York: Wiley.

Swadener, B. B., & Niles, K. (1991). Children and familes "at-promise" making home-school community connections. Democracy in Education, 5(3), 13-18.

Taft, J. K. (2011). Rebel girls: Youth activism and social change across the Americans. New York: NYU Press.

Taylor, S. (2005) Community work and social work: The community liasion approach, Theories and practice of community social work, Columbia University Press.

The Annie E. Casey Foundation (1994). KIDS COUNT DATA BOOK, 1994: State Profiles of Child Well-Being. Washington D.C.: Author.

Threenton, M. (2006). The importance of career and technical student organizations(CTSOs) in career development: A literature review. *Workforce Education Forum, 33(2)*, 44-61.

Tompson, K. (2011). The Santa Cruz Experiment: Can a City's Crime Be Predicted and

Prevented?' Popular Science, 11. 2.

U.S Department of Justice (1991). Office of Justice Programs, Bureau of Justice Statistics, Sourcebook of Criminal Justice Statistics.

U.S.Bureau of the Census (1990). U.S Census of Population, Washington: U.S.Bureau of the Census.

U.S.Bureau of the Census (1993). Population Division Current Population Survey(March Supplement), 1989 through.

Unified Facilites Criteria(UFC): Youth Centers. UFC 4-740-06, 12 January 2006. Department of Defense, United States of America.
https://www.wbdg.org/ffc/dod/unified-facilities-criteria-ufc/ufc-4-740-06에서 2021년 9월 25일 인출.

United Nations (2020). Policy Brief: Education during COVID-19 and beyond. United Nations.

United Nations, Department of Economic and Social Development (1992). Statistical Charts and Indicators on the Situation of Youth 1970-1990, New York.

Villarruel, F. A., Perkins, D. F., Borden, L. M., & Keith, J. G. (2003). *Community youth development: Programs, policies, and practices.* Thousand Oaks, CA: Sage Publications.

Walker, J. A., Walker, K. C., & Gambone, M. A. (2011). Reflections on a century of youth development research and practice. Journal of Youth Development, 6(3).

Watson, R. J. & Christensen, J. L. (2017). Big data and student engagement among vulnerable youth: A review. Current Opinion in Behavioral Sciences, 18, 23-27.

Weiss, J. (2020). What is youth political participation?: Literature review on youth political participation and political attitudes. Frontiers in Political Science, 2(1), 1-13.

White House Office of Science and Technology Policy (2020). American artificial intelligence initiative: Year one annual report.
https://www.whitehouse.gov/wp-content/uploads/2018/02/ap-18-research-fy2019.pdf. 에서 2020년 5월 13일 인출.

White House (2016). Big data: A report on algorithmic systems, opportunity, and civil rights. Executive Office of the President.

Wiium, N. & Dimitrova, R. (2019). Positive youth development across cultures: Introduction to the special issue. *Child & Youth Care Forum* 48: 147-153.

William, P. Williams (2001). The Effects of Youth Organizations on High School Graduation. Master of Science. Virginia Polytechnics.

Witt, P. A., & Caldwell, L. L. (2010). *The rationale for recreation services for youth: An evidence-based approach.* Ashburn, VA: National Recreation and Park Association.

Yoldas, O. B. (2015), Civic education and learning democracy: Their importance for political participation of young people. Procedia: Social and Behavioral Sciences, 174. 544-549.

Zeldin, S., Kimball, M., & Price, L. (1995). What are the day-to-day experiences that promote youth development? An annotated bibliography of research on adolescents and their families. Washington, D.C.: Center for Youth Development and Policy Research, Academy for Educational Development.

Zeldin, S., McDaniel, A., Topitzes, K., & Lorens, M. B. (2001). Bringing young people to the table: Effects on adults and youth organizations. *CYD Journal, 2*(2). 5-10.

〈사이트〉

https://catalog.data.gov/에서 2020년 8월 25일 인출.

https://datacenter.kidscount.org/에서 8월 20일 인출

https://iop.harvard.edu/youth-poll/spring-2021-harvard-youth-poll에서 2021년 7월 12일 인출

https://unstats.un.org/bigdata/inventory/?selectTitle=&selectCountry=United+States&selectOrganization=U.S.+Office+of+Management+and+Budget&selectSource=&selectstatArea=&selectsdgGoal=에서 2020년 8월 10일 인출

https://www.wbdg.org/building-types/community-services/youth-centers에서 2021년 9월 2일 인출.

https://youth.gov/youth-topics에서 2021년 6월 20일 인출.

찾아보기

인명

ㅇ

ㅈ

ㅋ

ㅌ

ㅍ

ㅎ

기타

저자 소개

■ 천정웅(대구가톨릭대학교)

청소년전문가(youth professional)의 관점에서 청소년분야 “강점기반실천(strengths-based practices)의 본질(nature)”을 분석한 논문으로 미국 캔사스 대학교(University of Kansas)에서 사회복지학 박사학위를 취득하였으며 한국 중앙대학교에서 환경레짐(environmental regime)에 관한 논문으로 정치학 박사학위를 받았다. 한국청소년정책연구원 기획조정실장, 한국청소년학회 사무총장 등을 역임하고, 미국 아이오와 대학교(University of Iowa) 방문학자, 캔사스 대학교 사회정책분석연구원 Research Manager로 일한 바 있다.

현재 대구가톨릭대학교 사회복지학과 교수로 재직하고 있으며, 대구다문화가족지원센터 협회장 등을 역임하였다. 대구가톨릭대학교의 주요보직으로 국제다문화대학원장, 다문화연구원장, 다문화교육원장, 청소년복지연구소장, 사회복지학과장, 대학원 사회복지학과장 등이 있다. 학부와 일반대학원 석 · 박사 과정에서 청소년복지론을 비롯하여 청소년 인권과 참여, 청소년활동론, 사회복지정책론, 사회복지행정론, 지역사회복지론, 고급통계자료분석론, 질적연구방법론, 법제론, 국제사회복지론, 인간행동과 사회환경 등을 강의하고 있다.

1980년대 중반 이후 35년 이상 한국과 미국에서 청소년학을 연구해 왔으며, 2000년대부터 사회복지 및 영성복지 등과 관련한 이론과 실천, 양적 · 질적 연구방법에 관한 연구, 강의 및 저작활동에 진력해 오고 있다. 한국전통사상에 관해 특별한 관심을 갖고 있으며, “논문작성 연구방법 실전노하우: 입말로 전하는 문헌 · 양적 · 질적연구”를 비롯하여 “청소년 인권과 참여”, “청소년복지론”, “사회복지연구방법론”, “지구환경레짐의 정치경제학” 등의 단독저서와 “다문화청소년활동론”, “적극적 관점의 청소년개발”, “차세대 청소년학총론”, 등의 공저를 비롯하여, 50여권의 국 · 영문 저서와 “청소년참여의 유형화 연구” 등 다수의 국문논문과 “Best practices in community-based prevention for youth substance reduction”, “Causal relationships between service outcomes and satisfaction, service utilization, and demographic characteristics: A path analysis” 등 단독저자로서 SCI, SSCI 등재 영문저널에 게재된 영문논문을 여러 편 갖고 있다.

2003년 미국에서 “세계청소년학 아카데미(World Academy for Youth Studies)”를 창립했으며 2006년에는 한국 청소년복지의 발전을 위한 “청소년학 월드포럼(World Forum on Youth Studies)”을 제안하여 한국과 미국 등에서 국제컨퍼런스를 개최하고 있다. 한국사회복지질적연구학회 편집위원장, 글로벌청소년학회 편집위원장, 한국청소년연구 편집위원 등을 역임했으며, 최근에는 글로벌청소년학회 회장을 맡고 있으며, 국제사회복지학회 회장, 한국시민청소년학회 회장 등을 역임하였다. 한국과 미국의 연구기관에서 청소년관련 정책연구와 청소년관련 데이터 분석 등을 통해 50여종의 국 · 영문 보고서를 발간하였다.

미국청소년정책론

1판 1쇄 인쇄 — 2022년 3월 4일
1판 1쇄 발행 — 2022년 3월 10일

저 자 - 천정웅
발 행 인 - 강철원
발 행 처 - 양성원
주 소 - 경기도 파주시 검산로 173번길 29-20
전 화 - 031-946-3861(代)
팩 스 - 031-946-3864
이 메 일 - tnwpub@naver.com
홈페이지 - tnwpub.co.kr
출판등록 - 2015년 8월 31일 제 2015-000211 호

ISBN 979-11-6126-413-4

정가 22,000원

※ 저자와 협의하여 인지는 생략합니다.
※ 저작권법 제136조(벌칙)에 따라 위반자는 5년 이하의 징역 또는
5천만 원 이하의 벌금에 처하거나 이를 병과할 수 있습니다.